企業統治と取締役会

森本 滋 著
Shigeru Morimoto

商事法務

はしがき

　昭和44年（1969）4月に京都大学法学部助手となり、平成28年（2016）3月に同志社大学大学院司法研究科を定年により退職するまで、47年間、研究活動を続けてきた。本書は、筆者がこれまで公表してきた公開会社の経営管理機構、とりわけ、取締役会制度に関する論文をまとめたものである。

　取締役会制度は、平成14年の委員会等設置会社（現在の「指名委員会等設置会社」）制度の導入、平成26年会社法改正による監査等委員会設置会社制度の導入、そして、平成27年6月のコーポレートガバナンス・コードの実施を経て、法制度としても実務状況としても、大きく変化した。第一編『会社法改正と取締役会』においては、まず、取締役会制度の変遷を整理し（第一章）、続いて、コーポレートガバナンス・コードが取締役会制度に与える影響について検討している（第二章）。その後、コーポレートガバナンス・コード、さらには、社外取締役の積極的登用の動きに配慮しつつ、監査役・監査役会設置会社、指名委員会等設置会社および監査等委員会設置会社の経営管理機構の概要を整理し、それぞれのメリット・デメリットについて比較検討している（第三章～第五章）。

　第一編各章の原論文は、この15年の間に公表したものであるが、引用文献は原論文当時のものを基本としつつ、内容については再度検討し、アップ・ツー・デイトなものとなるよう、大幅に加筆修正をしている。今後、会社実務は、どのような管理運営機構を選択し、どのように健全かつ効率的な経営を行っていくか、主体的に検討することとなるが、その際、本書第一編の諸論文が役に立つことを願っている。

　筆者は、落合誠一編・会社法コンメンタール(8)（商事法務、2009）366条～372条の注釈を担当したが、当時は、まだ、社外取締役の存在を意識して、取締役会の招集や運営について検討していなかった。本書第二編は、コーポレートガバナンス・コードや社外取締役の存在に配慮して、公開会社である監査役設置会社を前提に、取締役会の招集・運営・決議方法・議事録に係る法的問題を総合的に検討するものである。とりわけ、法的問題だけでなく、実務上の問題についても配慮している。また、指名委員会等設置会社の執行役と取締役会の関

はしがき

係について、各所でコメントしている。

　平成10年ころ、取締役の責任軽減制度の導入や株主代表訴訟制度の見直しについて議論されていた。本書第三編に掲載した論文は、そのような議論の前提作業として、当時の上場会社の社外取締役・執行役員制度導入等の動きを紹介し、欧米の状況を参考にしながら、上場会社の経営機構のあるべき姿を模索したものである。これは、ほぼ20年前に公表した論文であり、内容的に「時代遅れ」の感もあるが、取締役の責任規制や株主代表訴訟の見直しが具体的な立法論として検討されている現在、このような論文も何某かの役に立つのではないかと思い、本書の『補論』として、収録することとした。

　本書に収録する論文を再検討することにより、筆者のこれまでの学問的営みの問題点が強く認識され、さじを投げようかと何度も思った。その際、株式会社商事法務書籍出版部の小山秀之さんが温かく励ましてくださり、何とか出版にまでたどり着くことができた。小山さんには心より御礼を申し上げる。

　平成29年2月

森本　滋

凡　例

1　法令等
正式名称のほか、以下の略称を用いる。

略称	正式名称
会社	会社法（平成17年7月26日法律第86号）
会社則	会社法施行規則（平成18年2月7日法務省令第12号）
会社計算	会社計算規則（平成18年2月7日法務省令第13号）
商、明治32年商法	商法（明治32年3月9日法律第48号）
明治44年改正商法	明治44年5月3日法律第73号による改正商法
昭和13年改正商法	昭和13年4月5日法律第72号による改正商法
昭和25年改正商法	昭和25年5月10日法律第167号による改正商法
昭和37年改正商法	昭和37年4月20日法律第82号による改正商法
昭和49年改正商法	昭和49年4月2日法律第21号による改正商法
昭和56年改正商法	昭和56年6月9日法律第74号による改正商法
平成5年改正商法	平成5年6月14日法律第62号による改正商法
平成11年改正商法	平成11年8月13日法律第125号による改正商法
平成13年11月改正商法	平成13年11月28日法律第128号による改正商法
平成13年12月改正商法	平成13年12月12日法律第149号による改正商法
平成14年改正商法	平成14年5月29日法律第44号による改正商法
平成16年改正商法	平成16年6月9日法律第87号による改正商法
平成15年改正商法施行規則	平成15年2月28日法務省令第7号による改正商法施行規則
平成26年改正会社法	平成26年6月27日法律第90号による改正後の会社法
平成27年改正会社法施行規則	平成27年2月6日法務省令第6号による改正後の会社法施行規則
商法特例法、商特	平成17年7月26日法律第87号による廃止前の株式会社の監査等に関する商法の特例に関する法律（昭和49年4月2日法律第22号）
昭和56年改正商特	昭和56年6月9日法律第74号による改正株式会社の監査等に関する商法の特例に関する法律
平成5年改正商特	平成5年6月14日法律第62号による改正株式会社の監査等に関する商法の特例に関する法律

凡　例

平成13年12月改正商特、商法特例法	平成13年12月12日法律第149号による改正株式会社の監査等に関する商法の特例に関する法律
平成14年改正商法特例法	平成14年5月29日法律第44号による改正株式会社の監査等に関する商法の特例に関する法律
民	民法（明治29年4月27日法律第89号）
商登	商業登記法（昭和38年7月9日法律第125号）
商登則	商業登記規則（昭和39年3月11日法務省令第23号）
非訟	非訟事件手続法（平成23年5月25日法律第51号）
民訴費	民事訴訟費用等に関する法律（昭和46年4月6日法律第40号）
民訴	民事訴訟法（平成8年6月26日法律第109号）
証取法、金商法	金融商品取引法（昭和23年4月13日法律第25号）
独禁法	私的独占の禁止及び公正取引の確保に関する法律（昭和22年4月14日法律第54号）

2　文献等

略語	正式名称
相澤編著・解説	相澤哲編著・立案担当者による新・会社法の解説（別冊商事法務295号）（2006）
相澤ほか編著・論点解説	相澤哲ほか編著・論点解説新・会社法──千問の道標（商事法務、2006）
稲葉	稲葉威雄・改正会社法（金融財政事情研究会、1982）
実務相談(3)	稲葉威雄ほか編・実務相談株式会社法(3)〔新訂版〕（商事法務研究会、1992）
会社コンメ(9)	岩原紳作編・会社法コンメンタール(9)（商事法務、2014）
新版注会(5)	上柳克郎ほか編集代表・新版注釈会社法(5)（有斐閣、1986）
新版注会(6)	上柳克郎ほか編集代表・新版注釈会社法(6)（有斐閣、1987）
江頭	江頭憲治郎・株式会社法〔第6版〕（有斐閣、2015）
大隅＝今井（中）	大隅健一郎＝今井宏・会社法論（中）〔第3版〕（有斐閣、1992）
旧版注会(4)	大森忠夫＝矢沢惇編・注釈会社法(4)（有斐閣、1968）
新基本法コンメ(2)	奥島孝康ほか編・新基本コンメンタール会社法Ⅱ〔第2版〕（別冊法学セミナー243号）（日本評論社、2016）
会社コンメ(8)	落合誠一編・会社法コンメンタール(8)（商事法務、2009）
神田	神田秀樹・会社法〔第18版〕（弘文堂、2016）

北沢	北沢正啓・会社法〔第6版〕（青林書院、2001）
森本	森本滋・会社法〔第2版〕（有信堂、1995）
立案担当平成26年改正	坂本三郎編著・立案担当者による平成26年改正会社法の解説（別冊商事法務393号）(2015)
逐条解説(5)	酒巻俊雄＝龍田節編集代表・逐条解説会社法(5)（中央経済社、2011）
鈴木＝竹内	鈴木竹雄＝竹内昭夫・会社法〔第3版〕（有斐閣、1994）
運営実態	別冊商事法務編集部編・会社法下における取締役会の運営実態（別冊商事法務334号）(2009)
森本編	森本滋編・取締役会の法と実務（商事法務、2015）

3 判例等

年月日・出典の示し方は、以下のとおりである。
最判昭和48・5・22民集27巻5号655頁
……最高裁昭和48年5月22日判決最高裁判所民事判例集27巻5号655頁

略語	正式名称
民集	最高裁判所民事判例集
下民集	下級裁判所民事判例集
判時	判例時報
判タ	判例タイムズ
金法	金融法務事情
金判	金融・商事判例
資料版商事	資料版商事法務

目　次

はしがき／i
凡例／iii

第1編　会社法改正と取締役会

第1章　序章——取締役会制度論 … 3
一　序　説 … 3
1　取締役と取締役会（3）／2　取締役会非設置会社の取締役（5）／3　取締役会設置会社の株主総会と取締役会（6）／4　取締役会設置会社の取締役の役割の分化（8）

二　取締役会制度の確立とその変遷 … 12
1　序（12）／2　昭和25年改正商法における取締役会制度（12）／3　マネジメント・ボードの取締役会制度の確立（14）

三　取締役会制度の多様化 … 15
1　序（15）／2　監査役・監査役会設置会社の取締役会（18）／3　指名委員会等設置会社の取締役会（20）／4　監査等委員会設置会社の取締役会（23）

四　取締役会制度の将来の展望 … 28
1　マネジメント・ボードとモニタリング・モデル（28）／2　社外監査役と社外取締役（29）

五　結　語 … 32

第2章　取締役会のあり方とコーポレートガバナンス・コード … 35
一　序　説 … 35
1　序（35）／2　コードの基本理念（37）／3　コードの基本的枠組み（39）

二　コードの概要 … 43
1　序（43）／2　株主の権利・平等性の確保（44）／3　株主以外のス

テークホルダーとの適切な協働（47）／4　適切な情報開示と透明性の確保（49）／5　株主との対話（51）

　三　コードと取締役会等の役割・責務……………………………………53
　　　1　序（53）／2　取締役会等の役割・責務（53）
　四　独立社外取締役と取締役会の多様性……………………………………58
　　　1　独立社外取締役の役割・責務と独立性の判断基準（58）／2　2人以上の独立社外取締役の選任（59）／3　取締役会の多様性と非業務執行取締役の選任（60）／4　監査役・監査役会との連携（61）
　五　取締役会の運営……………………………………………………………63
　　　1　総　説（63）／2　取締役会における審議事項（63）／3　取締役会の審議の活性化と取締役等のトレーニング（67）／4　複数の独立社外取締役の活用（68）
　六　結　語……………………………………………………………………69

第3章　会社法の下における監査役・監査役会制度…………………………72
　一　序　説……………………………………………………………………72
　　　1　機関の種類（72）／2　会社法における監査役制度の改正（73）／3　監査役の法的地位（76）／4　監査役の独立性確保措置（78）／5　補欠監査役制度（80）
　二　監査役の職務権限…………………………………………………………81
　　　1　序（81）／2　監査役の一般的職務権限（82）／3　監査役の個別的職務権限（83）
　三　監査役会…………………………………………………………………85
　　　1　序（85）／2　監査役会の基本的職務（85）／3　監査役会の個別的職務権限（86）／4　監査役会の運営（88）
　四　決算手続と監査…………………………………………………………90
　　　1　序（90）／2　計算書類等の監査・承認・報告・公開（91）／3　監査報告・会計監査報告（94）
　五　コーポレート・ガバナンスと監査役…………………………………100
　　　1　序（100）／2　取締役会の監督機能と監査役の監査機能（101）／3　社外監査役制度（104）／4　内部統制システムの整備と監査役（107）

六　結語——監査役制度の今後の課題 ………………………………… 110
第4章　指名委員会等設置会社制度の理念と機能 ……………………… 112
　一　序　　説 ………………………………………………………………… 112
　　1　序（112）／2　委員会等設置会社［指名委員会等設置会社］の創設
　　（114）／3　指名委員会等設置会社の基本構造（116）／4　社外取締役の
　　機能と定義の変遷（120）
　二　執行役制度 ……………………………………………………………… 123
　　1　序（123）／2　執行役相互の関係（124）／3　執行役と使用人（125）
　三　取締役会 ………………………………………………………………… 126
　　1　序（126）／2　取締役会の専決事項（128）／3　取締役会の運営（133）
　四　指名委員会等 …………………………………………………………… 137
　　1　指名委員会等の構成と役割（137）／2　指名委員会等の運営（143）
　五　監査委員会 ……………………………………………………………… 148
　　1　序（148）／2　監査委員会・監査委員の権限（150）／3　監査委員会
　　のメリット・デメリット（155）
　六　結　　語 ………………………………………………………………… 160
第5章　監査等委員会設置会社をめぐる法的諸問題 …………………… 164
　一　序　　説 ………………………………………………………………… 164
　　1　序（164）／2　監査等委員会設置会社の概要（165）
　二　監査等委員と監査等委員会 …………………………………………… 167
　　1　監査等委員の独立性確保（167）／2　監査機関としての監査等委員会
　　と監査等委員（169）
　三　監査等委員以外の取締役の人事・報酬関連事項に係る監査等委員会
　　　の意見の決定と選定監査等委員による意見陳述 …………………… 173
　　1　序（173）／2　監査等委員会における意見の決定（174）／3　意見陳
　　述の必要性（175）／4　人事関連意見陳述権の有効活用（178）
　四　業務執行取締役への重要な業務執行の決定の委任 ………………… 180
　　1　序（180）／2　定款の定めによる権限委任の正当化根拠（180）／3
　　監査役会設置会社における権限委譲の可能性（182）
　五　監査等委員以外の取締役の利益相反取引の承認 …………………… 183

1　序（183）／2　適用範囲（184）／3　監査等委員会の承認手続（185）／4　推定規定の適用除外の効果（187）

　六　結　語 ·· 189

　┌─────────────────────────────────┐
　│　第2編　取締役会の招集と運営　　　　　　　　　　　　　　　　　　│
　└─────────────────────────────────┘

第1章　序 ·· 195
第2章　取締役会の招集 ·· 197
　一　序 ·· 197
　二　取締役会を招集する者 ·· 198
　　1　序（198）／2　招集権者（198）／3　招集権者以外の取締役の招集請求（203）
　三　招集通知 ··· 206
　　1　序（206）／2　招集通知の方法と時期と相手方（206）／3　招集通知の方法と内容（210）／4　招集通知の省略（213）／5　取締役会の続行と招集手続（215）
　四　書面による決議・報告 ··· 216
　　1　序（216）／2　取締役会決議の省略（書面決議）（217）／3　報告を要しない場合（報告の省略）（220）
第3章　取締役会の運営 ·· 222
　一　序　説 ·· 222
　　1　序（222）／2　定足数要件と会議の方式（224）／3　取締役会の出席者（225）
　二　議　長 ·· 229
　　1　序（229）／2　議長の定め（229）／3　議長の権限（232）
　三　取締役会の運営 ·· 234
　　1　序（234）／2　取締役会における審議対象（234）／3　取締役会の運営方法（238）
第4章　取締役会の決議と特別利害関係 ·· 242
　一　序　説 ·· 242

二　決議要件 ··· 243
　　1　序（243）／2　議　決　権（243）／3　定足数要件（244）／4　議決
　　要件（247）
　三　特別利害関係取締役の議決権 ··· 250
　　1　序（250）／2　特別利害関係（250）
　四　特別利害関係取締役の審議参加 ··· 259
　　1　序（259）／2　「審議不参加」の実質的意義（260）／3　特別利害関
　　係と議長（261）
　五　取締役会決議の瑕疵 ··· 261
　　1　序（261）／2　取締役会決議無効事由（263）

第5章　取締役会の議事録 ··· 266
　一　序　　説 ·· 266
　　1　昭和56年改正法（266）／2　会　社　法（267）
　二　議事録の作成と内容 ··· 268
　　1　議事録の作成（268）／2　議事録の内容（270）／3　議事録への署
　　名・記名押印（273）／4　議事録記載の効果（274）
　三　議事録等の備置・閲覧等 ·· 274
　　1　序（274）／2　備　置　き（275）／3　株主の閲覧謄写（277）／4　会
　　社債権者・親会社社員の閲覧等（279）／5　裁判所の許可（280）
　四　取締役会決議の省略（書面決議）・取締役会への報告の省略の場合の
　　議事録 ··· 282
　　1　書面決議の議事録（282）／2　報告の省略の場合の議事録（283）

第3編　補論──欧米における公開会社の経営機構と
　　　　　　　公開会社の経営機構改革

　一　序　　説 ·· 287
　　1　序（287）／2　株主代表訴訟の改正と今後の課題（289）／3　本稿の
　　目的（292）
　二　経営機構改革の歴史と現状 ·· 294

1　序（294）／2　経営機構改革の経緯（295）／3　わが国の経営機構の現状（301）

三　欧米における公開会社の経営機構と取締役の法的地位 ……………… 304
　　1　序（304）／2　アメリカの経営機構（304）／3　イギリスの経営機構（312）／4　ドイツの経営機構（315）

四　執行役員制度の概要 ……………………………………………………… 319
　　1　序（319）／2　アメリカの経営機構の要約（319）／3　わが国の執行役員制度の実態——ソニーの経営機構改革（320）／4　執行役員制度の問題点（323）

五　わが国の経営機構と執行役員・社外取締役の法的地位 ……………… 326
　　1　序（326）／2　取締役会の決議事項と委員会・代表取締役への権限委任（326）／3　会社と取締役・執行役員の法律関係（331）／4　取締役・代表取締役等の契約関係（332）／5　社外取締役と執行役員の法的地位（339）

六　商法等改正案要綱と監査役・株主代表訴訟制度 ……………………… 342
　　1　序——商法等改正案要綱について（342）／2　監査役制度の改正（343）／3　取締役の責任軽減と代表訴訟（347）

七　結語——今後の立法の基本方針 ………………………………………… 351
　　1　序（351）／2　適法性の確保（353）／3　効率性の確保と取締役制度の改革（354）／4　規制の弾力化・柔軟化の要請（355）／5　公正な社会へ（356）

事項索引／358

第1編　会社法改正と取締役会

第1章　序章——取締役会制度論

> 本章は、森本滋編・取締役会の法と実務（商事法務、2015）「第1章　取締役会制度総論」の「第1節　取締役・執行役の法的地位」と「第2節　取締役会制度の確立とその変遷」を、その後の動きにも配慮して加筆修正したものである。

一　序　説

1　取締役と取締役会

　株主は、会社の実質的所有者として、自己の利益を守るために、株主総会に出席して議決権を行使する権利を有する。株主は、株主総会に出席し、議決権を行使する義務を負うわけでない。これに対して、取締役は、会社関係においてさまざまな「権利」を有するが、自己の利益のためでなく、会社のためにそれを行使しなければならない。それらの「権利」は、会社機関としての取締役の職務権限である。取締役は、会社に対して、受任者として善管注意義務を負う（会社330条、民644条）。また、取締役は、法令または定款の定めならびに株主総会決議を遵守し会社のため忠実にその職務を行わなければならない（会社355条）。これは、民法644条の定める善管注意義務を敷衍し明確化したもので、善管注意義務と別個の高度の義務を規定したものでないと解されている（最大判昭和45・6・24民集24巻6号625頁）。取締役は、これらの一般義務を遵守して、その権限を行使しなければならないのである。指名委員会等設置会社の業務執行機関である執行役についても同様である（会社402条3項・419条2項）。

取締役は、株主との間に直接的な法律関係はない。しかし、取締役が有する経営権能は、その経済的実質において、全体としての株主が有する会社に対する実質的所有権から派生するものであり、取締役は、総株主の代理人（受託者）として、総株主のためにその職務を遂行しなければならない。取締役は、総株主のため、すなわち、一部の株主のためでなく、全体としての株主のために、誠実に会社を運営しなければならない。このため、民法の善管注意義務に係る規定を準用するだけでなく、取締役は「株式会社のため忠実にその職務を行わなければならない」と規定して（会社355条）、取締役の厳格な義務ないし責任に注意を促しているのである。

取締役制度は、取締役会非設置会社と取締役会設置会社で大きく異なる。会社法は、取締役会を株式会社の必要的機関としていない。このため、取締役会を設置しない株式会社における取締役の法的地位にも配慮しつつ、取締役会の意義について再構成する必要がある。

会社法は、取締役会設置会社を「取締役会を置く株式会社又はこの法律の規定により取締役会を置かなければならない株式会社」と定義する（会社2条7号）。会社法は、取締役会を任意の機関としつつ（会社326条2項）、公開会社、監査役会設置会社、監査等委員会設置会社および指名委員会等設置会社に取締役会の設置を義務付けている（会社327条1項）。取締役会非設置会社となることができるのは、監査役会設置会社、監査等委員会設置会社および指名委員会等設置会社以外の非公開会社（全株譲渡制限会社）である。会社法は機関設計を自由化しており、非公開会社であっても、定款の定めによって、取締役会、監査役、監査役会、会計監査人を設置することのほか、監査等委員会設置会社や指名委員会等設置会社となることができる（会社326条2項）。

取締役会の権限と運営に関する規定（会社362条〜373条）は、取締役会設置強制会社の取締役会であるか任意の取締役会設置会社であるかを問わず、取締役会設置会社のすべての取締役会に適用される。

取締役会は常設の機関でなく、必要に応じて開催されると説明する立場もある[1]。しかし、理論上、「取締役会（the board of directors）」と「取締役の会議（a meeting of the directors）」を区別することが有用である。前者は常設の会社の業務執行に係る機関としての取締役会である。取締役会が具体的にその権限

を行使するには、一定の手続により取締役会を招集する必要がある。これが、会議体としての取締役会である。取締役会決議の省略や取締役会への報告の省略に係る規定（会社370条・372条）は、この区別を通して合理的に説明することができる。取締役会決議・報告の省略の場合、会議体としての取締役会は開催されないが、取締役全員の同意の意思表示や取締役全員に対する報告により、取締役会の決議があったものとみなされ、会議体としての取締役会への報告が不要とされるのである。

2　取締役会非設置会社の取締役

　所有と経営が分離していないことが取締役会非設置会社の経営管理機構の特徴である。取締役会非設置会社の株主総会は、会社に関する一切の事項を決議することができる、会社の最高かつ万能の意思決定機関である（会社295条1項）。株主の間に人的関係が認められる非公開会社において、株主が経営に積極的に関与しようとするとき、取締役会非設置会社を選択することとなる。取締役会非設置会社においては、機関設計が大幅に簡易化され、その必要的機関は、（株主総会のほか）取締役だけである（会社326条1項）。取締役は1人でよい。監査役を設置する必要はない[2]。この場合、株主の取締役に対する監督是正権が拡張される（会社367条のほか、357条1項・2項・360条1項・3項・371条2項・3項等対照）。取締役は株主でなければならない旨、定款で定めることもできる（会社331条2項ただし書）。また、監査等委員会設置会社および指名委員会等設置会社を除く非公開会社においては、取締役会設置会社であるか非設置会社であるかを問わず、取締役の任期を定款で10年に伸長することができる（会社332条2項）。

　取締役が3人以上選任されていても、取締役会を設置するかどうかは任意である（会社326条2項）。定款に取締役会を設置する旨の定めがない限り、事実

---

[1]　神田216頁。なお、会社法は、「会議ノ目的」を「取締役会の目的」に変更したが、これは文言の整理であろう。

[2]　非公開会社である取締役会設置会社も、会計参与を設置することにより、監査役を設置する必要はなく（会社327条2項ただし書）、監査役を設置する場合にも、その権限を会計監査に限定することができる（会社389条—監査範囲限定監査役）。

上「取締役会」が開催されていても、その「取締役会」（取締役の会議）は法律上の取締役会でない。その会社は取締役会設置会社とならず（会社326条2項。登記について911条3項15号）、会社法295条2項、362条〜365条等は適用されない。

取締役会非設置会社の取締役は、定款に別段の定めがある場合を除いて、会社の業務を執行し（会社348条1項）、会社を代表する（会社349条1項本文）。取締役が1人の場合、当該取締役が会社の業務を執行し、会社を代表する。複数の取締役がいる場合、定款に別段の定めがある場合を除いて、業務は原則として取締役の過半数で決するが（会社348条2項）、取締役は、①支配人の選任・解任、②支店の設置・移転・廃止、③株主総会招集関連事項、④内部統制システムの整備、および⑤定款の定めによる役員等の責任免除を除いて、各取締役に業務の決定を委任することができる（同条3項）。

取締役は、各自、会社を代表するが（会社349条2項）、定款、定款の定めに基づく取締役の互選または株主総会決議によって、取締役の中から代表取締役を定めることができる（同条3項）。この場合、他の取締役は、代表権を有しない（会社349条1項ただし書）。監査等委員会設置会社と指名委員会等設置会社以外の監査役を設置していない会社においては、代表取締役が会社と取締役の間の訴えについて会社を代表するが、株主総会は会社を代表する者を定めることができる（会社353条。取締役会設置会社について、364条参照）。

3　取締役会設置会社の株主総会と取締役会

取締役会設置会社の株主総会は、原則として会社法が規定する事項を決議することができるにすぎない（会社295条2項——株主総会の万能機関性の否定）。非公開会社においては、取締役会を設置することなく、株主が経営事項について意思決定することに合理性が認められる（所有と経営の未分離）。これに対して、公開会社の株主は経営事項について合理的な意思決定をすることは困難であるとして、会社法は、公開会社に取締役会の設置を義務付け（会社327条1項1号）、株主総会の法定の権限を縮減して所有と経営を分離するとともに、広く取締役の適任者を求めるため、取締役は株主でなければならない旨、定款で定めることはできないものとしている（会社331条2項本文）。

会社法は、株主が会社の実質的所有者であることを前提に（株主オーナー論）、株主が、株主総会において、当該会社の使用・収益・処分に係る意思を決定することを原則としつつ、取締役会設置会社においては、所有と経営を分離して、株主総会は会社組織に係る重要事項のみを決定し、経営事項の決定は、株主総会が選任する取締役を構成員とする取締役会（さらには、業務執行取締役ないし執行役）に委ねて、機動的弾力的な経営の実現を企図している。もっとも、非公開会社であっても取締役会設置会社となることができ、取締役会設置会社のありようは多様なものとなる。取締役会設置会社の中には、一定の経営事項を株主総会の決議事項とすることが妥当な場合があり、会社法は、定款で株主総会の決議事項を追加することを認めている。

取締役会設置会社の株主総会の法定決議事項は4つに分類される。その第1は、定款変更、資本減少、解散、会社の組織再編行為等の会社の基礎を根本的に変更させる事項である（会社の処分権能に相当）。これらは特別決議事項とされ、反対株主に株式買取請求権が認められる場合が多い。第2は、会社機関の選任・解任である（会社を運用する者、それを監視する者の選任）。第3は、株主の重要な経済的利害に直接かかわる事項であり、株式併合や募集株式の有利発行等のほか、剰余金配当や株主との合意による自己株式の買受け等がその例である（会社の収益権能の一部に相当）。最後は取締役の権限濫用の危険のある事項であり、取締役の報酬（会社361条1項）がその典型である。定時株主総会における計算書類の承認（会社438条2項）は第3の類型に含められるが、会計監査人設置会社においては、実務上、報告事項となっていることもあり（会社439条─会計監査人設置会社の特則）、これを独立の決議ないし審議事項として、株主総会の法定決議事項を5つに分類する立場もある。

株主の重要な経済的利害に直接かかわる事項や取締役の権限濫用の危険のある事項について、近時、弾力化傾向が認められる。剰余金配当や株主との合意による自己株式の買受け等は、定款により、一定の要件の下に取締役会の権限事項とすることができる（会社459条1項・460条）。指名委員会等設置会社においては、報酬委員会が取締役と執行役の報酬を決定する（会社402条2項・404条3項）。

取締役会設置会社において、業務執行（経営）事項の決定は原則として取締

役会の権限となる。取締役会の基本的権限は、①業務執行（経営事項）の決定、取締役（執行役）の職務の執行の監督、③代表取締役・業務担当取締役（執行役・代表執行役）の選任・解任ないし選定・解職である（会社362条2項・363条1項2号・399条の13第1項・416条1項・402条1項・403条1項・420条1項・2項）。会社法は、公開会社における業務執行の決定を原則として取締役会に委ね、取締役会が、取締役相互の意見の交換と討議を通して、健全かつ妥当な経営判断を行い、取締役（執行役）の職務執行の監督の実効性を確保することを期待しているのである。取締役会は、会社、ひいては、総株主の利益のために、誠実に経営事項を決定し、取締役の中から（指名委員会等設置会社においては、広く）適任の経営者を選任しその者に経営を委任して、機動的弾力的な経営を可能にし、他方、経営者が健全かつ効率的に経営を遂行していることを監督しなければならない。また、取締役会制度には、時々の多数派株主が経営に介入することを防止し、経営者が自らの責任で総株主の利益のために経営することを制度的に保障する機能が認められる（取締役の経営権の確立）。

4　取締役会設置会社の取締役の役割の分化

　取締役会設置会社の取締役は、3人以上でなければならない（会社331条5項）。取締役会はすべての取締役で組織される（会社362条1項）。取締役会設置会社は、非公開会社と公開会社に分かれ、その経営管理機構は、監査役設置会社、監査等委員会設置会社、指名委員会等設置会社で異なる。

　指名委員会等設置会社以外の取締役会設置会社の業務執行に係る必要機関は、取締役、取締役会と代表取締役である（会社326条1項・362条3項・363条1項1号）。業務担当取締役（選定業務執行取締役という場合もある）を選定することもできる（会社363条1項2号）[3]。以下、本章において代表取締役と業務担当取締役を「業務執行取締役」という（会社法上の業務執行取締役の定義について、会社2条15号イ第1括弧書参照）。個々の取締役は、業務執行機関でなく、取締役会の構成員として取締役会の職務の執行に参画するほか、代表取締役または業務担当取締役の前提としての地位を有するにすぎない[4]。取締役は、代表

　3）　監査等委員会設置会社における業務執行に係る必要機関は監査役設置会社と同様である。

取締役と業務担当取締役、使用人兼務取締役、非業務執行取締役に分かれる。非業務執行取締役には、社外取締役かどうかの区別がある。これらは、業務にかかわる形態を基礎とする取締役の分類である。会社内部において、代表取締役社長を頂点に、他の代表取締役、専務・常務といった業務担当取締役、さらに、支店長、部長、工場長といった使用人兼務取締役という序列が形成されている。業務の執行は、この序列を基礎とする権限分配に従って行われ、その間には、明確な指揮命令関係（上下関係）が認められる。最近では、「執行役員」制度が一般的となっている。

指名委員会等設置会社の業務執行に係る必要機関は、取締役、取締役会および執行役、代表執行役である（会社326条1項・327条1項4号、418条・420条1項）。執行役の員数に制限はなく、1人でよい（会社402条1項）。執行役と代表執行役は取締役資格を前提としない取締役と別個独立の機関であり、取締役会で選任・選定される。執行役は取締役の地位を有しない業務担当取締役に相当し、代表執行役は取締役の地位を有しない代表取締役に相当する。このような独立の業務執行機関が設けられているため、取締役は、法令に別段の定めがある場合を除いて、業務を執行することはできず（会社415条）、取締役会は、取締役に、業務執行の決定と執行役等の職務の執行の監督を委任することができない（会社416条3項）。

取締役会設置会社の取締役会の基本的職務権限は、監査役設置会社、監査等委員会設置会社、指名委員会等設置会社のいずれにおいても、①業務執行の決定、②業務執行者の監督[5]、③業務執行者の人事である。個々の取締役は、取締役会の構成員として、業務執行の決定や業務執行者の人事に係る会社の意思決定に参画し、業務執行者の職務執行に対する監視義務を負う。

監査等委員会設置会社と指名委員会等設置会社の取締役会は、大会社でない場合であっても（会社362条5項参照）、業務執行事項として、経営の基本方針と内部統制システムの整備について決定しなければならない（会社399条の13

---

[4] 取締役は、このほか、監査役と同様の会社訴訟提起権限を有する（会社828条2項1号第1括弧書）。

[5] 取締役会は、業務執行者でない取締役の職務執行も監督しなければならないが、その主たる対象は業務執行者（代表取締役・業務担当取締役・代表執行役・執行役）である。

第1項1号イハ・416条1項1号イホ)。指名委員会等設置会社の取締役会は、会社法416条1項1号が掲げる事項と同条4項各号が列挙する業務執行事項以外の事項については、執行役にその決定権限を委任することができる（会社416条2項・4項ただし書）。重要なものであっても、通例的な業務執行の決定は、すべて、執行役に委任することができるのである。監査等委員会設置会社においても、一定の条件を満たすときは、業務執行取締役に同様の委任をすることができる（会社399条の13第5項・6項）。これらの規制により、監査等委員会設置会社と指名委員会等設置会社は、モニタリング・モデルを指向するものであるということができる。

　監査等委員会設置会社および指名委員会等設置会社以外の取締役会設置会社においては、重要な業務執行の決定一般が取締役会の専決事項とされ（会社362条4項柱書）、会社法362条4項が7号に分けて取締役会の専決事項を例示するほか、多数の個別規定により、取締役会の専決事項が定められている。経営の基本方針が取締役会の専決事項として具体的に明示されていないが、それは、重要な業務執行として取締役会の専決事項となる。なお、内部統制システムの整備を決定しなければならないのは、大会社に限定されている。

　3人以上の取締役により構成される取締役会という会議体において、重要な業務執行事項を審議させ、業務執行取締役は、取締役会の決定に従い、重要な業務執行を行うものとされている。これは、業務執行取締役の経営権能の行使を慎重かつ合理的に行わせ、取締役会の監督機能を実質的なものにするためである。取締役会の構成員としての個々の取締役は、それぞれ、経営の専門家として独立に、会社、ひいては、その背後にいる総株主のために、会社経営の基本的事項に係る意思決定に参加し、業務執行取締役の職務執行を監督しなければならない。このような取締役会をマネジメント・ボードというが、モニタリング・モデルに対して、オペレーション・モデルといわれることもある。

　このような取締役会の制度趣旨からは、取締役の間に指揮命令関係（上下関係）があってはならないこととなる。他方、業務執行にかかわる取締役は、上位の取締役の指揮命令に従い、協力し合って、円滑で効率的な経営を実現しなければならない。日々の業務の執行に際して、「独立性」は問題とならないのである。経営会議その他の会議においては、代表取締役の指示を具体化すること

が中心となる場合も少なくなかろう。したがって、業務執行にかかわる取締役、とりわけ、使用人兼務取締役にとって、取締役会の構成員として、自主独立の立場から取締役会の審議に参加し、代表取締役を監督することは困難となる。このため、マネジメント・ボードを採用する公開会社である大会社においては、取締役会と別個独立の監査機関として監査役・監査役会の設置が義務付けられている（会社327条2項本文・328条1項）。会社法は、業務監査権限を有する監査役に取締役会出席義務を課し、必要があるときは、意見を述べなければならない旨明示的に規定する（会社383条1項本文）[6]。取締役会の業務執行取締役に対する監督は妥当性・効率性監査に傾きがちであるとして、監査専門機関として、監査役・監査役会を設け、取締役と一線を画して、業務執行取締役の業務執行の適法性ないし健全性を監査することが期待されているのである。

　取締役会における業務執行取締役と非業務執行取締役、とりわけ、非常勤の社外取締役の役割は、質的に異なる。取締役会における業務執行の決定に際して、業務執行取締役は、自己の担当部分について、原案提出者となり、その説明役として機能する。それ以外の事項についても、通常は、取締役会の前の経営会議等において当該事項の審議に参加している。したがって、社外取締役が選任されている会社の取締役会において、業務執行取締役は、経営判断をめぐる意見の相違等の特段の事情のある場合を除いて、社外取締役に説明することが主要な役割となり、社外取締役は、経営陣が十分な資料を基礎に健全かつ妥当な経営判断をして原案を提出したかどうかについて、さらに、大所高所から当該事項の妥当性について検討して、決議事項について賛否の判断をし、業務執行取締役を監督することとなる。最近、このような社外取締役の役割が注目されている[7]。

---

[6]　特別取締役による取締役会について383条1項ただし書参照。特別取締役による取締役会については、会社法366条（1項を除く）、367条等、369条1項ならびに370条等の規定は適用されない（会社373条4項）。本章において、特別取締役による取締役会の検討は省略する。また、監査範囲の限定された監査役に係る適用除外について会社389条7項参照。

[7]　社外取締役の役割を高く評価する「コーポレートガバナンス・コード」が策定され、平成27年6月以降、東京証券取引所等の上場規程に含まれることとなった。これについては、本書第2章参照。

二 取締役会制度の確立とその変遷

1 序

　昭和25年改正商法により取締役会制度が法定された。平成14年に委員会等設置会社が創設され（平成26年改正会社法により、「指名委員会等設置会社」に名称を変更）、平成26年改正会社法により、監査等委員会設置会社が設けられた。監査等委員会設置会社においては、会計監査人のほか、他の取締役とは別に、監査等委員である取締役として選任される監査等委員から構成される監査等委員会の設置が義務付けられる（会社327条5項・2条11号の2・399条の2）。指名委員会等設置会社においては、会計監査人のほか、取締役会の内部委員会として指名委員会、監査委員会と報酬委員会（これら3委員会を「指名委員会等」という）の設置が義務付けられる（会社327条5項・2条12号・404条）。このような機関構成の相違と関連して、監査役設置会社、監査等委員会設置会社、指名委員会等設置会社における個々の取締役の業務執行の決定に関与する範囲と監視義務の内容ないしあり方に相違が認められる。

　以下において、昭和25年改正商法における取締役会制度の理念を整理し、その理念の実質化を図った昭和56年改正商法について概説した後、多様化した現在の取締役会制度について検討する。

2 昭和25年改正商法における取締役会制度
(1) 取締役会の制度趣旨

　昭和25年改正商法は、株主総会の法定決議事項を抜本的に縮小し、経営事項（業務執行事項）は原則として取締役が決定することとした。このように強大化された取締役の権限行使を適正かつ合理的なものとするため、業務執行の決定機関として取締役会が法定され、会社の代表・業務執行機関として代表取締役の選定が義務付けられた。取締役は、それ自体としては、業務執行機関でなく、取締役会の構成員であり、代表取締役の地位の前提であるにすぎないこととなった。

　昭和25年改正商法は、取締役会が3人以上の取締役により構成されるものと

した。取締役会に 3 人以上の取締役が現実に出席し、その会議において、取締役が相互に経営に係る重要事項について慎重に審議することを通して、会社にとり健全かつ最善の業務執行の決定を行うべきことが強調され、持回り決議は禁止されていた。他方、取締役会が、取締役の中から代表取締役を選定することにより、代表取締役が、自己の責任において機動的弾力的に業務執行を行うことを可能にするとともに、業務執行の決定機関と執行機関の緊密な連携を図り、代表取締役が取締役会の決定に従い業務を適正かつ効率的に執行するよう、取締役会が適切に監督することが期待された[8]。当時は、取締役会による取締役の職務執行に対する監督権限は明定されていなかったが、代表取締役の選定・解職は代表取締役に対する監督と表裏の関係にあり、この取締役会の監督権限を前提に、監査役が会計監査機関とされたのである。

(2) 取締役会制度の現実

昭和 25 年改正商法の下において、取締役会制度の理念は実現できなかった。その理由として、昭和 25 年改正商法は、取締役会と代表取締役を法定するだけで、両者の間の業務執行の決定に係る権限関係を明確に規定していなかったことが挙げられていた。昭和 25 年改正商法は、個別規定において、新株発行など、取締役会が決議すべき事項を多数定めていた。これらの取締役会の法定決議事項は、法律に別段の定めがない限り、取締役会の専決事項であると解されていた。他方、取締役会の一般的権限を定める昭和 25 年改正商法 260 条は、「会社ノ業務執行ハ取締役会之ヲ決ス支配人ノ選任及解任亦同ジ」と規定するにすぎなかった。この後段の支配人の選任・解任は、取締役会の専決事項であり、取締役にその決定を委任することができないと解されていたが[9]、前段は、取締役会が会社の業務執行の決定機関であることを一般的に規定するだけであり、業務執行事項のうち何が取締役会の専決事項であるのか、明らかでなかったのである。

学説上一般に、商法の個別規定や昭和 25 年改正商法 260 条後段が定める取締

---

[8] 旧版注会(4) 9 頁・11 頁 [石井照久]。
[9] 大隅健一郎 = 大森忠夫編・逐条改正会社法解説（有斐閣、1951）258 頁・260 頁。なお、昭和 37 年改正商法により、後段の「支配人」の前に「支店ノ設置、移転及廃止並ニ」の文言が追加された。

役会の専決事項と実質的に同様の重要な業務執行事項は取締役会が決定すべきであると解されていた[10]。しかし、実務においては、その後の取締役の員数の増加傾向とも相まって、代表取締役のほか、役付取締役を構成員とする常務会ないし経営会議等において重要な業務執行事項の決定が行われるようになり、業務執行の決定機関としての取締役会は形骸化していった。このような状況下において、昭和40年代以降、大会社の不祥事（粉飾決算等）が顕在化した。取締役会の意思決定機能だけでなく、監督機能の実効性についても疑義が生じ、取締役会の監督機能を強化する必要性が認識されるようになったのである。こうして、大会社の自主的監視機構を整備するため、昭和49年に、商法が改正され、大会社と小会社の特例を定める商法特例法が制定された。監査役の業務監査権限が復活し（ただし、小会社の特例）、大会社について会計監査人の設置が強制された。その後、株主総会の正常化と取締役会の活性化が立法上の重要課題となり、昭和56年に、大会社に、複数監査役・常勤監査役制度が導入され、取締役会の権限について明確な規定が設けられることとなった。

3 マネジメント・ボードの取締役会制度の確立

昭和56年改正商法により、取締役と取締役会制度が大幅に改正された[11]。同年改正商法は、260条を3項に分けて、取締役会の権限を定めることにより、取締役会の機能化に配慮したのである。同条1項は、取締役会は、会社の業務執行を決し、取締役の職務の執行を監督するものとする。昭和40年代以降の企業不祥事に配慮して、取締役会は、業務執行の決定機関であるだけでなく、取締役の職務執行の監督機関でもあることが明示的に定められたのである。当時はまだ業務担当取締役について明示的に規定されていなかったが、取締役会の監督の主たる対象は、代表取締役と業務担当取締役、すなわち、業務執行取締役である。取締役会は、業務執行取締役の選定・解職や職務分担の変更等の決議を通して業務執行取締役を監督するほか、業務執行取締役に対して、一般的ま

[10) 鈴木竹雄・新版会社法〔全訂第1版〕（弘文堂、1974）139頁。
11) 取締役会の招集請求権のほか、特別利害関係人の議決権制限、議事録の閲覧に関する規定が整備された（昭和56年改正商259条2項3号・260条ノ2第2項3号・260条ノ4第4項5号）。

たは具体的な注意・勧告・指示等を行うことにより監督権限を行使することとなる。

昭和56年改正商法260条2項において、支配人その他の重要な使用人の選任・解任と支店その他の重要な組織の設置・変更・廃止のほか、通例的な取引行為の典型である重要な財産の処分・譲受けと多額の借財が取締役会の専決事項として具体的に例示され、さらに、一般規定として、重要な業務執行の決定を取締役に委任することができない旨の明文の規定が設けられた。個別規定が定める取締役会の専決事項に加えて[12]、重要な業務執行事項一般が取締役会の専決事項であり、代表取締役や常務会にその決定を委任することはできないことが明らかされたのである。

取締役は3か月に1回以上業務の執行の状況を取締役会に報告することを要するものとされた（昭和56年改正商260条3項）。これは、業務執行取締役の業務の執行状況を明らかにして、取締役会の審議を充実させその合理的な決定に資するとともに、取締役会の業務執行取締役に対する監督機能を充実させることを目的とする。もっとも、この立法趣旨を実現するには、報告の統一性を確保する必要があるとして、個々の業務執行取締役ではなく、会社の業務執行を統括する代表取締役社長が報告義務を負うと解されていた[13]。

昭和56年改正商法により、重要な業務執行の決定機関であり、その執行を委ねる業務執行取締役を選定・解職し、その業務執行を監督する「マネジメント・ボード」としての取締役会制度が確立したのである。

三　取締役会制度の多様化

1　序

実務において、昭和56年改正商法の取締役会制度改正の理念もまた、十分に

---

[12] 株主総会の特殊決議による認許事項であった取締役の競業取引も、取締役の利益相反取引と同様の取締役会の承認を要する取引とされた（昭和56改正商264条1項・265条1項）。
[13] 稲葉235頁。なお、平成14年改正商法により、業務担当取締役に係る商法260条3項の規定が追加され、報告義務に係る規定は同条4項に移動し、代表取締役と業務担当取締役がこの報告義務を負うことが明らかにされた（なお、5項参照）。

は実現しなかった。その理由は、取締役会構成員の同質性と内部取締役間の明確な序列関係の存在、さらに、取締役の員数の多さである。取締役という役職が労務管理上利用され、専務・常務、さらには、代表取締役の肩書さえ、営業上利用されるようになり、取締役の員数は徐々に増加し、平成に入ると、30人程度の取締役を有する会社も例外でないようになった。他方、社外取締役ないし業務執行にかかわらない取締役（非業務執行取締役）は例外的であった。

取締役は、原則として業務執行にかかわる取締役であり、代表取締役会長・社長をトップに、専務取締役や常務取締役等の業務担当取締役、さらに、支店長や部長、工場長等の使用人兼務取締役というように、取締役には、業務執行上明確な序列が認められた。使用人兼務取締役に社長を適切に監督することを期待することは事実上無理である。担当業務で精一杯の業務担当取締役には、他の取締役の職務執行を監視する時間的余裕はないであろう。そもそも、業務執行事項は、それぞれの担当取締役が担当部署の検討結果を常務会等に示してその審議に付し、その了承を得た上で取締役会に上程されるのが一般的であり、業務執行にかかわっている取締役が、取締役会で実質的審議をすることは屋上屋を重ねるものであると感ずることにも理由があろう。監査役も含めて30人を大きく超える役員が出席する会議において実質的審議をすることは、物理的にも困難であろう。

現在では、内部取締役だけで構成される取締役会の監督機能の問題点が指摘されるようになっているが、昭和56年当時は、「マネジメント・ボード」としての取締役会に外部者を取り込んで監督機能を実質化することは取締役会の内部に対立を持ち込むものであるとして、否定的な考えが一般的であり、立法論としても、取締役の責任を厳格化する等により、内部取締役が誠実にその職務を執行することを確保する方策が選択されたのである[14]。

昭和49年改正商法は監査役に業務監査権限を付与し（同法274条1項）、監査役の独立性を確保するため、監査役の任期を2年に伸長した（同法273条1項）。同年に制定された商法特例法は大会社に会計監査人の設置を義務づけた（同法2条）。昭和56年改正商法特例法は、大会社は監査役を2人以上選任し、監査

---

14) 旧版注会(4)12頁〜13頁［石井］参照。

役の互選により常勤監査役を定めるものとした（同法18条）。平成に入ると、日米構造問題協議等の外圧もあって、社外取締役制度に対する関心が高まったが、実務界はなお社外取締役に消極的であり、平成5年改正商法および商法特例法は、社外監査役により大会社の健全性を確保することとした。大会社の監査役は3人以上で、そのうちの1人以上は社外監査役でなければならないものとし（平成5年改正商特18条1項）、監査役会制度が法定された（同法18条の2）。監査役の任期が2年から3年に延長された（平成5年改正商273条1項）。平成13年12月の議員立法で、監査役の任期が4年に延長された（平成13年12月改正商273条1項）。大会社について、監査役の半数以上が社外監査役でなければならないものとされ、社外監査役の適格要件としての5年の過去要件が削除された（平成13年12月改正商特18条1項）。過去に会社の業務執行取締役や使用人であった者は、その後、社外監査役となることが一切できなくなったのである。

　従来の取締役会制度改革は、改正の理念として、健全性の確保を掲げ、規制強化を進めてきた。しかし、平成5年以降の企業業績の低迷を受け、徐々に、大会社の経営の効率性を高めてその国際競争力を回復・強化するための積極策として、商法および商法特例法の改正が検討されるようになった。政府の経済政策目的に適合的な法制度の創設と経営の自由度を向上するための規制緩和の方向性が強まったのである（会社法の政策立法化）。その成果として、平成14年の商法特例法の改正により創設された委員会等設置会社（現在の「指名委員会等設置会社」。以下、「指名委員会等設置会社」に統一する）がある。「指名委員会等設置会社」創設の契機となったのは、取締役をそれまでの約4分の1の10人とし、3人の社外取締役を招聘し、従来の使用人兼務取締役を執行役員とする平成9年のソニーの経営管理機構の改革であった[15]。こうして、経営の柔軟性と効率性を指導理念として、取締役の員数の削減と社外取締役の登用等を内容とする取締役会の制度改革が始まったのである。

　実務において、指名委員会等設置会社制度はほとんど利用されなかったため、平成26年改正会社法は、「監査等委員会設置会社」制度を創設した。以下

15）ソニーの経営改革等について、本書320頁〜323頁参照。

において、平成26年改正会社法の下における監査役・監査役会設置会社、指名委員会等設置会社および監査等委員会設置会社の取締役会を比較検討する。

2 監査役・監査役会設置会社の取締役会

監査等委員会設置会社および指名委員会等設置会社以外の公開会社である大会社においては、業務執行が適法かつ効率的に行われることを確保するため、業務執行機関が取締役会と代表取締役（さらに、業務担当取締役）に分化し、監査専門機関として監査役・監査役会と会計監査人の設置が義務付けられている（会社327条2項本文・328条1項）。会社法は、監査役・監査役会設置会社について、基本的に、平成17年改正前商法のスキームを踏襲しているが、内部統制システムの整備を取締役会の専決事項とし、大会社の取締役会は、内部統制システムの整備について決定しなければならないものとした[16]。また、業務執行取締役が、3か月に1回以上行う職務執行状況の報告は、指名委員会等設置会社の執行役の場合と同様、「自己の」職務執行状況を報告するものであることが明らかにされた（会社363条2項）。

取締役会は、重要な業務執行の決定を取締役に委任することができない（会社362条4項柱書）。取締役会は、重要な業務執行を決定し業務執行取締役に自らが決定した当該業務の執行を委ね、業務執行取締役が当該業務を取締役会決議の趣旨に適合するよう適正かつ効果的に執行しているかどうか監督する。こうして、業務執行の決定機関と執行機関の連携を図り、取締役会の業務執行取締役の職務執行に対する監督権限の実効性を確保することが企図されている。これをマネジメント・ボードという。取締役会は、業務執行取締役が提案する重要な業務執行事項の決定（承認）とその事後的チェックを通して、重要な業務執行事項の適法性と妥当性（効率性）について監督するのである。

重要な業務執行事項として、会社法362条4項は、平成17年改正前商法と同様、対外的取引行為である重要な財産の処分・譲受けと多額・借財を例示す

---

[16] 会社法362条4項は、平成17年改正前商法260条2項各号所定の専決事項に加えて、内部統制システムの整備を新たに取締役会の専決事項とし、さらに、社債募集に係る重要事項と取締役会の決議に基づく役員の責任の一部免除を同項の列挙事項に加えた（会社362条4項5号～7号）。

る。「重要」・「多額」の判断は、すべての会社において画一的・定型的なものではない。会社規模や会社の状況、さらには、時代背景により可変的なものである。形式的には同じ取引行為であっても、相手方との関係等により、判断基準が異なる場合もある。解釈論との関係で重要であるのは、会社法において、株主総会の特別決議事項である会社の基礎の変更に係る量的基準が20分の1から5分の1に大幅に緩和されたことである（会社467条1項2号・5号・796条2項等参照）。取引行為の重要・多額の基準についても、この大幅緩和に配慮して、柔軟な解釈論が展開されるべきであろう。

　取締役会の専決事項でない業務執行事項であっても、会社に対する影響に配慮して、代表取締役ないし常務会（執行役員会）の決定とその結果が、取締役会に報告されることもあろう。とりわけ、3か月に1回以上、業務執行取締役の職務執行状況の報告がされるのである。さらに、内部統制システムの効果的な運用状況が取締役会に報告される。大会社においては、取締役会が業務執行の決定自体をしなくても、以上のような報告を通して業務執行取締役に対する適切な監督が可能となり、健全かつ効率的な業務執行を実現することができるのである。したがって、取引行為の重要・多額の解釈に当たり、業務執行の円滑機動的な執行を促進し経営の効率性を高めるよう、取締役会の判断を尊重する立場を基本とすることが妥当である[17]。

　監査等委員会設置会社や指名委員会等設置会社と異なり（会社399条の13第1項1号イ・416条1項1号イ）、監査役・監査役設置会社の取締役会の専決事項として、経営の基本方針や予算の決定、さらには、重要な投資計画等の経営の基本事項は具体的に列挙されていない。昭和56年改正商法は、支店や支配人等と同様、法律関係の明確化のために、対外的な取引の効力が問題となる重要な財産の処分・譲受けと多額の借財を取締役会の具体的な専決事項として規定しつつ、経営の基本方針等は純然たる対内的な業務執行事項であるとして、個別的に例示することなく、一般的に重要な業務執行として、取締役会の専決事項に含めることとしたのであって、監査役・監査役設置会社においても、経

---

[17] 神作裕之「取締役会の実態とコーポレート・ガバナンスのあり方」旬刊商事法務1873号（2009）21頁・25頁参照。

営の基本方針等は重要な業務執行として、取締役会の専決事項となる。

3　指名委員会等設置会社の取締役会

　指名委員会等設置会社は、モニタリング・モデルを指向するもので、その制度理念は、執行と監督の分離による経営の効率性と監督の実効性の確保である。業務執行機関として新たに設けられた執行役に大幅に業務執行の決定を委任して円滑かつ迅速な業務執行を確保する一方、社外取締役が委員の過半数である指名委員会・監査委員会・報酬委員会が設けられ、これらの指名委員会等の活動を通して、取締役会の執行役に対する監督機能を実質化することが企図されている。執行役に対する監督機能の充実を前提に、執行役に業務執行の決定を大幅に委任することが認められるのである。

　指名委員会等設置会社の取締役と執行役の任期は1年以内である（会社332条6項・402条7項）。毎年、定時株主総会において取締役が選任され、その取締役により構成される取締役会が執行役・代表執行役を選任・選定することにより（会社402条2項・420条1項）、株主の信任を基礎に、取締役会が、執行役・代表執行役を効果的に監督することが期待されている。

　指名委員会は、取締役会の諮問委員会でなく、取締役会に代わって、株主総会に提出する取締役の選任・解任に関する議案の内容を決定する（会社404条1項）。取締役会には取締役の選任・解任議案の内容を決定する権限はないのである。他方、執行役人事は取締役会の専決事項であり、指名委員会は、執行役就任予定の取締役の選任議案を決定することにより、執行役人事に間接的にかかわるにすぎない。実務上、執行役人事にも指名委員会がかかわる例が多いようであるが、それは、取締役会の諮問委員会として、取締役会に執行役候補者の原案を提示する役割を担うのである。

　報酬委員会の基本的任務は執行役と取締役（以下、両者を併せて、「執行役等」という場合がある）の個人別報酬等の内容を決定することであり、執行役が会社の使用人を兼ねているときは、使用人分の報酬等の内容についても決定しなければならない（会社404条3項）。報酬委員会は、執行役等の個人別報酬等の内容に係る決定に関する方針を定めなければならない（会社409条1項）。この基本方針は事業報告に記載され、これに従って執行役等の個人別報酬等の内容が

決定される。報酬委員会も、取締役会の諮問委員会でなく、取締役会に代わって、報酬関連事項を決定するのである。

監査委員会は、執行役と取締役の職務執行の監査と監査報告の作成（会社404条2項1号）および株主総会に提出する会計監査人の人事議案の内容の決定（同項2号）を基本的任務とする。監査委員会は、監査役会と異なり、それ自体が監査機関である。監査委員は、それぞれ独自に監査機関となるのでなく、監査委員会の構成員として監査権限を行使するにすぎない。指名委員会等設置会社は監査役（さらに、監査等委員会）を置くことはできない（会社327条4項・6項）。監査委員会との権限関係等の混乱を生ずるおそれがあるためである。

指名委員会等設置会社においては、業務執行取締役（代表取締役・業務担当取締役）制度に代えて、執行役・代表執行役制度が導入されている。指名委員会等設置会社の業務執行機関は執行役・代表執行役である。執行役・代表執行役は、取締役会において選任・選定され、いつでも取締役会の決議により解任・解職することができる（会社402条1項・2項・403条1項・420条1項・2項）。執行役・代表執行役は、取締役でなくてよい。取締役会は、取締役に限定することなく、広く適任の執行役候補者を求めることができる。取締役会は、業務執行の決定を取締役に委任することはできない。取締役は、原則として業務を執行することもできない（会社415条・416条3項）。このように執行機関と監督機関を明確に分離して、監督機能の強化が企図されているのである[18]。

指名委員会等設置会社においても、業務執行の原則的決定機関は取締役会であるが、業務執行（経営）の機動性と柔軟性を高めるため、会社法416条2項・4項がとくに定める事項を除いて、個別規定により取締役会の専決事項とされている事項を含むすべての重要な業務執行事項の決定を、取締役会決議により、執行役に委任することができる。

指名委員会等設置会社の取締役会の業務執行に係る専決事項の第1は、会社法416条1項1号所定の、経営の基本方針、内部統制システム関連事項、執行役の職務分掌等である（会社416条2項）。このほか、会社法416条4項が20号

---

[18] 取締役は、執行役を兼ねることはできるが、執行役の指揮命令を受ける支配人その他の使用人を兼ねることはできない（会社331条4項・402条6項）。

に分けて具体的に取締役会の専決事項を定めている。これらは、執行役・代表執行役の人事関連事項、委員会委員の選定等、株主総会招集関連事項、株主総会決議を要する組織関連事項、定款の定めによる取締役等の責任免除、事業報告・計算書類の承認や中間配当の決定等の株主の利害に重大な影響を与える事項、競業取引・利益相反取引の承認等の取締役・執行役の利害関係取引に係る事項および譲渡制限株式等の譲渡承認関連事項に分類される。これらの具体的に規定された取締役会の専決事項以外の業務執行事項の決定権限は、すべて、取締役会決議により、執行役に委任することができる（会社416条4項本文。362条4項対照）。会社法362条4項各号が列挙する重要な取引行為、重要な使用人の人事や支店等の設置等、さらには、募集株式の発行等や社債の募集に関する重要事項等の重要な経営事項も執行役に委任することができる。

　指名委員会等設置会社の実務上、執行役に対する業務執行の決定権限の委任範囲は抑制的で、重要な業務執行事項の多くは取締役会で決議されているようである[19]。取締役会における合意形成が、なおわが国では重視されているのであろう。もっとも、指名委員会等設置会社における「重要性」の判断基準は、会社法362条4項の「重要性」と同じでなく、重要性について個々の会社が任意に決定することができる。

　取締役会が執行役に特定の業務執行事項の決定を委任したとしても、そのことにより、当該事項について取締役会の決定権限が奪われるわけでない。取締役会は、必要と思うときは、当該委任事項についても自ら決議することができる。また、執行役は、決定を委任された事項について、事案の性質や会社の状況等の総合的判断により、取締役会の承認を受けることが妥当であると考えるときは、取締役会決議を求めることもできる。指名委員会等設置会社における業務執行の決定権限の所在について、柔軟な構成が採用されているのである。執行役が専決執行することができる事項について、慎重に決定したほうがよいと合理的に判断して取締役会の承認を求めたときは、専決執行した場合より、経営判断の裁量の範囲が広くなる可能性があるが、責任回避のために、必要がないにもかかわらず、取締役会の決議を求めることは問題である。

---

19) 運営実態115頁参照。

業務執行の決定が広範に執行役に委任されている指名委員会等設置会社の取締役会の基本的役割は、経営の基本方針を決定し、執行役関連人事を行い、執行役の職務執行を監督することである。取締役会は、社外取締役も交えて、適切な経営の基本方針を決定しなければならない。取締役会が策定した経営の基本方針を基礎に、執行役が取締役会に提示したパフォーマンスをどのように実現したかチェックすることが取締役会の監督の基本となる。これがモニタリング・モデルであり、社外取締役の役割に大きな期待が寄せられるのである。3か月に1回以上、執行役は取締役会において、自己の職務執行状況を報告しなければならない（会社417条4項前段）。この報告は、原則として個々の執行役がそれぞれ行うこととなるが、執行役は取締役会への出席義務がない。このため、他の執行役を代理人としてその報告をすることができるものとされている（同項後段）。取締役は、この報告を基礎に、執行役のパフォーマンス・チェックを行うのである。

　取締役、とりわけ、社外取締役に、個々の経営事項（個々の重要な業務執行事項）を個別具体的に監視・監督することが求められるわけでない。そもそも、そのようなことを社外取締役に期待することは無理である。社外取締役には、その経歴や資質と関連して、経営の基本方針や執行役のパフォーマンスを大局的観点からチェックすることが期待されているのであり、執行役の個別具体的な職務執行をチェックする必要はない。とりわけ、適法性のチェックは、原則として内部統制システムに委ねられる。監査委員会は、非業務執行取締役のみで構成され、社外取締役が過半数であり、常勤の監査委員を選定することは義務付けられていない。監査委員であっても、いわゆる実査をする必要はなく、基本的に内部統制システムを通じて監査することで足りるからである。

4　監査等委員会設置会社の取締役会

　実務において、指名委員会と報酬委員会、とりわけ、指名委員会に対する拒絶反応が強く、平成26年当時、上場会社においては、60社程度しか指名委員会等設置会社制度を採用していなかった。そこで、平成26年改正会社法は、上場会社に社外取締役の設置を促し、外国投資家の投資を促進するとともに、業務執行取締役に重要な業務執行の決定権限を大幅に委任して経営の効率性を向

上させるために、監査等委員会設置会社制度を導入した。

　監査等委員会設置会社は、監査役会設置会社と指名委員会等設置会社の中間的・折衷的な機関構成の会社であって、監査等委員会を設置する株式会社である（会社2条11号の2）。監査等委員会は、指名委員会等設置会社の監査委員会と基本的に同様の監査権限を有し（会社399条の2第3項1号・2号・399条の3）、指名委員会等設置会社の場合と同様、監査役を置くことはできない（会社327条4項）。指名委員会と報酬委員会の設置は強制されていないが、任意設置の諮問委員会として、これらの委員会を設置することは認められる。

　監査等委員会は、3人以上の監査等委員で構成され、構成員の過半数は社外取締役でなければならない（会社331条6項・399条の2第1項・2項）。監査等委員の独立性を確保するため、監査等委員である取締役の兼任禁止・選任・解任・報酬等について、監査役とほぼ同様の規制が設けられている（会社309条2項7号・329条2項・331条3項・332条4項・342条の2第1項〜3項・344条の2・361条2項・3項5項）。監査等委員である取締役の任期は2年であり（短縮不可）、監査等委員である取締役は他の取締役と区別して選任され、解任は株主総会の特別決議事項である（会社309条2項7号・329条2項・332条4項）。

　監査等委員会設置会社において、執行役は設けられない。監査役・監査役会設置会社の場合と同様、取締役会が取締役の中から選定する代表取締役と業務担当取締役が業務執行を担当する（会社399条の13第3項・363条1項参照）。株主総会の取締役に対する監督を強化するため、監査等委員である取締役以外の取締役の任期は1年とされる（会社332条3項）。

　監査等委員会設置会社の取締役会の権限は、原則として監査役・監査役会設置会社と同様であるが（会社399条の13第1項）、指名委員会等設置会社の場合と同様、経営の基本方針が取締役会の第1の専決事項とされ、大会社でなくても、会計監査人の設置と内部統制システムの整備が義務付けられている（会社327条5項・399条の13第1項1号ロハ・2項）。取締役会の基本的な役割は、業務執行取締役が取締役会の定めた経営の基本方針に従い健全かつ効率的に職務を執行しているかどうか監督することであり、個々の業務執行のチェックは内部統制システムの役割とするモニタリング・モデルが指向され、指名委員会等設置会社と同様、常勤監査等委員の選定は義務付けられていない。

取締役の過半数が社外取締役であるときは、取締役会決議により、指名委員会等設置会社の取締役会が執行役に委任することができる重要な業務執行の決定を業務執行取締役に委任することができる（会社399条の13第5項）。取締役の過半数が社外取締役である場合、取締役会それ自体が、業務執行取締役に対する監督を適切に行うことができるとして、業務執行取締役に対して業務執行の決定権限を広範に委任することが合理化されるのである[20]。

　監査等委員会設置会社は、定款において、取締役会決議によって重要な業務執行の決定の全部または一部を業務執行取締役に委任することができる旨、定めることができる（会社399条の13第6項——権限委任に係る定款授権）。監査等委員会設置会社への移行のための定款変更に併せて、この定款規定を設けることにより、この権限委任が広く利用されると推測されるが、監査等委員である2人の社外取締役がいるだけの会社が重要な業務執行の決定権限を大幅に代表取締役に委任するときは、ワンマン体制となり、効率性の観点からも健全性の観点からも問題が生ずる危険がある。このため、監査等委員会は、監査等委員以外の取締役の選任・解任・辞任・報酬等について意見を決定しなければならず、選定監査等委員は、株主総会において、監査等委員会の当該意見を述べることができるものとされている（会社399条の2第3項3号・342条の2第4項・361条6項）[21]。これを「人事関連意見陳述権」というが、指名委員会と報酬委員会の代替的職務権限としての機能を重視して、経営評価権限といわれる場合もある。監査等委員会にこの人事関連意見陳述権が認められていることと定款自治の尊重が、定款の定めによる権限委任の正当化根拠とされている。監査等委員は、監査等委員会の人事関連意見陳述権を背景に、取締役会において取締役人事に主導的に関与することが期待されているのである[22]。

---

20) 過半数の社外取締役が選任されている指名委員会等設置会社の委員会構成ないしその権限を弾力化すれば、監査等委員会設置会社を新たに設ける必要はなかったように思われる。しかし、次に述べる定款の定めによる権限委任が監査等委員会設置会社制度の本来的目的であり、過半数の社外取締役の存在による取締役会の権限の大幅委任は、その露払いにすぎないのであろう。

21) 監査等委員会は、この権限を有するゆえに（さらに、会社423条4項）、「監査等」委員会と称されるのである。

22) 立案担当平成26年改正132頁～133頁。

ところで、監査役は、取締役会に出席して、必要があると認めるときは、「意見を述べなければならない」と規定されている（会社 383 条 1 項本文）。これに対して、選定監査等委員の人事関連意見陳述権は、監査等委員である取締役の独立性確保のために認められている監査等委員である取締役の人事に係る意見陳述権（会社 342 条の 2 第 1 項・2 項・361 条 5 項）と同じように、「意見を述べることができる」とされているだけである。このため、選定監査等委員は、監査等委員会の意見を述べる義務はないと解するのが、一般的である。

しかし、監査等委員会には、監査等委員である取締役の選任議案の同意権等が認められている。個々の監査等委員である取締役に認められる監査等委員である取締役の人事に係る意見陳述権はこの補充的制度であり、監査等委員会の人事関連意見陳述権とは性質を異にする。会社法 342 条の 2 第 4 項と 361 条 6 項は、選定監査等委員のみが監査等委員会が決定した意見を述べる職務権限を有し、個々の監査等委員は意見を述べることはできないことを明らかにしているのであり（株主総会における監査等委員会の意見を述べる手続の定め）、選定監査等委員は、監査等委員会が決定した意見を株主総会において述べなければならないと解することが合理的であろう。

監査等委員は、監査役の場合と同様、取締役が株主総会に提出しようとする議案等について法令定款に違反し、または、著しく不当な事項があると認めるときは、その旨を株主総会に報告しなければならない（会社 399 条の 5）。この報告義務は、「監査等」委員が「監査」委員よりも脆弱であることに配慮して課されたもののようである。このように「脆弱な」監査等委員が、業務執行取締役の職務執行全般を調査した上、その経営上の評価を適切に行い、それを基礎に、監査等委員会において、業務執行取締役の選任・解任・辞任・報酬等について適切に意見を決定することができるかどうか疑問となる。したがって、選定監査等委員が株主総会において人事関連事項について意見を述べなければならないと解することにより、この脆弱性を補強する必要がある。

これが従来の筆者の見解であるが、上述の監査役の意見陳述義務との対比からも、文言上無理な立法論的解釈として批判を免れないように思われる。現在では、選定監査等委員は、監査等委員会が株主総会において述べるべき意見を決定したときは、意見を述べなければならないが、一般的に、意見陳述義務を

負うものではないと解している[23]。

　この人事関連意見陳述権を誠実に履行するには、必要があるとき、関係取締役に対して説明を求めなければならない（会社399条の9第3項）。とりわけ、監査等委員会は、個々の業務執行取締役に支給される具体的報酬額ないしその基本的枠組みを知った上で、報酬等について意見を決定しなければならない。指名委員会と報酬委員会を拒絶してきた実務が、このようなことを受け入れるのであろうか[24]。また、一般の監査業務に加えて、このような重責を誠実に担う覚悟で監査等委員である取締役になることを承諾する適切な人材がどの程度いるのであろうか。このようなことから、監査等委員会設置会社の理念が実務上骨抜きにされることが危惧される。

　他方、監査等委員の独立性を確保するため、株主総会が直接、監査等委員である取締役を選任するが、これは取締役会（監査等委員でない社外取締役）による監査等委員のチェックがないことを意味する。取締役会において監査等委員が不適格であると判断しても、任期2年の監査等委員を交代させるには、株主総会の特別決議が必要となる。また、監査委員会のような（会社417条3項）、取締役会に対する監査等委員会の職務執行状況の報告義務も定められていない。監査等委員に取締役会のコントロールは及ばないのである。

　監査等委員会設置会社へ移行しようとする監査役会設置会社は、その制度理念に適合するよう取締役会を合理的に運用するために、監査等委員である社外取締役のほかに社外取締役を選任することが望まれる。監査等委員会としては、諮問委員会として、監査等委員である社外取締役以外の社外取締役も含まれる指名委員会や報酬委員会の設置を勧告し、それらと連携して人事に関連する意見を決定することが合理的であろう。複数の社外取締役を選任していた大規模な監査役会設置の上場会社が、監査等委員会設置会社に移行し、監査等委員会を充実するとともに、任意の諮問委員会として、社外取締役を中心とする指名委員会や報酬委員会を設けている例が認められる。指名委員会等設置会社制度は硬直的な機関設計のものであり、監査等委員会設置会社制度をベース

[23) この問題の詳細について、本書176頁〜178頁参照。
24) 江頭憲治郎「会社法改正によって日本の会社は変わらない」法律時報86巻11号（2014）64頁。

に、指名委員会等設置会社制度のメリットにも配慮して、取締役会の監督機能を高める努力をすることは高く評価される。

なお、監査等委員会設置会社において、監査等委員である社外取締役以外の社外取締役を積極的に選任するための配慮はとくにされていない。任期2年の監査等委員である社内取締役と社外取締役のほか、任期1年の業務執行取締役と社外取締役その他の非業務執行取締役という異質の取締役が混在するが、とりわけ、独立性強化のため身分保障がされている監査等委員である社外取締役が円滑に他の社外取締役と連携するためには、さまざまな工夫を凝らす必要があろう。

四　取締役会制度の将来の展望

1　マネジメント・ボードとモニタリング・モデル

監査役・監査役会設置会社の取締役会は、重要な業務執行を決定し、かつ、業務執行取締役による当該業務の執行を監督しなければならない。このように重要な業務執行に直接かかわる取締役会は、マネジメント・ボードといわれるが、社外取締役の存在に配慮するとき、重要な業務執行事項の範囲を弾力的柔軟に解することが必要となる。他方、モニタリング・モデルを指向する指名委員会等設置会社においても、執行役に決定を委任する業務執行の範囲は制約的なようであり、実務的には、両者の取締役会の業務執行にかかわる機能に質的相違はないということもできる。

しかしながら、指名委員会等設置会社においては、取締役会が決定した経営の基本方針に従い、執行役が、誠実に、最善を尽くして職務を執行し、適切なパフォーマンスを実現しているかどうか監督することが、取締役会の主たる役割となる。これが、執行と監督が分離したモニタリング・モデルの理念型であり[25]、取締役会が自ら重要な業務執行を決定することを通してでなく、必要に応じて事前に意見を述べ、事後に報告を受けること等により業務執行を監督す

---

25)　藤田友敬「『社外取締役・取締役会に期待される役割——日本取締役協会の提言』を読んで」旬刊商事法務2038号（2014）5頁〜7頁参照。

ることとなる。

　監査役・監査役会設置会社においては、重要な取引行為のほか、募集株式の発行等は取締役会の専決事項であり、簡易な組織再編行為も取締役会の決定によらなければならない。取締役会は、業務執行取締役が取締役会の定めた経営の基本方針に従って適正かつ効率的に業務を執行しているかどうか一般的に監督するだけでなく、業務執行取締役が、取締役会の決定した重要な業務執行事項について、取締役会決議を遵守し、その趣旨に適合的に職務を執行しているかどうか監督することも、その本来的役割となり、社外取締役は、モニタリング・モデルの下における社外取締役よりも質的に重い経営責任を負担するのである。

2　社外監査役と社外取締役

　平成26年改正会社法は、社外役員の社外性に係るいわゆる過去要件の対象期間を10年に限定する一方、社外役員の独立性を高めるため、親会社等の関係者でないことを社外性要件に追加した（会社2条15号イ～ホ）。さらに、事業年度の末日において、公開会社であり、かつ、大会社である監査役会設置会社であって、株式に係る有価証券報告書提出会社であるものが、社外取締役を置いていない場合には、取締役は、当該事業年度に関する定時株主総会において、社外取締役を置くことが相当でない理由を説明しなければならない（会社327条の2．会社則74条の2・124条2項3項参照）[26]。これは、社外取締役を1名以上置くことを強く推奨するものであり、監査役会設置会社が監査等委員会設置会社に移行する誘引策としての意味合いが認められる。

　「社外取締役を置くことが相当でない理由」の合理的説明が困難であるとして、監査役会設置の有価証券報告書提出会社において社外取締役が選任される

---

[26] 自由民主党日本経済再生本部「日本再生ビジョン」（平成26年5月23日）を背景に、経済産業省・コーポレート・ガバナンス・システムの在り方に関する研究会は、「社外役員等に関するガイドライン」・「社外役員を含む非業務執行役員の役割・サポート体制等に関する中間取りまとめ」（平成26年6月30日）を発表している。これらは社外取締役の積極的導入を求めるものである。

ようになっているが、監査役会設置会社の経営管理機構は、社外取締役の有効活用という観点から利用しやすい機関設計とは言えない。社外取締役は、代表取締役その他の内部常勤取締役と同様に、重要な業務執行の決定に参画しなければならないのであり、このような職責を担う適任者を見つけることは困難であろう。また、社外監査役を半数以上選任することが義務付けられている大会社である監査役会設置会社にとって（会社335条3項）、社外取締役を置くことには負担感が大きい。とりわけ、平成27年6月1日より実施されている改正東京証券取引所有価証券上場規程（以下、「東証上場規程」という）436条の3前段は、上場内国株券の発行者は、別添「コーポレートガバナンス・コード」の各原則を実施するか、実施しない場合にはその理由を419条に規定する報告書において説明するものとし、コードの原則4－8の前段は、上場会社は会社の持続的な成長と中長期的な企業価値の向上に寄与するような資質を十分に備えた独立社外取締役を少なくとも2人以上選任すべきであるとする。このコードの実施により、監査等委員会設置会社へ移行する監査役会設置会社の数が飛躍的に増加したようである。

　監査役会設置の上場会社が監査等委員会設置会社へ移行する最大のメリットは、社外役員の削減効果（コスト削減）であり、監査役の任期が4年であるのに対して、監査等委員の任期が2年であることも人事の硬直性打破のメリットとされているようである。しかし、費用の節減目的のみを理由に監査等委員会設置会社へ移行することは、制度趣旨に適合するものではなかろう。平成26年改正会社法は、監査等委員会設置会社への移行を促進するために、さまざまの誘引策を講じていることから、実務において監査等委員会設置会社はよいものであるという感覚が広まっているとすれば、問題であろう。

　中小上場会社においては、適任の社外取締役を得ることが困難であるとして、2人の社外監査役をそのまま監査等委員である社外取締役として、監査役会設置会社から監査等委員会設置会社に移行し、代表取締役に業務執行の決定権限を広範に委任する例も少なくないようである。しかし、外国投資家が、このような監査等委員会設置会社を評価するのであろうか。また、監査役会を監査等委員会に横滑りさせた監査等委員会設置会社のガバナンスが向上し、経営の効率性を向上させることが期待されるのであろうか。社外監査役と社外取締

役の間の決定的な相違は、取締役会において議決権を有するかどうか（議決権を背景に、経営者を適切にコントロールすることができるかどうか）である。しかし、同一人が、特に役割の変化等に配慮することなく、社外監査役から社外取締役になっても、その現実の役割が変わるようには思われない。オーナー経営者が支配する中小上場会社においては、そもそもこのようなコントロールが期待されるのであろうか。オーナー経営者が支配する中小上場会社においては、効率性よりも健全性確保に重点を置くことが妥当な場合も少なくない。社外監査役と社外取締役の両者を選任する負担感から、監査等委員会設置会社への、いわゆる横滑り移行は、適法性監査の観点からのコーポレート・ガバナンスのレベルを低下させるおそれがあろう。

　監査役会設置会社である上場会社において、社外取締役を複数選任することに合理性が認められる。しかし、会社の規模や業容、会社の発展段階等の個々の会社の状況に応じて、社外取締役を選任する意味が異なり、事情によっては、社外取締役を選任する必要がとくに認められない場合もあろう。社外取締役にはさまざまな効用が認められるが、その効用は、業種や経営機構のあり方とかかわる。監査役会設置会社においては、社外取締役の選任について、社外監査役の役割にも配慮して、弾力的な対応を認めることが妥当であろう。

　会社法327条の2が規定する、社外取締役を置くことが「相当でない理由」の説明は、個々の会社の事業年度ごとの事情に応じてされなければならない。2人以上の社外監査役の選任が義務付けられている監査役会設置会社において、社外監査役が2人以上いることのみをもって「相当でない理由」とすることができないことは当然である（会社則124条3項）。また、適任者を探すべきであり、適任者がいないというだけでは理由とならない。しかし、平成26年改正会社法は、上場会社または大会社に社外取締役の選任を義務付けることは断念し、「コンプライ・オア・エクスプレイン」方式により、社外取締役を選任するかどうかについて、個々の会社の合理的判断に委ねることとしたのである。「相当でない理由」を厳格に解して、事実上社外取締役を強制するような解釈が有力であるが、それは疑問である。会社法327条の2は、監査役会設置の大会社であって、株式に係る有価証券報告書提出会社が社外取締役を置いていない場合、株主総会において、株主に対して、当該会社が社外取締役を選任しない実

質的理由を丁寧に説明することを求めていると解することが合理的である[27]。モニタリング・モデルでなく、わが国の伝統的な合意形成型取締役会（マネジメント・ボード）において、監査役会と連携して経営することが妥当であるということも「相当でない理由」の説明として合理的であろう[28]。経営者が誠実に会社の実情に即して社外取締役を置くことが相当でないと判断した理由を説明すればよいのであって、その是非は、裁判所でなく、株主さらには投資者が判断すべきである。まったく説明をしない場合や虚偽の説明をした場合はともかく、誠実に理由を説明しておれば、関連する株主総会決議について瑕疵は生じないこととなろう[29]。

五　結　語

昨今、社外取締役礼賛論が一般的である。しかし、マネジメント・ボードを採用する監査役・監査役会設置会社とモニタリング・モデルを指向する指名委員会等設置会社や監査等委員会設置会社における社外取締役の機能の相違に配慮しつつ、それぞれの管理運営機構の下におけるコーポレート・ガバナンスに適切な弾力的・柔軟な解釈論を提示すべきである。

モニタリング・モデルにおける社外取締役の重要な役割は、CEOを適切に交代させることであるが、当面のわが国において、このような役割は現実的なものでないと指摘されている[30]。とりわけ、1人の社外取締役では、多数の社内取締役の中に埋没してしまう危険がある。このため、上場会社においては、独立社外取締役を少なくとも2名以上選任すべきであるとされているが、独立社外取締役が2人選任されているという形式でなく、その内容が問われるべきで

---

[27] 前田雅弘「企業統治」ジュリスト1472号（2014）19頁〜20頁。
[28] 宮島英昭ほか「座談会・企業統治制度改革のゆくえ〔上〕」旬刊商事法務2045号（2014）11頁〔田中亘〕。このほか、塚本英巨「独立社外取締役の活用と取締役会上程事項の見直し」旬刊商事法務2080号（2015）34頁参照。
[29] コーポレートガバナンス・コードも、「コンプライ・オア・エクスプレイン」方式を採用しており、理由を説明すれば、2人以上の独立社外取締役を選任しないことも認められる。
[30] 藤田勉「独立取締役の効果と限界」月刊資本市場349号（2014）34頁以下参照。

ある。また、コーポレートガバナンス・コードの原則4－8の後段は、業種・規模・事業特性・機関設計・会社をとりまく環境等を総合的に勘案して、自主的な判断により、少なくとも3分の1以上の独立社外取締役を選任することが必要と考える上場会社は、そのための取組み方針を開示すべきであるとする。市場第一部上場の監査等委員会設置会社または指名委員会等設置会社においては、過半数が独立社外取締役であることが望まれるのであり、原則4－8後段は、当面の課題として、「3分の1以上の選任」を推奨していると解することが合理的である。社外監査役と社外取締役の間の決定的な相違は、議決権を背景に、経営者を適切にコントロールコンすることができるかどうかであり、監査役・監査役会設置会社が監査等委員会設置会社に移行する際、経営者を適切にコントロールコンすることができる社外取締役を確保しなければならない。それは、人数だけの問題でなく、それぞれの会社の社外取締役に求められる資質を有する有能な社外取締役を選任する必要がある。

　コーポレートガバナンス・コードの原則4－6は、業務の執行に携わらない、業務の執行と一定の距離を置く取締役の活用について検討すべきであるとする。監督と執行の分離を推し進めるには、（独立）社外取締役要件を充足しないが、社内の事情に精通した者を非業務執行取締役に選任し、社外取締役との連携を図ることが重要となる。独立社外取締役が2人、あるいは過半数であっても、業務執行取締役経験者である非業務執行取締役との連携等の、適切な情報収集等の手当がされなければ、その機能を効果的に発揮することは困難であろう。独立社外取締役については、その数だけでなく、いかにその役割が果たされているかが重要であり、独立社外取締役のサポート体制のほか、独立社外取締役に就任する者の資質と姿勢にも留意しなければならない。

　平成14年に、現在の指名委員会等設置会社制度を創設したとき、監査役・監査役会設置会社との制度間競争により、わが国のコーポレート・ガバナンスが向上することが期待された。指名委員会等設置会社制度はあまり利用されなかったが、指名委員会等設置会社の存在にも配慮して、日本監査役協会を中心に監査役・監査役会設置会社のガバナンスを向上させるために積極的に諸施策が講じられ、この10年あまりの間に、監査役・監査役会設置会社のガバナンスは向上した。監査役・監査役会設置会社のガバナンスの向上への貢献が、指名

委員会等設置会社の最大の効用であるということもできよう。
　多くの上場会社においては、社外取締役の助言機能が重視されている。これは社外監査役にも認められる機能である。社外監査役に議決権はないが、監査報告への記載という実務的に無視することのできない権限を背景に、取締役会において、経営事項について幅広に発言することができる。このような監査役・監査役会設置会社の発展化傾向にも留意して、監査等委員会設置会社へ移行すべきかどうか、指名委員会等設置会社をどのように評価すべきか、検討されるべきである。

第2章　取締役会のあり方とコーポレートガバナンス・コード

> 本章は、旬刊商事法務 2087 号（2015）に掲載された「取締役会のあり方とコーポレートガバナンス・コード」に、平成 27 年 9 月に、大阪株式懇談会で行った「コーポレートガバナンス・コードと取締役会」と題する講演会の速記録（大阪株式懇談会・会報 748 号）を参考に、加筆修正をしたものである。

一　序　説

1　序

　平成 26 年 6 月の「日本再興戦略改訂 2014」を受けて、同年 8 月に、金融庁と東京証券取引所を共同事務局とする有識者会議が設置され、平成 27 年 3 月に、東京証券取引所の有価証券上場規程に取り込むことを予定したコーポレートガバナンス・コード原案が策定され、同年 5 月、東京証券取引所の有価証券上場規程が改正され、コーポレートガバナンス・コードがその別添資料とされた[1]。

---

1) このコードは短期間に策定された。それは、政府の成長戦略の一環としての、「稼ぐ力」を高めるための「攻めのガバナンス」を政治スローガンとするアベノミクスの第 3 の矢の 1 つとして、平成 27 年 6 月の定時株主総会シーズンに間に合わせることが強く要請されたためである。「『日本再興戦略』改訂 2015」において、「攻めの」コーポレート・ガバナンスの更なる強化が求められ、「日本再興戦略 2016」も、「スチュワードシップ・コード及びコーポレートガバナンス・コードのフォローアップ会議」による実効的なコーポレートガバナンス改革に向けた取組みの深化を求めている。

平成27年6月1日より実施されている改正東京証券取引所有価証券上場規程（以下、本章において「東証上場規程」という）436条の3の前段は、上場内国株券の発行者は、別添「コーポレートガバナンス・コード」の各原則を実施するか、実施しない場合にはその理由を419条に規定する報告書において説明するものとする。コーポレートガバナンス・コードの原則を実施しない場合の理由の説明は、「コーポレート・ガバナンス報告書」に新設される「コーポレートガバナンス・コードの各原則を実施しない理由」欄に記載される。これは東証上場規程の「企業行動規範」の「遵守すべき事項」として定められており、遵守しない場合、公表措置や改善報告書の徴求等の実効性確保措置がとられる（東証上場規程502条1項2号等参照）。

　このほか、東証上場規程445条の3は、「上場会社は、別添『コーポレートガバナンス・コード』の趣旨・精神を尊重してコーポレート・ガバナンスの充実に取り組むよう努めるものとする」としている。これは、「企業行動規範」の「望まれる事項」において定められており、遵守しない場合でも実効性確保措置はとられない。

　「コーポレートガバナンス・コード」（以下、本章において「コード」として引用する）は、①株主の権利・平等性の確保、②株主以外のステークホルダーとの適切な協働、③適切な情報開示と透明性の確保、④取締役会等の責務、⑤株主との対話、の5つの章を設けて、5つの基本原則、30の原則および38の補充原則を定めている（以下、本章においてとくに区別する必要がある場合を除いて、これらを「原則」と総称する）。「基本原則」は普遍的な考え方を示したものであり、それを構成要素ごとに分解・整理したのが「原則」である。「補充原則」は具体的に何をすればよいのかについて補うものである[2]。

　このようにコードは、三層構造のものである。東証上場規程436条の3の後段は、実施しない場合にその理由を説明することが必要となる原則の範囲を、本則市場の上場会社については、基本原則・原則・補充原則のすべてとし、マザーズおよびJASDAQ上場会社については、基本原則に限定する。本章にお

---

[2]　東京株式懇話会コーポレートガバナンス・コード対応ワーキングチーム「コーポレートガバナンス・コードに係るQ&A集（第2版）」No.10（東京株式懇話会会報766号（2015）12頁）、油布志行「コーポレートガバナンス・コードについて」旬刊商事法務2068号（2015）10頁参照。

いては、本則市場の上場会社を前提に、コードが今後の取締役会のあり方にどのような影響を与えるかに焦点を当てて、検討する。

2　コードの基本理念

コードは、上場会社に対してガバナンスに関する適切な規律を求めることにより、経営陣をリスク回避的な制約から解放し、健全な企業家精神を発揮しつつ経営手腕を振うことができるような環境を整えて、会社の持続的な成長と中長期的な企業価値の向上を図ることを狙っている[3]。コーポレート・ガバナンスとして、これまで、リスクの回避・抑制や不祥事の防止に重点を置く傾向があったが（これを「守りのガバナンス」という）、コードは、会社の意思決定の透明性・公正性を担保しつつ、会社の迅速・果断な意思決定を促すことを通じて、「攻めのガバナンス」を実現することを目指しているのであり、監督や評価といった枠組みをしっかりと整備することによって、経営陣が経営手腕を振るえる範囲を確保し、健全なリスクテイクを促進しようとしていると説明されるのである[4]。

このコードは、それ自体として、単独で理解するのでなく、機関投資家に対するスチュワードシップ・コード（日本版スチュワードシップ・コードに関する有識者検討会「責任ある機関投資家」の諸原則）（平成26年2月26日）と併せて理解する必要がある。両者は「車の両輪」であり[5]、スチュワードシップ・コードに服する責任ある機関投資家と投資先企業との健全な対話を通して、コーポレート・ガバナンスを改善し、機関投資家の中長期ベースの投資を促進することにより、会社の持続的成長と中長期的な企業価値の向上に寄与することが期待されるのである[6]。

---

[3]　油布志行ほか「『コーポレートガバナンス・コード原案』の解説〔Ⅰ〕」旬刊商事法務2062号（2015）48頁～49頁。

[4]　谷口達哉「コーポレートガバナンス・コードについて」大阪株式懇談会会報745号（2015）7頁。

[5]　実務家サイドから、コーポレートガバナンス・コードは投資家と企業が建設的な対話を行うための企業サイドの枠組みを定め、スチュワードシップ・コードは投資家と企業が建設的な対話を行うための投資家サイドの枠組みを定めるものであるとの理解が示されている。

[6]　油布ほか・前掲注3) 49頁。

コードは、会社の持続的成長と中長期的な企業価値の向上に資するために経営機構改革や機関投資家との対話の向上を図るための原則を定めている。開示を抜本的に拡充して、会社・経営陣と株主・機関投資家との対話を促進し、これを通して経営機構の改革を進め、会社の持続的な成長と中長期的な企業価値の向上を企図するコードの基本姿勢は評価される[7]。また、長期的視点の株主を重視することは、他の利害関係者との利害対立を軽減させることとなる[8]。

他方、コードが、「稼ぐ力」を高める「攻めのガバナンス」に軸足を置いていることには、コメントが必要となる。リスク管理やコンプライアンスの脆弱性に起因する不祥事が毎年のように顕在化しているわが国において、不祥事を防止し、「過度の(無謀な)」企業家精神の発揮をチェックすることも、コーポレート・ガバナンスの重要な課題であるが[9]、これまで、これらの課題に対する対応は、リスク管理部門や法務部門にとどまっている場合が少なくなかったようである。今後は、リスク管理やコンプライアンスについても、経営レベル・経営企画レベルの重要課題として、経営陣を中心に全社横断的に真摯に取り組む必要があることが強調されるべきである。

いわば政治的スローガンとして、「攻めのガバナンス」と「守りのガバナンス」を対置して、「稼ぐ力を高めるための攻めのガバナンス」が強調されているが、「守りのガバナンス」と「攻めのガバナンス」は表裏一体の関係にあり[10]、「攻め」や「守り」といった言葉に踊らされることなく、コードの目的が、会社の経営機構の抜本的な改革と機関投資家との対話の質的な向上により、中長期的観点からの企業価値の向上を図るものであることを明確にする必要がある。コードの序文も、「コーポレートガバナンス」とは、会社が、株主をはじめ顧

---

[7] 機関投資家サイドも、コードを積極的に評価している(井口譲二「機関投資家のコーポレートガバナンス・コードに対する期待——長期的な企業価値創造プロセスを示す統合報告(ESG)の実践——」旬刊商事法務2068号(2015)31頁)。

[8] 柳川範之「コーポレートガバナンス:根底にある考え方から今後の課題を展望する」月刊資本市場361号(2015)5頁。

[9] 武井一浩「ガバナンス・コードを踏まえた取締役会の機能性と自己評価」旬刊商事法務2069号(2015)12頁。

[10] 小口俊朗「グローバル機関投資家の視点を中心とした考察」ジュリスト1484号(2015)41頁〜42頁参照。

客・従業員・地域社会等の立場を踏まえた上で、透明・公正かつ迅速・果断な意思決定を行うための仕組みを意味するとしている。コードは、株主至上主義の観点から、「稼ぐ力」や「攻めの経営」を目指しているわけではない。

3　コードの基本的枠組み

(1)　序

　コードは、「プリンシプルベース・アプローチ」と「コンプライ・オア・エクスプレイン」手法を採用して、会社が、原則を実施するかどうかの検討からスタートして、株主との対話等も重ねつつ、真摯にコーポレート・ガバナンスについて考え、その結果を開示することを求めている[11]。原則を実施しているかどうか、実施しない理由の説明が十分かどうかは、個々の会社が主体的に判断すべきことであり、それが問題となる場合にも、取引所は積極的にかかわるのでなく、基本的に会社と株主の対話を通して共通の理解を探っていくこととなると指摘されている。原則を実施していない場合に取引所による実効性確保手段が発動されるのは、取引所の求めにもかかわらず理由の説明を拒絶する場合や理由の説明が明らかに虚偽であるような場合に限られるのである[12]。

　コードにおいて、「検討を行うべきである」とか、「努めるべきである」とされている場合がある。このような原則については、検討し、努めたのであれば、原則を遵守しているのであり、説明する必要はない。しかし、コードの趣旨・精神からは、具体的にどのように検討したのか、どのように努めたのか、株主・投資家に知らせることがグッド・プラクティスとなろう。プリンシプルベースの下においては、要請を満たすには最低限どのようにしたらよいかという観点から検討するのでなく、グッド・プラクティスとしてどうすべきか、というように発想を転換することが求められる。

---

11)　油布志行＝中野常道「コーポレートガバナンス・コード（原案）について」ジュリスト1484号（2015）22頁。油布ほか・前掲注3) 50頁～51頁。
12)　佐々木元哉「コーポレートガバナンス・コードの策定に伴う上場制度の整備について」企業会計67巻7号（2015）27頁。このほか、東京株式懇話会コーポレートガバナンス・コード対応ワーキングチーム・前掲注2) Q&A No.192・No.194（25頁）参照。

(2) プリンシプルベース・アプローチ

プリンシプルベース・アプローチ（原則主義）は、ルールベース・アプローチ（細則主義）と区別される。

具体的効果に裏打ちされた規範（ルール）を設定するのがルールベース・アプローチであり、違反した場合のサンクション、ペナルティーを基礎にルールを守らせるものである。この場合、予測可能性（法的安定性）のため、要件の明確性が求められる。また、この要件をめぐって解釈論が展開され、結果として、法の趣旨の潜脱ないし規制を免れる解釈論の生ずる余地がある。

これに対して、プリンシプルベース・アプローチにおいては、採用されるべき基本的方向性が示されるだけで、具体策は会社の裁量に委ねられる。用語の選択もおおらかであり、用語の意味内容を厳密に確定しようとすることや規定の細かな解釈論に汲々とすることはこのアプローチに適しない。ルールベース・アプローチにおいてしばしば問題となる「精緻な解釈論によるルール回避行動」は、プリンシプルベース・アプローチにおいては生じないのである[13]。

会社の持続的成長と中長期的な企業価値の向上のために望ましいガバナンスは会社によりさまざまであり、画一的な「ルール」を設定することは困難である、というより、不適切である。コードは、一般的なプリンシプルを明らかにするにとどめ、上場会社が、その趣旨・精神を理解して、健全かつ効率的な経営を行うために適合的なガバナンスについて真摯に検討し、その置かれた状況等に応じて、当該会社にとって最適のコーポレート・ガバナンス原則（ガイドライン）を策定することを期待しているのである。プリンシプルベース・アプローチにとって重要なのは、全体として、コードの趣旨・精神に適合しているかどうかであり、原則の文言に汲々とすることは、コードの趣旨・精神に反することとなる。関係者は、原則に用いられている用語の意味内容を詮索するのでなく、原則の精神・趣旨を理解した上、その精神・趣旨を実現する具体策をグッド・プラクティスとして構築しなければならない。

(3) コンプライ・オア・エクスプレイン

コンプライ・オア・エクスプレイン手法とは、原則を実施しない理由を説明

---

13) 油布ほか・前掲注3) 49頁、谷口・前掲注4) 11頁。

することにより、当該原則を実施しないことを認めるものである。個々の会社の望ましいガバナンスの形はさまざまであり、原則は1つのメニューを示しているにすぎない。原則は、必ず実施しなければならないわけでなく、原則を実施しない場合に、その理由を説明することが求められるのである。経営陣幹部が株主その他のステークホルダーに説明責任を果たすときは、原則を実施しないことも認められる。経営陣幹部は、コードの趣旨・精神（実現されるべき目標・理念）を理解した上、個々の会社の実情を踏まえて、原則を受け入れるかどうか、それとは異なる方策を採用することが妥当かどうか、判断することができる、というより、判断しなければならないのである。

コードは、典型的なガバナンス形態を1つのプリンシプルとして提示するが、プリンシプルを具体化する方策はさまざまであり、個々の会社は自由に具体策を考えることができる。さらに、これと異なる方策を採用することもできる。もっとも、これは、取引所が最適であると考えて提示しているモデルであり、それを採用しない場合は、「遵守しない理由」を説明することが求められる。十分に説明することができる場合は、モデルから逸脱することに問題はない。業種や規模、株主構成等により、原則を遵守しない方が当該会社にとって望ましい場合も考えられよう[14]。このように個々の会社が主体的にガバナンスについて考え説明することは、コーポレート・ガバナンスの発展にとって有益となる。これが、プリンシプルベース・アプローチとコンプライ・オア・エクスプレイン方式の実質的メリットである。

「コンプライ・オア・エクスプレイン」といわれるが、コンプライすることが正しく、コンプライしないことが問題であるわけでは決してない。遵守するかどうかでなく、原則についてどのように考えるか、明らかにすることが重要であり、遵守しない場合だけでなく、遵守する場合においても、個々の会社において、どのような考えで、どのような具体的な形で「コンプライ」するのかについても、丁寧に説明することが望まれる。このような説明を通して、投資者は会社（経営者）をチェックするのである。

---

14) 東京株式懇話会コーポレートガバナンス・コード対応ワーキングチーム・前掲注2) Q&A No.35（15頁）参照。

(4) 小　　括

　コードは、プリンシプルベース・アプローチとコンプライ・オア・エクスプレイン方式の両者により、ルールに対する形式的・横並び的対応というわが国の上場会社に広く認められる体質ないし慣行を打破して、個々の会社に個性ある行動を求めてその企業文化の変革を企図しようとしていると解される。上場会社ないし経営陣幹部は、創意工夫に富んだチャレンジングな企業家精神発現の具体的第一歩として、コードに向き合わなければならない。

　コードの原則の具体的内容に応じて、会社内の関連部署において事務的検討がされることとなるが、コードの各原則は相互に関連するものであり、総務部、財務部門や法務部門、さらには経営企画部門などの関連部門において部門横断的な総合的検討を行う必要がある。そのことによって、部門間の風通しを良くし、コードに対する共通認識を得るという副次的効果も期待される。

　コードへの対応を事務的作業に終わらせてはならない。とりわけ、コードの諸原則を取り込む際、関係団体等の提示するモデルに準拠すること、あるいは、外部の専門家に任せっきりにするということがあってはならない。コードへの対応は一種の統合報告の作成を意味する[15]。コードにどのように対応するかは高度の経営判断事項であり、経営陣幹部のリーダーシップの下、社内のIRやCSR担当、経営企画、総務・財務等が効果的に連携して、個々の会社の実情に応じて原則の趣旨・精神を受け入れるにはどうしたらよいか、検討しなければならない。このような事務部門における検討結果を基礎に、取締役会において審議し、経営陣幹部が最終決断を下すのである。取締役会の審議において、社外取締役の積極的貢献が期待されるが、取締役会は、原則のすべてを個別的に審議する必要はなく、コードに対する会社の基本的な方向性について審議することで足りる。

　わが国において、プリンシプルベース・アプローチやコンプライ・オア・エクスプレイン手法になじみが薄いが、上場会社やその経営陣だけでなく、投資家や議決権助言会社などを含めた市場関係者全体も、以上のようなコードの基

---

15) 武井・前掲注 9) 6 頁。統合報告制度について、森洋一「統合報告からみた情報開示制度・実践の課題」企業会計 67 巻 11 号 (2015) 42 頁参照。

本構造を十分に理解する必要がある。

二　コードの概要

1　序

　コードは、5つの章に分けて、5つの基本原則、30の原則、38の補充原則を定めている。これは、OECDのコーポレートガバナンス原則に依拠しているようであるが[16]、やや細かすぎるように思われる。補充原則は原則を補うものであり、細かく定めれば定めるほどルールベースに近くなるため、コンプライ・オア・エクスプレインの方式の趣旨を踏まえて弾力的かつ柔軟に対応することが必要となろう[17]。

　コードは、11項目の開示原則（必要的開示事項）を定めている（原則1－4、1－7、3－1、4－8、4－9、5－1と補充原則4－1①、4－11①～③、4－14②）。これらの開示原則は、策定した具体的内容を開示することがコンプライの内容となり、開示しないことはコードを実施しないことを意味し、その理由を説明しなければならない。この説明についても、コーポレートガバナンス報告書に開示欄が設けられるが、有価証券報告書や会社のウェブサイト等で開示することも認められている[18]。

　コードは、取締役、経営陣幹部および経営陣を区別する。監査役会設置会社の取締役は、大きく、業務執行取締役（使用人兼務取締役を含む）と非業務執行取締役に分かれ、非業務執行取締役は、（独立）社外取締役とそれ以外の非業務

---

[16] 従来のOECDのコーポレートガバナンス原則は、「株主の権利及び主要な持分機能」と「株主の平等な取扱い」を分けて規定していたが、コードは、この両者を併せて規定し、第5章として、「株主との対話」という独自の章を設けて、株主総会以外での機関投資家との対話の重要性を明らかにしている。2015年9月に改訂されたOECDのコーポレートガバナンス原則は、①有効なコーポレート・ガバナンスの枠組みの基礎の確保、②株主の権利と公平な取扱い及び主要な持分機能、③機関投資家、株式市場その他の仲介者、④コーポレート・ガバナンスにおけるステークホルダーの役割、⑤開示及び透明性、⑥取締役会の責任、の6章から構成されている。

[17] 例えば、JPX日経400のような優良企業についてはすべての補充原則を適用し、それ以外の企業については一部の補充原則を努力目標にするような運用も考えられたのではなかろうか。

[18] コーポレート・ガバナンスに関する報告書記載要領（平成27年6月改訂版）参照。

執行取締役に分かれる。業務執行取締役は、取締役会構成員として、取締役会の審議に参加し、取締役会の意思決定に加わり、取締役会の監督機能の実質化に貢献しなければならないが、取締役会の前に開催される「執行役員会」等において、取締役会に提出する業務執行に関する議案の決定にかかわっている。このため、取締役会における業務執行事項の審議に際して、業務執行取締役は、主として社外取締役ないし非業務執行取締役に対する説明役として機能することになろう。取締役会の監督の主たる対象は経営陣幹部であり、コードの「取締役」とは、主として、非業務執行取締役ないし独立社外取締役を念頭に置いているということができる。もっとも、経営陣幹部の人事等の組織的事項のほか、業務執行事項についても、疑義を有するときは、業務執行取締役も「取締役」として、意見を述べ、自らの責任で経営判断をすることが必要となる。

　コードの想定する監査役会設置会社の経営陣には、業務執行取締役のほか、取締役会において選任または報告される重要な使用人(執行役員)が広く含まれる。経営陣幹部は、CEO、COO、CFO等の若干の者が想定されるのであろう。もっとも、これらの区別は、画一的固定的なものでなく、個々の原則の趣旨や会社の実情に応じて、適宜、弾力的柔軟に判断しなければならない。また、モニタリング・モデルの取締役会を指向するときは、(社外取締役中心の)取締役会と経営陣の区別を明確にする必要がある。

2　株主の権利・平等性の確保

(1)　総　説

　基本原則1は、株主の権利の実質的確保と実質的平等性の確保に係るものである。株主として、個人株主も排除されないが、主として機関投資家が想定されるのであろう。また、コードが、少数株主に言及する際、ある程度の株式を有する機関投資家を想定していると解することが合理的であろう。

　基本原則1の内容を具体化する7つの原則のうち、株主の権利の確保のための適切な対応について定める原則1－1と、株主総会における権利行使に係る適切な環境整備について定める原則1－2について、簡単に説明する。昭和56年商法改正以降、会社法や金融商品取引法は、株主総会の招集手続や株主の権利行使に係る法規定を整備してきた。コードは、主として機関投資家を前提に、

機関投資家の議決権の実効性確保を中心に、株主の権利の実質化策を求めているのである。

なお、原則1-3から1-6は、資本政策の基本的な方針、政策保有株式、買収防衛策、支配権の変動等に係る資本政策について定めている。これらは、会社経営の基本理念等とかかわるものである。原則1-7は、関連当事者取引について定めている。

(2) 株主の権利の実質的確保のための適切な対応

原則1-1は、株主の権利の実質的確保のための適切な対応を求め、これを受けて、3つの補充原則が定められている。補充原則1-1①は、取締役会は相当数の反対票が投じられた会社提案議案について、反対の理由や反対票が多くなった原因の分析を行い、株主との対話その他の対応の要否について検討を行うべきであるとする。

「相当数の反対票」とはどのようなものかが実務界の関心事となり、10％や20％といった数字が挙げられているが、これはルールベースの悪弊のように思われる。「相当数の反対票」について、画一的な数値を探索するのでなく、会社の状況等により変化する相対的なものとして理解すべきである。例えば、ほとんど反対票がなく0.1％以下のものだったのが、去年よりも何倍も増えたというとき、誠実な経営者や取締役会は、それなりに検討するのであろう。5％か10％かという数量基準でなく、質的に従来とどのように変わったかが問題であり、それが著しい場合、合理的な対応が求められよう。なお、反対の理由や原因の分析は行わなければならないが、「株主との対話その他の対応の要否」については、「検討を行うべきである」とされている。

補充原則1-1②は、株主総会の決議事項の一部を取締役会に委任する場合の考慮要因を定める。取締役会設置会社における株主総会の決議事項は法定されており、任意にその決定を取締役会に委任することはできない。定款の別段の定めにより、その決定を取締役会に委任することが認められている法定の株主総会決議事項は多くない。中間配当と自己株式の市場取引等は上場会社において対応済であろう。剰余金配当等の決定権限については、3割程度の上場会社が定款規定を設けている。この補充原則が定められた実務的意義は、法定の株主総会決議事項を取締役会に委任する旨の定款規定を設ける際に、「取締

役会においてコーポレートガバナンスに関する役割・責務を十分に果たし得るような体制が整っているかどうか」考慮することを求めることにあるのであろう。

株主の権利行使を妨げてはいけないという補充原則の1-1③は、株主民主主義を積極的に評価するというより、機関投資家が合理的な権利行使をした場合に、適切に対応することを求めているようである。

(3) **株主総会における権利行使**

原則1-2は、株主総会における株主の権利行使に係る適切な環境整備を求めている。必要かつ適確な情報提供、招集通知の早期発送、株主総会関連日程の適切な設定、議決権の電子行使等、さらに、機関投資家等の議決権行使の機会確保等の5つの補充原則が定められている。

株主総会は、会社の意思決定、すなわち、株主の議決権行使だけでなく、情報開示ないし株主と経営者の直接のコンタクトの機会としても重要であるが、これらの原則は、議決権行使の実質化を中心とし、株主総会における株主の質問権や意見表明についてとくに言及していない。他方、基本原則5は、主として機関投資家との対話を上場会社に求めている。機関投資家には、株主総会の外において経営陣幹部や取締役と対話する道が開かれている。これに対して、個人株主は、原則として株主総会において質問することしかできないが、コードは、株主総会における個人株主の発言等にあまり配慮していないようである。コードは、機関投資家に多くの期待を寄せているが、機関投資家がその期待に沿うよう行動するかどうかなお未知数である。上場会社の健全かつ効率的な運営を確保するため、個人株主の役割(株主民主主義)にも配慮すべきであろう。

補充原則1-2⑤は、信託銀行等の名義で株式を保有する機関投資家等が、株主総会において、信託銀行等に代わって自ら議決権の行使等を行うことをあらかじめ希望する場合に対応するため、上場会社は、信託銀行等と協議しつつ検討を行うべきであるとする。この補充原則は、機関投資家等の要望に応じなければならないと言っているわけでない。信託銀行等と協議しつつ検討を行うべきであるというのである[19]。なお、この補充原則は、「機関投資家等」や「議決権の行使等」というように、「等」という用語を多用している。その具体的意

図は明確でないが、機関投資家問題と一般的な実質株主保護の問題を明確に区別して議論する必要がある。

この補充原則は、機関投資家が名簿上の株主とならない実務慣行を前提に、実質株主である機関投資家が議決権の行使等をあらかじめ希望するときは、それにできるだけ応ずることが望ましいという基本的考えを基礎とする。機関投資家が株主総会に出席することを希望する場合、①傍聴を希望するだけか、②質問し意見を表明したいのか、あるいは、③自ら議決権それ自体を行使したいのか、のそれぞれを区別して議論する必要がある。機関投資家が、総会場における議論を聞いて賛否の判断をすることは原則としてなかろう。傍聴については柔軟な対応も可能であろう。これに対して、発言は、議決権の代理行使者の資格を議決権のある株主に限定している定款規定の今日的意義と併せて検討する必要がある。当面の実務上の取扱いとしては、協議はしたが、詰めるべき問題が多く、なお検討するという対応が一般的となるのであろう[20]。

3 株主以外のステークホルダーとの適切な協働
(1) 総　説

基本原則2は、上場会社は、会社の持続的な成長と中長期的な企業価値の創出は、従業員、顧客、取引先、債権者、地域社会をはじめとするさまざまなステークホルダーによるリソースの提供や貢献の結果であることを十分に認識し、これらのステークホルダーとの適切な協働に努めるべきであり、取締役会・経営陣は、これらのステークホルダーの権利・立場や健全な事業活動倫理を尊重する企業文化・風土の醸成に向けてリーダーシップを発揮すべきであるとする。原則2-1は、上場会社は、さまざまなステークホルダーへの価値創

---

[19] これについて、第70回全国株懇連合会定時会員総会第一分科会審議事項「株式実務をめぐる諸問題」（2015年10月16日）15頁〜29頁参照。なお、永池正孝ほか「『グローバルな機関投資家等の株主総会への出席に関するガイドライン』の解説」旬刊商事法務2088号（2015）32頁以下に、資料として、「ガイドライン」が示されている。

[20] この問題を検討する際、なぜ、機関投資家が名簿上の株主とならないのか、確認する必要がある。法制上の理由から、信託銀行等の名義としなければならないのであれば、当該法制上の問題として処理することが合理的であろう。

造に配慮した経営を行いつつ中長期的な企業価値の向上を図るべきであり、こうした活動の基礎となる経営理念を策定すべきであるとする。原則2－2は、会社の行動準則（倫理基準・行動規範等）の策定・実践について定め、原則2－3はサステナビリティについて、原則2－4は女性の活躍促進を含む社内の多様性確保の推進について定める。

　これらは、上場会社に強く求められるものであり、上場会社は、企業価値を毀損しないための消極的なCSRでなく、社会の信頼を勝ち取り企業価値を向上するために、積極的にCSR、さらに、環境問題や女性の活躍に取り組まなければならない[21]。ヨーロッパにおいて、上場会社は単なる営利目的の私企業でなく、社会的公正や公益性にも配慮した公共財と見る立場がある。このような立場にも配慮して、基本原則2と原則2－1から2－4が定められたのであろうが、やや及び腰の感が否めない。補充原則2－3①は、リスク管理の側面を強調し、積極的能動的取組みについては「検討すべきである」とするにとどめている。また、従業員の地位について、積極的な記述があってもいいように思われる。

　基本原則2の「考え方」は、いわゆるESG（環境、社会、統治）問題への積極的・能動的な対応は、社会・経済全体に利益を及ぼすとともに、その結果として、会社自身にもさらに利益がもたらされるとする。会社の社会貢献について、会社自身に利益がもたらされる限度において行うことができるとする立場があるが、基本原則2の「考え方」は、これに与するのでなく、「社会・経済全体に利益を及ぼす」ことそれ自体を評価しているのであろう。

(2) 内部通報

　原則2－5は、上場会社は、その従業員等が、不利益を被る危険を懸念することなく、違法または不適切な行為・情報開示に関する情報や真摯な疑念を伝えることができるよう、また、伝えられた情報や疑念が客観的に検証され適切に活用されるよう、内部通報に係る適切な体制整備を行うべきであり、取締役会は、こうした体制整備を実現する責務を負うとともに、その運用状況を監督

---

21) 機関投資家から、「攻めのガバナンス」ならぬ「攻めのCSR」と評されることがある（井口・前掲注7) 29頁）。

すべきであるとする。

　内部通報制度は、原則2－1から2－4とは異質の、法令遵守や健全性確保との関連でトータルに考えなければならない重要な法的・実務的課題である。とりわけ、わが国において、内部通報者の保護が十分でなく、内部通報制度はあまり機能していない。取締役会は、内部統制の整備に係る原則4－3の第二文と併せて、内部通報について真剣に検討する必要があるが、「攻めのガバナンス」による稼ぐ力の向上に力点を置いているコードは、「守りのガバナンス」に控え目のようである。補充原則4－3②は、コンプライアンスや財務報告に係る内部統制や先を見越したリスク管理体制の整備は、適切なリスクテイクの裏付けとなり得るものであるが、取締役会は、これらの体制の適切な構築や、その運用が有効に行われているか否かの監督に重点を置くべきであり、個別の業務執行に係るコンプライアンスの審査に終始すべきではないとする。一般論としてはそのとおりであるが、わが国における内部統制システム整備の一般的状況等に配慮するとき、もう少し積極的に言及してもよかったように思われる。攻めと守りは表裏の関係にあり、一方のみを強調することはバランスを欠くことになろう。

4　適切な情報開示と透明性の確保
(1)　総　　説

　基本原則3は、適切な情報開示と透明性の確保に係るコードの中心的な原則を定める。これは、機関投資家が、経営者と対話を行い、企業価値向上の観点から合理的な投資判断をするための基本的情報の開示を求めるものであり、この基本原則が第5章の株主との対話と連動して、わが国の上場会社の情報開示を質的に充実させることが企図されている。定量的な財務情報の開示は法的に整備され、詳しく開示されているが、非財務情報、とりわけ、経営者が、経営者の人事や後継者の養成についてどのような方針を持っているか明らかにして機関投資家と対話する慣行はなお不十分である。基本原則3は、このような定性的な非財務情報の開示はひな形的記述・具体性を欠く記述となっているという現状認識を基礎に、情報の開示の脆弱性を質的に向上させることを狙っているのである。

(2) 基本的開示内容

基本原則3は、上場会社は、会社の財政状態、経営成績等の財務情報や、経営戦略・経営課題、リスクやガバナンスに係る情報等の非財務情報について、法令に基づく開示を適切に行うとともに、法令に基づく開示以外の情報提供にも主体的に取り組むべきであること、その際、取締役会は、開示・提供される情報が株主との間で建設的な対話を行う上での基盤となることも踏まえ、そうした情報（とりわけ非財務情報）が、正確で利用者にとってわかりやすく、情報として有用性の高いものとなることを求めている。

基本原則3－1は、法令に基づく開示を適切に行うことに加え、会社の意思決定の透明性・公正性を確保し、実効的なコーポレートガバナンスを実現するとの観点から、（本コードの各原則において開示を求めている事項のほか）①会社の目指すところ（経営理念等）や経営戦略、経営計画、②コードのそれぞれの原則を踏まえた、コーポレートガバナンスに関する基本的な考え方と基本方針、③取締役会が経営陣幹部・取締役の報酬を決定するに当たっての方針と手続、④取締役会が経営陣幹部の選任と取締役・監査役候補の指名を行うに当たっての方針と手続、⑤取締役会が、上記④を踏まえて経営陣幹部の選任と取締役・監査役候補の指名を行う際の、個々の選任・指名についての説明、の以上5項目について開示し、主体的な情報発信を行うべきであるとする。

機関投資家が、これらの非財務情報を基礎に経営者と対話を行い、企業価値向上の観点から合理的な投資判断をすることが求められる。取締役会は、開示・提供される情報が利用者にとってわかりやすく有用性の高いものとなるようにしなければならない。その具体的方策として、補充原則3－1①はひな形的な記述ではいけないとし、補充原則3－1②は合理的な範囲において英語での情報開示・提供を進めるべきであるとする。

なお、コードは、統合報告書への発展を意図しているといわれているが、CSR活動についても整理された形で開示されるべきである。

(3) 会計監査人

原則3－2は、外部会計監査人および上場会社は、外部会計監査人が株主・投資家に対して責務を負っていることを認識し、適正な監査の確保に向けて適切な対応を行うべきであるとする。最近の著名企業の不祥事例でもわかるよう

に、会計監査人の役割・責任は、今後いよいよ重要となる。わが国において、株主総会が決議すれば、会計監査人は株主総会に出席して株主の質問に答えなければならないが、上場会社においては、株主総会決議の有無にかかわらず、会計監査人が定時株主総会に出席して株主からの質問に適宜適切に対応する法制度を構築することも検討課題となろう。

5　株主との対話
(1)　総　　説
　基本原則5は、上場会社は、株主総会の場以外においても、株主との間で建設的な対話を行うべきであり、経営陣幹部・取締役（社外取締役を含む）は、こうした対話を通じて株主の声に耳を傾け、自らの経営方針を株主にわかりやすい形で明確に説明しその理解を得る努力を行い、株主を含むステークホルダーの立場に関するバランスのとれた理解と、そうした理解を踏まえた適切な対応に努めるべきであるとする。これは、機関投資家と投資先企業との健全な対話を通して、コーポレート・ガバナンスを改善し、機関投資家の中長期ベースの投資を促進することを企図して、とくに設けられた基本原則である[22]。

　基本原則5の後段は努めるべきであるとするが、前段は、「株主総会の場以外においても、株主との間で建設的な対話を行うべきである」とする。この「株主」は、原則としてスチュワードシップ・コードの適用を受ける責任ある機関投資家であり、このような機関投資家との企業価値向上のための真摯な対話を通じて、上場会社の企業価値の向上と持続的成長を促すことが期待されているのである。

(2)　対話に関する方針
　原則5-1は、株主からの対話（面談）の申込みに対しては、合理的な範囲で前向きに対応すべきであり、取締役会は、株主との建設的な対話を促進するための体制整備・取組みに関する方針を検討・承認し、開示すべきであるとする。「合理的な範囲で前向きに」とか、「建設的な対話」という表現は、機関投

---

[22]　油布志行ほか「『コーポレートガバナンス・コード原案』の解説〔Ⅳ・完〕」旬刊商事法務2065号（2015）53頁。

資家に対するIR活動を一層充実させることを主たる目的とすることを明らかにするためのようであるが[23]、不当な株主からの要求に適切に対応するためにも効果的であろう。

補充原則5－1①は対話（面談）の対応者について、補充原則5－1②は株主との建設的な対話を促進するための方針として記載すべき五項目の方針を具体的に列挙している。

補充原則5－1③は、上場会社は、必要に応じ、自ら株主構造の把握に努めるべきであり、株主もこうした把握作業にできる限り協力することが望ましいとする。これは他の補充原則と性質を異にする[24]。これは信託銀行等の名義で株式を有する機関投資家の持株数を把握することを意味するのであろうか。会社は放っておいても株主構造の把握に努力をするはずであり、この補充原則は、株主もこうした把握作業にできる限り協力することが望ましいことを強調する趣旨なのであろうか。株主に対する「要望」は、コードの枠組み外の問題のように思われるが、スチュワードシップ・コードに服する責任ある機関投資家に対する要請ということなのであろう。

(3) **経営戦略等の策定・公表**

原則5－2は、経営戦略や経営計画の策定・公表に当たっては、収益計画や資本政策の基本的な方針を示すとともに、収益力・資本効率等に関する目標を提示し、その実現のために、経営資源の配分等に関し具体的に何を実行するのかについて、株主にわかりやすい言葉・論理で明確に説明を行うべきであるとする。

ROE（自己資本利益率）は単純で誰もが理解できる数値であり、指標として有益である。また、わが国の上場会社のROEは、諸外国に比して低すぎるようであり、ROEを重視することに一定の合理性が認められる。しかし、実務上、ROEの数値が独り歩きする危険がある。資本効率の目標を示すに当たって、ROEを用いなければならないわけでない[25]。過度に特定の数値に依存するの

---

23) 藤島裕三＝中川彩「株主との対話」企業会計67巻7号（2015）73頁。
24) 油布ほか・前掲注22) 54頁参照。
25) 油布ほか・前掲注22) 54頁〜55頁。

でなく、多面的に企業の生産性や将来性、企業価値の判断能力を磨くべきである[26]。

三　コードと取締役会等の役割・責務

1　序

　原則は、一般に、「上場会社は、」と規定する。このような原則は、会社が全体として実施すべきものであり、最終責任はCEOが負う。これに対して、「取締役会」を主語とする原則は、取締役会に具体的行動を求めるものであり、その原則の実施は取締役会の責務であり、社外取締役の役割が重視される。

　コードは、アメリカ型経営機構をベースに組み立てられている。アメリカの取締役会の主要な構成員は独立社外取締役であり、取締役会とは独立社外取締役の会議を意味する。わが国では、取締役の大半が業務執行取締役であり、取締役会が主語とされているときは、社外取締役が、コードの趣旨・精神を理解して、取締役会において積極的役割を果たすことが期待され、また、社外監査役も社外取締役の役割の一部を担うことが期待されるのである。なお、コードは、「稼ぐ力を高めるための攻めのガバナンス」の観点から、独立社外取締役の役割を強調しているが、監査役・監査等委員会・監査委員会の役割についてほとんど言及していない。コーポレート・ガバナンスの観点からは、独立社外取締役のうち監査等委員や監査委員に期待される役割や監査役に期待される役割としてどのようなものがあるかについても、検討する必要がある。

2　取締役会等の役割・責務

(1)　取締役会等の責務に関する基本原則

　基本原則4の前段は、会社の持続的成長と中長期的な企業価値の向上を促し、収益力・資本効率等の改善を図るべく、①企業戦略等の大きな方向性を示すこと、②経営陣幹部による適切なリスクテイクを支える環境整備を行うこと、③独立した客観的立場から、経営陣・取締役に対する実効性の高い監督を行うこ

---

26)　柳川・前掲注8)9頁参照。

と、を取締役会の主要な役割・責務とする。

　基本原則4の後段は、この役割・責務は、監査役会設置会社、指名委員会等設置会社、監査等委員会設置会社において、等しく適切に果たされるべきであるとする。監査役会設置会社の取締役会はマネジメント・ボードであり、指名委員会等設置会社、さらには、監査等委員会設置会社の取締役会はモニタリング・モデルを指向しているが、両者の取締役会の相違の多くは、理念的なものであり、実務上、それほどかけ離れたものでない。

　指名委員会等設置会社や監査等委員会設置会社においては、取締役会の専決事項の第一として、明示的に、経営の基本方針が挙げられている。これに対して、監査役会設置会社において、経営の基本方針は、取締役会の専決事項として具体的に規定されていない。しかし、それは、経営の基本方針を監査役会設置会社の取締役会の専決事項としない趣旨ではない。昭和56年改正商法において、重要な取引行為については、取引の安全を確保するため、取締役会の専決事項である旨具体的に規定する必要があるが、取引の安全と直接関係しない経営の基本方針は、重要な業務執行の1つとして取締役会の専決事項とすることで十分であると考えられたのであろう。監査役会設置会社の取締役会においても、経営戦略や経営計画等について建設的に議論し、経営理念や経営戦略、さらには、中期計画等の「経営の基本方針」を定めて、これを開示するとともに（原則3−1(i)）、原則4−1が示すように、この基本方針に依拠して、中長期的な企業価値の向上に資するよう業務執行を決定し、代表取締役を選任し監督することがその基本的な役割・責務となる。

(2)　企業戦略等の大きな方向性

　原則4−1は、取締役会は、経営理念等の会社の目指すところを確立し、戦略的な方向付けを行うことを主要な役割・責務の1つととらえ、具体的な経営戦略や経営計画等について建設的な議論を行うべきであり、重要な業務執行の決定を行う場合には、その戦略的な方向付けを踏まえるべきであるとする。

　基本原則2は、取締役会・経営陣は、従業員、顧客、取引先、債権者、地域社会をはじめとするさまざまなステークホルダーの権利・立場や健全な事業活動倫理を尊重する企業文化・風土の醸成に向けてリーダーシップを発揮すべきであるとし、原則2−1は上場会社はさまざまなステークホルダーへの価値創

造に配慮した活動の基礎となる経営理念を策定すべきであるとする。原則2－2から原則2－4は、会社の行動準則（倫理基準・行動規範等）の策定・実践、サステナビリティ、社内の多様性確保の推進、について定める。また、原則1－3から原則1－6までは、「株主の権利・平等性の確保」の観点から、経営理念や経営戦略等とかかわる資本政策の重要問題について定める。経営理念や中期計画の策定に際して、これらの原則に十分に配慮する必要がある。

(3) **適切なリスクテイク**

原則4－2の前段は、取締役会は、経営陣幹部による適切なリスクテイクを支える環境整備を行うことをその主要な役割・責務の一つととらえ、経営陣からの健全な企業家精神に基づく提案を歓迎しつつ、説明責任の確保に向けて、そうした提案について独立した客観的な立場において多角的かつ十分な検討を行うとともに、承認した提案が実行される際には、経営陣幹部の迅速・果断な意思決定を支援すべきであるとする。

これは、「稼ぐ力を高めるための攻めのガバナンス」の典型的な原則として、経営陣のリスクテイクを後押しするものであると説明されるが、ガバナンス問題としては、適正なリスクをとれるアカウンタビリティーを整えることが重要である。これまでの成功体験等から保守的傾向が強い会社においては、独立社外取締役に、新たなリスクに挑戦する方向性を示すことも期待されよう。また、社長が積極果敢に経営しようとしているときに、保守的な会長が過度に守りを重視してそれを妨害する場合、社外取締役が積極的に社長の後押しをすることも期待される。しかし、独立社外取締役が、特定の高度のリスクテイクが会社にとり「最適なもの」かどうか判断することは困難であろう。

適切なリスクテイクは必要であるが、何が適切なリスクテイクであり、過度のものとはどういうものか、自明のことでなく、経営陣が判断を誤る場合もある。独立社外取締役は、経営陣からの提案について、経営陣の判断の基礎となった情報と経営陣の考えをしっかりと聞いて、その合理性・妥当性を検討し、経営陣からの提案を「是」とするときは、経営陣幹部を積極的に支援すべきであるが、ワンマン社長が過度のリスクテイクを行おうとするときは、その提案を断念するよう説得することが求められる。社外取締役は、「攻めのガバナンス」に貢献することだけを期待されているわけでない。

また、決定当時は当該リスクテイクが合理的な経営判断であったとしても、事後的に状況が変化し、方向転換することが必要となる場合もある。業務執行にかかわらない独立社外取締役は、高度なリスクテイクに係る経営事項について適時適切に事後報告を受け、会社の状況を把握して、当該経営判断の妥当性を再チェックし、前のめりになりがちな経営陣幹部に適切なアドバイスをし、責任回避的な行動をとる経営陣幹部を批判することが求められる。企業価値の向上に資するとして、経営陣幹部を支援するアクセル役となることは容易であるが、独立社外取締役は、困難なブレーキ役としても機能しなければならないのである。

　経営陣に健全な企業家精神を発揮させて会社の成長と企業価値の向上を実現するため、意思決定過程の合理性を確保しなければならない。経営陣幹部や取締役の任務懈怠の法的判断枠組みである経営判断原則にとって決定的なのは、十分に情報を収集・分析し、専門家の意見の聴取等を含む適切な調査を行った上、適正な手続を経て誠実に経営判断がされたかどうかである。独立社外取締役が、経営陣の提案について、合理的な情報を得て多角的かつ十分な検討を行った上、経営陣の経営判断を是認するときは、経営判断原則により、社外取締役だけでなく、経営陣も保護されることが期待されよう[27]。

　原則4－2は、「経営陣幹部による適切なリスクテイクを支える環境整備」を取締役会の主要な役割・責務とし、これにより経営陣の法的責任追及リスクを軽減することを通して、業務執行に係るリスクテイクを後押しすることを企図しているようである。しかし、法的責任追及リスクの軽減をリスクテイクの後押しとして強調することには疑問がある。経営陣は、法的責任の前に経営責任を問われる。経営責任との関連において、経営判断の失敗の原因の分析と今後の対処方針に関する説明を誠実にすることが求められる。これが「適正なリスクをとれるアカウンタビリティー」であり、これが曖昧な場合に、法的責任が追及されることとなるのである。

　会社においてしっかりとしたガバナンスが確保されていれば、経営陣は自信を持って自由に経営手腕を振るえるといわれるが、問われるべきは、経営陣に

---

[27] コード第4章の「考え方」のほか、松元暢子「取締役等の責務」企業会計67巻7号（2015）64頁～65頁参照。

自由に振るえるべき「経営手腕」があるかどうかである。これまでも、有能な経営陣は、果敢にリスクをテイクしてきたのであり、リスクテイクの失敗による法的責任の追及をおそれて萎縮するような経営陣は、「健全な企業家精神を発揮する立派な経営者」なのであろうか。

　原則4－2の後段および補充原則4－2①は、稼ぐ力を高める攻めのガバナンスの観点から、経営陣の報酬のインセンティブ付けについて真摯に検討することを求めている（開示について、原則3－1(ⅲ)参照）[28]。これに関しては、経営陣と一般従業員の給与格差が従業員の忠誠心や企業文化にどのように影響するか等、会社の持続的成長と中長期的な企業価値の向上の観点から総合的に検討する必要があろう。経営陣と従業員の間の信頼関係がなければ、会社の持続的成長と中長期的な企業価値の向上は危ういものとなろう。その意味において、コンプライ・オア・エクスプレインの出番となるように思われる。

(4)　取締役会の監督機能

　補充原則4－1②は、取締役会・経営陣幹部は、中期経営計画の実現に向けて最善の努力をすべきであり、その計画が目標未達に終わった場合には、その原因や自社が行った対応の内容を十分に分析し、株主に説明を行うとともに、その分析を次期以降の計画に反映させるべきであるとする（開示について、原則3－1(ⅰ)、原則5－2参照）。取締役会の経営陣幹部に対する監督の中心は、中期計画等で示された目標の達成度を適切に評価することであり、取締役会は、重要な業務執行事項について、適時適切に事後報告を受け、当該経営判断の妥当性やその後の経過をチェックすることが必要となる（会社363条2項・417条4項参照）。

　原則4－3の第一文は、取締役会は、独立した客観的な立場から、経営陣・取締役に対する実効性の高い監督を行うことを主要な役割・責務の1つととらえ、適切に会社の業績等の評価を行い、その評価を経営陣幹部の人事に適切に反映すべきであるとする。これを受けて、補充原則4－3①は、取締役会は、経営陣幹部の選任や解任について、会社の業績等の評価を踏まえ、公正かつ透明性の高い手続に従い、適切に実行すべきであるとし、補充原則4－1③は、

---

[28]　油布志行ほか「『コーポレートガバナンス・コード原案』の解説〔Ⅲ〕」旬刊商事法務2064号（2015）40頁～41頁。なお、社外取締役等については、特定の方向性は示されていない。

取締役会は、経営理念等や具体的な経営戦略を踏まえ、最高経営責任者等の後継者の計画（プランニング）について適切に監督を行うべきであるとする。

補充原則4－3①と4－1③の具体化が取締役会の監督権限にとって決定的に重要であり、経営陣幹部の人事に関する合理的なルールが形成され、その手続が開示されることが期待される。上場会社が、これらの原則と原則4－11後段の「取締役会の評価」の精神・趣旨を十分に理解することにより、最高経営責任者（CEO）が実質的に自らの後継者を決定しているわが国の実務慣行が改善されることが望まれる。

原則3－1(iv)(v)は、経営陣幹部の選任等を行うに当たっての方針と手続、およびこれを踏まえ経営陣幹部の選任等を行う際の個々の選任等についての説明を開示し、主体的な情報発信を行うべきであるとする。このような選任等に関する方針・手続を開示する実務が定着すると、監査等委員会設置会社や監査役会設置会社と指名委員会等設置会社の人事のルールが近似化することとなろう。

四　独立社外取締役と取締役会の多様性

1　独立社外取締役の役割・責務と独立性の判断基準

原則4－7は、独立社外取締役にとくに期待される役割・責務として、(i)経営の方針や経営改善について、自らの知見に基づき、会社の持続的な成長を促し中長期的な企業価値の向上を図る、との観点から助言を行うこと、(ii)経営陣幹部の選解任その他の取締役会の重要な意思決定を通じ、経営の監督を行うこと、(iii)会社と経営陣・支配株主等との間の利益相反を監督すること、(iv)経営陣・支配株主から独立した立場で、少数株主をはじめとするステークホルダーの意見を取締役会に適切に反映させること、を挙げ、このような役割・責務に留意して、独立社外取締役の有効活用を図るべきであるとする。

独立社外取締役の機能として、一般に、助言機能・監督機能・利益相反のチェック・社外の常識の導入・透明性の確保が挙げられている。原則4－7は、社外の常識の導入・透明性の確保に代えて、少数株主をはじめとする多様なステークホルダーの意見を取締役会に適切に反映させることを挙げるが、コードの少数株主は、責任ある機関投資家と読み替えることとなろう。社外の常識の

導入や会社経営の透明性の確保は、稼ぐ力を高める攻めのガバナンスの観点からは重要でないとしても、会社の持続的な成長と中長期的な企業価値の向上を図るために必要なものであろう。

原則4－9の前段は、取締役会は、金融商品取引所が定める独立性基準を踏まえ、独立社外取締役となる者の独立性を実質面において担保することに主眼を置いた独立性判断基準を策定・開示すべきであるとする。

原則4－9の後段は、取締役会は、取締役会における率直・活発で建設的な検討への貢献が期待できる人物を独立社外取締役の候補者として選定するよう努めるべきであるとする。個々の会社において、独立社外取締役としてどのような者が適任であり、その者に何を期待するのか、そのためにどのようなサポートをすることが妥当か、検討し、独立社外取締役の有効活用を図る必要がある。見栄えをよくするために、多忙な著名人を独立社外取締役に招聘することは、コードの趣旨から問題となろう。重要なことは、独立社外取締役の画一的形式的導入でなく、どのようにそれを活かすかである。補充原則4－11②は、取締役・監査役がその役割・責務を適切に果たすために、たとえば、他の上場会社の役員を兼任する場合には、その数は合理的な範囲にとどめるべきであり、上場会社は、その兼任状況を毎年開示すべきであるとする。多数の政府や経済団体の審議会等の委員になり、さらに、5つの社外役員に就任している著名な大学教授もいるようである。主たる職業を有する者は、社外役員を3つ程度にとどめるのが妥当であろう。

2　2人以上の独立社外取締役の選任

原則4－8の前段は、上場会社は会社の持続的な成長と中長期的な企業価値の向上に寄与するような資質を十分に備えた独立社外取締役を少なくとも2人以上選任すべきであるとする。理由を説明すれば、2人以上の独立社外取締役を選任しないことも認められる。理由の説明は、会社法327条の2と異なり、平明なものでよい[29]。社外取締役にはさまざまな効用が認められるが、それ

---

29) 東京株式懇話会コーポレートガバナンス・コード対応ワーキングチーム・前掲注2）Q&A No. 192・No. 194（25頁）参照。会社法327条の2の「相当でない理由」の説明について、塚本英巨「独立社外取締役の活用と取締役会上程事項の見直し」旬刊商事法務2080号（2015）34頁参照。

は、業種や経営機構のあり方とかかわる。監査役会設置会社においては、社外監査役の存在と効用にも配慮して、弾力的・柔軟な対応が求められよう。

　原則4-8の後段は、業種・規模・事業特性・機関設計・会社をとりまく環境等を総合的に勘案して、自主的な判断により、少なくとも3分の1以上の独立社外取締役を選任することが必要と考える上場会社は、そのための取組み方針を開示すべきであるとする。独立社外取締役に期待される役割・責務を担うには、それなりの人数の独立社外取締役が必要であり、10人前後の取締役がいる会社において、独立社外取締役が2人だけというのは、国際標準から少なすぎる[30]。コードは、「少なくとも」2人以上選任すべきであるとしているのである。市場第1部上場の監査等委員会設置会社または指名委員会等設置会社においては、過半数が独立社外取締役であることが望まれるが、原則4-8の後段は、当面の課題として、「3分の1以上の選任」を推奨しているのであろう。

3　取締役会の多様性と非業務執行取締役の選任

　原則4-11の第一文前段は、取締役会は、その役割・責務を実効的に果たすための知識・経験・能力を全体としてバランス良く備え、多様性と適正規模を両立させる形で構成されるべきであるとし、補充原則4-11①は、取締役会は、取締役会全体としての知識・経験・能力のバランス、多様性および規模に関する考え方を定め、取締役の選任に関する方針・手続と併せて開示すべきであるとする。なお、原則4-11の第一文後段は、監査役には、財務・会計に関する適切な知見を有している者が1名以上選任されるべきであるとする。公開会社の事業報告には、監査役、監査等委員または監査委員が財務・会計に関する相当程度の知見を有しているものであるときは、その事実が記載される（会社則121条9号）。このような専門性の多様性も重要であるが、独立社外取締役候補者の選定に際して、個々の取締役候補者の個人的資質や経歴等のいわばソフト情報について十分検討する必要がある。

　原則4-6は、業務の執行には携わらない、業務の執行と一定の距離を置く取締役の活用について検討すべきであるとする。監督と執行の分離を推し進め

---

[30] 諸外国の状況について、日比谷パーク法律事務所＝三菱UFJ信託銀行編・監査等委員会設置会社の活用戦略（商事法務、2015）4頁注3参照。

るには、社内の事情に精通した者を非業務執行取締役に選任し、社外取締役との連携を図ることが重要である[31]。実務的には、独立社外取締役の選任に関心が集まっているが、独立社外取締役が2人、あるいはそれ以上であっても、適切な情報提供その他のサポート体制がなければ、その機能を効果的に発揮することは困難である。社外取締役が業務執行取締役経験者等の社内の事情に精通した非業務執行取締役と積極的に連携して、社内の情報を入手することや社内文化への理解を深めることも重要であろう。監督機能をベースにした取締役会制度を構想するときは、独立社外取締役要件を充足しない非業務執行取締役の役割に十分に配慮しなければならない。

4 監査役・監査役会との連携

原則4-5は、上場会社の取締役・監査役および経営陣は、株主に対する受託者責任を認識し、ステークホルダーとの適切な協働を確保しつつ、会社や株主共同の利益ために行動すべきであるとし、基本原則4の後段のかっこ書は、取締役会の役割・責務の一部は監査役および監査役会が担うことになるとする。コードは、監査役ないし監査役会が積極的に行動することにより、監査役会設置会社においても、監査等委員会設置会社や指名委員会等設置会社と基本的に同様のガバナンスを実現することを期待しているのである。

原則4-4の前段は、監査役および監査役会は、取締役の職務の執行の監査、外部会計監査人の選解任や監査報酬に係る権限の行使などの役割・責務を果たすに当たって、株主に対する受託者責任を踏まえ、独立して客観的な立場において適切な判断を行うべきであるとする。補充原則4-4①は、監査役会は、社外監査役の強固な独立性と常勤監査役が有する高度な情報収集力とを有機的に組み合わせて実効性を高めるべきであり、監査役・監査役会は、社外取締役との連携を確保すべきであるとする。

原則4-4の後段は、監査役および監査役会に期待される重要な役割・責務には、業務監査・会計監査をはじめとするいわば「守りの機能」があるが、こうした機能を含め、その役割・責務を十分に果たすためには、自らの守備範囲

---

31) 油布ほか・前掲注22) 47頁参照。

を過度に狭くとらえることは適切でなく、能動的・積極的に権限を行使し、取締役会においてあるいは経営陣に対して、適切に意見を述べるべきであるとする。監査役に対して、必要があれば経営事項について積極的に意見を述べることを求め、「攻めのガバナンス」に貢献することを期待しているのであろう。

　監査役は、事業報告の内部統制システムとその運用状況の概要の記載が相当でないと認めるときは、その旨と理由を監査報告に記載しなければならない。また、事業報告に買収防衛策等の基本方針や親会社等との取引についての記載があるときは、監査報告に、それについての意見を記載しなければならない（会社則129条1項5号・6号）。 株主代表訴訟における不提訴理由書の記載との関連において、監査役には、取締役の義務違反があると認めるときも、訴えを提起するかどうかの裁量が認められている。監査役の役割・機能は、適法性監査・違法のチェックにとどまらないのであり、適法性監査を超える健全性確保機能が監査役の役割・責務であると説明することが合理的であろう。監査役は、取締役がコードの趣旨・精神を理解してコーポレート・ガバナンスの向上に貢献しているかどうかについてチェックするだけでなく、監査役自ら、コードの趣旨・精神を理解して、コーポレート・ガバナンスに積極的に貢献することが求められるのである。

　もっとも、「積極果敢な攻め」と「過度の守り」を対比するようなコードの言葉の使い方には疑問がある。監査役も、会社の役員として、収益性や効率性について配慮しなければならないが、健全な経営を維持することは収益性や効率性を持続的に確保するために不可欠なものであり、過度の攻めの経営の問題性を指摘して健全な経営を確保することが監査役の主たる機能となるのである。

　監査役は、取締役会において、経営判断に係る意思決定に参加することはできないが、会社役員として、大所高所から、業務執行の妥当性ないし効率性について意見を述べることができる。ある会社の社外取締役に就任し、他の会社では社外監査役になっている経済界の大立者は、社外取締役か社外監査役かとくに意識することなく、取締役会において発言し、経営者も敬意を持ってその者の意見に耳を傾けるのであろう。社外監査役は、その属性に応じて社外取締役と実質的に異ならない役割を果たすことが可能であり、社外取締役と実質的に異ならない役割を担っている社外監査役も少なくないのである。

五　取締役会の運営

1　総　　説
　コードは、取締役会が果たすべき役割・責務を詳細に定め、その機能の向上を図るため、取締役会の機能化や審議の活性化のための具体的方策等を定めている。今後の取締役会は、これらに配慮しつつ、運営されなければならない。

2　取締役会における審議事項
(1)　序
　コードが挙げるいくつかの取締役会の審議事項についてコメントする。
(2)　取締役会の評価
　原則 4 - 11 の後段は、取締役会は、取締役会全体としての実効性に関する分析・評価を行うことなどにより、その機能の向上を図るべきであるとし、補充原則 4 - 11 ③は、取締役会は、毎年、各取締役の自己評価なども参考にしつつ、取締役会全体の実効性について分析・評価を行い、その結果の概要を開示すべきであるとする。透明性と公正さが確保された評価を基礎に経営の改善を図り、機関投資家等に取締役会評価の基礎資料を提供することが求められているのである。

　取締役会の評価基準として、その構成や取締役の参加状況、運営方法、審議の活性化等が指摘されているが[32]、数値化された一般的評価基準を当てはめることだけがコードの求める「評価」ではない。それらは 1 つの考慮項目であるにすぎない。個々の会社において、取締役会のあり方と果たすべき役割を明らかにした上、評価の目標を明確に設定し、個々の取締役の自己評価も踏まえて、取締役会がその基本的な役割・責務を実効的に果たしているかどうか、評価することが求められる[33]。第三者評価でなければならない、あるいは、こうしな

---

32) 武井・前掲注9) 14頁。
33) 諸外国の評価の実施状況について、高山与志子「取締役会評価とコーポレート・ガバナンス――形式から実効性の時代へ――」旬刊商事法務 2043 号（2014）15 頁。同論文は、取締役会評価は定性的な分析を主とする評価であるとする。

ければならないといった画一的要請があるわけでない。それぞれの会社に適合的な評価システムを導入すべきである。

(3) 経営陣への委任

指名委員会等設置会社の取締役会は、執行役に、重要な業務執行の決定を委任することができる（会社416条4項）。監査等委員会設置会社の取締役会も、一定の要件の下に、重要な業務執行の決定を業務執行取締役に委任することが認められている（会社399条の13第5項・6項）。もっとも、これまでの指名委員会等設置会社の実務において、執行役にその決定を委任する重要な業務執行の範囲はそれほど広範なものでないようである[34]。他方、監査役会設置会社において、重要な業務執行の決定は取締役会の専決事項であるが（会社362条4項柱書）、「重要性」の判断基準は確定的・固定的なものでない。会社法が簡易組織再編等の要件を大幅に引き上げたこと等にも配慮して、重要な業務執行の範囲を弾力的柔軟に解して、監査役会設置会社の取締役会が業務執行取締役の決定に委ねることができる業務執行事項を拡大して、経営の機動性と迅速性を高めることに合理性があろう[35]。

補充原則4-1①は、取締役会は、経営陣に対する委任の範囲を明確に定め、その概要を開示すべきであるとする。これは、経営陣に対する委任の範囲を拡大する実務を後押しし、上場会社の意思決定の迅速性と柔軟性を高めることを企図しているようであるが、委任の範囲が広ければ広いほどよいというわけでない。独立社外取締役の人数やその活動実態、内部統制システムの整備状況等に配慮しつつ、個々の会社が、委任の範囲を自主的に判断すべきである。いずれの機関構成の会社においても、取締役会規則等において、経営陣にその決定を委任する業務執行事項の判断基準ないしその具体的範囲を明確化して、機動的迅速な業務執行が可能となるよう配慮することが望まれる。

他方、経営陣の決定権限が拡大することにより、権限の濫用ないしその不適

---

[34] 運営実態116頁図表103参照。
[35] 森本編56頁［赤崎雄作］、コーポレート・ガバナンス・システムの在り方に関する研究会報告書「コーポレート・ガバナンスの実践～企業価値向上に向けたインセンティブと改革～」（平成27年7月24日）第三「2 関連する法的解釈の明確化等」の「(1) 取締役会の上程事項」参照。

切行使の危険が増大する。経営陣は、取締役会における職務執行状況の報告に際して、自ら決定した重要な業務執行事項について、適宜適切に報告し（会社363条2項・417条4項）、取締役会は経営陣の職務執行を適切にチェックすることが求められよう。今後、事後報告による取締役会のチェック機能が重要になる[36]。このことは、経営陣の決定に委ねる業務執行事項の範囲が拡大しても、報告事項の拡大により、取締役会の審議事項それ自体には大きな変化が生じないことを意味する。実務的には、決議事項と報告事項の相違は相対的なものということもでき、指名委員会等設置会社や監査等委員会設置会社の取締役会と監査役会設置会社の取締役会の業務執行に係る権限の相違を強調する必要はないこととなる。

(4) 内部統制・リスク管理体制

　原則4－3の第二文は、取締役会は、適時かつ正確な情報開示が行われるよう監督を行うとともに、内部統制やリスク管理体制を適切に整備すべきであるとし、補充原則4－3②は、取締役会は、コンプライアンスや財務報告に係る内部統制やリスク管理体制の適切な構築や運用の有効性の監督に重点を置くべきであり、個別の業務執行に係るコンプライアンスの審査に終始すべきでないとする。原則2－5は、上場会社は、その従業員等が、不利益を被る危険を懸念することなく、違法または不適切な行為・情報開示に関する情報や真摯な疑念を伝えることができるよう、また、伝えられた情報や疑念が客観的に検証され適切に活用されるよう、内部通報に係る適切な体制整備を行うべきであり、取締役会はこうした体制整備を実現する責務を負うとともに、その運用状況を監督すべきであるとする。また、補充原則2－5①は、経営陣から独立した窓口の設置等について提言する。

　取締役あるいは取締役会が、個々の業務執行事項について個別的にチェックすることは事実上不可能であり、上場会社の取締役会の監督の中心は、コンプライアンスや財務報告に係る内部統制やリスク管理体制の適切な構築とその運用の有効性をチェックすることになる。取締役会は、コンプライアンスや内部統制に係る統一的な基本方針を確立して、内部統制を充実させる必要がある。

---

36) 森本編317頁～319頁［小林章博］、塚本・前掲注29) 44頁参照。

情報化社会における国民の高い遵法意識の下、重大な不祥事が会社にとって決定的ダメージとなる危険がますます高まっている。法令遵守ないし健全性確保は、上場会社における重要な法的・経営課題であり、「攻めのガバナンス」も、コンプライアンスないし内部統制の確立が前提となる。また、組織的チェックには穴が開くことはやむを得ないのであり、いわばボトムアップ的な内部通報制度の意義についても十分認識すべきであろう。

なお、取締役会の監督の目的は個別の業務執行のチェックでないが、それは日常的に業務執行状況をチェックする必要はないことを意味するにすぎない。必要に応じて、監査役会、監査等委員会、監査委員会、さらには、会計監査人と連携して、個別の業務執行に係るコンプライアンスを審査することが必要となり、また、3か月に1回以上行われる経営陣の職務執行状況の報告に関連して、取締役会が、特定の重要な業務執行について事後的にチェックすることが必要となる場合もある。コードも、取締役会は、個別の業務執行に係るコンプライアンスの審査に「終始」すべきでないといっているにすぎない。とりわけ、内部統制システムが適切に整備されていない場合には、個別の業務執行のチェックが必要となろう。

(5) 利益相反取引

原則4-3の第三文は、取締役会は、経営陣・支配株主等の関連当事者と会社との間に生じ得る利益相反を適切に管理すべきであるとする。原則1-7は、上場会社がその役員や主要株主等の関連当事者間の取引を行う場合には、会社や株主共同の利益を害することのないよう、また、そうした懸念を惹起することのないよう、取締役会は、あらかじめ、取引の重要性やその性質に応じた適切な手続を定めて、その枠組みを開示するとともに、その手続を踏まえた監視（取引の承認を含む）を行うべきであるとする。

取締役・執行役の利益相反取引について、画一的・厳格な手続規制と責任規制が設けられているが（会社356条1項・365条・419条2項・423条3項・428条)、それ以外の関連当事者には、開示規制があるにすぎない。平成26年改正会社法は、監査等委員会設置会社について、厳格な利益相反取引規制を若干緩和するための特則を設けた（会社423条4項）。しかし、会社の親子関係の多様な展開や社外取締役の存在に配慮するとき、取締役・執行役の利益相反取引につい

て、重要性基準と公正性の基準を基礎とする弾力的柔軟なルールを構築し、それ以外の関連当事者についても、それに準じたルールを適用する等、利益相反取引規制について、正面から立法論的検討を行うべきである。

3　取締役会の審議の活性化と取締役等のトレーニング

　原則4－12は、取締役会は、社外取締役による問題提起を含め自由闊達で建設的な議論・意見交換を尊ぶ気風の醸成に努めるべきであるとする。補充原則4－12①は、取締役会の審議の活性化のために、(i)取締役会の資料が、会日に十分に先立って配布されるようにすること、(ii)取締役会の資料以外にも、必要に応じ、会社から取締役に対して十分な情報が（適切な場合には、要点を把握しやすいように整理・分析された形で）提供されるようにすること、(iii)年間の取締役会開催スケジュールや予想される審議事項について決定しておくこと、(iv)審議項目数や開催頻度を適切に設定すること、(v)審議時間を十分に確保すること、を求めている。

　原則4－13の第二文および第三文は、上場会社は、人員面を含む取締役・監査役の支援体制を整え、取締役会・監査役会は、各取締役・監査役が求める情報の円滑な提供が確保されているかどうか確認すべきであるとする。補充原則4－13③は、上場会社は、内部監査部門と取締役・監査役との連携を確保し、たとえば、社外取締役・社外監査役の指示を受けて会社の情報を適確に提供できるよう社内との連絡調整に当たる者の選任など、社外取締役や社外監査役に必要な情報を適確に提供するための工夫を行うべきであるとする。

　原則4－13の第一文は、取締役・監査役は、その役割・責務を実効的に果たすために、能動的に情報を入手し、必要に応じ、会社に対して追加の情報提供を求めるべきであるとする。補充原則4－13①の後段は、社外監査役を含む監査役は、法令に基づく調査権限を行使することを含め（会社381条2項。子会社調査権について同条3項参照）、適切に情報入手を行うべきであるとする。このような調査権限を有しない社外取締役を含む取締役に対して、補充原則4－13①の前段は、透明・公正かつ迅速・果断な会社の意思決定に資するとの観点から、必要と考える場合には、会社に対して追加の情報提供を求めるべきであるとする。社外取締役は、取締役会の場ないしその事前説明の場において情報の

入手や追加の情報提供を求めることとなろう。

　補充原則4－13②は、取締役・監査役は、必要と考える場合には、会社の費用において外部の専門家の助言を得ることも考慮すべきであるとする。監査役には、職務執行に係る費用等請求権が認められている（会社388条）。そのような権限のない監査役会設置会社の社外取締役は、原則として、監査役と連携するほか、取締役会において、外部の専門家の調査等を求めることを提案することとなろう。

　指名委員会等設置会社の監査委員と監査委員会、監査等委員会設置会社の監査等委員と監査等委員会に、適宜、上述の監査役・監査役会に係る原則が適用されることとなる。しかし、監査役は独任性の機関であり、他方、監査委員会と監査等委員会は組織的監査機関である。また、選定監査等委員・選定監査委員にのみ業務・財産状況調査権等が認められている（会社399条の3・405条）。このような相違に留意して、弾力的にコードの趣旨を理解すべきである。

　原則4－14は、新任者をはじめとする取締役・監査役は、その役割・責務に係る理解を深めるとともに、必要な知識の習得や適切な更新等の研鑽に努めるべきであり、上場会社は、個々の取締役・監査役に適合したトレーニングの機会の提供・斡旋やその費用の支援を行い、取締役会は、こうした対応が適切に取られているか否かを確認すべきであるとする。補充原則4－14②は、上場会社は、取締役・監査役に対するトレーニングの方針について開示を行うべきであるとする。

4　複数の独立社外取締役の活用

　補充原則4－8①は、独立社外取締役は、たとえば、独立社外者のみを構成員とする会合を定期的に開催するなど、独立した客観的な立場に基づく情報交換・認識共有を図るべきであるとする。補充原則4－8②は、独立社外取締役は、たとえば、互選により「筆頭独立社外取締役」を決定することなどにより、経営陣との連絡・調整や監査役または監査役会との連携に係る体制整備を図るべきであるとする。これらは3人以上の独立社外役員（独立社外取締役と独立社外監査役）が選任されている場合に、有効に機能する。監査等委員会設置会社において、2名の独立社外取締役だけでよいかどうか検討する必要がある。監

査役会設置会社においては、社外監査役の存在に留意して、柔軟に対応することが認められよう。

　原則4－10は、上場会社は、必要に応じて任意の仕組みを活用することにより、統治機能のさらなる充実を図るべきであるとする。これを受けて、補充原則4－10①は、監査役会設置会社または監査等委員会設置会社であって、独立社外取締役が取締役会の過半数に達していない場合には、経営陣幹部・取締役の指名・報酬などに係る取締役会の機能の独立性・客観性と説明責任を強化するため、たとえば、取締役会の下に独立社外取締役を主要な構成員とする任意の諮問委員会を設置することなどにより、指名・報酬などのとくに重要な事項に関する検討に当たり独立社外取締役の適切な関与・助言を得るべきであるとする。

　「例えば」として例示されている具体策を採用しなければ、原則を遵守していないこととなるわけでない。そのような例示も参考に、各会社において主体的に検討されることとなる。なお、監査等委員会設置会社においては、監査等委員会の人事関連意見陳述権を活用することが想定されている（コーポレートガバナンス・コード原案の原則4－10の背景説明参照）。しかし、監査等委員の負担軽減と権限分散、取締役会の監督機能のさらなる向上の観点から、監査等委員以外の社外取締役を選任し、人事委員会等の任意の諮問委員会を設置することが望まれる。

六　結　　語

　経営者が健全な企業家精神を発揮しつつ経営手腕を振るえる環境整備を行うというコードの目的を達成するため、コードは、独立社外取締役と機関投資家に大きな期待を寄せている。独立社外取締役を介した取締役会改革（会社の意思決定・経営陣幹部の人事の透明性と公正さ）を促進し、会社の非財務情報の開示を基礎に経営者と機関投資家との対話を充実させて、適任の経営者を選任する公正かつ合理的なシステムの構築を目指しているのである。しかし、そのような役割・責務を担うべき独立社外取締役や機関投資家がどの程度いるのか、さらに、現実にそのような役割・責務が機能するのかどうか、わからない。健全

な経営を維持することは収益性や効率性の持続的向上のために不可欠であり、健全な経営を確保するために、伝統的な株主民主主義の理念にも配慮すべきであろう。

　不祥事を避けるために過度のリスクテイクを抑制し、企業価値の毀損を回避することは「守りのガバナンス」と言われ、このようなガバナンスでなく、健全な企業家精神を発揮しつつ、経営手腕を振るうことができる環境を整えるガバナンスに変革することがコードの狙いとされる。とりわけ、稼ぐ力を高めるための「攻めのガバナンス」が強調され、稼ぐ力の検証手法として、株価や配当、さらにはROEといった数値基準がマスコミを賑わしている。しかし、コードは、株価や配当の引上げによる投資家のリターン向上のみを目的としているわけでない。中長期的な視野に立って、上場会社の生産性の向上を促し、日本経済の活性化・経済成長により、株主・投資家だけでなく、従業員や地域住民等のステークホルダー全体の利益を向上させることをその究極の目的としている。コードは、いわゆる株主至上主義を採用しているわけでなく、機関投資家に軸足を置いた「攻めのガバナンス」を一面的に強調することは問題である。特定の数値基準を基礎に「稼ぐ力」を強調するときは、粉飾決算等の不祥事の危険が高まる。上場会社の健全性を向上させ上場会社に対する社会の信頼を確保することも、コーポレート・ガバナンスの重要な課題である。

　中長期的な企業価値の向上に向けて、個々の会社が真剣に考えることが不可欠であり、横並び思考に安住していては、企業価値を向上させることは困難であろう。コードは、プリンシプルベース・アプローチとコンプライ・オア・エクスプレイン方式を採用し、個々の会社がこのコードの趣旨・精神を理解しつつ、主体的に個性あるガバナンスを採用することを求めている。コードの原則はいわば既製品であり、これに従っておれば、安心することができる。しかし、説明を煩わしく思い、画一的なガバナンスを形式的に採用することは「守りのガバナンス」となろう。個々の会社がその実情に応じて、コードの原則に従わないことを選択して、その理由を説明することは積極的に評価されるべきである。そのことを通して、会社の実情に応じた多様な複線的なガバナンスの発展に貢献することが期待されるからである。他の会社と横並び状況にあることで「安心」するのは、これまでの日本の悪しき企業慣行であり、コードはこのよう

な企業文化の変容を企図していることが強調されるべきである[37]。

　上場会社は、現状を前提に、コードへの「対応」を検討するのでなく、コードの趣旨や精神と真剣に向き合い、個々の会社にとって、コードの趣旨や精神に適合的なガバナンスを構築しなければならない。そのためには、経営陣は変わらなければならない。今後の経営陣幹部は、社会に対して、経営理念や経営方針について語るとともに、コーポレート・ガバナンスについて考え、会社に適合的なガバナンスを構築する実行力と自らの言葉でそのガバナンスについて説明するプレゼンス能力が求められる。従業員も、コードの精神や趣旨を理解して変わっていかなければならない。コードは、機関投資家に対する期待を表明しているが、真の企業文化の変容のためには、内部的に会社は変わらなければならないのである。

---

[37] 柳川・前掲注8) 12頁参照。

第3章　会社法の下における監査役・監査役会制度

　本章は、月刊監査役522号（2007）に寄稿した「コーポレート・ガバナンスの中の監査役——新会社法の下における監査役制度」をベースに、平成26年会社法改正および同27年の会社法施行規則等の改正にも配慮して、加筆修正をしたものである。

一　序　　説

1　機関の種類

　会社法は、株式会社の機関構成を弾力化・柔軟化した。株式会社の必要的機関は、株主総会と取締役である（会社326条1項）。株式会社は、定款の定めにより、取締役会、会計参与、監査役、監査役会、会計監査人、監査等委員会または指名委員会等を置くことができる（会社326条2項）。会社法は、公開会社であるかどうか（全株譲渡制限会社でないかどうか——会社2条5号）、大会社であるかどうかを基本に、機関構成を規制する。監査等委員会設置会社または指名委員会等設置会社でない公開会社である大会社は、取締役会・監査役・監査役会・会計監査人を設置しなければならない（会社327条1項1号・2項本文・328条1項）。役員とは、取締役・監査役・会計参与を意味する（会社329条1項かっこ書）。株式会社の役員および会計監査人との関係は、委任に関する規定に従う（会社330条）。

　以下、大会社である公開会社の監査役・監査役会制度について検討する[1]。

この関係で、「会社」とは、とくに断らない限り、監査役・監査役会設置の大会社であり、会計参与を設置していない公開会社を意味するものとする[2]。

2 会社法における監査役制度の改正
(1) 昭和49年改正

監査役制度は、企業不祥事を受けて、しばしば改正されている。昭和49年改正は、昭和40年前後の粉飾決算・違法配当等の企業不祥事を受けて、大会社の自治的な経営監視機構を整備することを主たる目的とする。商法特例法を制定して、計算・監査・公開について、大会社と小会社の特例を定め、大会社に会計監査人制度を導入した（同法2条）。監査役に原則として業務監査権限を付与し（昭和49年改正商274条1項。報告聴取・調査権について、274条2項・274条ノ3、取締役の監査役に対する報告義務について、274条ノ2参照）、監査役の取締役会出席権が法定された（同法260条ノ3）。監査役に、会社と取締役の間の訴えに係る会社代表権（昭和49年改正商275条ノ4）と取締役の違法行為の差止請求権（同法275条ノ2）が認められた。監査役の独立性を確保するため、監査役の任期が2年に伸長され、監査役に、株主総会において監査役の選任・解任について意見を述べることが認められた（同法273条1項・275条ノ3）。監査役選任決議について、取締役の場合と同様の定足数の緩和に係る制限が設けられた（同法280条による256条ノ2の規定の準用）。

(2) 昭和56年改正

昭和49年改正商法の理念を推進し健全な会社経営を確保するため、昭和56年に、監査・監督機構が整備された[3]。監査役の独立性を一層確保するため、監査役の報酬を取締役と別個に決定するものとし、監査費用の請求を容易にするため、監査費用の請求に係る立証責任が転換された（昭和56年改正商279条・

---

1) 本章において、会計参与の説明は省略する。条文上会計参与に言及されていても、これを無視することとする。
2) 非公開会社である大会社の機関構成は大幅に緩和されており、監査役会だけでなく取締役会の設置も強制されていない。取締役、監査役および会計監査人という機関構成も認められる。
3) 昭和56年改正全般について、稲葉のほか、元木伸・改正商法逐条解説（商事法務研究会、1981）参照。

279条ノ2。民649条・650条対照）。監査役に対して、新たに、取締役が法令定款違反行為をするとき、または、するおそれがあるときの取締役会への報告義務が課され、これと関連して、監査役に取締役会招集請求権が認められた（昭和56年改正商260条ノ3第2項～4項の規定の追加）。

　商法特例法の適用を受ける大会社の範囲が、資本の額5億円以上または負債総額200億円以上の会社に拡大され（昭和56年改正商特2条）[4]、大会社に複数・常勤監査役制度が導入された（同法18条）。会計監査人の地位を強化し独立性を確保するため、取締役会に代えて株主総会が会計監査人の選任・解任機関とされ（同法3条1項・6条1項）、監査業務の遂行に際して、監査役と会計監査人が連携するものとされた（同法8条）。また、会計監査人の任期について自動更新制度が採用された（同法5条の2第1項・2項）。会計監査人に、株主総会における会計監査人の選任・解任・不再任に係る意見陳述権が認められた（同法6条の3）。過半数の監査役には、会計監査人の選任・解任・不再任の議題・議案についての同意権と提案権が認められ、さらに、特段の事由があるときは、監査役全員の同意により、会計監査人を解任することも認められた（同法3条2項・3項・5条の2第3項・6条3項・6条の2。仮会計監査人の選任について、6条の4参照）。

(3)　平成5年改正

　平成5年には、金融・証券不祥事を契機として、監査役の任期が3年に延長された（平成5年改正商273条1項）。大会社について、監査役の員数は3人以上とされ、社外監査役・監査役会制度が法定され（平成5年改正商特18条1項・18条の2・18条の3）[5]、監査役会設置に伴う規定が整備された（会計監査人の解任は全員一致の監査役会の決議による等）。

(4)　平成13年改正

　平成13年末の議員立法により、取締役の責任制限制度の新設と株主代表訴訟制度の改正との関連において、監査役の任期が4年に延長され、監査役の取締

---

[4]　それまでの大会社は、資本金の額が5億円以上の株式会社であった。
[5]　平成5年改正全般について、吉戒修一・平成五年・六年改正商法（商事法務研究会、1996）参照。

役会への出席・意見陳述が、権利としてでなく、義務的なものとして規定された（平成13年12月改正商273条1項・260条ノ3第1項）。辞任監査役の理由陳述権に係る規定も新設された（同法275条ノ3ノ2）。5年の期間の社外監査役のいわゆる過去要件が削除され、大会社について、監査役の半数以上が社外監査役でなければならないとされた（平成13年12月改正商特18条1項）。

　監査役の独立性を質的に向上させるには、何よりも人の問題があり、制度論としては、監査役の人事に監査役会を積極的に関与させる必要がある。したがって、取締役が監査役選任議案を株主総会に提出するには監査役会の同意を得なければならないことのほか（監査役会の拒否権の承認）、監査役会は、取締役に対して、監査役の選任を株主総会の議題とし、その議案を提出する請求権が認められたことが最も意義ある改正事項である（平成13年12月改正商特18条3項）。これにより、監査役会が適任の監査役候補者リストを作成し、代表取締役との合意を目指すことが可能となったのである。

　社外監査役が監査役の過半数でなく、半数以上とされたのは、当時において、社外監査役候補者が十分にいないという実務状況に配慮したものであろうが、それが現在までも維持されているのは、監査役会は意思決定機関でなく、社外監査役は社内監査役の独立性を確保する役割を担うものとして社内監査役と同数でよいと考えられているからであろう。しかし、独立性を有する社外監査役が過半数選任される実務慣行の形成されることが望まれる。他方、社外監査役について、5年の期間要件を削除したことが合理的かどうか、検討の余地があったが、これは、平成26年会社法改正により、是正された。また、社外監査役に独立性の要件を付加することについても、平成26年会社法改正により、手当てされた[6]。

　なお、辞任監査役の理由陳述権や監査役の取締役会への出席・意見陳述義務に係る規定が設けられたのは、こうまでしなければ監査役の独立性が確保されないという現実認識を基礎とする。弱々しい監査役を猛々しいものとするには、権利を認めるだけでは不十分であり、義務を課す必要があると考えられたのであろう。

---

[6]　これらについて、本章104頁～105頁参照。

(5) 平成17年会社法

平成13年12月改正の商法および商法特例法により、監査役制度は完成したといわれ、会社法は基本的に同年改正法を受け継いでいるが、取締役制度の改正と併せて若干の改正をしている。まず、取締役の欠格事由が整備された（会社331条1項）。法人は取締役になれない（同項1号）。破産手続開始決定を受け復権を受けていない者は欠格者から除外された。これは会社債務に個人保証等をしていた会社代表者の再挑戦を妨げないための改正である[7]。このほか、非公開会社は、定款で取締役の資格を株主に限ることが認められた（会社331条2項ただし書）。定款自治を広く認める会社法の基本姿勢からは、公開会社にもこれを認めるべきであろう。監査役について、これらの規定が準用されている（会社335条1項）。

監査役会についても、基本的に平成17年改正前商法の規制が踏襲されている。監査役会への報告の省略が認められたが（会社395条）、監査役会は現実に開催してその監査機能を発揮しなければならないとして、いわゆる書面決議（決議の省略）は認められていない。平成26年改正会社法により、社外監査役制度が抜本的に改正され（後述五3参照）、会計監査人の選任・解任・不再任に関する決議の内容は、取締役会でなく監査役会で決定することとされた（会社344条1項〜3項）。なお、会計監査人の報酬等の決定については、従来と同様、監査役会には、同意権が認められるにすぎない（会社399条1項・2項参照）。

3　監査役の法的地位

監査役は、取締役の職務の執行を監査する機関である（会社381条1項前段）。会社と監査役の関係は、委任に関する規定に従い、監査役は、会社に対して受任者として善管注意義務を負う（会社330条、民644条）。取締役のいわゆる忠実義務に係る会社法355条に相当する規定は監査役に設けられていない。しかし、監査役についても、理論上の忠実義務が問題とならないわけでなく、民法

---

[7] 衆参両院の法務委員会は、破産手続開始の決定を受け復権していない者を取締役として選任して、再度の経済的再生の機会を与える目的について十分な理解が得られるよう、その趣旨の周知徹底に努める旨、附帯決議をしている。

644条の定める善管注意義務には、注意義務と忠実義務が含まれていると解することが合理的である。

　監査役は、株主総会の決議により選任される（会社329条1項）。選任決議は、取締役の場合と同様、普通決議事項であり、その定足数は議決権を行使することができる株主の議決権の3分の1未満に下すことはできない（会社341条）。取締役は、株主の信任を基礎に職務を執行すべきであるとして、取締役の解任は株主総会の特別決議事項から普通決議事項に変更された（会社341条）。監査役の解任については、その地位の安定を図るため（独立性の確保）、株主総会の特別決議事項のままとされた（会社343条4項・309条2項7号）。

　監査役は、会社に対して、任務懈怠責任を負い（会社423条1項）、その責任は総株主の同意がなければ免除されない（会社424条。訴訟上の和解について850条参照）。監査役の責任は株主代表訴訟の対象となり（会社847条参照）[8]、責任の一部免除が認められる（会社425条・426条—2年分の報酬等が最低責任限度額）。これらは、取締役と同様である。

　会社法は、従来、社外監査役との間でのみ責任限定契約を締結することを認めていたが、平成26年改正会社法は、監査役一般との間で、責任限定契約を締結することを認めた（会社427条）。取締役についても、社外取締役とのみ責任限定契約を締結することが認められていたが、業務執行取締役等（会社2条15号イ第2かっこ書）以外の取締役について、責任限定契約を締結することが認められた。これらは、独立性を要求する社外役員の定義規定の改正に併せて改正されたものである。

　監査役は、重過失による任務懈怠の場合だけでなく（会社429条1項）、監査報告に記載すべき重要な事項について虚偽記載したときも、注意を怠らなかったことを証明したときを除いて、第三者に対して責任を負う（同条2項3号—立証責任の転換された過失責任）。

8）　平成26年改正会社法は、旧株主による責任追及の訴え、最終完全親会社等の株主による特定責任追及の訴えに係る規定を新設し、これに関連して、訴訟参加の規定等を改正した（同法847条の2・847条の3・849条等）。

4　監査役の独立性確保措置

　監査役がその職務を適切に遂行するには、取締役に対する独立性が確保されていなければならない。このため、次のような措置が講じられている。

　監査役について、取締役の欠格事由の定めが準用されるほか（会社335条1項による331条1項の規定の準用）[9]、会社または子会社の取締役（と会計参与）もしくは使用人または子会社の執行役を兼ねることができない（会社333条3項1号・335条2項）。最判平成元・9・19判時1354号149頁は、監査役に選任された取締役等が監査役就任を承諾したときは、兼任が禁止される従前の地位を辞任したものと解すべきであり（会社に対する監査役就任の承諾に取締役等の辞任の意思表示が含まれている）、監査役就任を承諾した者が事実上従前通りの職務を遂行していたとしても、監査役の任務懈怠による責任の原因となりうるのは格別、株主総会の選任決議の効力に影響を及ぼすものでないと判示している。3月期末決算会社において、6月の定時株主総会まで取締役であった者を監査役に選任するときは（横滑り監査役）、同年の4月から6月までの約3か月間はいわゆる自己監査となるが、これは兼任禁止規定の趣旨に触れるものでない（東京高判昭和61・6・26判時1200号154頁）。これは、監査役の監査期間と選任時期の齟齬によりやむを得ず生ずるものであって、恣意性は認められず、当時の監査役が、この期間の当該監査役の取締役としての職務執行を監査しているからである。

　監査役の選任案件について、監査役会の同意権（拒否権）と議題・議案提案権が認められる（会社343条1項～3項）。監査役の解任に係る同意権（拒否権）と議題・議案提案権は認められていないが、監査役の解任は株主総会の特別決議事項である。監査役は、株主総会において、自己または他の監査役の選任・解任・辞任について意見を述べることができ、辞任監査役にも株主総会出席・理由陳述権が認められている（会社345条1項～4項）。

　監査役の任期は、選任後4年以内に終了する事業年度のうち最終のもの（最終の決算期）に関する定時株主総会の終結の時までである（会社336条1項。非

---

9)　会社法335条1項は、同法331条2項の規定も準用している。公開会社は、監査役が株主でなければならない旨を定款で定めることができないのである。

公開会社について2項参照)[10]。株主によるコントロールの機会を確保するため、任期の伸長ができないだけでなく、監査役の地位を安定させてその独立性を高めるため、任期の短縮も認められないのである。監査費用を確保するため、監査費用の前払・償還等について立証責任が転換されている(会社388条)。

　会社法387条は、監査役の報酬でなく「報酬等」について規定する。「報酬等」とは、「報酬、賞与その他の職務執行の対価として株式会社から受ける財産上の利益」であり(会社361条1項かっこ書)、職務執行の対価として株式会社から受ける財産上の利益に係る包括的手続規定とされたのである。職務執行の対価として受けるときは、退職慰労金はもちろん、役員賞与もこれに含まれる。監査役の報酬等は、定款にその額を定めていないときは、株主総会決議により定められる(会社387条1項)。これには、お手盛り防止目的もあるが、監査役の独立性確保を主たる目的とする(報酬保障機能)。監査役の報酬等に係る議案の内容は取締役会で決定されるが、監査役は株主総会において監査役の報酬等について意見を述べることができる(会社387条3項)。各監査役に支給されるべき報酬等について、定款の定めまたは株主総会の決議がないときは、その報酬等は、定款または株主総会決議で定められた報酬等の範囲内において、監査役の協議によって定められる(会社387条2項)。この規定には2つの意味がある。第一は、取締役(代表取締役)が、各監査役の報酬等の具体的配分を決定してはならないことである。監査役の協議により、代表取締役に原案の作成を求めることは禁止されていないが、それは監査役に主体性がないことを意味し、立法趣旨から好ましいこととは思われない。第二は、「協議」という用語と関連する。協議とは、合議の上、全員一致で決定することを意味する。監査役の独任制に配慮して、監査役の多数決で、各監査役に配分する報酬等を決定することはできないのである。

　取締役の場合と異なり(会社361条1項2号・3号)、監査役について、業績連動型報酬に係る明示的規定が設けられていない。適法性監査を主たる機能とす

---

[10] 平成17年改正前商法は、役員の任期の始期を「就任後」としていたが、会社法は、「選任後」に統一した。平成17年改正前商法は、設立当初の役員の任期を1年としていたが(同法256条2項・273条2項)、会社法上、この規定はない。

る監査役の職務と関連して、業績連動型報酬は不適切であると考えられたようであるが、監査役の役割は多様化している。会社の実情に応じて、業績連動型報酬を付与することに合理性がある場合に、取締役の報酬等に関する規定を類推適用することも考えられよう。ベンチャー企業等において、人材を得るためには、監査役にストック・オプションを付与することが必要な場合もあると指摘されている[11]。

5 補欠監査役制度

　監査役の任期は4年であり、実務上、社外監査役の欠員補充に配慮する必要がある。監査役に欠員が生じた場合、（臨時）株主総会を開催して、欠員の補充をすることが原則形態であるが、裁判所は、必要があると認めるときは、利害関係人の申立により、一時監査役（仮監査役）を選任することができる（会社346条2項。報酬額の決定について同条3項参照）。

　監査役の選任決議をする場合において、監査役に欠員を生ずることとなるときに備えて、補欠監査役を選任することができる（会社329条3項）。補欠監査役は、就任の条件（監査役の欠員）が成就すれば、監査役に就任する。その選任決議は条件付き監査役選任決議であり、監査役選任決議に関する規定が適用される。監査役選任に係る決議要件や株主総会参考書類記載事項等が補欠監査役選任に関しても適用される。監査役会の同意権・議題・議案提案権についても同様である（会社343条）。

　補欠監査役を選任する場合には、①当該候補者が補欠の監査役である旨、②当該候補者を補欠の社外監査役として選任するときは、その旨、③当該候補者を1人または2人以上の特定の監査役の補欠の監査役として選任するときは、その旨および当該特定の監査役の氏名、④同一の監査役について2人以上の補欠監査役を選任するときは、当該補欠監査役相互間の優先順位、⑤補欠監査役について、就任前にその選任の取消しを行う場合があるときは、その旨および取消しを行うための手続についても、併せて決定しなければならない（会社則96条2項）。

11）江頭536頁。

補欠監査役に報酬を支払うことは禁止されていないが、これには監査役の報酬等に関する規定は準用されない。この場合の「報酬」の意義とその額や開示について、合理的実務の形成されることが望まれる。

　補欠監査役選任決議の効力は、定款で別段の定めがある場合を除き、当該決議後最初に開催する定時株主総会の開始の時までであるが、株主総会決議によりその期間を短縮することができる（会社則96条3項）。補欠監査役が監査役に就任した場合の任期にも会社法336条1項の規定が適用されるが、定款により、任期満了前に退任した監査役の補欠として選任された監査役の任期を退任した監査役の任期の満了する時までとすることができる（会社336条3項）。

二　監査役の職務権限

1　序

　監査役は、取締役の職務執行の監査を行い（会社381条1項前段）、監査結果の集大成として、監査報告を作成しなければならない（同項後段。436条2項参照）。監査は業務監査と会計監査に分けられるが、会計監査は（広義の）業務監査に含まれる。大会社である公開会社において、監査役のほか、監査役会と会計監査人の設置が義務付けられる（会社328条1項）。監査役は、監査役会を介して組織的に取締役の職務執行の監査を行い、会計監査については、会計監査人と連携して行う（会社397条1項～3項）。

　監査役は、取締役が、法令定款および株主総会の決議を遵守し、会社のため忠実にその職務を行っているかどうか（会社355条）、監査しなければならない。従来、これは、取締役の任務懈怠の有無を監査する適法性監査であり、とりわけ、取締役が個別具体的な法令定款規定に違反した職務執行をしていないかどうか、チェックしなければならないことが強調されていた。また、このような適法性監査は多数決で決すべきものでない。このため、監査役は独任制の機関とされ、監査役会が設けられていても、各監査役は独立して監査しなければならないと説明されている。

　しかしながら、監査役の監査機能について、もう少し柔軟に解することが合理的なように思われる。監査報告には、取締役の職務遂行に関し、不正の行為

または法令定款に違反する重大な事実があったときは、その事実が記載されるが（会社則129条1項3号）、それは、監査役の権限を適法性監査に限定するものでない。監査役は、著しく不当な事実があると認めるとき、遅滞なく、その旨を取締役会に報告しなければならず（会社382条）、株主総会関連事項について調査し、著しく不当な事項があると認めるときも、その調査結果を株主総会に報告しなければならない（会社384条）。さらに、監査報告には、事業報告において、内部統制システムとその運用状況の概要の記載が相当でないと認めるときは、その旨と理由、そして、買収防衛策等の基本方針や親会社等との取引についての記載があるときは、それについての意見を記載しなければならない（会社則129条1項5号・6号）。また、監査役には、取締役の義務違反があると認めるときも、責任追及の訴えを提起するかどうかの裁量が認められている（会社則218条3号参照）。

このように監査役には、会社の健全性確保の観点から、適法性監査を超える監査権限が認められているのであり、監査役は、会社経営の健全性について監査することを職責とすると解することが合理的である。監査役は、会社役員として、大所高所から、業務執行の妥当性ないし効率性について意見を述べることもできるが、収益性や効率性を持続的に確保するために不可欠な健全な経営を確保することが監査役の主たる機能とされているのである。

監査役は、その職務を適切に遂行するため、会社または子会社の取締役や使用人等との意思疎通を図り、情報の収集および監査の環境の整備に努めなければならない（会社則105条2項前段）。この場合、取締役または取締役会は、監査役の職務執行のため必要な体制の整備に留意しなければならない（同項後段）。以上の規定は、監査役が公正不偏の態度および独立の立場を保持することができなくなるおそれのある関係の創設および維持を認めるものと解されてはならない（同条3項）。監査役は、その職務の遂行に当たり、必要に応じ、他の監査役、親会社および子会社の監査役等との意思疎通および情報の交換を図るよう努めなければならない（同条4項）。

2　監査役の一般的職務権限

監査役は、取締役の職務執行全般を監査する職務権限を有する（会社381条1

項前段)。監査役は、取締役会に出席して、業務執行取締役の業務執行を監査するだけでなく、取締役会の内外において、積極的に監査活動をしなければならない。監査役は、いつでも、取締役および使用人に対して、事業の報告を求め、会社の業務・財産の状況を調査することができる(同条2項)。監査役は、この調査権行使の一環として、常務会等の取締役の会議に出席することができる。親会社の監査役は、その職務(親会社の取締役の職務執行の監査)を行うため必要があるときは、子会社に対して事業の報告を求め、または子会社の業務・財産の状況を調査することができる(同条3項)。子会社は、正当の理由があるときは、この報告・調査を拒絶することができる(同条4項)。

3 監査役の個別的職務権限

監査役は取締役会に出席し、必要があると認めるときは、意見を述べなければならない(会社383条1項本文)。監査役は、取締役会における審議の適正さを監査するほか(合理的な資料を基礎に誠実に審議されているかどうか等)、取締役会において3か月に1回以上される業務執行取締役の職務執行の状況報告(会社363条2項)等を参考に、業務執行の監査を行う。なお、特別取締役による取締役会への出席については、監査役の互選により、監査役の中からこの取締役会に出席する監査役を定めることができるが(会社383条1項ただし書)、本章において、特別取締役による取締役会の説明は省略する。

監査役は、計算書類および事業報告とそれらの附属明細書ならびに連結計算書類、臨時計算書類の監査権限を有する(会社436条2項・444条4項・441条2項参照)。監査役は、その職務を行うため必要があるときは、会計監査人に監査に関する報告を求めることができる(会社397条2項)。

監査役は、取締役が株主総会に提出する議案、書類・電磁的記録その他の資料を調査し、法令定款に違反し、または、著しく不当な事項があると認めるときは、その調査結果を株主総会に報告しなければならない(会社384条、会社則106条)。取締役が株主総会に提出する議案、書類等は、取締役会において審議され(会社298条1項2号等参照)、監査役は、これらに法令定款に違反し、または、著しく不当な事項があると認めるときは、取締役会において意見を述べなければならないが(会社383条1項本文)、それにもかかわらず当該事項が株主

総会に上程・提出されたときは、監査役は、株主総会において調査結果を報告しなければならないと明示的に規定することにより、取締役会が、監査役の意見に配慮して、事前に適切に対応することが期待されるのである。

監査役は、取締役が不正の行為をし、もしくはその行為をするおそれがあると認めるとき、または、法令定款に違反する事実もしくは著しく不当な事実があると認めるときは、遅滞なく、その旨を取締役会に報告しなければならない（会社382条）。報告を受けた取締役会において、業務執行取締役の交代等の適切な対応がとられる。この権限の適切な行使のため、監査役は、必要があると認めるときは、取締役会の招集を請求することができる（会社383条2項・3項）。

監査役は、取締役が会社の目的の範囲外の行為その他法令定款に違反する行為をし、またはこれらの行為をするおそれがある場合において、当該行為によって会社に著しい損害が生ずるおそれがあるときは、当該取締役に対し、当該行為をやめることを請求することができる（会社385条1項—取締役の違法行為差止請求権）。監査役は、その職務権限として取締役の違法行為について差止請求をするのであり、裁判所が差止めの仮処分を命ずるとき、担保を立てさせることを要しない（同条2項）。監査役に違法行為差止請求権が認められているため、監査役設置会社の株主は、「会社に回復することができない損害」が生ずるおそれがあるときに限り、取締役の違法行為について差止めの請求をすることができる（会社360条3項）。

会社が取締役に対し、または取締役が会社に対し訴えを提起するとき、監査役が会社を代表する（会社386条1項1号）。株主からの取締役の責任追及の訴えの提起請求等を受けるのも監査役である（同条2項1号。訴訟告知や訴訟上の和解の通知等について2号参照）[12]。取締役の責任の一部免除等や会社の被告取締役への補助参加には、各監査役の同意が求められる（会社425条3項1号・426条2項・427条3項・849条3項1号）。監査役には、このほか、取締役と同様、各種の会社訴訟提起権が認められている（会社828条2項1号第一かっこ書）。

---

[12] 平成26年改正会社法は、旧株主による責任追及等の訴えと最終完全親会社等の株主による特定責任追及の訴えを新設した（会社847条の2・847条の3）。これと関連して、会社法386条の規定も大幅に改正されている。

三 監査役会

1 序

　監査役会は、大会社である公開会社に必須のものである（会社328条1項）。監査役会は、監査役全員で組織される（会社390条1項）。監査役会設置会社においては、監査役は3人以上で、そのうち半数以上は社外監査役でなければならない（会社335条3項）。監査役会は、監査役の中から、監査役の職務に専念する義務を負う常勤の監査役を選定しなければならない（会社390条2項2号・3項）。

　監査役会は会社の機関とされているが（会社326条2項）、それ自体として取締役の職務執行の監査を行うものでない。監査役会設置会社の監査役は、監査役会非設置会社の監査役と同様、それぞれが取締役の職務執行を監査する監査機関である（監査役の独任制、監査独立の原則）。監査役会制度は、組織的監査による効率的監査の実現と監査役の独立性の確保、さらに、情報・意見交換による社外監査役の機能の実質化を目的とする。監査役会は、個々の監査役の監査報告を基礎に監査報告を作成するほか（会社390条2項1号）、監査役が適切かつ効果的に組織的監査を行うため必要な監査行政的な事項を決定し（同項3号）、監査役の職務執行（監査の状況）について報告を求め（同条4項）、監査に関連する情報連絡・意見調整を行う監査機関である。日本監査役協会の監査役会規則（ひな型）3条本文は、「監査役会は、監査に関する重要な事項について報告を受け、協議を行い、又は決議する」旨、定めている。

2 監査役会の基本的職務

　監査役会の基本的職務として、会社法390条2項本文は、①監査報告の作成、②常勤監査役の選定・解職および③監査の方針、会社の業務財産状況の調査の方法その他の監査役の職務執行に関する事項の決定を挙げる。③は、監査役の職務・役割分担の定めであり、これにより、監査の重複を避けて組織的監査を行うことのほか、社外監査役制度の円滑な運用が期待される。③の決定により監査役の権限の行使を妨げることはできない旨、明定されている（会社390条2

項ただし書。日本監査役協会の監査役会規則（ひな型）3条ただし書参照）。これは、監査役会設置会社においても監査役の独任制は維持され、監査役会が監査機関となるわけでないことを明確にするための規定である。監査役の役割・職務分担の定めが不合理であるときはもちろん、特別の事情のあるときは、役割・職務分担の定めにかかわらず、監査役は独自に調査等の権限を行使することができ、また、行使しなければならないのである。監査役の職務・役割分担の定めの意義は、その定めが合理的な場合、監査役がそれに従って職務を遂行することができ、適宜、他の監査役の職務執行状況について報告を受けておれば、当該監査役の任務懈怠とならないことにある。

　監査役は、監査役会の求めがあるときは、いつでもその職務執行の状況を監査役会に報告しなければならない（会社390条4項）。こうして、監査役間の情報交換と連携が確保される。取締役は、会社に著しい損害を及ぼすおそれのある事実があることを発見したときは、ただちに、監査役会に、報告しなければならない（会社357条1項2項）。「直ちに」とされていることから、通常、報告の省略制度が利用されることとなろう（会社395条）。こうして、監査役の全員に対して、ただちに、当該事実の報告がされることとなる。また、会計監査人が、その職務を行うに際して、取締役の職務の執行に関し、不正の行為または法令定款に違反する重大な事実があることを発見したときは、遅滞なく、これを監査役会に報告しなければならない（会社397条1項・3項）。「遅滞なく」とあるため、次回の監査役会を待つこともできるが、近日中に監査役会が開かれる予定がない場合には、監査役の全員に対して報告されることとなろう。

3　監査役会の個別的職務権限

　取締役会は、株主総会に上程する監査役の選任議案を決定するが、監査役会に当該議案に対する同意権（拒否権）のほか、監査役選任に係る議題と議案の提案権が認められている（会社343条1項～3項）。これらの権限を背景に、取締役会（会長ないし社長）と監査役会が事前に監査役選任案件について合意することが期待される。なお、会計監査人の場合と異なり、解任に係る同意権等は認められていない。また、個々の監査役は、株主総会において、監査役の報酬等について意見を述べることができる（会社387条3項）。

監査役は、会計監査人と連携して監査業務を遂行する。会計監査人に対して監査に関する報告を求めるのは、監査役会設置会社においても個々の監査役である（会社397条2項）。会社法は、監査役会に、会計監査人の選任・解任・不再任に係る取締役会の決定に対する同意権（拒否権）と会計監査人の選任・解任・不再任に係る議題・議案提案権を認めるにすぎなかったが、平成26年改正会社法は、株主総会に提出する会計監査人の選任・解任・不再任に関する議案の内容は監査役会が決定することとした（会社344条1項・3項）。監査対象である取締役会が会計監査人の人事関連議案の内容の決定権を有することにより会計監査人の取締役からの独立性に危惧が生ずるとして、監査役会に会計監査人の人事議案に係る決定権が認められたのである。

　会計監査人が欠けた場合または定款で定めた会計監査人の員数が欠けた場合において、遅滞なく会計監査人が選任されないときは、監査役会は、一時会計監査人を選任しなければならない（会社346条4項・6項）。さらに、監査役会は、会計監査人が、①職務上の義務に違反し、または、職務を怠ったとき、②会計監査人としてふさわしくない非行があったとき、③心身の故障のため、職務の執行に支障があり、または、これに堪えないときは、監査役全員の同意により、その会計監査人を解任することができる（会社340条1項・2項・4項）。監査役会の書面決議は認められていないが、この場合、監査役会は、その決議によることなく、監査役全員の同意を得ることにより、会計監査人を解任することができるのである。監査役会が選定した監査役は、解任後最初に招集される株主総会において、その旨と解任理由を報告しなければならない（同条3項・4項）。

　会計監査人の報酬等については、経営事項であるとして、監査役会に決定権限は認められず、同意権が付与されるにすぎない（会社399条1項・2項）。事業報告には、当該事業年度に係る各会計監査人の報酬等の額および当該報酬等について監査役会が同意した理由が記載される（会社則126条2号）。当該報酬等について監査役会が同意した理由の記載は、平成27年改正会社法施行規則により追加された。これは一歩前進であるが、監査の具体的内容に相応しい報酬等を監査役会が決定することが妥当であろう。

　取締役は、会社に著しい損害を及ぼすおそれのある事実があることを発見し

たときは、ただちに、当該事実を監査役会に報告しなければならない（会社357条1項・2項）。取締役は、ただちに、当該事実を監査役会に報告するため、監査役への報告の省略制度（会社395条）を利用することとなろう。会計監査人は、その職務を行うに際して、取締役の職務執行に関し不正の行為または法令定款に違反する重大な事実があることを発見したときは、遅滞なくこれを監査役会に報告しなければならない（会社397条1項・3項）。監査役会において、これらの事実について審議されるが、実際には監査役が監査権限を行使して、取締役の違法行為の差止め請求等を行うこととなろう。

4　監査役会の運営

(1)　序

　監査役会は、各監査役が招集する（会社391条）。監査役会の原則的な招集者を定めることはできるが、特定の監査役に排他的な監査役会招集権限を与えることはできない（会社366条1項ただし書参照）。これも監査独立の原則の現れである。監査役会の招集手続は、取締役会の場合と基本的に同様である（会社392条。368条参照）。監査役全員の同意があるときは、招集手続を経ることなく、監査役会を開催することができる。

　監査役会の決議は、監査役の過半数をもって行う（会社393条1項）。定足数の定めはない。出席監査役の数のいかんにかかわらず、現員監査役の過半数の賛成により、決議が成立する。現員監査役が法令定款上の監査役の員数を下回っているときは、法令定款上の監査役の定員を基礎に過半数が計算される。

(2)　報告の省略

　取締役、監査役、会計監査人が、監査役の全員に対して監査役会に報告すべき事項を通知したときは、当該事項を監査役会に報告することを要しない（会社395条）。これが監査役会への報告の省略・書面報告制度である。監査役は、監査役会の求めがあるときは、その職務の執行状況を報告しなければならない（会社390条4項）。監査役会の決議により、監査役に対して報告が求められる。その会議に出席している監査役は、可能であれば、その場で報告する。当該監査役が欠席していた場合、あるいは、ただちに十分な報告をすることができないときは、次回の会議で報告することとなるが、監査役の全員に対して報告す

べき事項を通知したときは、報告することを要しない。

　書面による報告と異なり、書面決議に関する規定はない。監査役会については、書面決議が認められないのである。監査役会の決議事項は限定的であり、緊急性等の観点から書面決議は不可欠のものでなく、独任制の趣旨からも、現実に会議を開く必要があると考えられたのであろう。テレビ会議等は認められる（会社則109条3項1号かっこ書参照）。なお、特段の事由がある場合の会計監査人の解任について、平成17年廃止前商法特例法は、監査役全員一致による監査役会の決議事項としていたが（同法18条の3第1項）、会社法は、監査役会は、監査役全員の同意によって会計監査人を解任するものとする（同法340条1項～4項・346条5項）。監査役会は、会議を開催することなく、適宜の方法により監査役全員の同意が得られれば、会計監査人を解任することができるのである。なお、取締役の責任の一部免除については、監査役会でなく、各監査役の同意が求められている（会社425条3項1号・426条2項）。

(3) 監査報告の作成

　監査等委員会設置会社の監査等委員会や指名委員会等設置会社の監査委員会の監査報告の内容は、明示的規定により、監査等委員会または監査委員会の決議をもって定めなければならないものとされている（会社則130条の2第2項・131条2項、会社計算128条の2第2項・129条2項）。監査役会の監査報告についても、会社法制定前は、一般に、監査役会の多数決で作成するものと解されていた。これに対して、会社法は、各監査役が監査報告を作成し、これに基づいて監査役会の監査報告を作成するものとし（会社則129条1項・130条1項、会社計算127条・128条1項）、監査役会は、監査報告を作成する場合には、1回以上、会議を開催する方法または情報の送受信により同時に意見を交換することができる方法により、監査役会の監査報告の内容を審議しなければならないものとする（会社則130条3項、会社計算128条3項）。

　常勤監査役の選定・解職や監査役の職務執行に関する事項の決定については、監査役会決議が必要であり、書面決議は認められない。これに対して、監査等委員会や監査委員会と異なり、監査役会設置会社においては、独任制の機関である監査役が監査をするのであって、監査役会の監査報告は各監査役の監査報告を取りまとめたものにすぎない。監査報告の作成は事実行為であり、監

査役会は、監査役会の監査報告の「取りまとめ」のために、1回は会議を開催する等の方法により審議しなければならないが、監査役会の監査報告を監査役会決議により確定する必要はなく、適宜の方法で取りまとめればよいのである。日本監査役協会の監査役会規則（ひな型）も、「監査役会は、各監査役が作成した監査報告に基づき、審議のうえ、監査役会の監査報告を作成する」ものとしている（同規則17条1項）。

(4) 議 事 録

監査役会の議事について、議事録を作成し、監査役会の日から10年間、議事録を本店に備え置かなければならない（会社393条2項・394条1項。議事録の内容について会社則109条3項）。

議事録が書面をもって作成されているときは、出席監査役はこれに署名・記名押印をしなければならない（会社393条2項。電磁的記録による議事録について3項参照）。監査役会の決議に参加した監査役であって、議事録に異議をとどめないものは、その決議に賛成したものと推定される（会社393条4項）。報告の省略の場合を除いて、議事録の作成者について規定はない（会社則109条4項3号参照）。議事録の作成は事実行為であり、適宜の方法により議事録案を作成し、出席監査役が署名するのである。

株主および親会社の社員は、その権利を行使するため必要があるとき、会社の債権者は、役員の責任を追及するため必要があるとき、裁判所の許可を得て、会社に対して監査役会の議事録の閲覧等を請求することができる（会社394条2項〜4項）。備置・閲覧等の職務を行うのは業務執行取締役となろう。なお、取締役による監査役会の議事録の閲覧等に係る規定はない。

四　決算手続と監査

1　序

会社（業務執行取締役）は、各事業年度に係る計算書類、事業報告およびそれらの附属明細書を作成しなければならない（会社435条2項）。計算書類とは、①貸借対照表、②損益計算書、③株主資本等変動計算書および④個別注記表である（会社435条2項かっこ書、会社計算59条1項）[13]。これらは電磁的記録を

もって作成することができる（会社435条3項）。事業年度は、1年以内で定めなければならない（会社計算59条2項後段）。

定時株主総会は、毎事業年度の終了後一定の時期に招集され、事業報告の内容が報告され、計算書類の承認、または、その内容の報告が行われる決算総会である。平成17年改正前商法は、利益配当を含む利益処分（損失処理）案を計算書類の一内容としていたが（同法281条1項）、会社法は、これを計算書類制度とは別個の剰余金の配当として、定時株主総会だけでなく、株主総会決議により、適宜、剰余金の配当を行うことができるものとした（会社454条1項。このほか、452条参照）。さらに、剰余金の配当と一定の自己株式の処分を「剰余金の分配」として、指名委員会等設置会社だけでなく、監査等委員会設置会社、さらには、会計監査人設置の監査役会設置会社においても、取締役の任期を1年にすることにより、定款で、剰余金の分配権限を株主総会から取締役会に移譲することを認めた（会社459条1項2項。460条1項参照）。このような会社においては、四半期配当を行うことが容易となる。

多数の上場会社は、4月1日より3月31日を事業年度とする。この場合の3月31日を決算期日・期末という。決算手続は、会計監査人設置会社であるか、監査役・監査役会設置会社であるか等により大きく異なる。以下、監査役会設置の大会社である公開会社（取締役会、会計監査人および監査役・監査役会設置会社）の決算手続（計算書類の作成・監査・承認等・公開）を概観する。

2　計算書類等の監査・承認・報告・公開
(1)　監査・取締役会の承認等

毎事業年度後に作成された計算書類とその附属明細書は監査役と会計監査人の監査、事業報告とその附属明細書は監査役の監査を受けなければならない（会社436条2項。会社計算121条以下、会社則129条以下）。事業報告とその附属明細書は監査役の監査を受けるだけであるが（436条2項2号。会社則129条・

---

13) 事業報告、株主資本等変動計算書および個別注記表には、平成17年改正前商法の下における附属明細書記載事項が含まれており、会社法は、いわゆる直接開示資料を充実している。金融商品取引法上の連結財務表ないし財務諸表には、キャッシュフロー計算書が含まれている。

130条)、事業報告に記載される内部統制システムについて、会計監査人も関心を持つべきである。金融商品取引法は、上場会社等における内部統制報告書制度を設け（同法24条の4の4）、利害関係のない公認会計士または監査法人の監査証明を受けることを義務付けている（同法193条の2第2項）。内部統制報告書は、「当該会社の属する企業集団及び当該会社に係る財務計算に関する書類その他の情報の適正性を確保するために必要なものとして内閣府令で定める体制」の評価報告書である。このような「体制」は、事業報告に記載される内部統制システムと密接にかかわるものである。

　監査済みの計算書類・事業報告と附属明細書は、取締役会の承認を受けなければならない（会社436条3項）。この取締役会は、実務上、決算取締役会と称され、併せて、定時株主総会の招集について決議されることが多い。(代表)取締役は、定時株主総会の招集通知に際して、監査済みで取締役会の承認を受けた計算書類と事業報告、監査報告と会計監査報告を株主に提供しなければならない（会社437条、会社計算133条、会社則133条）。計算書類・事業報告と附属明細書、監査報告と会計監査報告は、本店において、定時株主総会の日の2週間前の日から5年間、支店においては、その写しが定時株主総会の日の2週間前の日から3年間、備え置かれ、株主および会社債権者の閲覧等に供される（会社442条1項1号・2項1号・3項）。親会社社員は、その権利を行使するため必要があるときは、裁判所の許可を得て、これらの書類の閲覧等を請求することができる（同条4項）。なお、計算書類等が電磁的記録で作成されている場合であって、支店において閲覧等を可能とする措置がとられているときは、支店における計算書類等の備置義務は免除される（同条2項ただし書）。

(2)　定時株主総会への提出・承認・報告

　(代表) 取締役は、監査済みの取締役会で承認を受けた計算書類と事業報告を定時株主総会に提出・提供し（会社438条1項3号）、計算書類については定時株主総会の承認を受け、事業報告の内容を定時株主総会に報告しなければならない（同条2項3項）。会計監査人設置会社における計算書類の承認特則制度が設けられている。会計監査報告に、いわゆる無限定適正意見（会社計算126条1項2号イ）が付され、監査報告の内容としてそれを不相当とする意見がない場合、取締役会の承認を受けた計算書類について定時株主総会の承認は不要とな

り、その内容が定時株主総会の報告事項となる（会社439条、会社計算135条）。

(3) **貸借対照表・損益計算書の公告**

大会社は、定時株主総会終結後遅滞なく、貸借対照表と損益計算書を公告しなければならない（会社440条1項かっこ書）。これを決算公告という。会計監査人の会計監査報告に不適正意見等がある場合は、公告においてこの旨が明らかにされなければならない（会社計算148条。注記等について136条1項参照）。金融商品取引法上の有価証券報告書提出会社については、決算公告制度の適用が除外される（会社440条4項）。

一般的な公告方法として、①官報に掲載する方法、②時事に関する事項を掲載する日刊新聞紙に掲載する方法および③電子公告の3種類の方法がある（会社939条1項。4項参照）。官報・日刊新聞紙による公告の場合、貸借対照表と損益計算書の要旨の公告で足りる（会社440条2項、会社計算137条～146条）。一般的に電子公告制度を採用していない会社においても、決算公告に限りインターネット開示が認められている（会社440条3項、会社計算147条）。

(4) **連結計算書類・臨時計算書類制度**

事業年度の末日において大会社であって有価証券報告書提出会社であるものは、当該事業年度に係る連結計算書類を作成しなければならない（会社444条3項）。会計監査人設置会社は、各事業年度に係る連結計算書類を作成することができる（同条1項）。連結計算書類は、①連結貸借対照表、②連結損益計算書、③連結株主資本等変動計算書および④連結注記表から構成される（会社計算61条1号）。連結計算書類についても、監査役および会計監査人の監査を受けなければならない。取締役会設置会社においては、連結計算書類について、取締役会の承認を受けた上、定時株主総会の招集通知に際して株主に提供し（会社444条4項～6項、会社計算134条1項）、定時株主総会において、連結計算書類を提出・提供し、その内容と監査役・会計監査人の監査の結果を報告しなければならない（会社444条7項1号）。なお定時株主総会の招集通知に際して、連結計算書類に係る会計監査報告と監査報告の内容をも株主に対して提供することを定めたときは、これらも株主に提供される（会社計算134条2項）。

連結計算書類は、定時株主総会の承認を受ける必要はなく、本店・支店における備置・閲覧等および公告も要求されていない。この関連で、計算書類や臨

時計算書類と異なり、連結計算書類の虚偽記載に係る取締役の第三者に対する責任は規定されていないが（会社429条2項1号ロ参照）、立法論としては検討を要する。なお、有価証券報告書において連結財務諸表が開示され、取締役は金商法上の不実開示規制の適用を受けることとなる（同法21条1項・22条・24条の4）。

会社法は、臨時計算書類制度を新設した（会社441条）。これは、最終事業年度の直後の事業年度に属する一定の日（臨時決算日）における会社の財産の状況を把握するものであり、期中利益に配慮した弾力的な剰余金分配を可能にすることを目的とする。臨時計算書類は、①臨時決算日における貸借対照表と②臨時決算日の属する事業年度の初日から臨時決算日までの期間（臨時会計年度）に係る損益計算書から構成される（会社441条1項、会社計算60条1項）。臨時計算書類は、監査役と会計監査人の監査を受け、取締役会の承認を得た上、株主総会の承認を受けなければならない（会社441条2項・3項・4項本文2号）。計算書類の場合と同様の会計監査人設置会社の承認特則制度が設けられているが（会社441条4項ただし書、会社計算135条）、この場合、臨時株主総会を開催して臨時計算書類の内容を報告する必要はない。臨時計算書類は、計算書類等と同様、本店・支店において備置・閲覧等に供されるが（会社442条1項2号・2項2号・3項・4項）、公告は要求されていない。

3　監査報告・会計監査報告

(1)　序

会社計算規則は、「計算関係書類」を、成立の日における貸借対照表のほか、各事業年度に係る計算書類とその附属明細書、臨時計算書類、連結計算書類と定義し（会社計算2条3項3号）、計算関係書類に係る監査について一般的に規定している（会社計算121条～132条）。このため、連結計算書類と臨時計算書類に係る会計監査報告と監査報告の内容は、基本的に計算書類とその附属明細書に係る会計監査報告と監査報告の内容と同様となる[14]。以下、計算書類と事業報告およびその附属明細書の監査について検討する。

平成17年改正前商法は、定時株主総会の会日の8週間前までに計算書類を会計監査人等に提出しなければならない旨規定していたが、会社法は、決算手続

を弾力化するため、このような画一的な規定を設けていない。原則として4週間の事業報告および計算書類の監査期間を確保するため、監査報告・会計監査報告の通知期限制度が設けられ、必要に応じてその延長が認められている（会社則132条、会社計算130条・132条）。計算書類とその附属明細書を作成した取締役は、会計監査人にこれらを提供しようとするときは、監査役にも提供しなければならない（会社計算125条）。

　監査報告として、事業報告に係る個々の監査役の監査報告と監査役会の監査報告、そして、計算関係書類に係る個々の監査役の監査報告と監査役会の監査報告がある。これらの具体的作成方法は規定されていない。会社の内部手続として、会社自治が認められているのである。事業報告の監査報告と計算書類の監査報告を1通のものとして作成することもできる。各監査役の監査報告と監査役会の監査報告は、別々に作成される場合のほか、1通の監査報告という形で取りまとめることもできる。

(2) **事業報告とその監査報告**

(イ)　事業報告等の内容

　事業報告は、①計算書類・その附属明細書・連結計算書類の内容となる事項を除く会社の状況に関する重要な事項、②内部統制システムの整備についての決議の内容および当該体制の運用状況の概要、③会社の財務・事業の方針の決定を支配する者のあり方に関する基本方針を定めているときは、その内容の概要等、さらに、④特定完全子会社がある場合の当該特定完全子会社に係る事項等および⑤会社とその親会社等との間の取引であって、当該会社の当該事業年度に係る個別注記表において、会社計算規則112条1項が規定する関連当事者との取引として注記を要するものに係る事項を記載しなければならない（会社則118条）。②のうちの当該体制の運用状況の概要と④と⑤は、平成27年改正会社法施行規則により追加された。とりわけ、⑤は、開示の充実により親会社等との取引により子会社の利益が害されないことを確保しようとする重要なも

---

14) 連結計算書類の監査報告・会計監査報告の備置・閲覧等の制度はないが、会社計算規則は、連結計算書類の監査報告・会計監査報告を作成するものとしている。したがって、その虚偽記載についても、監査役等や会計監査人の対第三者責任が生ずるかどうかが問題となる（会社429条2項3号・4号参照）。

のであり、当該取引をするに当たり会社の利益を害さないように留意した事項、当該取引が会社の利益を害さないかどうかについての取締役会の判断とその理由、(社外取締役設置会社においては) この取締役会の判断が社外取締役の意見と異なる場合には、社外取締役の意見が事業報告に記載されるのである。

　公開会社の場合、事業報告には、会社の現況に関する事項、会社役員に関する事項、株式に関する事項、新株予約権等に関する事項を含めなければならない（会社則119条～123条）。さらに、社外役員等に関する特則や会計監査人設置会社における事業報告の内容が別途定められている（会社則124条・126条）。とりわけ、平成27年会社法施行規則の改正により、社外役員が支配株主等の配偶者、3親等以内の親族その他これに準ずる者であることを知っているときは、重要でないもの以外、その事実を事業報告に含めなければならないこととなった（会社則124条1項3号）。また、当該事業年度に係る各会計監査人の報酬等の額だけでなく、監査役会がその報酬等の定めに同意をした理由も事業報告の内容としなければならない（会社則126条2号）。

　平成27年改正会社法施行規則により、事業年度の末日において大会社である監査役会設置会社であってその発行する株式について有価証券報告書を提出しなければならないものが社外取締役を置いていない場合には、社外取締役を置くことが相当でない理由を事業報告の内容に含めなければならないものとされた（会社則124条2項）。これは、平成26年改正会社法327条の2の規定を受けたものであるが、置くことが「相当でない理由」とはどのようなものであるか、議論されている。これは一般に厳格に解され、事実上社外取締役の設置が強制されていると評されている。しかし、平成26年改正会社法は、社外取締役の設置を強制しないこととしたのであり、置かないことが合理的である理由を説明すれば、「置くことが相当でない理由」を記載したことになると柔軟に解することが妥当である。会社法施行規則124条3項後段は、社外監査役が2人以上あることのみをもって「相当でない理由」とすることはできないとする。監査役会設置会社においては、2人以上の社外監査役をおかなければならないのであって、このような注意的規定が設けられていることは、「相当でない理由」が柔軟に解されることを示唆するものであろう。

　事業報告の附属明細書は、事業報告の内容を補足する重要な事項をその内容

としなければならない（会社則 128 条 1 項）。公開会社の事業報告の附属明細書には、業務執行取締役等の重要な兼務の状況の明細を記載し、当該他の法人等の事業が当該会社の事業と同一の部類のものであるときは、その旨を付記しなければならない（会社則 128 条 2 項）。また、事業報告に係る上記⑤の内容を補足する重要事項もその内容としなければならない（会社則 128 条 3 項）。

　㈡　監査役・監査役会の監査報告の内容

　監査役会設置会社の監査役は、事業報告およびその附属明細書を受領したときは、①監査役の監査（計算関係書類に係るものを除く）の方法および内容、②事業報告およびその附属明細書が法令定款に従い会社の状況を正しく示しているかどうかについての意見、③取締役の職務の遂行に関し不正の行為または法令定款に違反する重大な事実があったときは、その事実、④監査のため必要な調査をすることができなかったときは、その旨およびその理由、⑤内部統制システム（監査の範囲に属さないものを除く）がある場合において当該事項の内容が相当でないと認めるときは、その旨とその理由、⑥会社支配に関する基本方針が事業報告の内容となっているとき、または、会社とその親会社等との間の取引に係る事項が事業報告またはその附属明細書の内容となっているときは、当該事項についての意見、⑦監査報告の作成日、を内容とする監査報告を作成しなければならない（会社則 129 条 1 項。監査役会設置会社においては⑦を除く）。

　監査の方法については、その「概要」でなく、「監査の方法と内容」を明らかにしなければならない。監査役の行った監査のための調査内容、分担、スケジュール等がこれに当たる。また、子会社に対する調査も監査の方法として記載される。⑤の内部統制システムに係る「監査の範囲に属さないもの」とは、具体的にどのようなものを意味するのか、明確でない。効率性に関する事項が問題となりうるが、監査役は効率性確保体制についても監査しなければならない（日本監査役協会・内部統制システムに係る監査の実施基準12条参照）。なお、⑤と⑥は適法性監査でない。監査役は、会社の健全性確保の観点から、内部統制システムや支配関連事項（買収防衛策）、さらには、関連当事者との取引の相当性ないし妥当性の判断が求められるのである。

　監査役会は、監査役の監査報告に基づき、監査役会監査報告を作成しなければならない（会社則 130 条 1 項）。監査役会監査報告は、①監査役および監査役

会の監査の方法とその内容、②監査役監査報告の②から⑥までに掲げる事項、③監査役会監査報告の作成日を内容とするものでなければならない（会社則130条2項前段）。監査役は、監査役会監査報告の特定事項の内容と当該事項に係る当該監査役の監査報告の内容が異なる場合には、当該事項に係る監査役監査報告の内容を監査役会監査報告に付記することができる（同項後段）。監査役会が監査報告を作成する場合には、監査役会は、1回以上、会議を開催する方法または情報の送受信により同時に意見の交換をすることができる方法により、監査役会監査報告の内容（個々の監査役の付記の部分を除く）を審議しなければならない（同条3項）。監査等委員会や監査委員会の監査報告の内容は、監査等委員会や監査委員会の決議をもって定めなければならないとされているが（会社則130条の2第2項・131条2項）、監査役会の監査報告については、監査報告の内容を審議しなければならないとされているだけである。監査役会は、それ自体として、監査機関でなく、各監査役の監査報告を取りまとめる役割を担うだけであるため、監査役会が決議により内容を決定するとはされていないようであるが、実務的には、決議しておくことが妥当であろう。

(3) **会計監査に係る監査報告**

㈑ 会計監査人の会計監査報告の内容

　会計監査人設置会社における計算関係書類の監査については、会社計算規則125条から132条までが規定する（会社成立時の貸借対照表を除く）。この監査には、公認会計士法2条1項監査のほか、計算関係書類に表示された情報と計算関係書類に表示すべき情報との合致の程度を確かめ、かつ、その結果を利害関係者に伝達するための手続を含むものとすると規定されている（会社計算121条2項）。これは会計の専門家でない監査役の存在に配慮した規定のようである。

　会計監査人の会計監査報告の内容は、①会計監査人の監査の方法とその内容、②計算関係書類の内容が会社の財産および損益の状況をすべての重要な点において適正に表示しているかどうかについての意見があるときは、その意見（無限定適正意見、限定付適正意見・除外事項または不適正意見・その理由）、③意見がないときは、その旨（意見不表明）とその理由、④追記情報、⑤会計監査報告作成日である（会社計算126条1項。追記情報について2項参照）。

(ロ) 監査役・監査役会の会計に係る監査報告の内容

会計に係る監査役の監査報告の内容は、①監査役の監査の方法とその内容、②会計監査人の監査の方法または結果を相当でないと認めるときは、その旨とその理由（会社計算規則130条3項に規定する場合においては、会計監査報告を受領していない旨）、③会計監査報告の内容となっていない重要な後発事象、④会計監査人の職務の遂行が適正に実施されることを確保するための体制に関する事項、⑤監査のため必要な調査ができなかったときは、その旨と理由、⑥監査報告の作成日、である（会社計算127条。監査役会設置会社においては、⑥を除く）。

監査役会は、監査役監査報告に基づき、監査役会監査報告を作成しなければならない（会社計算128条1項）。監査役会監査報告は、①監査役および監査役会の監査の方法とその内容、②監査役監査報告の②から⑤までに掲げる事項および③監査役会監査報告の作成日を内容とするものでなければならない（同条2項前段）。監査役は、監査役会監査報告の特定事項の内容と当該事項に係る当該監査役の監査報告の内容が異なる場合には、当該事項に係る監査役監査報告の内容を監査役会監査報告に付記することができる（同項後段）。監査役会は、1回以上、会議を開催する方法または情報の送受信により同時に意見の交換をすることができる方法により、監査役会監査報告の内容（個々の監査役の付記の部分を除く）を審議しなければならない（同条3項）。

なお、会計監査人は、監査役に対する会計監査報告の内容の通知に際して、監査役がすでに当該事項を知っている場合を除いて、①独立性に関する事項その他監査に関する法令および規程の遵守に関する事項、②監査、監査に準ずる業務およびこれらに関する業務の契約の受任および継続の方針に関する事項、③会計監査人の職務の遂行が適切に行われることを確保するための体制に関するその他の事項、を通知しなければならない（会社計算131条）。監査役および監査役会は、その通知に基づいて、監査報告において、会計監査人の職務の遂行が適正に実施されることを確保するための体制に関する事項について記載することとなるのである。

五 コーポレート・ガバナンスと監査役

1 序

　コーポレート・ガバナンスとは、上場会社の経営者支配現象を前提に、健全かつ効率的な会社経営を確保する経営コントロールないし経営チェックのシステムを構築し、その効果的な運用を確保する法的実務的問題の総称である。

　経営コントロールないしチェックとして、①適法性のチェック、②利益相反（忠実義務違反）のチェックおよび③妥当性ないし効率性のチェックの3種がある。適法性のチェックは、会社法だけでなく金商法、独禁法違反等の個別具体的な法令違反、さらには、定款規定違反のチェックと個別具体的な法令違反ではない任務懈怠、つまり、善管注意義務違反のチェックに分かれる。利益相反（忠実義務違反）のチェックは、取締役の個人的利益ないし会社外の利益と会社の利益が対立するおそれがある取引を行う場合において、利害関係取締役から利害関係の開示を受け、利害関係のない取締役により当該取引が公正かつ妥当なものかどうかチェックすることである。妥当性ないし効率性のチェックは、取締役の経営能力のチェックということができる。

　大会社の健全かつ持続的な発展を促進し、国民経済の恒常的な発展を図るには、経営者、とりわけ、社長を効果的にコントロールすることが重要となる。伝統的には、株主が、株主総会における取締役の選任・解任および会社組織にかかわる重要事項の決議を通して、経営をコントロールすることが期待され、このような株主総会の機能を効果的に発揮させるために法規定が整備されてきた（違法な利益供与の禁止のほか、会社役員の説明義務、議決権行使書・株主総会参考書類制度等）。近時、開示を基礎とする経営コントロール・システムの重要性が強調されている。取締役の職務執行に関する開示を充実させて、株主の監督是正権、とりわけ株主代表訴訟による取締役の責任追及システムを実効性あるものにしようとされているのである。

　このほか、証券・金融市場における大会社である公開会社、とりわけ、上場会社の経営コントロールないしチェック機能も注目されている。上場会社の株主は、期待する剰余金配当が受けられないときは、株主の権利を行使するより

株式を売却する。この結果、株価は下落し会社の資金調達が困難となる。このため、会社は、経営政策を変更すること、または、経営者の交代等を余儀なくされる（株価・証券市場による効率性のチェック）。他方、機関投資家による大量の株式の売却は株価を暴落させる危険があり、徐々に、機関投資家が、上場会社の健全性と効率性を維持向上させるため積極的に議決権その他の株主権を行使するようになっている。平成26年2月の責任ある機関投資家のための諸原則《日本版スチュワードシップ・コード》や平成27年6月に実施されたコーポレートガバナンス・コードは、このような動きの集大成として、機関投資家のコーポレート・ガバナンスに対する貢献を強く期待している[15]。

以下、コーポレート・ガバナンスとの関連において、取締役会の監督機能と監査役の監査機能を比較した後、社外監査役の機能と内部統制システムについて検討する。

2 取締役会の監督機能と監査役の監査機能

監査役設置会社の取締役会は、業務執行に係る重要事項を決定し（会社362条2項1号4項）、取締役の中から適任者を代表取締役社長その他の業務執行取締役に選定して（同条2項3号・363条1項2号）、これらの者に、業務の執行（会社の経営）を委任し、業務執行取締役が、法令定款さらには株主総会や取締役会の決議を遵守し、忠実に業務を執行しているかどうかについて監督する（会社355条・362条2項2号）。

取締役会は、代表取締役その他の業務執行取締役の業務執行が法令定款に違反しないかどうかだけでなく（適法性監査）、業務執行取締役が取締役会の定めた業務執行（経営）の基本的枠組みに従い、公正妥当に、さらには、効率的に職務を執行しているかどうかについても監督しなければならない（妥当性・効率性監査）。個々の取締役は、取締役会において、代表取締役社長の経営方針や重要な業務執行事項について審議することを通して、社長の経営能力をチェックする。また、社長の職務執行に不正ないし違法が認められるときはもちろん、その経営能力に疑義が生ずるときは、取締役会に、社長の解職と新たな社長の

[15) これについては、本書37頁参照。

選定を提案することも必要となる。取締役会は、社長が提案する業務執行に係る決定を通じて間接的に、役付取締役の選定・解職を通じて直接的に、適法性のチェックだけでなく、経営判断に基づく監督（妥当性監査）を行うのである。このように妥当性監査の実効性を確保するには、人事権が不可欠なのである。

取締役会においては、経営判断に係る監督（妥当性監査）が中心となりがちであり、適法性監査がおろそかになるとして、監査専門機関である監査役制度が設けられている。取締役会は取締役の職務執行の「監督」機関であり（会社362条2項2号）、監査役は取締役の職務執行の「監査」機関である（会社381条1項前段）。取締役会は、その人事権を基礎に、取締役の職務執行全般を「監督」する[16]。これに対して、監査役は、取締役が法令定款および株主総会の決議を遵守し、会社のため忠実にその職務を遂行しているかどうかについて監査するのである。もっとも、コーポレート・ガバナンスへの関心が強まっている今日、監査役の監査についても、会社の健全性確保の観点から説明することが合理的である。監査役は、積極的に効率性監査を行うものではないが、取締役が法令違反行為を行わないようにチェックするだけでなく、会社経営の健全性について監査する職責を有するのである。

監査役は、取締役が不正の行為をし、もしくは当該行為をするおそれがあると認めるとき、または、法令定款に違反する事実もしくは著しく不当な事実があると認めるときは、遅滞なく、その旨を取締役会に報告しなければならない（会社382条）。監査役は、取締役が株主総会に提出しようとする議案等を調査し、法令定款に違反する場合だけでなく、著しく不当な事項があると認めるときは、その調査結果を株主総会に報告しなければならない（会社384条）。さらに、監査役は、監査報告の記載との関連において、相当性ないし妥当性の判断が求められる場合がある（会社則129条1項5号・6号）。監査役は、取締役と会社の間の訴訟について会社を代表する（会社386条）。監査役は、この範囲において、会社の代表・執行機関となり、訴えを提起すべきかどうかについて、どのように訴訟を追行するか、「経営判断」が求められることとなる（会社則218

---

[16] 前田雅弘「監査役会と三委員会と監査・監督委員会」江頭憲治郎編・株式会社法大系（有斐閣、2013）255頁以下参照。

条3号)。

　以上のことから、監査役は一定の範囲で妥当性監査を行うといわれることがあるが、これらは、会社経営の効率性確保それ自体を目的とする取締役会の妥当性・効率性監査と質を異にする。むしろ、会社経営の健全性を確保するための監査役の権限の拡充として理解することが合理的である。

　業務執行取締役が不適切ないし不当な業務執行を行うことが当然に任務懈怠となるわけでない。これは第一次的には、経営責任の問題であり、取締役会の監督権限の対象となるにすぎない。不適切さや不当性が一定の限度を超える場合に、善管注意義務に違反するとして、法的責任としての任務懈怠責任が問題となる。業務執行取締役の業務執行が善管注意義務に違反しているかどうかの判断は容易でなく、監査役が適法性監査を適切に行うには、取締役の職務執行の不適切性ないし不当性についてもチェックをしなければならない。その際、著しく不当な事実等を認めるときは、それが違法でないとしても、取締役会または株主総会に報告して、取締役会または株主総会の注意を喚起することとなる。

　監査役は、取締役会に出席して、その審議の適正さを監査し、3か月に1回以上される業務執行取締役の職務執行の状況報告（会社363条2項）を参考に、業務執行取締役の業務執行の監査を行う。監査役は取締役会に出席し、必要があると認めるときは、意見を述べなければならない（会社383条1項本文）。これを怠るときは任務懈怠が問題となる。取締役会の審議内容について適法性に疑義が生ずるときには、意見を述べなければならないが、会社の健全性の観点から問題と思うときにも、監査役は意見を述べることができ、場合によっては、意見を述べなければならない。これに対して、監査役が妥当性について積極的にチェックしなくても、任務懈怠とはならない。このため、監査役は適法性監査機関であるといわれるのであるが、より積極的に、監査役は「健全性確保機関」であるということが妥当である。

　監査役は、妥当性に関して意見を表明してはならないというわけでない。コーポレートガバナンス・コード原則4−4は、監査役・監査役会が能動的・積極的に権限を行使し、取締役会において適切に意見を述べることを求めている。また、原則4−5は、監査役が会社や株主共同の利益のために行動すべき

であるとする。日本監査役協会の監査役監査基準は、社外監査役は、監査体制の独立性および中立性を一層高めるために法令上その選任が義務付けられていることを自覚し、中立の立場から客観的に監査意見を表明することが特に期待されていることを認識し、代表取締役および取締役会に対して忌憚のない質問をし意見を述べなければならないものとする（同基準5条1項・2項。また、2条1項参照）。監査役は、取締役と同様「会社役員」であり、取締役会の議決に加わることはできないが、会社の健全経営を促進するため、さらに、効率性に資するため、取締役と基本的に同様に審議に参加すること（質問をし、意見を述べること）ができるのである。

3　社外監査役制度

(1)　序

　監査役会設置会社の監査役は3人以上で、そのうち半数以上は社外監査役でなければならない（会社335条3項）。監査役会は、監査役の中から、常勤の監査役を選定しなければならない（会社390条3項）。監査役会は、社内の常勤監査役、社内の非常勤監査役、および、常勤または非常勤の社外監査役から構成されるのである。

　会社法は、平成17年改正前商法の定義を踏襲して、社外監査役とは、過去に会社またはその子会社の取締役、会計参与もしくは執行役または使用人となったことがないものとした（平成26年改正前会社2条16号）。したがって、親会社の業務執行取締役、執行役や使用人も子会社の社外監査役となることができ、社長の配偶者や同居の親子も同様である。その後、社外性の要件の厳格化、とりわけ、独立性の要件の導入が立法論的課題となり、平成26年改正会社法は、社外監査役の独立性に配慮する定義規定を設けた。社外取締役についても基本的に同様の独立性要件が設けられた（会社2条15号）[17]。

(2)　社外監査役とは

　社外監査役とは、①その就任の前10年間会社またはその子会社の取締役、執行役、使用人であったことがないこと、②その就任の前10年内のいずれかの時

---

[17]　これについては、本書122頁参照。

において会社またはその子会社の監査役であったことがある者にあっては、当該監査役への就任前10年間当該会社またはその子会社の取締役、執行役、使用人であったことがないこと、③当該会社の親会社等（自然人であるものに限る）または親会社等の取締役、監査役、執行役、使用人でないこと、④当該会社の親会社等の子会社等（当該会社およびその子会社を除く）の業務執行取締役等でないこと、⑤当該会社の取締役または重要な使用人または親会社等（自然人であるものに限る）の配偶者または2親等内の親族でないこと、のすべての要件を充足する監査役を意味する（会社2条16号）。

自然人である親会社等とは、親会社と同等の支配力を有する自然人（支配株主である個人）を意味する（会社2条4号の2ロ参照）。親会社関係者またはそれと同等の支配力を有する自然人やその配偶者または2親等内の親族は、社外監査役になれないのである。他方、いわゆる過去要件に10年間の期間制限を設けた。1年、2年その会社に勤めたときは、その後一切社外監査役になれないとする必要はないからである。

(3) **社外役員の効用**

社外役員の効用として、一般に、①社外の目ないし社外の風を社内に入れて、風通しをよくし、社内に世間常識を広めること、②有識者ないし経済界の大立て者等による大所高所から意見の開陳、③会長・社長に対する効果的チェック、④手続の透明性と説明責任の確保、⑤取締役の責任追及や企業買収等の利益相反関係が認められる業務執行事項に係る中立の判断者の確保、⑥リーガル・リスクのチェック（検事経験者・有力弁護士の登用）等が挙げられている。これらが、社外取締役と社外監査役のいずれによりよく期待される機能であるか、検討する必要がある。①、②、④は、社外取締役と社外監査役のいずれにも期待される機能であろう。

⑤については、社外監査役と社外取締役のそれぞれに異なるメリットとデメリットが認められる。社外監査役は業務執行の決定にかかわらないため、中立の判断者として適格となるが、経営判断事項について適切な判断ができるかどうかが問題となる。社外取締役は経営判断事項について適切に判断することが期待されるが、自己もかかわった決定を事後的にチェックするとき等において、中立の判断者としての適格性が問題となろう。

③は、取締役会決議に参加することができる社外取締役に特に期待される機能であるが、会長・社長に対する効果的チェックとして、当面、取締役会の多数決による会長・社長の解任は現実的問題となることは例外的なように思われる。したがって、議決権を背景とするかどうかで、会長・社長に対する発言の重みがどのように相違することになるか、検討を要する。

　わが国において、遵法意識が高揚している。大会社である公開会社、とりわけ、上場会社が違法行為をした場合の法的・社会的制裁はきわめて厳しいものとなっている。大会社である公開会社において、会社のために行われる違法行為に対するチェックシステムを整備する必要があり、監査専門機関である監査役の役割がいよいよ高まるということもできる。しかし、会社が遵守しなければならない法令が多様化・複雑化している今日、とりわけ、独禁法や金商法に違反することがないようチェックするには法的専門知識が不可欠となり、法的知識のない監査役が、独自に適法性監査を行うことは困難である。したがって、⑥について、内部統制システムが整備された状況においては、監査等委員や監査委員である社外取締役と社外監査役の間に大きな相違はないということができよう。効率性を追求する前提として、適切なリスク管理をしなければならない。このためには、内部統制システムを確立し、内部監査部門を整備する必要がある。内部統制システムが身内の論理で空回りしないため、社外取締役の役割に期待されている。今後は、内部統制システムの整備とその効果的運用に、社外取締役と社外監査役がどのように貢献することができるのか、検討する必要があろう。

　監査役の独任制ないし監査独立の原則と常勤監査役制度について、反省する機運が生じている。監査役制度の要めとしての常勤監査役制度を法が強制することに疑問が提示され、独任制をベースとした個人に頼る監査体制に対する限界も意識されているのである[18]。しかし、社外監査役の独立性が高まれば高まるほど、監査のために必要な会社の情報をどのように入手するかが問題とな

---

18) 尾崎安央「監査役監査基準の改定」大川博通ほか編・監査役監査基準の全面改定（別冊商事法務277号）（商事法務、2004）133頁以下、龍田節「独任制の反省」月刊監査役488号（2004）52頁以下参照。

り、社外監査役の要件を充足しない常勤の監査役の役割が重視されよう。違法な業務執行の多くは計算関係から明らかとなり、監査役と会計監査人との連携強化が求められ、内部監査部門その他のコンプライアンス部門との協力が必要となる。自ら積極的に個別具体的な法令違反や粉飾決算を発見することが監査役に求められるわけでない。法令違反や粉飾決算がされないよう内部統制システムが整備され、そのシステムが効果的に稼働しているかどうかをチェックし、業務執行に疑わしい状況が認められる場合には、専門家に調査を依頼すること等が求められるのである。

他方、会社法の制定に伴い、経営の自由度が質的に拡大した。会社にとって最適の資金調達手段を利用するため、会社法、金商法、税法の知識を駆使する必要があり、経営における財務部門の役割が質的に高まった。いよいよビジネス・プランニングが重要となるのである。組織再編を柔軟かつ機動的に遂行することは、自社もまた買収ないし組織再編の対象となる危険が増大したことを意味し、適切な防衛策を講ずることも必要となろう。このように、経営判断事項のレベルが高度化すればするほど、経営トップが積極果敢に経営判断を行い、その妥当性を取締役会がチェックすることが重要となり、社外取締役の役割が強調されることとなる。

社外監査役と社外取締役のメリットを図式的に説明すると、経営の自由度を最大限生かして積極果敢にM＆Aや業務拡大を行おうとする会社にあっては、社外取締役の効用がよりよく発揮されるが、健全性確保を重視するときは社外監査役にメリットがあるということになろう。また、社長のリーダーシップを高めてトップ・ダウン型の経営を採用する会社においては、社長の監督を適切に行うために社外取締役が不可欠であるが、ボトム・アップ的な経営を行う場合には、社外取締役はとくに必要でないということもできよう。

4 内部統制システムの整備と監査役

大会社である監査役会設置の取締役会は、会社法362条4項6号所定の内部統制システムの整備に係る事項（取締役の職務の執行が法令定款に適合することを確保するための体制その他会社の業務ならびに当該会社およびその子会社から成る企業集団の業務の適正を確保するために必要なものとして会社法施行規則で定める

体制の整備）を決定しなければならない（会社362条5項）。平成26年改正会社法は、内部統制システムとして、省令事項であった「会社並びにその親会社及び子会社から成る企業集団における業務の適正を確保するための体制」を会社法自体に規定し、企業集団レベルの内部統制システムの整備の重要性を強調し、また、平成27年改正会社法施行規則100条1項5号は、企業集団における業務の適正を確保するための4つの体制について、具体的に例示している（同号イ～ニ）。

　監査役会設置会社の内部統制システムとは、会社法自体が明示する、取締役の職務の執行が法令定款に適合することを確保するための体制のほか、①当該会社の取締役の職務の執行に係る情報の保存および管理に関する体制、②当該会社の損失の危険の管理に関する規程その他の体制、③当該会社の取締役の職務執行が効率的に行われることを確保するための体制、④当該会社の使用人の職務の執行が法令定款に適合することを確保するための体制および⑤当該会社ならびにその親会社・子会社から成る企業集団における業務の適正を確保するための体制を意味する（会社則100条1項1号～5号）。

　さらに、会社法施行規則100条3項は、取締役会設置会社の業務の適正を確保するための体制（内部統制システム）として、①監査役がその職務を補助すべき使用人を置くことを求めた場合における当該使用人に関する事項、②この使用人の取締役からの独立性に関する事項、③監査役のこの使用人に対する指示の実効性確保に関する事項、④会社またはその子会社の取締役や使用人等が監査役に報告をするための体制、⑤この報告をした者が当該報告をしたことを理由として不利な取扱いを受けないことを確保するための体制、⑥監査役の職務の執行について生ずる費用の前払い等の手続や当該費用等の処理に係る方針に関する事項、⑦その他監査役の監査が実効的に行われることを確保するための体制、の7項目を定める。③、⑤、⑥は、平成27年改正により新設された項目である。

　内部統制システムにおいて重要なものとして、取締役と使用人の職務遂行に際しての法令定款適合性の確保のほか（コンプライアンス体制の整備）、内部統制の目的達成のための環境整備として、各種情報の保存・管理と各種のリスク管理問題のほか、監査役の監査の実効性確保措置がある。平成27年の会社法施行

規則の改正により、内部統制システムの整備に関する決議の内容だけでなく、当該体制の運用状況の概要が事業報告の内容とされた（会社則 118 条 2 号）。この概要の記載内容が相当でないと認めるとき、監査役・監査役会の監査報告に、その旨と理由が記載される（会社則 129 条 1 項 5 号・130 条 2 項 2 号）。監査役は、内部統制システムの運用についても監査しなければならないのである。

　代表取締役が内部統制システム構築に係る原案を提示し、取締役会がこれを承認し、そのシステムの運用を監督する。内部統制システムの整備は、監査役の監査の実効性確保措置の構築も含めて、取締役会の権限である。しかし、監査役の監査の実効性を確保するための体制整備について、監査役は代表取締役と協議し、自ら積極的に、会社における監査役の監査が実効的に行われることを確保する体制を確立すべきである。取締役会は、監査役の職務執行のための必要な体制の整備に留意しなければならないのである（会社則 105 条 2 項後段）。さらに、監査役は、健全性確保機関として、監査役の監査の実効性確保措置だけでなく、広く会社の健全経営を確保するための内部統制システムの構築について、積極的に貢献すべきである。

　今後は、企業グループにおける内部統制システムの一層の整備が求められる。親会社においては、子会社における業務の適正確保とともに、親会社の監査役と子会社の監査役等との連携に関する事項等について決定することが考えられる。子会社においては、取引の強要等親会社による不当な圧力に対する予防・対処方法や親会社の役員等との兼任役員等の子会社に対する忠実義務の確保に関する事項等について決定することが考えられる。平成 27 年改正会社法施行規則 118 条は、5 号の規定を新設して、会社とその親会社等との間の取引であって、当該会社の当該事業年度に係る個別注記表において関連当事者との取引として注記を要するものがあるときは、事業報告に、当該取引に係る事項を記載しなければならないものとした（事業報告の附属明細書の内容として、同規則 128 条 3 項参照）。そして、当該事項についての意見が監査報告の内容とされている（同規則 129 条 1 項 6 号）。親子会社の監査役間においては、単なる連絡を超えた連携が必要となり、親会社の監査役と内部統制に係る部門との連携が重要となるのである。

六　結語──監査役制度の今後の課題

　大会社の監査役・監査役会制度の特徴は5つにまとめられる。第一は、監査役の監査専門機関性であり、第二は、適法性ないし健全性監査であり、独任制ないし監査独立の原則が監査役の第三の特徴である。監査役は、監査の専門機関として、取締役会からの独立性（経営機構からの独立性）のほか、監査役の独任機関制ないし監査独立の原則が強調される。取締役の職務執行が適法か違法かは多数決で決すべきものでなく、それぞれの監査役が自らの責任で判断しなければならない。平成5年に法定された監査役会は主として監査に係る連絡調整機関であり、大会社の監査機関はあくまでも一人ひとりの監査役である。

　常勤監査役の存在が第四の特徴である。大会社において非常勤の監査役だけでは十分な監査ができないとして、勤務時間中その会社の監査に携わる常勤監査役制度が強制されている。副社長経験者が常勤監査役となる場合もあるが、使用人が常勤監査役となるのが一般的なようである。このような社内監査役の脆弱性を補強し、監査の実効性を確保するため、社外監査役制度が採用されている。社外監査役の存在が第五番目の特徴である[19]。

　会社法の規制理念として、規制緩和が強調されている。積極的な企業経営、さらには、起業促進という経済政策的目的から、自由化が推し進められている。その際、開示の充実とともに、会社の自主的監査機能、チェック機関の実効性を確保することが重要となる。この面において、監査役の積極的貢献が求められる。監査役は、取締役による会社経営に違法性がないことだけでなく、会社経営の健全性を確保するため、誠実に取締役の職務執行を監査しなければならないのである。

　なお、監査を行う者の独立性と誠実性を確保するためには、その者の会社依存性を軽減する必要があり、内部監査部門従事者の専門性を高度化するととも

---

[19] 監査役の実態について、やや古いが、「2001年における監査役制度の運用実態に関する調査結果報告書」月刊監査役454号（2002）参照。これによると、1社当たりの監査役の員数は、3人から4人であり、社外監査役2人が最も多い。平成16年の全株懇の調査でもほぼ同様の結果となっているが、それぞれ1人増加傾向にあるようである。

に、その市場の確立等、流動化を整備することも不可欠であろう（会社人間から、社会性のある専門職業人へ）。会社に適用される法令が多様化している今日、経営者が専門家を信頼した場合、その信頼が保護されることを明確にし、内部統制システムの枠組みの中に専門家を組み込む必要がある。ロースクールその他の専門職大学院制度により、弁護士や公認会計士等の専門家を多数雇用することが可能となる場合、監査制度の見直しが必要になるように思われる。

第4章　指名委員会等設置会社制度の理念と機能

> 本章は、旬刊商事法務1666号から1668号（2003）までに掲載された「委員会等設置会社制度の理念と機能〔上〕〔中〕〔下〕──監査委員会と監査役会との比較を中心に──」をベースに、会社法制定により委員会設置会社、そして、平成26年会社法改正により指名委員会等設置会社と展開してきた指名委員会等設置会社の理念と機能について、検討するものである。平成14年当時の法的問題を検討する必要がある場合を除いて、原則として「指名委員会等設置会社」という用語で統一し、平成26年改正会社法の規定を引用する。なお、引用文献は、基本的に、原論文を執筆した平成15年当時のものであるが、会社法コンメンタール等、最近の文献も一部参照している。

一　序　説

1　序

　平成14年改正商法および商法特例法は、経営の効率性を追求し国際競争力を回復強化するため、大会社の経営管理機構を抜本的に改正した。昭和49年以降、しばしば機関関係の改正がされたが、それらは主として、企業不祥事を受けて、大会社の健全性を確保することを目的として、監査役制度を改正するものであった。平成14年改正は、大会社の健全性確保も重要な改正目的とするが、経営管理機構の自由度を拡大して効率的経営を促すことを主たる目的と

し、その目玉として委員会等設置会社［現在の「指名委員会等設置会社」］が新設された。委員会等設置会社は、主として大会社のための選択的制度であり[1]、大会社は、委員会等設置会社と従来型の監査役会設置会社のいずれかの経営管理機構を選択することができる。

　委員会等設置会社は、健全性と効率性の両面から経営者をチェックし、適宜適切に経営トップ（代表執行役）を交代させることのできる経営管理機構を構築し、それを担保に、経営者（執行役）に全面的な経営権能を付与して、経営に係る意思決定システムを柔軟化することにより、経営の効率性を高めることを目的とする。

　委員会等設置会社においては、業務の執行機関と監督機関が明確に分離され、取締役の役割が監督機能に特化される。取締役会の内部委員会として、構成員の過半数が社外取締役である指名委員会、監査委員会および報酬委員会が設けられる。他方、執行役・代表執行役という、取締役の地位と明確に分離された新たな業務執行機関が設けられる。取締役会は、重要な業務執行の決定を執行役に委任することができる。執行役は、業務執行に係る決定権限と執行権限を適切に行使して、機動的に経営を遂行することが期待されるのである。取締役は、取締役会が有する業務執行の決定権限の委任を受けることが禁止され、法令に別段の定めがある場合を除いて、業務を執行することも禁止される。取締役（社外取締役）の主たる機能は、取締役会において、経営の基本方針の策定に参画し、執行役が経営の基本方針を基礎に健全かつ効率的に経営を遂行することを監督し、これら3委員会の委員としてその職務を遂行することである。取締役は、通例的な業務執行の決定に煩わされることなく、取締役会およびその内部委員会の構成員としての職務に専念することができる。

　平成15年6月の定時株主総会前に、いくつかの著名企業が委員会等設置会社

---

1)　商法特例法上の大会社のほか、同法2条2項の定めるみなし大会社は、定款をもって委員会等設置会社制度を採用することができる（平成14年改正商特1条の2第3項2号）。みなし大会社とは、資本金が1億円を超える会社で、会計監査人監査を受けることを定款で定めた会社である。みなし大会社の説明は省略する。

に移行することを表明した[2]。委員会等設置会社移行の理由として、「監督と執行の分離を徹底して飛躍的な経営のスピードアップを図り、同時に公正で透明性の高い経営を実現するため」等が挙げられていた。平成13年12月改正商法特例法により、大会社は社外監査役を半数以上置かなければならないこととなった（同法18条1項）。3月決算会社において、この規定は、平成18年6月の定時株主総会において改選される監査役から適用される（同法附則1条ただし書・10条）。監査役が4年の任期途中で欠けることもあるため、大会社において、5人以上の監査役を選任することが推測されるが、執行役員制度との関連において、取締役が10人を大きく超えない会社が増えてきている。取締役の職務執行の適法性監査を主たる機能とする監査役が取締役の半数以上いる必要はないとして、監査役会設置会社と委員会等設置会社の選択が現実の問題となったのである[3]。

平成17年に、会社法が制定された。会社法は、委員会等設置会社を「委員会設置会社」に改称し、監査役会設置会社の経営管理機構の改正と併せて、制度を合理化した。さらに、平成26年改正会社法は、「監査等委員会設置会社」を創設し、「委員会設置会社」を「指名委員会等設置会社」に改称した。本章においては、会社法の下における指名委員会等設置会社の経営管理機構の基本的枠組みを説明し、その理念と機能について検討する。

2　委員会等設置会社［指名委員会等設置会社］の創設

平成17年改正前商法260条1項は、取締役会は業務執行を決定し取締役の職務執行を監督する旨規定していたが、取締役会は、意思決定機関としても監督機関としても形骸化していると批判されてきた。平成10年以降、変化の兆しもみられたが、取締役の人数が多すぎることが第一の問題である。平成10年前後の上場会社では、20人程度の取締役が一般的であり、大規模な上場会社におい

---

[2]　オリックス、日立製作所、ソニー、東芝などが委員会等設置会社へ移行するため、平成15年6月総会に、その旨の定款変更議案を提出した。平成15年6月15日の日本経済新聞朝刊によると、上場36社が委員会等設置会社に移行するとの記事が掲載されている。

[3]　熊谷一雄＝古田英明「グループ経営戦略と委員会等設置会社」取締役の法務109号（2003）17頁［熊谷発言］参照。

ては、30人を超える取締役を有することも稀でなかった[4]。とりわけ、取締役の多数が使用人兼務取締役で、社外取締役は例外的であった[5]。30人の取締役のうち半数が使用人兼務取締役で、社外取締役はゼロかせいぜい1人の取締役会に監督機能を期待することは無理であり、そのように多人数の合議によって経営に係る戦略的な決定を機動的に行うことも困難となろう。取締役、監査役は株主総会で選任されるが、その候補者は取締役会が決定し、実務上その候補者がそのまま選任されている。取締役会の審議は形式的であり、取締役と監査役の実質的人事権は代表取締役である社長ないし会長が有している。取締役の報酬についても同様である。監査役の報酬について特別規定があるが、実質は取締役の場合と大きくは異ならないのであろう。

　このような巨大な権力を有する社長ないし会長を取締役会においてどのようにコントロールするかがわが国のコーポレート・ガバナンスの最重要課題である。平成9年、ソニーが経営管理機構の自主的な改革に取り組み、取締役会のメンバーをそれまでのほぼ4分の1に相当する10人にするとともに3人の社外取締役を招聘し、執行役員制度を採用した。しかし、その効果的な運用に、平成17年改正前商法260条2項の規定がネックとなっていた。この規定は、①重要な財産の処分・譲受け、②多額の借財、③重要な使用人の選任・解任、④重要な組織の設置・変更・廃止の4事項を具体的に例示した上、一般的に、重要な業務執行事項の決定を取締役会の専決事項としていた。社外取締役は、取締役の職務執行の監督だけでなく、重要財産の処分や多額の借財といった日常的な業務執行事項の決定に参加しなければならない。それは、社外取締役にとって負担であり、機動的円滑な会社の意思決定の桎梏ともなる。そこで、平成14年改正商法特例法は、監査役会設置の大会社、または、みなし大会社であって、

---

[4]　東洋経済役員四季報2003年版によると、上場会社の平均役員数は、1990年代は20人弱であったが、2003年版では14人弱となっている。そして、1990年代前半には40人を超える取締役を有する会社が50社を超えていたが、2003年では30人を超える会社は38社程度である（同書1590頁）。

[5]　野村證券の平成12年度有価証券報告書によると、31人の取締役のうち、代表取締役6人、常務取締役8人、17人が使用人兼務取締役であり、社外取締役はいない。平成14年度の野村ホールディングスの役員構成は、代表取締役2人、取締役7人、社外取締役2人の合計11人であり、平成15年には、委員会等設置会社［指名委員会等設置会社］に移行した。

取締役の員数が10人以上で、かつ、取締役のうち1人以上が社外取締役であるものは、取締役会の決議により、3人以上の取締役を構成員とする重要財産委員会を設置し、取締役会が重要財産委員会に重要な財産の処分・譲受けと多額の借財に係る事項の決定を委任することを認めた（平成14年改正商特1条の3～1条の5参照）[6]。さらに、同法は、従来の経営管理機構を抜本的に変更する委員会等設置会社制度を新設したのである。

委員会等設置会社制度に対し、会社経営の適法性を確保するための法規定を整備する必要はあるが、どのように会社経営の効率性を確保するかは、原則として会社の自治に委ねられるべきであり、法で強制する必要はとくになく、画一的な法規定によりそのような目的を達成することは不可能であると批判されることがある。効率性の向上は各会社で創意工夫すべきである。しかし、委員会等設置会社制度は、従来の硬直的な取締役会の専決事項の定めを緩和し、経営の専門機関である執行役による柔軟な経営を可能にすることを目的とし、その健全な発展に資するため三委員会の設置強制をして監督の実効性を確保することを企図しているのであり、会社経営の効率性を高めるために特別の制度を強制するのでなく、実務の選択の幅を広げたのである。

昭和25年改正商法は、取締役の権限を拡大したことに伴い、取締役制度の健全かつ円滑な運用のために、取締役会・代表取締役制度を導入し、代表取締役に経営権限を委任し、取締役会がこれを監督するという、当時のアメリカの経営管理機構を導入しようとしたが、昭和50年代の不祥事対策のための法改正もあり、わが国の取締役会はアメリカと相当異なったものとなった。委員会等設置会社制度は、昭和25年改正商法の理念を今日的に変容して実現しようとするものである（以下、現行法の検討をするため、「指名委員会等設置会社」に統一して説明する）。

---

[6] 会社法は、重要財産委員会を「特別取締役による取締役会決議」制度として、制度の合理化を図った（同法373条・383条1項ただし書参照）。本章において、この説明を省略する。

3 指名委員会等設置会社の基本構造

(1) 序

　指名委員会等設置会社とは、定款の定めにより、指名委員会、監査委員会および報酬委員会を置く株式会社をいい、これら3委員会を「指名委員会等」と総称する（会社2条12号）。会社法は、会社の規模に関係なく、また、公開会社であるかどうかにかかわらず、株式会社（以下、「会社」という）が指名委員会等設置会社となることを認める。

　指名委員会等設置会社は、取締役会と会計監査人を置かなければならない（会社327条1項4号・5項）。監査委員会と監査役を併存させることによる機能の重複ないし矛盾をさけるため、監査役を置いてはならない（同条4項）。同様に、監査等委員会も置くことができない（同条6項）。監査等委員会設置会社は、指名委員会等設置会社に代わるものとして導入され、監査等委員会は、監査委員会と同様の権限を有するからである。

　指名委員会等設置会社の取締役会の主要な役割は、経営の基本方針の決定のほか、執行役の選任とその職務執行の監督である。指名委員会等設置会社においては、執行役・代表執行役という業務執行機関が設けられる。取締役は、取締役として業務執行をすることはできないが、執行役を兼ねることはでき（会社402条6項）、執行役を兼任する取締役は、執行役として業務を執行することができる。実務上、上級の執行役の一部は取締役を兼ねることとなろう。他方、取締役は、執行役の指揮命令を受ける支配人その他の使用人を兼ねることはできない（会社331条4項）。

　執行役・代表執行役は、取締役会において選任・選定され（会社402条2項・420条1項）、いつでも取締役会の決議により解任・解職することができる（会社403条1項・420条2項）。指名委員会等設置会社の取締役および執行役の任期はいずれも1年以内である（会社332条6項・402条7項）。これは、株主総会と取締役会のそれぞれが、取締役と執行役に対する監督機能を実質化することを目的とする。毎年、定時株主総会において取締役が選任され、定時株主総会後に開催される取締役会において執行役・代表執行役が選任・選定されることにより、取締役会が、株主の信任を基礎に、執行役・代表執行役を効果的に監督することが期待されているのである。

会社法416条が指名委員会等設置会社の取締役会の職務について規定し、会社法362条の規定は全面的に適用除外される。指名委員会等設置会社においても、取締役会が、会社の業務執行を決定し、執行役と取締役（以下、両者を特に区別する必要がないときは、「執行役等」とする）の職務の執行を監督する（会社416条2項1号・2号）。会社法416条2項は、同条1項1号イからホまでに掲げる事項、つまり、経営の基本方針、内部統制システム関連事項、執行役の職務関連事項を取締役会の専決事項とする。さらに、会社法416条4項は、「指名委員会等設置会社の取締役会は、その決議によって、指名委員会等設置会社の業務執行の決定を執行役に委任することができる。ただし、次に掲げる事項については、この限りでない」として、20項目の取締役会専決事項を具体的に定める。重要な業務執行の決定を一般的に取締役会の専決事項とする会社法362条4項と異なり、取締役会の専決事項として会社法が具体的に規定する事項以外の業務執行事項は、すべて、取締役会の判断で、執行役にその決定を委任することができるのである（原則と例外の逆転）。指名委員会等設置会社の取締役会の専決事項は、組織的事項ないし監督関連事項であり、経営事項は原則として執行役にその決定を委任することができる。執行役は、機動的弾力的に経営事項について意思決定し、効率的な経営を行うことが期待されるのである。なお、「経営の基本方針」は、取締役会が執行役に示す経営指針であり、取締役会はこれを基礎に執行役の業務執行を監督することとなる。

経営権限を大幅に執行役に委任するときは、執行役を適切に監督することが必要となり、構成員の過半数が社外取締役である指名委員会、監査委員会および報酬委員会（「指名委員会等」）の設置が強制される。指名委員会等設置会社においては、指名委員会等を構成する取締役の役割がきわめて重要であり、取締役の氏名だけでなく、取締役のうち社外取締役であるものについて社外取締役である旨と各委員会の委員の氏名が登記される（会社911条3項13号・23号）。なお、指名委員会等設置会社である旨のほか、執行役の氏名と代表執行役の氏名および住所が登記事項である（会社911条3項13号・23号）。

(2) 業務執行の決定と執行

業務執行の決定と業務の執行それ自体を明確に区分しなければならない。取締役会は業務執行の決定機関であり（会社416条1項1号）、執行役は業務を執

行する機関である（会社418条2号）。取締役会は、その決議により業務執行の決定を執行役に委任することができ、会社法418条1号は、取締役会の決議により委任を受けた業務執行の決定を執行役の権限とする。執行役が業務執行の決定を行うには取締役会から（明示的または黙示的に）委任を受けなければならないが、執行役は、業務執行機関として、業務執行権限を有し、取締役会から委任を受けることなく業務の執行を行うことができる。

指名委員会等設置会社においては、業務執行の決定が執行役に広範に委任され、取締役会が監督機関に特化することが典型形態となる。しかし、非公開会社も指名委員会等設置会社になることができるのであり、取締役会は、会社の実情に応じて、執行役の決定に委ねる業務執行の範囲を確定することとなる。指名委員会等設置会社における経営管理機構の構築（取締役会と執行役の権限分配）には大幅な定款自治が認められ、執行役に業務執行事項の一部のみの決定を委任することもできる。

取締役会は、取締役に、業務執行の決定権限と執行役等の職務の執行の監督権限を委任することはできない（会社416条3項）。取締役に業務執行の決定権限を委任することは制度趣旨と矛盾する（会社373条1項第1かっこ書参照）。常務会等も認められない。さらに、取締役は、法令に別段の定めある場合を除いて[7]、指名委員会等設置会社の業務を執行することができない（会社415条）。業務執行は執行役が担当するのであり、代表取締役や業務担当取締役は認められない。指名委員会等設置会社における取締役は、取締役会の構成員としての職務、さらに、指名委員会等の構成員としての職務を担うにすぎない。それは取締役会の監督機能の実現に特化した役割である。

(3) 取締役と執行役

取締役会の主たる機能は、執行役の人事と執行役が健全かつ効率的に経営を遂行することを監督することにある。取締役会は、執行役や代表執行役に係る人事権を有するほか、経営の基本方針を決定して、経営目標を執行役に提示し（会社402条2項・416条1項1号・420条1項前段）、執行役の職務執行を監督す

---

7) 「別段の定め」の例として、監査委員の行う差止請求や訴訟における会社代表行為等がある（始関正光「平成14年改正商法の解説〔V〕」旬刊商事法務1641号（2002）21頁）。

るのである。なお、取締役会は取締役の職務執行も監督しなければならないが、監督の主たる対象は執行役である。

　執行役は、取締役を兼ねることができる（会社402条6項）。執行役の一部を取締役会の構成員とすることにより、取締役と執行役のコミュニケーションの円滑化を図り、取締役会の監督機能の実効性を高めることが期待されるが、執行役を兼任する取締役の員数制限、逆にいうと、社外取締役の最低員数ないし最低比率に特別の制約はない。社外取締役確保の困難性という現実的な問題とともに、会社の自治の尊重を正当化根拠とするのであろう。しかし、執行役兼任取締役が取締役の過半数を占めるときは、取締役会の監督機能が形骸化する危険がある。このため、社外取締役が過半数を占める指名委員会等を法定し、その活動を通して取締役会の経営に対する監督機能の実質化が企図されている[8]。指名委員会等を組織する取締役は取締役会で選定されるが、指名委員会は、株主総会に対して、それぞれの委員会の委員に適任の社外取締役を取締役候補者として推薦し、3つの委員会が連携して、取締役会の監督機能を実質化することが期待される。

4　社外取締役の機能と定義の変遷

　社外取締役の現実的機能はさまざまであるが、社外の目ないし社外の風を社内に入れることが最低限の機能となろう。同質性の強い取締役会の中に、社外の目ないし社外の風を入れることは重要である。また、社外取締役の知見を基礎に大所高所から経営の重要問題について意見を聞くことも期待できる。最も重要な機能は、取締役会における手続の透明性と説明責任の確保である。社内取締役の間では、丁寧な説明もないまま取締役会の決議が成立することもあろうが、取締役会に外部の者が参加するとき、社外取締役に対して資料を十分に用意してわかりやすく原案を説明することが必要となる。その説明資料を作成する際、事務方も執行役も、もう一度考えを整理して熟慮することとなり、取締役会の審議の透明性と説明責任の確保が期待されるのである。

---

[8]　指名委員会等設置会社は、アメリカ型の経営管理機構をモデルとするが（始関・前掲注7）19頁）、三委員会の設置が強制され、その権限もアメリカに比して強化されている。このような硬直的な機関構成のため、指名委員会等設置会社の利用が広がらなかったのである。

社外取締役は、ねじり鉢巻きをして積極的に行動しなければならないわけでない。特段の事情のない限り、合理的な資料をもとに説明を求め、納得できない時はその旨を率直に申し述べて、さらなる説明を求めることで十分であろう。社外取締役には、経営者を適切に監督し、必要な場合、経営者を交代させることが求められるが、現在のわが国において、非常勤の社外取締役一般に過度の期待をすることは現実的でなかろう。また、過度に期待するとき、社外取締役の報酬が高額なものとなることも考えられる。あまりに高額の報酬を受ける社外取締役の独立性に疑義が生ずる。社外取締役には、ほどほどの報酬とそれに見合う役割を果たすことを期待するのが合理的であろう。もちろん、会社のガバナンス上危機的状況に見舞われるときは、社外取締役も、厳しくその職責を全うすることが求められる。

　会社法は、当初、社外取締役とは、①会社の取締役であって、②会社またはその子会社の業務執行取締役もしくは執行役または支配人その他の使用人でなく、かつ、③過去に当該会社またはその子会社の業務執行取締役もしくは執行役または支配人その他の使用人となったことがないものをいう、と定義していた（平成26年改正前会社2条15号）。この社外取締役概念は、平成13年12月改正商法特例法の社外監査役の定義の変更を受けたものであるが、親会社の業務執行取締役、執行役や使用人も社外取締役となることができる。代表執行役、社長の配偶者や同居の親子も社外取締役となることができる。しかし、親子関係や経済的関係等から、実質的独立性に強い疑いを持たれるような者の社外取締役としての適格性には疑問があり、社外取締役について独立性の要件を加味する必要がある[9]。立法論として、非常勤性を重視する社外取締役概念と実質的独立性を有する独立取締役概念の両者を整理して、取締役会の監督権限の実効性を確保し得る取締役会ないし委員会構成となるよう、きめ細かな手当てをすべきであること、その際、法的には最低限度の独立性を要求するにとどめ、取引所等の自主規制においてより厳格な独立性要件を課すこと、が課題とされ

---

[9] アメリカにおいては、単なる「社外性」でなく「独立性」が問題とされている。アメリカ法律家協会の「コーポレート・ガバナンスの原理」は、会社の上級執行役員と「重要な関係」を有する場合を明確に定義し（1条・34条）、これを基礎に社外取締役の独立性を確保している。近親者や会社から相当の報酬を受けている者の独立性は認められない。

ていた[10]。

　これを受けて、平成26年改正会社法は、社外取締役の独立性に配慮した定義規定を設けた（会社2条15号）。社外取締役とは、①業務執行取締役等、すなわち、会社またはその子会社の業務執行取締役、執行役、または支配人その他の使用人でなく、かつ、その就任の前10年間会社または子会社の業務執行取締役等であったことがないこと、②その就任の前10年内のいずれかの時において当該会社またはその子会社の取締役または監査役であったことがある者（業務執行取締役等であったことがあるものを除く）にあっては、当該取締役または監査役への就任前10年間当該会社またはその子会社の業務執行取締役等であったことがないこと、③当該会社の親会社等（自然人であるものに限る）または親会社等の取締役、執行役、支配人その他の使用人でないこと、④当該会社の親会社等の子会社等（当該会社およびその子会社を除く）の業務執行取締役等でないこと、⑤当該会社の取締役、執行役、支配人その他の重要な使用人または親会社等（自然人であるものに限る）の配偶者または2親等内の親族でないこと、以上の要件を充足する取締役である。

　「親会社等」と「子会社等」概念が、平成26年改正会社法により新たに設けられた（会社2条3号の2・4号の2）。親会社等（自然人であるものに限る）とは、親会社と同等の支配力を有する自然人を意味する（会社2条4号の2ロ参照）。親会社またはそれと同等の支配力を有する自然人やその配偶者または2親等内の親族は、社外取締役となれなくなったのである。

　なお、平成17年改正前商法は、一般的に、社外取締役の登記を要求していたが（同法188条2項7号ノ2）、会社法上、社外取締役であること、または、その存在が一定の法的効果を生じさせる場合についてのみ、登記を求めることとした（平成26年改正前会社911条3項21号ハ・22号イ・25号。社外監査役については、同項18号・26号参照）。平成26年改正会社法において、22号が監査等委員会に係る登記について定めることとされ（社外取締役についてロ参照）、従来の

---

[10] イギリスやアメリカにおいても、取締役会の機能化のため、社外取締役ないし経営と利害関係のない独立取締役概念が再構築されている。アメリカの従来の状況について、畠田公明・コーポレート・ガバナンスにおける取締役の責任制度（法律文化社、2002）120頁以下、太田洋「米企業改革法を巡る最新動向及びその影響について」月刊監査役471号（2003）7頁以下参照。

22号〜24号が23号〜25号に移動した。また、非業務執行取締役に責任限定契約の締結を認めたことと関連して、社外取締役・監査役の登記に関連する会社法911条3項25号および26号の規定が削除された。

二　執行役制度

1　序

　指名委員会等設置会社は、執行機関として、1人または2人以上の執行役を置かなければならない（会社402条1項）。執行役の員数に制限はない。執行役は、実務上の制度である「執行役員」と異なり、法定の会社の業務執行機関であり、取締役会の構成員としての地位を除いた業務担当取締役に相当する。指名委員会等設置会社は、代表執行役を定めなければならない。執行役が1人の場合、その執行役が代表執行役となる（会社420条1項）。代表執行役は、指名委員会等設置会社を代表する執行役であり、代表取締役と同様、包括的かつ不可制限的な代表権を有する（会社420条3項による349条4項・5項の準用）。代表執行役は、取締役会の構成員としての地位を除外された代表取締役に相当し、表見代表取締役に相当する表見代表執行役制度も設けられている（会社421条）。
　執行役および代表執行役は、いずれも、取締役会において選任解任・選定解職される。執行役の任期は、取締役の任期と基本的に同様であり、定款に任期短縮の定めがない限り、就任後1年以内に終了する事業年度のうち最終のものに関する定時株主総会の終結後最初に招集される取締役会の終結の時までとなる（会社402条7項）。株主は、毎定時株主総会において取締役を改選することにより、取締役をチェックする。取締役会は、毎定時株主総会終了後に開催される取締役会における執行役人事を通して執行役を監督する。また、執行役はいつでも取締役会の決議をもって解任することができる（会社403条1項。解任執行役からの損害賠償請求について2項参照）。
　会社と執行役の関係について、取締役と同様の規定が設けられるほか、取締役の関連規定が準用されている。会社と執行役の関係は、委任に関する規定に従う（会社402条3項。このほか、402条4項・420条3項等参照）。取締役と同様の会社法上の責任を負い（会社423条1項・120条4項・462条1項等参照）、責任

軽減や株主代表訴訟について、業務執行取締役と同様の規定の適用を受ける（会社425条1項1号イロ・847条1項等参照）。執行役は、株主総会に出席し、取締役と同様、株主の質問に誠実に説明しなければならない（会社314条）[11]。指名委員会等設置会社の株主総会において説明を行うのは、主として執行役となろう。

2 執行役相互の関係

　取締役会は、執行役に、取締役会が有する業務執行の決定権限を委任することができる。執行役は、取締役会から委任を受けた業務執行事項を決定し、指名委員会等設置会社の業務を執行する業務執行機関である（会社418条1号・2号）。

　取締役会は、執行役が2人以上ある場合において、執行役の職務の分掌および指揮命令関係その他の執行役相互の関係に関する事項を定める（会社416条1項1号ハ）。取締役会が、執行役Aに経理に関する部門の執行権限を付与し、執行役Bに営業に関する部門の執行権限を付与するときは、それぞれの執行役は原則として対等の立場でその担当部門の業務を執行するが、取締役会は、執行役の指揮命令関係その他の執行役相互の関係を定めることができる。実務上、執行役に会長、社長、副社長、専務といった名称が付与され（最近では、CEO、COO、CFO等の表記が用いられるようになっている）、その一部が代表執行役とされ、指揮命令関係について定められることとなろう。

　代表執行役と執行役の間には原則として指揮命令関係、上下関係が認められ、代表執行役には下位の執行役に対する監督権限がある。他方、執行役相互の間に、当然には、監視監督権限はない。監査役会設置会社において、使用人兼務取締役も取締役会の構成員として他の取締役の職務執行の監視義務を負い、社長の任務懈怠、とりわけ具体的法令違反を不注意により見逃した場合、監視義務違反の責任を追及される。執行役制度の下において、執行役は指揮命令関係にある下位の執行役を監督しなければならないが、そのような関係にない執行役を監督する義務はない。

---

[11] 株主総会の招集手続について、指名委員会等設置会社の特則は定められていない。取締役を執行役と読み替える規定は設けられていないのである。このため、実務上、あらかじめ取締役会が定める取締役である代表執行役が株主総会を招集し、議長となっている。

3　執行役と使用人

　会社法は、「取締役、会計参与および監査役」を役員とする（会社329条1項かっこ書）。執行役は、責任関係において、会計監査人とともに、「役員等」と定義されている（会社423条1項かっこ書）。他方、会社法施行規則は、取締役、会計参与、監査役、執行役、理事、監事その他これらに準ずる者を「役員」と定義し、会社の取締役、会計参与、監査役および執行役を「会社役員」と定義している（会社則2条3項3号4号）。これらの定義規定は条文整理上の概念であり、執行役は、理論上、指名委員会等設置会社の「業務を執行する機関」である。

　平成17年改正前商法の下において、執行役が使用人を兼務できるか、さらに、使用人を兼務する執行役が取締役を兼務できるか、議論されていた。執行役は、固有の業務執行権限を有し、業務執行取締役と同様、執行役が使用人を兼務する意味はないが、実務上、執行役が使用人を兼務している例が少なくなかった。平成15年改正商法施行規則も、使用人兼務執行役の存在を前提としていた（同規則107条1項11号等参照）。監査役設置会社の業務担当取締役と使用人兼務取締役との法的相違点として報酬等の決定方法があるが、指名委員会等設置会社において、執行役の報酬等のみを報酬委員会が決定し、執行役が兼務する使用人分給与について執行役サイドで適宜決定することは報酬委員会制度の趣旨から問題となる。使用人兼務執行役の使用人分給与も報酬委員会が決定すべきであるが、平成14年改正商法特例法が使用人兼務執行役の使用人分給与についてとくに規定していなかったため、使用人兼務取締役の場合と同様、執行役が決定できるものと解されていた。もっとも、実務上、使用人兼務執行役の使用人分給与は支払われず、執行役の報酬等の決定に際して使用人分給与を加味するのが実務の取扱いのようであった[12]。会社法は、執行役が使用人を兼ねているときは、報酬委員会は当該使用人の報酬等の内容も決定しなければならない旨明示的に規定した（会社404条3項後段）。

　指名委員会等設置会社の執行役は業務の執行それ自体を担当する機関であり、執行役が使用人の職務と考えられていた業務に従事する場合であっても、

12）会社コンメ(9)104頁［伊藤靖史］。

使用人を兼務すると考える必要はないが、最近の実務においても、執行役員兼務執行役というものもあるようである。業務担当者として20人から30人程度の「執行役員」を選任し、そのうち上級の10人程度を「執行役」（監査役設置会社の業務担当取締役）とし、さらに、その若干名を（代表）執行役兼取締役（監査役設置会社の代表取締役）として、業務担当者の連携が図られているのであろう。これを違法という必要はないが、法的には無内容なものであることを認識すべきである。使用人兼務執行役とは、使用人の職務と通常考えられている職務を行う執行役なのであり、会社との間に執行役としての委任関係とは別個独立の雇傭関係が認められると解する必要はない。これは、代表取締役副社長兼大阪支店長が、支店長として、会社との間に雇傭関係があるわけでないことと同様である。使用人兼務執行役の使用人としての職務に関連して任務懈怠が認められる場合にも、株主代表訴訟において追及される執行役の任務懈怠責任となろう。

　平成14年改正商法特例法は、監査委員会の委員を除いて、使用人と取締役の兼任を明示的には禁止していなかったため、使用人、とりわけ、使用人兼務執行役を取締役にすることができると解されていたようである。しかし、執行役の監督を主たる職責とする取締役が執行役の指揮命令を受けるべき使用人を兼ねることは、制度趣旨から疑問となる。また、使用人が取締役を兼任するということは取締役の人数が多いことを意味するが、そのような大所帯の取締役会のあり様は指名委員会等設置会社の理念に反する。したがって、使用人を取締役とすることを禁止する明文の規定を設けるべきことが強く主張されていた。会社法は、これを受け入れ、指名委員会等設置会社の取締役は、当該会社の支配人その他の使用人を兼ねることができない旨、明示的に規定した（平成26年改正前会社331条3項。平成26年改正により4項に移動）。

三　取締役会

1　序

　指名委員会等設置会社における取締役会の権限は、監査役会設置会社の取締役会と基本的に同様であり、指名委員会等設置会社の業務執行を決定し、取締

役および執行役の職務の執行を監督することである（会社416条1項）。しかし、会社法416条2項と4項各号が具体的に列挙する取締役会の専決事項を除いて、業務執行の決定はすべて執行役に委任することができる。指名委員会等設置会社の取締役会は、その会社の実情に応じて任意に、執行役に決定を委任する業務執行の範囲を決定することができる。特定の事項の決定権限を委任する際、（1億円以下の取引等の）量的制限を付することもできる。指名委員会等設置会社の理念型においては、通例的な経営事項の決定権限は執行役に全面的に委任され、取締役会は、経営の監督機関に特化することになる。

　取締役会は、執行役を監督する。取締役会の監督権限は、執行役・代表執行役の選任選定・解任解職権限に裏打ちされたものである。取締役会は、執行役の職務執行について、①適法性、②妥当性・効率性、③利益相反のチェックを行うが、適法性については、適切な法令遵守システムを構築して、監査委員会がその運用状況をチェックすることとなる。利益相反のチェックは、主として業務執行の決定と関連して問題となるが、これについて、社外取締役ないし監査委員会の役割が大きいように思われる。

　取締役会が自ら行わなければならないのは、主として妥当性・効率性のチェックである。取締役会は、経営の基本方針を決定し、自らが選任・選定した執行役・代表執行役が経営の基本方針に従い健全かつ公正妥当に経営を遂行しているかどうか監督し、1年間の経営の成果を計算書類の承認という形でチェックし、代表執行役その他の執行役が不適任であると判断するときは、これを交代させることとなる。このような取締役会をモニタリング・モデルを指向する取締役会という[13]。モニタリング・モデルを指向する取締役会は、上場会社であっても、年5、6回開催することで十分であろうが[14]、毎月定例取締役会を開催している会社が一般的なようである。実務において、執行役への決定権限の委任は広範でなく[15]、取締役会における定例的な審議が重視されてい

---

13) モニタリング・モデルについて、川濱昇「取締役会の監督機能」森本滋ほか編・企業の健全性確保と取締役の責任（有斐閣、1997）7頁以下、髙田剛＝小出一郎「委員会等設置会社への移行マニュアル」ビジネス法務2巻10号（2002）13頁以下参照。

14) ソニーの定款23条は、定時取締役会を3月に1回以上開催するものとする。

15) 運営実態115頁～116頁参照。

るのであろう。

　指名委員会等設置会社には指名委員会、監査委員会、報酬委員会の3つの委員会が設置される。これらの委員会は取締役会の内部委員会である。監査委員会は、執行役の職務執行の監査を主たる役割とし、株主総会に提出する会計監査人の人事案件の内容も決定する。指名委員会と報酬委員会は、取締役会において取締役の中から委員が選定されるという意味で取締役会の内部委員会ということができるが、これらの委員会は、取締役会の諮問委員会でなく、取締役会が有する権限を取締役会から独立して行使する権限を有する会社の機関である。指名委員会は、株主総会に提出する取締役選任議案の内容を決定し、報酬委員会は個々の執行役等に支給する報酬等を決定する。指名委員会等設置会社における社外取締役の最低員数ないし最低構成比率に法的制約がなく、2人の社外取締役を選任することで足りる。このような社外取締役の脆弱性に配慮して、人事・報酬案件は、社外取締役が過半数の指名委員会と報酬委員会が取締役会に代わってその権限を行使するものとされ、取締役会の権限は、その範囲で制約されている。

2　取締役会の専決事項

(1)　序

　指名委員会等設置会社の取締役会は、監査役設置会社の取締役会と基本的に同様に、①会社の業務執行の決定、②業務執行者（執行役・代表執行役）の選任・選定、解任・解職および③執行役と取締役の職務執行の監督権限を有する（会社416条1項・402条2項・420条1項）。しかし、取締役会は、会社法416条1項1号所定の業務執行事項と同条4項各号が具体的に規定している事項を除いて、業務執行事項の決定をすべて執行役に委任することができる（会社416条2項・4項ただし書）。このため、特別取締役による取締役会決議制度を採用することはできない（会社373条1項第1かっこ書）。

(2)　会社法416条1項1号所定の専決事項

　専決事項の第1は、経営の基本方針である（会社416条1項1号イ）。これは中長期の経営計画等を意味する。取締役会は、執行役が取締役会の定めた経営の基本方針に従って健全かつ効率的に経営を遂行しているかどうかを監督す

る。年度計画や年度予算は経営の基本方針に該当しないが、任期1年の執行役の任期中の基本的な経営方針として、取締役会の審議対象とすることが合理的である。

　続いて、②監査委員会の職務の執行のため必要なものとして法務省令で定める事項（監査委員会の職務執行関連事項の整備）と③内部統制システムの整備が取締役会の専決事項である（会社416条1項1号ロホ—監査委員会の職務執行関連事項を含む内部統制システムの整備）。このほか、④複数の執行役の職務の分掌、指揮命令関係その他の執行役相互の関係および⑤執行役から取締役会の招集請求権を受ける取締役の定めも、取締役会の専決事項である（同号ハニ—執行役の職務関連事項）。

(3)　**会社法416条4項各号所定の事項**

　会社法416条4項ただし書は、指名委員会等設置会社においてその決定を執行役に委任することができない業務執行事項を20号に分けて規定する。第一は、事柄の性質上、執行役に委任することが不適切なものであり、①株主総会の招集関連事項（株主総会の招集決定、取締役・会計参与・会計監査人の人事関連事項を除く株主総会に提出する議案の内容の決定）、②取締役会の招集権者の決定、③指名委員会等の委員の人事、監査委員との訴えにおける会社代表者の決定、④執行役・代表執行役の人事がある（会社416条4項4号・5号・7号・8号～11号）。なお、監査役設置会社や監査等委員会設置会社における代表取締役の選定・解職は、業務執行の決定とは別の取締役会の専決事項と構成されている（会社362条2項3号・3項・399条の13第1項3号・3項）。

　次に、⑤株主総会決議を要する事業譲渡等・組織再編行為の内容の決定が、会社組織の根本的変更となる事項として、取締役会の専決事項とされている（会社416条4項15号～20号）。特別支配株主の株式等売渡請求等の承認（会社179条の3第3項）は取締役会の専決事項として挙げられていない。これは、略式組織再編と同様のものと判断されたのであろうが、執行役に利益相反関係が認められ、承認の判断に際して、社外取締役のチェックが期待されるものであり、実務上、権限を委任しないことが求められよう。

　株主の利害に直接関係し、株主への財産分与としての性質を有する取締役会の専決事項として、⑦市場取引等による自己株式の取得と⑧中間配当の決定が

あり、⑨計算書類等・臨時計算書類・連結計算書類の承認は、会社の業務・財産状況を明らかにする重要な決定であるだけでなく、執行役の職務執行の妥当性の判断に直接かかわるため、取締役会の専決事項とされている（会社416条4項2号・13号・14号）。会社法459条1項の定款の定めによる剰余金配当等に関する取締役会の決定権限は取締役会の専決事項として挙げられていないが、これも取締役会の専決事項となる。会社法459条1項は、同法165条2項や454条5項と同様、定款により、取締役会が剰余金配当等を決定することを認めるものであり、取締役会がさらに執行役にその決定を委任することは定款授権の範囲を超えるものであると解することが合理的である（会社460条1項参照）。

取締役会の専決事項として、このほか、⑩取締役・執行役の競業取引・利益相反取引の承認や定款の定めに基づく役員等の責任の一部免除がある（会社416条4項6号・12号）。前者は利害関係のない取締役の判断を求めるものであり、後者は利害関係性や取締役会の監督権限の実効性確保のために、執行役に委任することが不適切なものである。なお、取締役会の決議によって、譲渡制限株式の譲渡等の承認と指定買取人の指定、譲渡制限新株予約権の譲渡等の承認権限を執行役に委任することはできないが（同項1号・3号）、定款の定めにより、この決定権限を執行役に委任することはできる（会社139条1項ただし書・140条5項ただし書等参照）。

(4) 執行役に委任可能な業務執行事項

指名委員会等設置会社の取締役会は、上記の事項以外のすべての業務執行事項の決定を執行役に委任することができる。重要な取引行為や重要な使用人の人事・支店等の設置等の会社法362条4項各号が規定する事項を含む重要な業務執行はもちろんのこと、募集株式・新株予約権の発行等や社債の発行その他の資金調達、要綱を定款で定めた場合の種類株式の内容の決定、株式分割や株式の無償割当て、株式消却等の個別規定において取締役会の決議で定めるべきものとされている業務執行事項、さらには、株主総会決議による承認を要しない略式組織再編行為・簡易組織再編行為（事業譲渡等を含む）等の業務執行事項も、執行役にその決定を委任することができる[16]。

---

16) その詳細について、森本編70頁～72頁［森本滋］参照。

(5) 計算書類・剰余金の配当と取締役の任期

　平成17年改正前商法の下における「計算書類」は、貸借対照表、損益計算書、営業報告書および利益処分案（損失処理案）であり、利益処分案が計算書類に含まれていた。会社法の下における「計算書類」は、貸借対照表、損益計算書、株主資本等変動計算書と個別注記表であり（会社435条2項、会社計算59条1項）、従来の営業報告書は、計算書類とは別個の「事業報告」とされ、利益処分案は、計算書類とは別の剰余金の配当その他の剰余金の処分として整理された（会社452条・454条1項等参照）。

　定時株主総会における計算書類の承認ないし報告は、前期における執行役の経営成績の評価としての意義を有する。平成17年改正前商法の下において、監査役会設置会社は、定時株主総会において利益処分案を承認していたが、委員会等設置会社は、取締役会決議で利益処分を行うことが認められていた。当時、利益処分の決定権限を取締役会に移しても取締役会改革に直接役立たず、株主との関係において経営者支配を強化するだけであり、そのねらいは、委員会等設置会社の選択を促す「甘味剤」として利用することであろうと批判されていた[17]。この見解は、続けて、「長所も短所も含めてアメリカ型モデルを丸飲みしたところから、このような改正（取締役の報酬と利益処分の決定権限の移動）が推進されたとみることができよう。委員会等設置会社のレシピにおいては、一方では激辛の味付け（社外取締役要件の厳格化や取締役会における社外取締役の比率の法定等）を避けつつ、他方ではアメリカ風の甘味剤が添加されたのである」と批判する。

　利益処分は株主にとり決定的な関心事であり、利益を配当に回すか内部留保するかに関して、経営者と株主の間で激しく利害が対立する。株主は、株主総会において利益処分議案と取締役選任議案の審議を併せ行うことによりはじめて、適切に取締役をコントロールすることが可能になるということもできよう。しかしながら、平成14年の委員会等設置会社の制度設計に際して、配当政策は高度の経営政策にかかわる事項であり、株主総会の決議事項とするより取

---

17) 浜田道代「取締役会制度の改革②（委員会等設置会社）」金融・商事判例1160号（2003）149頁。

締役会の経営判断に委ねることが妥当であると考えられたのである。そして、株主保護として、第一に、配当政策等に係る開示が抜本的に充実された。取締役会限りで利益処分を確定したときは、取締役は、定時株主総会に確定した利益処分を提出して、その内容および理由のほか、利益処分に関する中長期的な方針、その方針を変更したときは、その内容と理由、売上高や経常利益その他の利益または損失が著しく増減したときは、その原因、その他委員会等設置会社の財産または損益の状態に重要な影響を及ぼす事実があるときは、その内容と原因を報告しなければならないとされたのである（平成14年改正商特21条の31第1項後段、平成15年改正商法施行規則141条）。さらに、取締役の任期は就任後1年以内の最終の決算期に関する定時株主総会終結の時までとされた。毎定時株主総会における取締役の改選は、利益処分の実績も加味した取締役の業績評価として機能し、株主に間接的に配当政策の当否を判断する機会が与えられるとして、取締役会決議で利益処分を行うことが認められたのである[18]。

　取締役の任期を1年とすることについて、短期的視野において経営が行われることや、社外取締役の独立性に問題の生ずることが危惧されたが、任期が1年であることは、1年ごとに取締役の職務執行の状況が審査されることを意味するにすぎない。とりわけ、取締役候補者は、指名委員会が決定するのである。執行役の任期も1年であるが、執行役が経営の基本方針に従って健全かつ効率的に経営を遂行しているときは、取締役会は執行役を信任し、株主総会もまた取締役を信任するであろう。監査役のように、任期を4年とすることには独立性確保というメリットが認められるが、他方、株主のコントロールが弱まり、不適任の監査役の適宜の交代が困難になるおそれもある。1年任期の社外取締役は、毎定時株主総会における株主の信任を基礎に、執行役を効果的にコントロールすることが期待される。短期的視点から経営されるかどうかは、任期の問題というより取締役や株主の判断による[19]。監査役会設置会社においても取締役の任期を1年とする会社が増えているが、それらの会社が短期的視野にお

---

18) 森本滋「主要国における株主総会の現状とIT関連改正の動向——序説」森本滋編著・比較会社法研究（商事法務、2003）95頁以下参照。

19) 神作裕之「委員会等設置会社における業務執行に対するコントロール」学習院大学法学会雑誌38巻1号（2002）64頁以下参照。

いて経営されているという批判は聞かない。

会社法は、指名委員会等設置会社だけでなく、監査役会設置会社、さらには、監査等委員会設置会社においても、会計監査人設置会社であり、取締役（監査等委員である取締役を除く）の任期が1年であるときは、定款の定めにより、取締役に剰余金配当等の決定権限を付与することができるものとした。指名委員会等設置会社においても、定款授権が必要となったのである。

3 取締役会の運営
(1) 序

指名委員会等設置会社の取締役会の運営にも、原則として監査役設置会社の取締役会に適用される規定が適用されるが、執行役や指名委員会等に配慮して、若干の特別規定が設けられている。取締役会の招集権を有するのは取締役であるが、取締役会の審議事項や決議事項の原案を提出するのは執行役サイドであろう。したがって、執行役に、取締役会招集請求権が認められている。この関連において、取締役会議長には、社外取締役、少なくとも執行役を兼任しない取締役が就任することが妥当であろう。

(2) 取締役会の招集

取締役会は原則として各取締役が招集する（会社366条1項本文）。定款または取締役会において、取締役会を招集する取締役（「招集権者」）を定めることができ（同項ただし書）、実務上一般に、この定めが設けられている。この場合、招集権者が取締役会を招集し、他の取締役には取締役会招集請求権が認められる（同条2項3項）。

指名委員会等がその職務権限を適切に行使するため、指名委員会等がその委員の中から選定する者（選定委員）は、招集権者に招集請求をすることなく、取締役会を招集することができる（会社417条1項）。実務的には、取締役会招集権者に取締役会の招集を求め、招集権者が適切に対応しない場合に、選定委員が取締役会を招集することになろうが、緊急を要する等の特別の事情があるときは、招集権者に招集を求めることなく選定委員はただちに取締役会を招集すべきである。選定委員が招集した取締役会の議事録には、選定委員が招集したものである旨記載等しなければならない（会社則101条3項3号チ）。

指名委員会等は、取締役会を招集する選定委員を、一般的に選定することも（委員長をこの委員に選定する）、必要に応じて選定することもできる。一般的にこの委員が選定された場合においても、選定委員が自己の裁量により取締役会を招集するのでなく、当該委員会の職務執行上取締役会を招集する必要がある場合に、当該委員会の決議に基づいて取締役会を招集することになるのであろう。指名委員会は、取締役の選任または解任の必要が生じたときに、それに関する議案の内容を決定して、臨時株主総会を招集するための取締役会を招集することが考えられる。監査委員会は、執行役の職務執行状況にかんがみ、取締役会を招集することが必要となる場合に取締役会を招集し、当該取締役会において、選定監査委員の報告を基礎に、執行役の職務分掌の変更や選任・解任、さらには代表執行役の選定・解職等の決議を求めることが考えられる。

(3) **委員会の職務執行状況の報告**

指名委員会等がその委員の中から選定する者（選定委員）は、遅滞なく、当該委員会の職務の執行状況を取締役会に報告しなければならない（会社417条3項）。通常、指名委員会等の委員長が選定委員となり、この報告義務を履行することとなろう。これには、取締役会が指名委員会等を監督する機能が認められるが、指名委員会等と取締役会の連携を図ることにより、執行役等の監督を効果的に行うことも期待されている。指名委員会等の委員は取締役であり、取締役は、取締役会構成員として、当然に他の取締役の質問に誠実に説明しなければならない。このため、執行役と異なり（同条5項）、選定委員等の説明義務はとくに規定されていない。

指名委員会等は、「遅滞なく」当該委員会の職務執行状況を報告しなければならない。委員会の会議が開催されたときは、当該委員会の会議終了後遅滞なく、その状況を取締役会に報告しなければならないと解する立場もあるが[20]、弾力的に解することが合理的であろう。指名委員会と報酬委員会は、必要に応じて不定期に開催されるものであり、原則として会議開催後取締役会に当該委員会の職務執行状況を報告することとなろうが、まとめて報告することでよい場合もあろう。監査委員会の会議は定期的に開催されており、取締役会への職務執

---

20) 新基本法コンメ(2) 356頁［大塚龍児］。

行状況の報告は、ある程度まとめて報告することが許される。

(4) 執行役と取締役会

　執行役は取締役会の構成員でないため、法律がとくに認める場合を除いて、当然には取締役会に出席することができないと解されている。執行役に取締役会出席権を認めると、取締役会による執行役の監督機能に問題が生ずるおそれがあることを理由とするようである（監督と執行の分離原則の観点）[21]。しかし、業務執行について、執行役と取締役会の円滑な連携が必要であり、監督と執行の分離原則を硬直的に解する必要はない。取締役会規則等により、執行役は、その職務遂行上必要なときは、取締役会に出席することができるとすることが合理的である。実務上、特段の事由がない限り、執行役は、取締役会に出席しているようである。取締役会に出席した執行役の氏名は議事録に記載される（会社則101条3項7号）。取締役会の議事録の閲覧等の請求について規定する会社法371条は、執行役を請求権者に含めていないが、執行役は、会社の業務執行者として、職務上必要なとき、取締役会の議事録の閲覧等を行うことができると解することが合理的である。

　執行役は、3か月に1回以上、自己の職務の執行状況を取締役会に報告しなければならない（会社417条4項前段——定期報告制度）。この報告に取締役会への報告の省略制度は適用されない（会社372条2項・3項）。執行役の定期報告は取締役会において現実に報告されなければならないのであり、これにより、取締役会は3か月に1回は現実に開催されることとなる。

　執行役は原則として各自報告しなければならないが、執行役は、当然に取締役会出席義務を負うわけでない。業務執行の関係で、取締役会に出席することが困難な場合もあろう。このため、適宜、他の執行役を代理人として報告することができる（会社417条4項後段）。業務執行取締役の職務執行状況の報告に係る会社法363条2項には、会社法417条4項後段に相当する規定はない。業務執行取締役には、取締役として取締役会出席義務があるからであろう。しかし、業務執行取締役が業務執行の関係で取締役会に出席することができない場合もあり、他の業務執行取締役による代理報告が許されないわけでない。実務

---

21) 始関正光「平成14年改正商法の解説〔Ⅵ〕」旬刊商事法務1642号（2002）22頁参照。

上、取締役会の円滑な議事進行のため、執行役が取締役会に出席している場合においても、代表執行役がすべての執行役の職務執行状況をまとめて報告することのほか、各執行役の職務執行状況を一覧表等の形で書面にして、報告に代えることも行われているようである。取締役会による執行役の実効的な監督のために職務執行状況報告制度は有益なものであり、職務執行状況の報告の有り様について、検討する必要がある。

　執行役は、取締役会の要求があったときは、取締役会に出席し、取締役会が求めた事項について説明しなければならない（会社417条5項）。業務執行取締役は、取締役会において他の取締役が求めた事項について説明しなければならないことは当然である。これに対して、執行役は、取締役資格を前提としない、取締役とは別個の業務執行機関であり、当然には、取締役会への出席権も出席義務もない。このため、取締役会の執行役に対する監督機能の実質化策として、執行役に対して取締役会の要求に応じて取締役会に出席し説明することが義務付けられているのである。

　執行役による取締役会招集請求制度が設けられている（会社417条2項）。執行役が、取締役会が決定しなければならない業務を執行しようとするとき、事前に、当該業務執行について取締役会決議を求めることが必要となる。たとえば、株主総会の承認を要する合併契約等の内容の決定は取締役会の専決事項であり、執行役が原案を提示して取締役会の承認を受けるため、取締役会の招集を請求しなければならない。執行役の競業取引や利益相反取引についても、取締役会決議による承認を受けなければならない（会社356条1項・365条1項）。利益相反取引をしようとする（代表）執行役が取締役会の招集請求をする場合もあろう[22]。執行役による職務執行状況の報告（会社417条4項）には、報告省略制度の適用がないため（会社372条2項3項）、取締役会の招集を請求することが必要となる。

　執行役による取締役会招集請求は定例的に必要となるものであり、取締役会において、執行役による取締役会の招集請求を受ける取締役を定めておかなければならない（会社416条1項1号ニ）。取締役会の招集権者である取締役が定

---

22) 新基本法コンメ(2)356頁［大塚］参照。

められている場合、この取締役が執行役による取締役会の招集請求を受ける取締役となろう。

執行役は、取締役会の目的である事項を示して取締役会の招集を請求することができる（会社417条2項前段）。当該請求があった日から5日以内に、当該請求があった日から2週間以内の日を取締役会の日とする取締役会の招集の通知が発せられないときは、当該執行役は取締役会を招集することができる（同項後段）。取締役会の議事録には、会社法417条2項前段の規定による執行役の請求を受けて招集されたものであるとき、または、同項後段の規定により執行役が招集したものであるときは、その旨記載されなければならない（会社則101条3項3号リヌ）。執行役が招集する場合の招集通知には、会社法417条2項後段の規定に基づいて執行役が招集するものである旨および当該取締役が招集請求を受ける取締役に示した取締役会の目的事項を記載しなければならないと解されるが、当該取締役会においてこれ以外の事項を審議の対象とすることができないわけでない。

なお、執行役は取締役会の構成員でないため、執行役が招集を請求しまたは招集した取締役会においても、取締役会の要求がない限り、取締役会に出席することはできないようにも思われるが、執行役が提案した取締役会の目的事項の説明のため、取締役会に出席することができる。株主による招集請求については、明示的に、株主の取締役会出席・意見陳述権が定められているが（会社367条4項）、これは異例の事態に係る注意規定であり、執行役について、この規定の反対解釈をする必要はない。

四　指名委員会等

1　指名委員会等の構成と役割

(1)　序

指名委員会等設置会社においては、指名委員会、監査委員会、報酬委員会の3委員会（指名委員会等）の設置が義務付けられている。指名委員会等は、取締役会決議により取締役の中から選定された3人以上の委員で組織される（会社400条1項・2項）。指名委員会等の委員の過半数は社外取締役でなければならな

い（会社400条3項）。指名委員会や報酬委員会には、会長や社長等の執行役を兼任する取締役も委員として参加することができる。社外取締役が執行役サイドと連携して取締役の人事と取締役・執行役の報酬について決定することが合理的であると考えられたのである。監査委員会の委員（監査委員）は、執行役サイドからの独立性を確保するため、監査役の場合と同様、会社もしくはその子会社の執行役、業務執行取締役、使用人を兼ねることはできない（会社331条4項・400条4項）。

　指名委員会等の委員は、当該委員の所属する指名委員会等の職務の執行について、費用の前払い請求、支出した費用とその利息の償還請求、負担した債務の債権者に対する弁済または当該債務が弁済期にないときは、相当の担保の提供を請求することができ、当該会社は、当該委員の職務の執行に必要でないことを証明した場合を除き、これを拒むことができない（会社404条4項）。費用の前払い請求等をするのは、指名委員会等でなく、指名委員会等の委員とされているが、指名委員会等の職務として行為をするときは、当該指名委員会等の決議を基礎とすることが原則であり、実務的には、指名委員会等の名において、選定委員が請求することとなろう。

(2) **指名委員会**

　指名委員会は、株主総会に提出する取締役の選任および解任に関する議案の内容を決定することを主たる役割とする（会社404条1項）。株主総会に提出する議案の内容は原則として取締役会が決定するが（会社416条4項5号）、取締役の選任・解任議案については、指名委員会が決定する（同号かっこ書）。立法論として、指名委員会は取締役会に対して取締役候補者を提案するだけで、取締役会は独自の立場で取締役候補者を決定することができ、指名委員会の結論と異なるときはその理由も併せて株主総会で説明して株主の判断に委ねることにも合理性があるが、社外取締役よりも執行役兼任取締役が多数の場合も考えられるため、この案は採用されなかった。もっとも、株主提案権について特別の定めがないため、株主は取締役選任・解任の議題とその議案を提出することができる。なお、非公開会社において、指名委員会制度と相容れないとして、取締役選任・解任権付種類株式を発行することはできない（会社108条1項ただし書）。

実務上、上位の執行役の若干名、とりわけ社長ないしCEOは、取締役を兼任するのが通常である。執行役を兼任する取締役を引き続き取締役候補者として株主総会に提案するのは指名委員会である。取締役候補者からはずれた上級の執行役は退任せざるを得ないこととなろう。このように、指名委員会は、社外取締役の人事だけでなく、執行役を兼任する取締役候補者の選考を通して、上級の執行役人事に間接的に関与する。

　指名委員会は、幅広に適任の社外取締役候補者を求め、特定の社外取締役候補者がどの委員会の構成員となるのが適切か検討する必要がある。実務上、執行役兼任の取締役候補は執行役サイドから提案されることとなろうが、指名委員会は、取締役兼任の上席執行役の業績評価を行い、その責任で候補者を決定しなければならない。従来の執行役体制に問題があるときは、指名委員会において独自にCEO候補者としての取締役を広く社外に求めることも必要となろう。この関係で、指名委員会の委員長ないし議長がCEOであることは問題である。将来的には、指名委員会に執行役を兼任する取締役が加わることの是非についても検討を要する。

　執行役の選任・解任は取締役会で行われる。取締役会における執行役選任議案の提出に係る規定はなく、実務上、取締役である代表執行役社長ないし会長が執行役の選任案件を取締役会に提出することになろう。しかし、社外取締役が過半数の指名委員会に執行役候補者指名権を与えることは取締役会の執行役の監督権限と矛盾するものでなく、会社の内部規則により、指名委員会が取締役会に執行役候補者あるいは代表執行役候補者を提案する旨定めることが望まれる[23]。

(3) **監査委員会**

　監査委員会は、①執行役等の職務執行の監査および監査報告の作成、②株主総会に提出する会計監査人の選任・解任、会計監査人の不再任に関する議案の内容を決定する権限を有する（会社404条2項）。監査委員会については、五において、監査役会と比較しながら、検討する。

---

[23]　コーポレートガバナンス・コードの補充原則4−10①は、指名委員会がこのような権限を有することを前提としているようである。

(4) 報酬委員会

　指名委員会等設置会社においては、取締役の報酬等に関する会社法361条1項の規定の適用が除外され、報酬委員会が、執行役等が受ける個人別報酬等の内容を決定する（会社404条3項前段）。執行役が使用人を兼ねているときは、報酬委員会は、当該使用人の報酬等の内容も決定する（同条3項後段）。報酬委員会は、報酬コンサルタント等の助言を受けることができる。報酬委員会は、その費用の前払いを請求することができるが、規定上は、個々の委員が請求することとされている（同条4項1号）。報酬委員会の各委員は、自らの取締役としての（当該取締役が執行役を兼任している場合は、さらに、執行役としての）報酬等の内容の決定について、特別利害関係人として、報酬委員会の議決に参加することはできない（会社412条2項）。

　報酬委員会は、執行役等の個人別報酬等の内容に係る決定に関する方針を定め、執行役等の個人別報酬等の内容を決定する際、この方針に従わなければならない（会社409条1項・2項）。この方針は、公開会社の事業報告に開示される（会社則121条6号）。個人別報酬等の内容として、額が確定しているものについては個人別の額、業績連動型報酬が想定されるが、額が確定していないものについては個人別の具体的な算定方法、新株予約権等の金銭でないものについては個人別の具体的内容を定めなければならない（会社409条3項）。報酬委員会は、報酬等の内容の決定権限を取締役会または代表執行役に委任できないのはもちろん、定款の定めによっても、株主総会が執行役等の報酬等の内容を決定することはできない。社外取締役が構成員の過半数である報酬委員会において、執行役等の報酬等の内容を決定しなければならないのである。

　執行役と取締役の任期は1年であることから、毎定時株主総会後に、報酬委員会は、当該定時株主総会において選任された取締役および当該定時株主総会終了後の取締役会において選任・選定された執行役・代表執行役の個別的報酬等の内容を、報酬委員会が定めた方針に従い、決定しなければならない。執行役を兼任する取締役について、執行役としての報酬等のほかに、取締役としての報酬等を受け取ることが合理的かどうか、検討を要する。これを否定する必要はないが、両者を総合して妥当なものとする必要がある。実務においては、執行役を兼任する取締役について、取締役としての報酬等を受け取っていない

場合が多いように思われる。

　立法論として、執行役等の報酬等の内容は取締役会が決定するものとし、報酬委員会は基本方針と個人別報酬等の内容の原案を提出するにとどめることも考えられるが、社外取締役が過半数を占める報酬委員会が執行役等の報酬等の内容に関する最終決定権を有するものとされた。株主総会において、執行役等の業績を個別的に検証して個々の執行役等に支給すべき報酬等の内容について審議することは困難であるとして、報酬委員会が個々の執行役等に対して支給すべき報酬等の具体的内容を決定し、その基本方針を開示することにより株主に対する説明責任を確保しようとされたのである。しかし、報酬等の基本方針は株主総会においても合理的に判断することができる。また、報酬等については、決定権限の所在とともに、その具体的配分の事後的チェックが重要であり、執行役については、個人別報酬等の開示について検討すべきである。

　報酬委員会が執行役の報酬等の内容を決定することが合理的であるとしても、取締役の報酬等、実質的には、社外取締役の報酬等の内容は株主総会決議において決定されることが合理的であると主張される[24]。この場合、株主総会において取締役全員に支給されるべき報酬等の最高限度額を決議し、個々の取締役に対する具体的配分額の決定は報酬委員会に委ねることとなろう。従来、社外取締役の報酬は多額でなく、お手盛りの危険も執行役ほどでないとして、株主総会が、このような形で社外取締役の報酬にかかわる意義は少ないと考えられてきた。しかし、最近、1,000万円を超える報酬を受ける社外取締役がいる一方、社外取締役の報酬に値しないわずかの報酬しか受け取っていない場合もあるようである。社外取締役の報酬等を事業報告において開示するだけでなく（会社則124条1項5号）、社外取締役に期待される役割を明確にして、執行役とは別個の問題として、社外取締役ないし非業務執行取締役の報酬等の内容に係る基本方針を株主総会において定めることが検討されるべきであろう。

(5) **指名委員会等の役割**

　指名委員会等設置会社の特徴として、3つの委員会の設置が強制され、しか

---

24) 浜田・前掲注17) 148頁参照。

も、その権限について詳細に定められていることが挙げられる。監査委員会の適切な監査活動により、執行役の職務執行の適法性、さらには、健全性を確保し、指名委員会や報酬委員会において、執行役の業績を評価して、執行役を兼任する取締役候補者の選考や執行役の報酬等の決定を適切に行うことが期待されている。

　アメリカにおいては、指名委員会がコーポレート・ガバナンスの中心的役割を担っていると評価されている[25]。アメリカの指名委員会の機能は多様化し、最近では、統治委員会（Governance Committee）と称されるようになっている[26]。もっとも、アメリカにおける執行役（オフィサー）の評価は、取締役会で行われている。監査委員会は、会計監査人と会社の内部監査部門の監督を主たる機能とし、執行役の職務執行の監査をすること、とりわけ効率的経営について監査することが期待されているわけでない[27]。このように、指名委員会や監査委員会に期待されている役割がわが国と相当に異なっているが[28]、それは、両国における社外取締役のあり方が質的に相違することに起因する。

　わが国においても、取締役会メンバーの3分の2以上が社外取締役であり、しかも、実質的独立性の認められる社外取締役が過半数であるときは、取締役会それ自体の監督権限の適切な行使に期待することができ、取締役会の内部委員会の種類や権限について法律上義務付ける必要はなく、自主規制や定款自治に委ねることで十分である。しかし、取締役の過半数が執行役を兼任することが否定されていない取締役会においては、適宜適切に執行役に対する監督権限が行使されないおそれがあるとして、硬直的な指名委員会等の制度が設けられているのである。

---

[25] 中村康江「米国における取締役候補者指名委員会」立命館法学284号（2002）406頁・418頁以下参照。

[26] 武井一浩「委員会等設置会社の実務的観点からの検討（下）」月刊監査役460号（2002）11頁以下参照。

[27] 武井・前掲注26）11頁以下、田邊光政「アメリカにおける企業統治の変革（下）」金融法務事情1676号（2003）48頁以下参照。

[28] アメリカの最近の実状について、とりあえず、田邊光政「アメリカにおける企業統治の変革（上）」金融法務事情1675号（2003）11頁以下、北村雅史「経営機構改革とコーポレート・ガバナンス」森本編・前掲注18）237頁以下等参照。

指名委員会等の委員は取締役会決議により選定されるため、執行役サイドが気に入らない委員を交代させることにより指名委員会等の機能が脆弱化することが危惧されることもある。しかし、指名委員会は、社外取締役候補者を決定する際、どの候補者をどの委員会のメンバーにするか等の委員会の構成についても配慮し、社外取締役に就任する者も、具体的な役割について（具体的な職務内容とそれに対する報酬、さらには、責任軽減条項等）、事前に折衝することとなろう。委員の交代が問題となる際、社外取締役も唯々諾々とその変更に従うのでなく、取締役会において意見を述べ、次期定時株主総会において問題点を指摘することが期待される。また、委員の変更は登記しなければならない（会社911条3項23号ロ）。任期1年の取締役により構成される指名委員会等のメンバーを期中に変更するのは異例のことであろう。株主総会において質問があれば、関連取締役は合理的な理由を説明しなければならない。指名委員会等設置会社の取締役会は、社長が人事権を一手に握っていた従来の取締役会とは質的に異なったものとなることが期待されるのである。

社外取締役の員数について法的規制がないこととも関連して、指名委員会等の委員の兼任について特別の制約はない。社外取締役の一部の者が複数の指名委員会等の委員を兼務することは、指名委員会等の連携のために肯定的に評価することができるが、社外取締役を2人だけ選任し、その2人が3つの委員会の委員に就任することは、制度趣旨から好ましくないことが強調されるべきである。

2　指名委員会等の運営

(1) 序

指名委員会等の運営について、取締役会と同趣旨の規定が設けられ、監査役会の規定も、適宜、参照されている。指名委員会等は取締役会の内部委員会であるため、招集通知期間の短縮や決議要件の加重は、取締役会決議で定めることができる。

指名委員会等は、当該委員会の各委員が招集する（会社410条）。取締役会と異なり、特定の委員に当該委員会の（排他的）招集権を認めることはできない。これは、監査役会に倣ったもので、指名委員会等の各委員が招集する必要があ

ると考えるとき速やかに開催することを可能にするためである[29]。社外取締役である委員の委員会招集権を保障することに実質的意義が認められるのであろう。なお、当該委員会の特定の委員を原則的な招集者と定めることはできる。

指名委員会等を招集しようとする委員は、当該委員会の日の1週間前までに、当該委員会の各委員に招集通知を発出しなければならない。この招集期間は取締役会の定めにより短縮することができる（会社411条1項かっこ書）。指名委員会等は、当該委員会の委員全員の同意があるときは、招集手続を経ることなく開催することができる（同条2項）。定例会の定めがあるときは、委員会の委員全員が明示的または黙示的に招集手続の省略に同意していると解されることとなろう。

指名委員会等が指名する者（選定委員）に取締役会招集権や取締役会に対する委員会の職務執行状況の報告権限が付与されるが、原則として当該委員会の委員長ないし議長が指名されることとなろう。指名委員会等の議長の役割は重要であり、委員会の議長を社外取締役にすることのほか、社外取締役の機能に配慮した内部規則を定めることが検討課題となろう。

(2) **執行役等の審議参加**

指名委員会等に出席して議決に加わることができるのは、当該委員会の委員に限られる。指名委員会等の職務執行上、執行役や当該委員会の委員以外の取締役（この項において、「執行役等」という）の意見聴取が必要となる場合があり、指名委員会等は、執行役等に当該委員会に出席することを要求することができる。指名委員会等は、当該委員会の決議に基づいて、出席要求をする。執行役等は、指名委員会等の要求があったときは、当該委員会に出席し、当該委員会の求めた事項について説明しなければならない（会社411条3項）。執行役等に対して事前に説明を求める事項を特定することが合理的であるが、それが義務付けられているわけでない。また、説明を求める事項を特定して出席を求めた場合においても、指名委員会等は、適宜、執行役等に必要な質問をすることができ、執行役等は質問された事項について誠実に説明しなければならない。委員は、指名委員会等の委員の職責として質問するのであり、質問事項について

---

29) 始関正光編著・Q&A 平成14年改正商法（商事法務、2003）106頁。

当該委員会の多数決に従わなければならない。

指名委員会においては、取締役選任・解任議案策定との関連において、当該取締役の出席を求めてその職務執行状況等について説明を受けることのほか、他の取締役、とりわけ、監査委員から意見を聴取する場合もあろう。執行役から関連情報を得ることも考えられる。報酬委員会においては、執行役の報酬等との関連において、執行役から説明を受けることがあろう。

監査委員会においては、より日常的に執行役等からその職務執行状況の説明を受けることとなろう。このほか、監査委員会が選定した監査委員は、その職務を行なうため必要があるときは、会計監査人に対してその監査に関する報告を求めることができる（会社397条2項・5項）。監査委員会においてこの報告を求めることもできる。会計監査人に対する監査委員会への出席要求等の規定は設けられていないが、監査委員会は、適宜、会計監査人に対して、監査委員会への出席を求めることができると解することが合理的である。監査委員会は会計監査人と連携して会計監査業務を遂行することが期待されているからである。

(3) 指名委員会等の決議

指名委員会等において、決議の省略は認められていない。緊急性を要する決議事項は少なく、会議の省略を認めては密接な情報共有による組織的・効率的な委員会活動がおろそかになるからであろう。会計監査人が、①職務上の義務に違反し、または、職務を怠ったとき、②会計監査人としてふさわしくない非行があったとき、③心身の故障のため、職務の執行に支障があり、または、これに堪えないとき、監査委員会は、監査委員全員の同意により、その会計監査人を解任することができる（会社340条1項～3項・6項）。監査委員会に書面決議は認められていないが、この場合は、監査委員会の決議によることなく、監査委員全員の同意を得ることにより、監査委員会は会計監査人を解任することができるのである。

指名委員会等における委員の議決権は、1人1票（頭数多数決）であり、議決権の代理行使は認められない。指名委員会等の決議は、原則として、議決に加わることができる委員の過半数が出席し（定足数要件）、その過半数をもって（議決要件）行う（会社412条1項）。取締役会決議により、この要件を加重することができる。報告事項についても定足数要件が適用されると解することが合理的

である。

　指名委員会等において過半数の社外取締役の存在が重視されているが、社外取締役である委員の過半数が出席することはとくに要求されていない。会社法412条1項第1かっこ書は、取締役会が定める定足数要件の厳格化について、「過半数割合」の加重を認めるだけであり、定款においても、社外取締役である委員の過半数の出席要件を設けることができないと解されている（会社29条参照）。もっとも、過半数割合の加重により、合理的に対処することが提案されている[30]。

　指名委員会等の決議に特別の利害関係を有する委員は、議決に加わることができない。当該委員は定足数および議決要件において「委員」の数に算入されない（会社412条1項・2項）。特別の利害関係として、指名委員会においては、自己を取締役に再任または解任する案件が、代表取締役の選定・解職に係る判例法理（最判昭和44・3・28民集23巻3号645頁）との関連で問題となる。指名委員会の決議は、株主総会に提出する議案の内容を確定するものであり、また、社外取締役の存在にも配慮して、解任案件についても特別利害関係に該当しないとする見解が有力であるが[31]、解任案件についてはもちろん、再任案件についても、特別利害関係に当たると解することが合理的なように思われる。指名委員会において、委員は、公正無私の立場で、適任の取締役候補者を決定してなければならないからである。指名委員会に、執行役候補者と代表執行役候補者、さらに、執行役の職務分担等の原案作成権限が認められている場合において、指名委員会の委員がこれらの事項の当事者となるときにも、特別利害関係が認められる。報酬委員会において、自己の取締役または執行役としての報酬に関する決議について当該委員は特別利害関係を有する。監査委員会決議における特別利害関係はいわゆる自己監査との関連で問題となりうるが、具体的にどのような場合か、検討を要する。

(4) 指名委員会等の議事録

　指名委員会等の議事について、議事録を作成し、当該委員会の日から10年

30）武井一浩・新しい経営機構戦略（商事法務、2002）148頁以下。
31）逐条解説(5)300頁［西尾幸夫］、新基本法コンメ(2)345頁［大塚］。

間、会社の本店に備え置かなければならない（会社413条1項）。指名委員会等に出席した当該委員会の委員は、議事録に署名等をしなければならない（会社412条3項）。指名委員会等の決議に参加した委員であって、議事録に異議をとどめないものは、その決議に賛成したものと推定される（同条5項）。

　会社法は指名委員会等の議事録の備置を会社の義務として規定する（会社413条1項）。取締役会が、執行役の中から具体的な義務者（当該職務の執行者）を選定する（会社416条1項1号ハ参照）。取締役は、指名委員会等の議事録を閲覧等することができる（会社413条2項）。指名委員会等の委員が当該委員会の議事録を閲覧等できることは当然であるが、指名委員会等は取締役会の内部委員会であり、取締役会との緊密な連携が求められ、また、取締役には指名委員会等の職務執行を監視する職務権限がある。したがって、当該委員会の委員でない取締役も、自由に（濫用とならない限り）その議事録を閲覧等することができる。取締役は、閲覧等を（備置義務者に）請求する必要はないのである。

　株主、債権者および親会社社員が指名委員会等の議事録を閲覧等の請求をするには、取締役会の議事録の場合と同様、裁判所の許可が必要である（会社413条3項・4項）。

　なお、執行役による指名委員会等の議事録の閲覧等に係る規定は設けられていない。執行役は、業務執行者として、職務上必要なときは、取締役会の議事録と同様、指名委員会等の議事録の閲覧等を行うことができるのであろう。

(5)　**報告の省略**

　執行役、取締役または会計監査人が、指名委員会等に対して報告すべき事項について、当該委員会の委員全員に対して通知したときは、当該事項を当該委員会へ報告することを要しない（会社414条）。指名委員会等への報告の省略の場合も、議事録の作成が求められ（会社則111条4項）、その備置・閲覧等がされる。この報告の省略制度は、取締役会や監査役会におけると同様（会社372条・395条）、会社法において新設されたものである。

　会計監査人は、その職務を行うに際して執行役または取締役の職務執行に関し不正の行為または法令定款に違反する重大な事実があることを発見したときは、遅滞なく、これを監査委員会に報告しなければならない（会社397条1項・5項）。会計監査人は、すべての監査委員に通知することにより、監査委員会に

対する報告義務を履行したことになる（機動的円滑な報告義務の履行）。報告を受けた監査委員が、審議する必要があると考えるときは、適宜、監査委員会を招集することとなる。

五　監査委員会

1　序

　指名委員会等設置会社の株主は、株主総会において取締役を選任するだけで、執行役（経営者）を選任することはできない。経営者の選任は株主総会よりも取締役会に委ねることが妥当であると考えられたのである。したがって、指名委員会等設置会社の取締役会は、監査役・監査役会設置会社の取締役会以上に、経営者（執行役）を適切に監督しなければならないこととなり、執行役の職務執行を監査する監査委員会の役割が重要となる。

　執行役と取締役の関係を、監査委員会を中心にモデル的に示す。指名委員会等設置会社の経営管理機構として、取締役11人のうち、5人は執行役兼任取締役であり、そのうちの会長のAと社長のBは代表執行役である。5人が社外取締役（C、D、E、F、G）、残りの1人は副社長を経験した業務執行にかかわらない取締役Hといった例がイメージされる。この場合、CとDのほか、Hが監査委員になる。EとFが指名委員会の委員、EとGが報酬委員会の委員となり、指名委員会には社長のBが加わり、報酬委員会には会長のAが加わるといったことが考えられる。指名委員会等の委員長ないし議長の役割の重大性から、社外取締役が委員長ないし議長となることが望まれるが[32]、監査委員会についてはHが常勤監査委員として議長となることも考えられよう。取締役会は、少なくとも、四半期ごとの開催に加え決算取締役会の合計年5回は開催されることとなるが、多くの会社では原則として毎月取締役会が開催されているようである。監査委員会は隔月開催でもよいが、取締役会が毎月開催されているときは、監査委員会も毎月開催することが望まれよう。指名委員会と報酬委員会は年せ

---

[32] 前述のように、執行部体制に問題があり、社長の交代が現実の案件となるとき、指名委員会の委員長ないし議長が社長（CEO）であることには問題がある。

いぜい数回、必要があるときに開かれることとなろう。

指名委員会等設置会社は、社長の適宜適切な交代を可能とする制度設計により経営に緊張感を与え、企業経営の健全性と効率性を確保することを目的とする。執行役が経営の基本方針ないし経営戦略を練って取締役会に原案を提出し、社外取締役がその妥当性と実行可能性をチェックし、取締役会が承認する。執行役はこれに従って経営を担当し、取締役会は、執行役の職務執行の評価を行う。取締役会は、社長が効率的経営をしていないと判断するときは、社長の交代の是非を検討することとなるが、取締役の過半数が執行役を兼任している取締役会の執行役に対する監督機能が脆弱となる危険がある。したがって、指名委員会、監査委員会、報酬委員会という3つの委員会が、ワンセットのものとして設置が強制され、3つの委員会が連携して経営の効率化に寄与することが期待され、その中心に指名委員会があり、監査委員会と報酬委員会がそれを支えるのである。

アメリカの監査委員会は会計監査人と会社の内部監査部門の監督を主たる機能とし、オフィサーの職務執行の監査をすること、とりわけ効率的経営について監査することが期待されているわけでない[33]。これに対して、わが国の監査委員会には、経営の健全性と妥当性ないし効率性をチェックし、監査結果を取締役会に報告して、取締役会の監督機能の実質化に貢献することが期待されているようである。しかし、監査委員会は、個々の業務執行の妥当性監査を行うものでないことはもちろん、執行役のパフォーマンス・チェックを行うことを期待されているわけでもない。執行役のパフォーマンス・チェックは取締役会自体が行うものなのであり、監査委員会は業務執行の効率性を確保する枠組みの適不適を判断することで足りる。

指名委員会は、取締役を兼任する上位の執行役の業績を評価し、定時株主総会において執行役兼任取締役の再選議案を提出するかどうか決定する。報酬委員会は、外部の専門家の助力も得て、経営の効率性を高めるような執行役に対

---

[33] アメリカの監査委員会制度の概要およびわが国との相違について、武井・前掲注26) 9頁以下、川口幸美「監査委員会における取締役の法的責任（上）」月刊監査役462号（2002）18頁以下参照。

する報酬等の方針を策定し、その方針に基づいて、個々の執行役の報酬等の内容を決定する。執行役の前期の成績が良好のときは執行役の報酬等の引上げ、達成度が低いときは執行役の報酬等の引下げ、場合によっては、指名委員会が当該執行役兼任取締役の再選議案を提案しないこととするのである。執行役の職務執行について健全性の観点から懸念が生ずるときは、これらの委員会と監査委員会との連携が問題となる。

2 監査委員会・監査委員の権限
(1) 概　説

監査委員会は、①執行役等の職務執行の監査および監査報告の作成、②株主総会に提出する会計監査人の選任・解任、会計監査人の不再任に関する議案の内容を決定する（会社404条2項）。会計監査人の報酬等は取締役が決定するが、監査委員会の同意を得なければならない（会社399条1項・4項）。平成27年改正会社法施行規則により、会計監査人設置会社の事業報告には、当該事業年度に係る各会計監査人の報酬等の額および当該報酬等について監査委員会が同意した理由も記載されることとなった（会社則126条2号）。

監査委員会の基本的役割は、執行役が取締役会の定めた経営の基本方針ないし中長期の経営計画に従って健全かつ公正妥当に経営を遂行しているかどうかを監視監督すること、および、会計監査人の監査の実効性が確保されるよう会計監査人を監督することとなる。監査委員会は、取締役の職務執行についても監査しなければならないが、指名委員会等設置会社の取締役の職務は、基本的に、取締役会の構成員としての職務、および、指名委員会等の委員となる場合の当該委員としての職務に限定される。これらの職務執行の監査は、取締役会においてすることができる。なお、監査委員会は、内部統制システム（法令遵守部門）と連携して[34]、執行役と取締役の内部者取引や利害関係取引等について任務懈怠がないかどうかについて監査することが求められる。

---

34) 監査委員会は、必要な情報を入手して取締役の職務執行をオーバービューすることが主たる役割であり、実査することは原則として考えられていない（森本滋ほか「新春座談会・平成14年商法改正と経営機構改革〔中〕」旬刊商事法務1652号（2003）6頁以下参照）。

監査委員会の執行役に対する監査権限は、執行役を選任する取締役会の監督権限を基礎とし、執行役の職務執行に係る適法性監査だけでなく、執行役が取締役会の設定した経営の基本方針ないし目標に向かって、どの程度効率的に職務執行したか、その到達度評価という意味での効率性の監査（パフォーマンス・チェック）も含まれると解されている。取締役である監査委員は、執行役のパフォーマンスにも留意して監査活動をすることが期待されるが、監査委員会の監査報告の内容は、基本的に監査役会設置会社の監査役会の監査報告の記載事項と同様であり、効率性に関する記載事項はない。妥当性ないし効率性の監査は経営判断にかかわり、適法性の監査のように、白か黒かでなく、相対的な判断であり、その性質上監査報告に記載することに適さないからである。

　妥当性ないし効率性の監査（パフォーマンス・チェック）は、主として、指名委員会や報酬委員会において問題となり、監査委員会における効率性監査は、業務執行の効率性を確保する枠組みの適不適を判断することを中心とすると解することが合理的である。このような監査委員会のチェックと指名委員会や報酬委員会におけるチェックと連動して、執行役人事という形で取締役会が最終判断を行うのである。効率性の問題は、本来、取締役会において議論されるべき事項であり、社外取締役が取締役総数の過半数となるときは、監査委員会の役割を、指名委員会や報酬委員会の役割と併せて再検討する必要があろう。

(2) **内部統制に係る体制整備**

　会社法施行規則112条1項は、会社法416条1項1号ロを受けて、①監査委員会の職務を補助すべき取締役と使用人に関する事項、②この取締役と使用人の執行役からの独立性に関する事項、③監査委員会のこの取締役と使用人に対する指示の実効性確保に関する事項、④監査委員以外の取締役・執行役・使用人、さらに、子会社の取締役・執行役・使用人等が監査委員会に報告をするための体制その他の監査委員会への報告に関する体制、⑤この報告をした者が当該報告をしたことを理由として不利な取扱いを受けないことを確保する体制、⑥監査委員の監査委員会の職務の執行に関して生ずる費用の前払い等の費用等の処理に係る方針に関する事項、⑦その他監査委員会の監査が実効的に行われることを確保するための体制、の7項目を監査委員会の職務の執行のために必要な事項として規定する。③、⑤と⑥は、平成27年改正会社法施行規則が、監

査委員会の監査の実効性を高めるために新設したものである。④のうち、子会社の取締役・執行役・使用人等が監査委員会に報告をするための体制は、次に述べる会社法416条1項1号ホの改正に関連して、追加されたものである。

　会社法416条1項1号ホは、指名委員会等設置会社の取締役会は、執行役の職務の執行が法令定款に適合することを確保するための体制その他会社の業務ならびに当該会社およびその子会社からなる企業集団の業務の適正を確保するために必要なものとして法務省令で定める体制の整備について規定する[35]。これを受けて、会社法施行規則112条2項は、①執行役の職務執行に係る情報の保存・管理に関する体制、②損失の危険の管理に関する規程その他の体制、③執行役の職務執行が効率的に行われることを確保するための体制、④使用人の職務の執行が法令定款に適合することを確保するための体制、⑤会社ならびにその親会社・子会社からなる企業集団の業務の適正を確保するための体制、の5項目について規定する。平成27年改正会社法施行規則は、⑤について、イからニまでの4項目に分けて、子会社の取締役等の職務執行の会社に対する報告に関する体制、子会社の損失の危険の管理に関する規程その他の体制、子会社の取締役等の職務の執行が効率的に行われることを確保するための体制、子会社の取締役等や使用人の職務の執行が法令定款に適合することを確保するための体制を具体的に例示している。指名委員会等設置会社の取締役会は、これらの事項を決定しなければならない（会社416条2項）。

　監査役よりも広範な権限を有する監査委員に常勤者が要求されていないことが批判されることもあるが、常勤監査役が行ってきたいわゆる実査と内部統制システムないし会社の内部監査部門が行うべき監査業務との関係を整理する必要がある。監査委員会の活動の基本スキームは、内部統制システムおよび内部監査部門を介して、執行役が、取締役会の定めた経営の基本方針ないし中長期の経営計画に従い、健全かつ公正妥当に経営を遂行しているかどうか、監査す

---

35) 平成26年改正前会社法416条1項1号ホは、「会社の業務の適正を確保するために必要なもの」と規定していたが、平成26年改正会社法416条1項1号ホは、「その他株式会社の業務並びに当該株式会社及びその子会社から成る企業集団の業務の適正を確保するために必要なもの」と規定して、企業集団の業務の適正を確保することも内部統制システムの重要な課題であることを明らかにした。

るというものである。大会社の監査を数名の監査委員で行うことには無理があり、内部統制システムないし内部監査部門を通じて行わざるを得ない。監査委員は、内部統制システムないし内部監査部門と連携して監査を行うのであり、内部統制システムないし内部監査部門の整備とその効果的運用をチェックすることがその主要な役割となる。

　最低限必要な事項は厳格に規定するが、それ以外の事項については会社自治を広範に認めることが会社法の規制原理であり、それぞれの会社は、その会社に適合的な監査委員の構成と役割を定めることが求められる。平成27年改正会社法施行規則121条は、10号を新設して、公開会社である指名委員会等設置会社においては、常勤の監査委員の選定の有無とその理由を事業報告の内容に含めなければならないものとした。常勤の監査委員をおくべきかどうかは、それぞれの会社が考えることである。会社の内部統制システムないし内部監査部門が十分に展開できていない会社においては、常勤監査委員を設けることに合理性が認められる。内部統制システムないし内部監査部門が充実をしている会社においても、社外取締役の社内情報の収集能力不足を補うため、常勤の監査委員を置いている例が少なくない。

　監査委員会は、常勤監査役制度が強制されている監査役会設置会社の監査役と異なり、いわゆる実査をすること、とりわけ、個々の業務執行の適法性や妥当性を具体的にチェックすることは原則として求められていない。監査委員に第1に求められるのは、内部統制システムないし経営のリスク管理システム等の社内体制の整備とその運用状況をチェックすることである。監査委員は、これらの社内体制の整備に係る取締役会の審議において指導性を発揮し、取締役会が決定したこれらの社内体制が効果的に運用されているかどうかを監査しなければならない。その際、関係する部署の使用人と緊密に連携する必要がある。執行役であるコンプライアンス・オフィサーが設けられる場合は、これとの連携にも留意しなければならない。このような連携ないし指示が効果的に行われるよう、内部監査部門等の構成だけでなく、その人事についても監査委員会が重要な役割を担うことが求められる。監査委員会が、コンプライアンス・オフィサーとしての執行役の選任や内部監査部門の責任者の人事にどのようにかかわるべきかが検討課題となるのである。

事業報告には、上記体制の整備に関する取締役会決議の内容の概要および当該体制の運用状況の概要が記載される（会社則118条2号）。当該体制の運用状況の概要の記載は、平成27年会社法施行規則の改正により、要求されたものである。監査委員会が、当該記載事項の内容が相当でないと認めるときは、その監査報告において、その旨および理由を記載しなければならない（会社則131条1項2号・129条1項5号）。取締役会において、社内体制の整備、さらには、その運用に係る監査委員会の意見が入れられず、社内体制や運用状況が不十分なものにとどまっているときは、監査委員会はその旨を監査報告に記載し、定時株主総会において意見を述べることとなる。

監査委員会は会計監査人と緊密に連携することが必要となる。このため、監査委員会に会計監査人の人事議案の内容の決定権限が付与されている（会社404条2項2号）[36]。さらに、一時会計監査人の選任権限のほか、特段の事由がある場合の監査委員全員の同意による会計監査人の解任権限が認められている（会社340条6項・346条8項）[37]。

(3) **監査委員の権限**

監査委員は、監査役と異なり、独任制の機関でないが、監査委員は、執行役または取締役が不正の行為をし、もしくは当該行為をするおそれがあると認めるとき、または、法令定款に違反する事実もしくは著しく不当な事実があると認めるときは、遅滞なく、その旨を取締役会に報告しなければならない（会社406条）。執行役または取締役が指名委員会等設置会社の目的の範囲外の行為その他法令定款に違反する行為をし、またはこれらの行為をするおそれがある場合において、当該行為によって当該会社に著しい損害が生ずるおそれがあるときは、監査委員は、当該執行役または取締役に対して、当該行為を止めることを請求することができる（会社407条1項）。これらは、緊急性が認められるため、各監査委員の権限とされている。

[36) 平成26年会社法改正により、監査役・監査役会設置会社の監査役・監査役会にも、会計監査人の人事議案の内容の決定権限が付与された（同344条）。今後は、監査委員会等の権限を一層実効性あるものとするため、監査委員会等に会計監査人の報酬決定権を与えるべきかが問題となる。

[37) 監査役・監査役会設置会社の監査役・監査役会にも、従来から、同様の権限が認められている（会社340条1項～4項・346条4項～6項）。

執行役は、指名委員会等設置会社に著しい損害を及ぼすおそれのある事実を発見したときは、ただちに、当該事実を監査委員に報告しなければならない（会社 419 条 1 項）。これは、監査役会設置会社における取締役の監査役会への報告義務に相当するが（会社 357 条 1 項・2 項。監査等委員会設置会社について同条 3 項参照）、監査委員会でなく、監査委員に対する報告義務とされている。この報告は、監査委員会においてすることもできる（会社則 111 条 3 項 4 号ハ参照）。他方、会計監査人は、その職務を行なうに際して執行役または取締役の職務の執行に関し不正の行為または法令定款に違反する重大な事実があることを発見したときは、遅滞なく、これを監査委員会に報告しなければならない（会社 397 条 1 項・5 項。会社則 111 条 3 項 4 号ロ参照）。

監査委員会の監査権限は、監査委員会が選定する監査委員が行使することが原則である。監査委員会は、組織として監査権限を行使するのである。会社と執行役または監査委員以外の取締役との間の訴えにおいて会社を代表するのは、監査委員会が選定する監査委員である（会社 408 条 1 項 2 号）。もっとも、取締役または執行役が会社に対して訴えを提起する場合は、監査委員（訴訟の相手方となる者を除く）に対する訴状の送達は会社に対して効力を有する（同条 2 項）。株主代表訴訟を提起しようとする株主からの訴訟提起の請求を受けるのも個々の監査委員（被告となるべき者を除く）である（同条 5 項）。これらは会社に対して訴えを提起する者ないし株主の便宜のための特則である。

執行役や取締役の職務執行の監査のためには、執行役、取締役や使用人、さらには、子会社に対して、報告を求め、会社または子会社の業務・財産状況を調査しなければならない。この調査権限は、個々の監査委員でなく、監査委員会が選定する監査委員に付与されている（会社 405 条 1 項 2 項）。すべての監査委員を選定監査委員として調査権限が認めることもできる。調査権限を付与された選定監査委員は、その権限行使について監査委員会の決議があるときは、これに従わなければならない（同条 4 項）。

3 監査委員会のメリット・デメリット

(1) 序

適法性監査は、利益相反のチェック、個別具体的な法令違反のチェック、そ

れに一般的な任務懈怠のチェックに分かれる。監査役会制度のよさは、監査の専門機関性(経営機構からの独立)、監査役の独任制、それに常勤監査役と社外監査役というキーワードで説明される。監査機関の独立性を確保し、自己監査の弊害を防止するため、経営から明確に分離された監査専門機関として、監査役・監査役会制度が構築されている。取締役会はいわば経営のアクセル役であり、アクセル役と監査機関というブレーキ役が一緒では困るというのである。また、適法性監査は多数決になじまないものであり、個々の監査役がその責任において監査する監査機関の独任制が維持されている。さらに、きめ細かな監査を実施するため、常勤のメンバーが有用である。常勤監査役は監査役室のスタッフと連携して信頼に値する監査を行い、社外監査役は常勤監査役の独立性を支えるとともに、大所高所から効果的なアドバイスをすることが期待されているのである。

　しかし、金商法や独禁法その他の経済法、さらには、業法等、ますます複雑な法体系が形成されており、適法性のチェックには専門家の助力が不可欠となる。また、大和銀行代表訴訟事件判決(大阪地判平成12・9・20判時1721号3頁)以降、大会社においては、内部統制システムが整備されるようになり、会社法は、内部統制システムの整備を取締役会の専決事項とし、大会社である取締役会設置会社の取締役会は、内部統制システムの整備について決定しなければならないものとした(会社362条4項6号5項)。大会社の監査役は、法令遵守部門等と連携して適法性監査を行うのであり、内部統制システムが十分に整備されている大会社においては、法令違反に係る適法性監査について、監査役・監査役会と監査委員会の間に大きな差異は認められないということができよう。

　内部統制システムとの距離感との関係では、監査委員会に制度的な利点があるように思われる。内部統制システムの構築は取締役会の決議事項であり、監査委員会は、内部統制システムの合理的な構築に積極的にかかわり、その効果的な運用をチェックすることを基本的な役割とする。監査委員会は、内部統制システム、とりわけ、法令遵守体制を確立し、その体制が効果的に運用されているかどうかを専門家の助力を得てチェックし、監査委員は、取締役として、法令遵守部門の組織および運用の改善に積極的に関与するのである。監査役も、内部統制システムないし法令遵守部門の改善を指摘することはできるが、

その決定にかかわることはできないのである。

　また、常勤監査役が義務付けられている監査役会制度の下において、監査役は実査が求められ、個別具体的な業務執行の適法性についても監査しなければならない。これに対して、監査委員ないし監査委員会は、内部統制システムの整備と運用を適切にチェックしている限り、内部統制システムを信頼することができ、個別具体的な業務執行の監査は原則として行う必要はない。内部統制システムの整備とその効果的な運用のチェックに勢力を集中することができるのである。

　利益相反関係が認められず、また、個別具体的な法令違反が問題とならない場合の任務懈怠に係るチェックに際して、会社の状況や一般的経済状況、さらには当該業務執行の具体的内容等のさまざまな要因を総合的に勘案して、当該経営判断が善管注意義務に反しているかどうか判断しなければならない。それは妥当性の判断と重なり合う。監査役の主たる役割は、適法性監査であり、取締役会において適正な手続が履践されたかどうか、経営判断の内容が著しく不当でないかどうか見守ることであるとされる。これに対して、取締役として業務執行の決定に参画しなければならない監査委員は、経営判断の妥当性について正面から議論しなければならず、妥当性判断と適法性判断を連続的なものとして検討することが容易となろう。

(2) **自己監査**

　ドイツの監査役会は、取締役（わが国の執行役に相当する）を選任・解任し、その業務執行の適法性だけでなく経営判断の妥当性についても監督し、定款または監査役会の決議により、監査役会の同意を要する業務執行事項を定めることができる（株式法111条4項参照）。このようなドイツにおいて、監査役と取締役の兼任が禁止されていることから、指名委員会等設置会社の監査委員の監査は自己監査であると批判されることがある。しかし、監査委員の自己監査問題に配慮して、監査委員は、会社または子会社の執行役（業務執行取締役）または使用人を兼ねることはできないとされている（会社331条4項・400条4項）。また、指名委員会等設置会社は、いわゆるモニタリング・モデルを指向している。監査委員は、取締役として、取締役会における経営の基本方針の決定にかかわるが、通例的な業務執行の決定には原則としてかかわらないのである。執

行役が経営の基本方針に従って健全かつ公正妥当に経営を遂行しているかどうかチェックすることが取締役会の基本的任務であり、監査委員が、取締役として、経営の基本方針の決定にかかわることに特別の問題があるようには思われない。また、妥当性ないし効率性の監督ないし監査を行う機関は、経営と緊密にコミュニケーションすることが求められ、取締役会において合意した経営の基本方針の執行状況を取締役会内部において監督するほうが効果的であるとして、一元的制度が採用されたのである。

監査委員会には取締役に対する監査権限が付与され、監査委員である取締役の職務執行も監査しなければならないが、これは執行役監査に比して、補充的なものである。また、監査委員としての職務執行は取締役会の監督の対象となり、その任期は1年で、毎年定時株主総会において株主のチェックを受ける。監査委員の取締役の職務執行監査に自己監査的側面がないわけでないが、実質的な弊害の生ずる危険性は少ないということができる。

(3) **監査役会と監査委員会の選択**

指名委員会、報酬委員会、そして監査委員会が連携して、指名委員会等設置会社の理念を実現することが期待される。その前提として、これらの委員会において中心的役割を担うべき社外取締役に人を得ることが不可欠である。監査役会設置会社の社外監査役についても同様であるが、指名委員会等設置会社において、このことが強調されるべきである[38]。会計監査人候補者を決定し、会計監査人と連携して監査を行う監査委員の中に、会計ないし法律の専門家が、少なくとも会計監査人と十分にコミュニケーションできる人材がいることが望まれる[39]。取締役会が剰余金の配当に係る決定権限を有するときは、配当政策を中心とする経営判断について見識を有する監査委員のいることが望まれよう。また、適法性監査と業務の効率性監査（執行役の能力審査）には質的差異がある。監査委員にはさまざまな能力を有する者が求められるのである。

---

[38] 経営機構改革において、とりわけ人の重要性が指摘される（稲葉威雄「新しい企業法制と監査役の役割」月刊監査役463号（2002）7頁以下参照）。イギリスでは、取締役協会が社外取締役の認定制度を設けているが、このような制度をわが国においても導入することが望まれる。日本能率協会は、イギリスの取締役協会と連携して、役員認証制度を導入している。また、日本取締役協会その他の団体の活動も注目される。

ところで、監査役や監査等委員会設置会社の監査等委員となるべき取締役は、株主総会において、それぞれ、監査役あるいは監査等委員である取締役として選任される。これに対して、指名委員会等設置会社の監査委員は、取締役会で取締役の中から決定される。監査委員の人選は取締役会の多数派の意向次第であり、監査委員よりも監査役のほうが独立した地位を保障されているという主張がある[40]。しかし、指名委員会等設置会社においては、社外取締役が過半数の指名委員会が社外取締役の選任・解任に関する議案を決定する。指名委員会が社外取締役候補者を決定するとき、社外取締役候補者のうち誰が指名委員会、報酬委員会、監査委員会の委員として適任であるかについても検討すべきであり、監査委員の決定が取締役会の多数派の意向次第とならないような実務の運用が望まれる。

　監督機関と執行機関を明確に分離する指名委員会等設置会社の理念は理解することができ、社外取締役中心の報酬委員会や指名委員会の基本的方向を支持することもできるが、監査役・監査役会制度と監査委員会制度の選択を認めるべきであるといわれることがある。しかし、監査役・監査役会制度の改革を通じて行われてきた経営チェック・システムの改善によっては、わが国企業の国際競争力を回復強化することはできないとして、執行役に経営権限を集中し、適法性だけでなく効率的な経営を確保するチェック体制を整備するために指名委員会等設置会社が構想されたのである。

　指名委員会・監査委員会・報酬委員会と執行役制度はワンセットのスキームとされている。3つの委員会が連携することにより、執行役、とりわけ会長ないし社長（CEO、COO）の経営実績を評価し、会長ないし社長人事とその報酬をコントロールすることを前提に、執行役に広範な経営権限が認められたのである。取締役会は、自らの定めた中長期的な目標に向かって執行役が効果的に

---

39) 公開会社の事業報告には、監査役、監査等委員、または監査委員が財務および会計に関する相当程度の知見を有しているものであるときは、その事実が記載される（会社則121条9号）。なお、コーポレートガバナンス・コードの原則4-11は、「監査役には、財務・会計に関する適切な知見を有している者が1名以上選任されるべきである」とする。指名委員会等設置会社においては、監査役を監査委員に読み替えることとなる。

40) 浜田・前掲注17) 151頁参照。

経営しているかどうかチェックするため、経営上のリスク管理体制や法令遵守体制だけでなく、効率性を確保するための体制を整備し、監査委員会は、これらの体制の適切な運用を組織的に監査する。その過程において、監査委員会は、執行役が、取締役会の定めた中長期的な目標に向かって適切に経営を遂行しているかどうかチェックし、必要な場合、指名委員会や報酬委員会と連携して、取締役会が、その有する執行役の監督権限を行使することを促すのである。これが監査委員会の効率性監査である。

　監査役制度について決定的な問題は、議決権を基礎に、経営判断、とりわけ社長人事に介入できないことである[41]。他方、監査委員の役割は多様であり、適法性のチェックがおろそかになる危険性が認められ、適法性ないし健全性確保の観点からは、監査役会制度に一日の長があるように思われる。社長人事への介入可能性を基礎に効率性を高めるため、トップ・ダウンの経営機構を構築しようとする会社は、監査委員会（さらには、監査等委員会）制度を採用し、健全性を確保し、取締役間の合意形成による経営を指向する会社は監査役会を採用することが合理的であろう。

六　結　語

　監査役会設置会社と指名委員会等設置会社、さらには、監査等委員会設置会社のいずれが企業統治のあり方として妥当か、一概に答えることはできない。個々の会社が、その会社の業容あるいは経営者の基本的考え方等、さまざまな状況を勘案しながら、経営管理機構を選択し、改革を進めるべきである。

　持株会社形態、とりわけ、金融という枠組みの中で同質性のある業務を行う金融持株会社においては、指名委員会等設置会社の利点を生かしやすいように思われる。持株会社の取締役会の基本的機能は、グループ会社の基本的な経営戦略の策定と、その戦略に従ったグループ会社の経営の健全性と効率性を監督

---

41) 河本一郎「商法改正と今後のコーポレート・ガバナンス」大阪株式懇談会会報634号（2002）16頁以下は、常勤監査役は大体よくやっているが、人事権がないため詰めが効かないと指摘する。

することにある。それは、まさに、指名委員会等設置会社の取締役会の機能である。また、持株会社においては、経営トップに権力が集中しがちであり、その適切なコントロールのため、社外取締役の積極的な登用が求められる。証券持株会社や銀行持株会社の中に、現実に指名委員会等設置会社を採用している会社が見られるが、合理的な動きというべきである。

　指名委員会等設置会社のメリットとして、①執行役に重要な業務執行の決定権限を大幅に委任することにより迅速かつ機動的な経営が可能になること、②取締役会の基本的機能を執行役の監督に純化し、主要執行役人事に社外取締役が関与することを通して社長の交代を可能にすること、が挙げられる。そのデメリットとしては、①執行役の権限集中の行過ぎの危険、②指名委員会等の硬直的な制度設計による形骸化の危険と、逆に独善に陥る危険が挙げられる。また、効率性の向上が取締役会の監督の基本方針とされるため、適法性ないし健全性のチェックがおろそかになる危険がある。

　指名委員会等設置会社において、社外取締役の構成比率に係る規制がないことが大きな問題であり[42]、社外取締役の員数を過半数にするよう努力されるべきである[43]。執行役兼任取締役が過半数あるいは圧倒的多数である取締役会において、執行役のチェックが十分にされないことが危惧されて、指名委員会、報酬委員会、監査委員会の設置が強制され、しかも、指名委員会と報酬委員会は、取締役会に対する原案提出権を超えて、株主総会に提出する原案決定権あるいは個々の執行役に支給する報酬決定権が付与されるというスキームが採用されたのである。指名委員会と報酬委員会の決定に取締役会は介入できないという硬直的な制度設計から、社外取締役が独善に陥る危険が生ずる。

---

42) アメリカでは、15人程度の取締役のうち、オフィサーを兼務する者は、1人から数名のようである（武井一浩「米国型取締役会の実態と日本への導入上の問題」商事法務研究会編・執行役員制の実施事例——法制上の論点と今後の展開（別冊商事法務214号）（1998）127頁以下参照）。イギリスにおいては、キャドベリー委員会報告書において、業務執行に従事しない取締役を3人以上有することが求められ、その後、それを過半数にし、そのまた過半数を独立の取締役とすることが求められている（イギリスの動向については、日本コーポレート・ガバナンス・フォーラム編・コーポレート・ガバナンス——英国の企業改革（商事法務研究会、2001）参照）。

43) 平成14年の商法等の一部を改正する法律案に対する参議院法務委員会の付帯決議において、社外取締役の要件や人数等について必要に応じて見直しを検討することが求められていた。

執行役の職務執行の妥当性ないし効率性の監督は、本来、取締役会において行われるべきものである。社外取締役の適格者が増え、取締役会の監督機能が実質化して、取締役会において適切に妥当性監査・効率性監査が行われるようになるときは、取締役会の構成（社外取締役ないし独立取締役の比率）を法定し、取締役会それ自体の監督機能に配慮しつつ、指名委員会、報酬委員会、監査委員会の権限や役割について、弾力的に再構成することが検討課題となろう。指名・報酬・監査の3委員会制度は1つのモデルにすぎず、会社の状況に応じて委員会を適宜構築することが認められるべきである。また、監査委員会の権限について再検討する必要があろう。適法性監査について、内部監査部門の役割が重視されなければならないことに留意しつつ、監査委員会における監査独立の原則の効用についても検討する必要があろう。アメリカの監査委員会は、伝統的に、会計監査人と連携して、会計を中心とする監査を行うことであり、効率性のチェック（執行役の業績評価）は、監査委員会の主要な役割と考えられていないのである[44]。

指名委員会等設置会社を採用する場合、内部統制システムないし内部監査部門を格段に充実させる必要があり、このことをあいまいにしたまま指名委員会等設置会社に移行すると、社外取締役および内部統制システムの脆弱性から、健全性の観点からも効率性の観点からも問題となる危険がある。指名委員会等設置会社において、適切な情報伝達等、非常勤の社外取締役が効果的にその役割を果たすことが可能となるような体制整備が必要不可欠である。執行役の権力の強大化を阻止し、取締役会および指名委員会等の機能を実質化するためには、それぞれの議長（会長・委員長）を社外取締役とすること等も必要となろう[45]。また、社外取締役に必要な情報を適切に提供するため、社外取締役でない非業務執行取締役の効用についても検討すべきである。

平成15年に、本稿を執筆した際、次のような文章で、稿を終えた。

「委員会等設置会社についても法改正を要する事項も少なくない。最も重要

---

[44] アメリカ法律家協会の「コーポレート・ガバナンスの原理」3A・03条参照。
[45] コーポレートガバナンス・コードはこれについて積極的な提言をしている（補充原則4－8①・4－8②、原則4－12・4－13等参照）。

な問題は、取締役会の構成について規定されていないことである。少なくとも、社外取締役が取締役の3分の1以上であること、社外取締役が取締役会の議長となること、そして、委員会の議長には執行役を兼任する委員はなれないこと、この3点について、早急に検討すべきである。また、社外取締役の要件を再検討して、実質的独立性の要件を加味すべきである。証券取引所の自主規制や、率先してこのような制度を採用する会社のグッドプラクティスによって、よりよい実務慣行を発展させる必要がある。平成13年12月に監査役制度が改正され、委員会等設置会社制度も始まったばかりである。当面は、現行法の基本的枠組みを前提に、制度間競争をすることが妥当であろう。そして、その経験を基礎に、監査役会制度の変容と監査委員会制度の柔軟化について検討すべきである。とりあえず、先進的な企業の実務経験をベースに、平成17年に予定される大幅な商法改正［会社法制定］に際して、委員会等設置会社制度の改善のなされることが期待される。」

　社外取締役に実質的独立性の要件を付加することは、平成26年会社法改正により実現した。コーポレートガバナンス・コード等の証券取引所の自主規制によるコーポレート・ガバナンス改革には目を見張るものがある。しかしながら、平成26年改正会社法は指名委員会等設置会社制度について実質的改正は行わず、監査等委員会設置会社制度を導入した。監査役会設置会社、監査等委員会設置会社、指名委員会等設置会社の間の制度間競争が始まったが、いずれも、コーポレート・ガバナンスの理念をよりよく実現するための経営機構を用意しているのであり、それぞれの差異を強調するのでなく、それぞれの制度理念を実現するよう努力する必要があろう。

第5章 監査等委員会設置会社をめぐる法的諸問題

> 本章は、月刊監査役651号（2016）に寄稿した「監査等委員会設置会社をめぐる法的諸問題」に必要な加筆修正をしたものである。

一 序　説

1 序

　平成14年に、大会社について、執行と監督の分離による業務執行の機動性と柔軟性を高めるため、指名委員会等設置会社（当時は、委員会等設置会社）が創設された。指名委員会等設置会社においては、取締役と別個の業務執行機関として、執行役・代表執行役が設けられた。執行役・代表執行役は、取締役会において選任・選定される。取締役会が、幅広く経営者を選択することができるよう、執行役・代表執行役は取締役でなくてもよい。取締役会の決議により、監査役会設置会社の取締役会の専決事項とされている重要な業務執行事項の決定を大幅に執行役に委任することが認められた。取締役会の主要な役割は、業務執行の基本方針を決定し、執行役・代表執行役の選任・解任（選定・解職）、およびその権限を基礎に、執行役・代表執行役の職務執行を監督することとなる（執行機関と監督機関の分離）。

　平成14年当時、重要な業務執行の決定を執行役に委任するには、監査役会設置会社と質的に異なる厳格な執行役の監督制度を設けなければならないと考えられた。しかし、取締役の過半数を社外取締役とすること等の社外取締役の数

量規制は現実的でないとして、取締役会の監督機能を高めるため、取締役会の内部委員会として、構成員が3人以上であり、その過半数が社外取締役である指名委員会、監査委員会、報酬委員会の設置を強制し、指名・報酬等に係る取締役会の権限を指名委員会と報酬委員会に専属させる立法政策が採用された。

指名委員会と報酬委員会は、取締役会の諮問委員会ではない。指名委員会には、取締役会に代わって株主総会に提出する取締役人事案件の内容を決定する権限が付与され、報酬委員会には、執行役と取締役（以下、本章において「執行役等」という）の個人別報酬等の内容の決定権限が付与され、取締役会は、取締役人事案件や執行役等の個人別報酬等の内容の決定に関与できないものとされたのである。これは、指名委員会または報酬委員会の委員以外の社外取締役が、これらの決定に関与することはできないことを意味する。

実務にとって、このような硬直的な人事・報酬決定メカニズムを受け入れることは困難であるとして、指名委員会等設置会社はほとんど利用されなかった。平成26年改正会社法は、上場会社に社外取締役の選任を促して外国機関投資家の投資を促進するとともに、経営に係る決定を業務執行取締役に大幅に委任して経営の効率性を向上させることを企図して、監査等委員会設置会社制度を導入した[1]。平成27年7月末時点において、監査役会設置会社から監査等委員会設置会社へ移行を表明した上場会社は201社ということである[2]。

2　監査等委員会設置会社の概要

監査等委員会設置会社は、監査役会設置会社と指名委員会等設置会社の折衷的な機関構成の会社である。

監査等委員会設置会社は、監査等委員会を設置する会社である（会社2条11号の2）。監査等委員会は、3人以上の監査等委員である非業務執行取締役で組織され、その過半数は社外取締役でなければならない（会社331条3項・6項・399条の2第1項・2項）。監査等委員会設置会社は、会計監査人を置かなければ

---

1) 立案担当平成26年改正129頁参照。
2) 塚本英巨「監査等委員会設置会社への移行会社の分析」資料版商事法務377号（2015）28頁。なお、日本取引所グループの「コーポレート・ガバナンス情報サービス」のデータによると、平成28年12月末現在の監査等委員会設置会社への移行上場会社は685社に上っている。

ならない（会社327条5項）。他方、監査役を置くことはできない（同条4項）。

監査等委員会設置会社の業務執行は、監査役会設置会社と同様、取締役会が選定する代表取締役と業務担当取締役（この両者を併せて、以下、本章において「業務執行取締役」という）により行われる（会社399条の13第3項・363条1項）。指名委員会と報酬委員会の設置が強制されていないため[3]、業務執行者は、取締役の地位を前提としない執行役でなく、株主総会による選任を通じて株主の監督を受ける取締役でなければならないとされたようである[4]。なお、取締役と使用人の兼任は禁止されていない。できるだけ監査役会設置会社と同様の経営機構とすることとされたのであろうが、この兼任を認める積極的理由はないように思われる。

取締役会の原則的権限は、監査役会設置会社の場合と基本的に同様であり、①重要な業務執行を決定し、②取締役の中から代表取締役を選定し、これに業務執行を委ね、③その職務執行を監督することである（会社399条の13第1項2項・4項）。上記①により、取締役全員が熟慮して合理的な経営判断をすることが期待されるが（マネジメント・ボード）、柔軟なモニタリング・モデルを採用することもできる（会社399条の13第5項・6項）。監査等委員会設置会社においては、個々の会社が、マネジメント・ボードとモニタリング・モデルのメリットとデメリットを勘案した上、当該会社にとって最適の経営機構を選択することにより、経営の効率性（経営判断の迅速化）を確保することが期待されているのである。

モニタリング・モデルとは、経営の効率性（経営判断の迅速化）を高めるために、重要な業務執行の決定を大幅に経営者に委任し、取締役会の主たる役割を、経営者が取締役会の定めた経営の基本方針（中期計画等）に従って、健全かつ効率的に経営を遂行しているかどうかの監督（パフォーマンス・チェック）に限定するものである。

監査等委員会設置会社の取締役会の専決事項の第1として、指名委員会等設

---

[3] 取締役会の任意の諮問委員会として、人事委員会ないし指名委員会や報酬委員会を設置することはできる。

[4] 立案担当平成26年改正130頁。

置会社にならって、「経営の基本方針」が挙げられている。監査等委員会設置会社は、大会社でなくても、内部統制システムの整備について決定しなければならない（会社399条の13第1項1号イハ・2項）。さらに、一定の条件を満たすときは、取締役会決議により、重要な業務執行の決定を業務執行取締役に委任することができる（同条5項・6項）。このようなトップ・ダウン型の経営機構においては、取締役会が、社長（CEO）等の経営陣幹部の経営能力と経営実績を適切に評価し、適任の経営陣幹部を選任することが不可欠となる。このため、監査等委員会の設置が義務付けられている。監査等委員である取締役について、監査役の独立性確保規定と同様の規定を設けることによりその独立性を確保した上、監査等委員会に監査権限だけでなく、監査等委員以外の取締役の人事関連意見陳述権を認めることにより、業務執行取締役に対する監督機能が強化されているのである。「監査等」委員会という名称は、この後者の権限に配慮したものである。

二　監査等委員と監査等委員会

1　監査等委員の独立性確保

　監査等委員である取締役には、監査役と基本的に同様の独立性確保措置が講じられている。指名委員会と報酬委員会の設置が義務付けられていないことから危惧される取締役会の監督機能の脆弱性に配慮して、取締役である監査等委員について、監査役と同様の独立性を確保して、監査等委員の監査機能を強化しようとしているのである。このため、監査等委員は取締役会における議決権の認められた監査役であるといわれることもある。

　監査等委員である取締役は、会社またはその子会社の業務執行取締役等を兼ねることができない（会社331条3項）。監査等委員である取締役は、株主総会において、監査等委員以外の取締役と区別して選任されなければならない（会社329条2項）。取締役の解任は株主総会の普通決議事項であるが（会社341条）、監査等委員である取締役の解任は、株主総会の特別決議事項である（会社309条2項7号・344条の2第3項）。監査等委員以外の取締役の任期は1年以内であるが、監査等委員である取締役の任期は2年で、定款によっても、これを短縮す

ることができない（会社332条1項3号・4項）。これも監査役にならったものであるが、監査役の任期は4年である。業務執行の決定にかかわる監査等委員である取締役に対する株主のチェックの頻度を監査役より多くする必要があると判断されたようである[5]。監査等委員である取締役の報酬等は、それ以外の取締役の報酬等と区別して定めなければならず、監査等委員である各取締役の報酬等について定款の定めまたは株主総会の決議がないときは、監査等委員である取締役の協議（全員の一致）によって定めなければならない（会社361条2項・3項）。会社法施行規則82条の2第2項本文は、監査役の場合と同様（会社則84条2項本文）、監査等委員である取締役の退職慰労金に関する議案が一定の基準に従いその額を決定することを「取締役その他の第三者に」一任することを認める。退職後の問題であるとしても、代表取締役が監査等委員の退職慰労金を決定するときは、現役の監査等委員の独立性に疑義が生ずる。したがって、監査等委員である取締役の退職慰労金額の決定を取締役に一任するときの「一定の基準」は裁量の余地がないものであることが前提とされていると解することが合理的である。

　監査等委員会は、監査等委員である取締役の選任に関する議案の同意権のほか、監査等委員である取締役の選任に関する議題・議案の提案権を有する（会社344条の2第1項・2項）。会計監査人の場合と異なり、解任に関する議案の同意権等は認められていない。監査等委員である取締役は、株主総会において、監査等委員である取締役の選任・解任・辞任、さらに、その報酬等について意見を述べることができる（会社342条の2第1項〜3項・361条5項）。

　なお、指名委員会等設置会社の監査委員は、取締役会が取締役の中から選定・解職する（会社400条2項・401条1項）。報酬等についても、監査委員である取締役とそれ以外の取締役の間に区別はなく、いずれも報酬委員会が決定する（会社404条3項）。これに対して、監査等委員会設置会社の取締役会は、その法的地位（独立性・任期・報酬等）が異なる取締役により構成されることとなり、業務執行取締役、監査等委員である取締役、監査等委員でない非業務執行取締役間の円滑な連携に留意する必要がある。

---

[5]　立案担当平成26年改正132頁。

2　監査機関としての監査等委員会と監査等委員
(1)　序

　監査等委員会は、指名委員会等設置会社の監査委員会と同様、組織的監査を行う監査機関であり、監査独立の原則は採用されていない。監査等委員会には、監査委員会と同様の監査権限が認められている（会社399条の2第3項1号・2号・399条の3）。

　監査役会設置会社において個々の監査役が行う監査業務は、原則として監査等委員会が選定した監査等委員が行う（会社399条の3第1項・2項）。監査等委員の間の職務分担は、このような選定監査等委員の選定を通して行われることとなろう（監査役に係る会社390条2項3号参照）。当該事項について監査等委員会の決議があるときは、選定監査等委員はこれに従わなければならない（会社399条の3第4項）。これらは、監査委員会の場合と同様である。

　監査等委員会は、監査委員会と同様、原則として内部統制システムを通じて監査するものとされ（実査不要）、常勤監査等委員の選定は義務付けられていない。しかし、常勤監査等委員の選定の有無とその理由は事業報告の記載事項とされている（会社則121条10号）。これは、常勤者に、社内の情報把握等の重要な役割を果たすことが期待されているからである[6]。実務上、常勤監査等委員が選定されることが一般的なものとなり、通常、社内の非業務執行取締役が常勤監査等委員に就任するように思われるが、社内の常勤監査等委員が監査等委員会を主導し、社外取締役である監査等委員が受け身とならないよう配慮する必要があろう[7]。日本監査役協会の「監査等委員会監査等基準」（以下、「監査等基準」という）は、必要があると認めたときは、常勤監査等委員を選定することができるとする（同5条2項）。内部統制システムが整備されている会社においては、監査等委員の全員を独立社外取締役とすることにも合理性が認められる[8]。この場合、常勤者を求めることは困難となろう。常勤監査等委員を選定するかどうかは、それぞれの会社が主体的に判断すべきことである。

---

[6]　立案担当平成26年改正131頁注14参照。
[7]　福岡真之介＝髙木弘明・監査等委員会設置会社のフレームワークと運営実務（商事法務、2015）124頁参照。
[8]　松浪信也・監査等委員会設置会社の実務〔第2版〕（中央経済社、2015）60頁参照。

(2) 監査等委員会の運営

　監査等委員会を招集するには、監査等委員は、監査等委員会の日の1週間前までに、各監査等委員に対して、その通知を発出しなければならない[9]。監査等委員会の招集通知発出期間を短縮することができるが、それは、監査委員会のような取締役会の決議事項でなく、定款事項とされている（会社399条の9第1項。411条1項かっこ書参照）。監査等委員会の取締役会からの独立性に配慮されているのである。監査等委員会には、職務執行状況の取締役会への報告義務は設けられていない（会社417条3項参照）。監査等委員会は、監査委員会のような取締役会の内部委員会というより、取締役会から相対的に独立した監査等の機関として位置づけられているのである。

　監査等委員会の招集権者を設けることはできないが、特定の監査等委員を原則的招集者とすることはできる。取締役は、監査等委員会の要求があったときは、監査等委員会に出席し、監査等委員会が求めた事項について説明をしなければならない（会社399条の9第3項）。

　監査等委員会の決議は、議決に加わることができる監査等委員の過半数が出席し、その過半数をもって行う。特別の利害関係を有する監査等委員は議決に加わることができない（会社399条の10第1項・2項）。監査等委員会の決議に参加した監査等委員であって議事録に異議をとどめないものは、その決議に賛成したものと推定される（同条5項）。

　監査等委員会の議事録について、監査委員会と同様の規定が設けられているが（会社399条の10第3項・4項・399条の11）、監査委員会の議事録とは異なり（会社413条2項）、監査等委員でない取締役が、監査等委員会の議事録を閲覧等できる旨の規定は、設けられていない。監査等委員以外の取締役による監査等委員会への不当な介入を阻止するためであろう。なお、議事録の備置・閲覧等の職務を行うのは業務執行取締役である。

　監査等委員会への報告の省略は認められるが（会社399条の12）、監査等委員会決議の省略は認められていない。

---

[9]　監査等委員会は、監査等委員全員の同意があるときは、招集の手続を経ることなく、開催することができる（会社399条の3第2項）。

(3) 監査等委員会の権限

監査等委員会には、指名委員会等設置会社の監査委員会と同様の監査権限が認められている（会社399条の2第3項1号・2号）。業務執行取締役等に対する業務財産状況の調査権は、選定監査等委員が行う（会社399条の3第1項）。会社と監査等委員以外の取締役との間の訴えにおける会社代表等についても、選定監査等委員が会社を代表するが（会社399条の7第1項2号3項4項）、取締役が会社に対して訴えを提起するときは、当該訴えの提起者以外の監査等委員に対してされた訴状の送達は当該会社に対して効力を有する。取締役に対する責任追及等の訴え提起の請求を受ける場合や訴訟告知を受ける場合等においても同様である（会社399条の7第2項・5項）。これらは、相手方の便宜に配慮したものである。

(4) 個々の監査等委員の権限

緊急を要する権限行使については、個々の監査等委員の権限とされている。これも、監査委員の場合と同様である。監査等委員は、取締役が不正の行為をし、もしくは当該行為をするおそれがあると認めるとき、または法令定款に違反する事実もしくは著しく不当な事実があると認めるときは、遅滞なく、その旨を取締役会に報告しなければならない（会社399条の4）。この報告を受けて、取締役会は、適切に監督権限（業務執行取締役の解職等）を行使することが求められる。

「不正」と「不当」の関係が問題となる。「不正の行為」とは、法令定款違反行為（善管注意義務違反）のうち、取締役の忠実義務違反のように悪性の強いものを意味し、それゆえに、おそれがあると認めるときにも報告義務が生ずる。「不当な事実」とは、法令定款（善管注意義務）には違反しないが、不当（不合理・不適切）なものであり（取締役の裁量範囲のいわば限界事例）、それゆえに、「著しい」場合にのみ報告義務が生ずるのである。

取締役会の招集権者が定められている場合には、報告しようとする監査等委員は、取締役会の招集権者に取締役会の招集を請求し、取締役会において口頭または書面で報告することが原則であるが、監査等委員会が選定する監査等委員は取締役会を招集することができる（会社399条の14）。また、取締役全員に対して当該事項を通知したときは、取締役会へ報告することを要しない（会社

372条1項——報告の省略)。取締役会の議事録には、その報告内容が記載される(会社則101条3項6号へ4項2号イ)。

監査等委員は、取締役が会社の目的の範囲外の行為その他法令定款に違反する行為をし、または、これらの行為をするおそれがある場合において、当該行為により会社に著しい損害を生ずるおそれがあるときは、当該取締役に対し、その行為を止めることを請求することができる。裁判所が仮処分により当該行為の差止めを命ずるとき、担保を立てさせることを要しない(会社399条の6)。

なお、監査等に係る費用の前払い等の請求も、個々の監査等委員の権限とされている(会社399条の2第4項)。

(5) **監査等委員の株主総会報告義務**

監査等委員には、監査役に認められ、監査委員には認められていない株主総会に対する特別の報告義務が課せられている。監査等委員は、取締役が株主総会に提出しようとする議案、書類・電磁的記録その他の資料(以下、本章において「議案等」という)に法令定款に違反し、または、著しく不当な事項があると認めるときは、その旨を株主総会に報告しなければならないのである(会社399条の5、会社則110条の2)。この報告義務は、監査等委員会設置会社は、指名委員会等設置会社と比較して、取締役会の業務執行取締役からの独立性が十分でないとして、監査役の株主総会に対する報告義務にならって設けられたものである[10]。

監査役は、取締役が株主総会に提出しようとする議案等を調査し(会社384条前段)、これらに法令定款違反ないし著しく不当な事項があると認めるときは、その調査結果を株主総会に報告しなければならない(同条後段)。これに対して、会社法399条の5は、議案等の調査義務について明示的には規定していない。取締役会は、株主総会の目的(議題)および株主総会に提出する議案の内容を決定し、株主総会に提出する計算書類等を承認しなければならない(会社399条の13第5項4号・5号・10号)。取締役会において議決権を有する取締役である監査等委員は、監査役と異なり、株主総会に提出しようとする議案等に係る取

---

[10] 岩原紳作「『会社法制の見直しに関する要綱案』の解説[I]」旬刊商事法務1975号(2012)7頁、立案担当平成26年改正133頁。

締役会決議に参加しなければならない。その前提として、議案等が法令定款に違反していないか、著しく不当な事項があるかどうか検討しなければならない。したがって、調査義務に関する明文の規定が設けられなかったのであろう。

取締役は、取締役会が株主総会に提出しようとする議案等に法令定款違反ないし著しく不当な事項があると認めるときは、取締役会において、その旨意見を述べ、取締役会決議に際して当該議案に反対し、それが受け入れられない場合、取締役会の議事録に異議をとどめ、さらに、当該株主総会決議を阻止するため、株主総会において意見を述べなければならないことが、その善管注意義務から導かれる。それにもかかわらず、このような明示的規定がなければ、「監査等委員である取締役」は、自らの判断により取締役会において賛否を表明する取締役の本来的な義務さえも履行することが危ういとして、個々の監査等委員の株主総会への報告義務に係る規定が設けられたようである。このような立法経緯に配慮するとき、個々の監査等委員に、選定監査等委員に認められている調査権限とは別個に、取締役が株主総会に提出しようとする議案等の調査義務について明示的に規定することが合理的なように思われる。

三　監査等委員以外の取締役の人事・報酬関連事項に係る監査等委員会の意見の決定と選定監査等委員による意見陳述

1　序

監査等委員会は、会社法342条の2第4項および361条6項に規定する監査等委員以外の取締役の選任・解任・辞任および報酬等についての意見を決定しなければならない（会社399条の2第3項3号）。選定監査等委員は、株主総会において、この監査等委員会の意見を述べることができる（会社342条の2第4項・361条6項）。以下、本章において、この権限を「監査等委員会の人事関連意見陳述権」という。

この監査等委員会の意見があるときは、その意見の概要を株主総会参考書類に記載しなければならない（会社則74条1項3号・82条1項5号）。選定監査等委員が株主総会において人事関連事項について意見を述べたときは、当該意見の内容の概要を株主総会議事録に記載しなければならない（会社則72条3項3

号ハト)。なお、辞任・解任の場合には、事業報告に、当該取締役の氏名とともに、監査等委員会の意見があるときは、当該意見を記載しなければならない(会社則 121 条 7 号イロ。辞任の理由についてハ参照)。

人事関連意見陳述権を積極的に評価する立場もあるが、これにあまり大きな期待を寄せることは現実的でないように思われる。監査等委員会設置会社の健全な発展のためには、平均的な監査等委員を前提に監査等委員会の人事関連意見陳述権について柔軟な解釈を行うことが妥当なのであろう。

2　監査等委員会における意見の決定

会社法 399 条の 2 第 3 項は、取締役の職務執行の監査・監査報告の作成および会計監査人の人事関連議案の内容の決定とともに、監査等委員以外の取締役の人事関連事項に係る意見の決定を監査等委員会の基本的な職務として規定している。監査等委員会は、適宜適切に、この意見を決定しなければならない。監査等委員会は、監査等委員でない取締役の選任・解任、さらには、報酬等が株主総会の目的事項とされていない場合にも(典型的には、臨時株主総会)、必要があると認めるときは、適宜、これらの人事関連事項について検討し、監査等委員会が意見を有するにいたったときは、選定監査等委員は、株主総会において意見を述べなければならない。しかし、通常は、監査等委員以外の取締役の選任が株主総会の目的事項となる定時株主総会において、この権限の行使が具体的に問題となろう。

監査等委員会設置会社の監査等委員以外の取締役の任期は、選任後 1 年内に終了する事業年度のうち最終のものに関する定時株主総会終結の時までであり、取締役の選任は毎定時株主総会の議題となる。また、定時株主総会後の取締役会において、業務執行取締役が選定され、監査等委員以外の取締役の個別報酬額は、原則として取締役会の委任を受けた代表取締役が、株主総会が定めた報酬額の範囲内において決定することとなろう。したがって、定時株主総会ごとに、監査等委員会は、監査等委員以外の取締役の人事関連事項について審議し、意見を決定することとなろう。

監査等委員会の人事関連意見陳述権には経営評価機能を発揮させる狙いがあるとされる[11]。これは、監査等委員会に指名委員会と報酬委員会の機能の一部

を代替させる重要な職務であり、監査等委員は、善管注意義務を尽くして誠実に、監査等委員会における意見の形成に関与しなければならない。とりわけ、その立法趣旨に忠実であろうとすると、監査等委員会は、この意見を決定する際、全体的観点からだけでなく、監査等委員以外の個々の取締役の職務執行状況（業績に対する貢献度）等について十分な情報を集めて、個々の取締役に係る人事や具体的報酬額の適正さについて検討しなければならない。監査等委員会は、必要があるときは、原案作成にかかわる取締役や対象取締役に対して監査等委員会に出席して説明を求めなければならない（会社399条の9第3項参照）。したがって、代表取締役は、取締役候補者案や取締役の業務分担案を取締役会に上程する前に、また、監査等委員以外の取締役の個別的報酬分配額を決定する前に、監査等委員会の意見を求めることが合理的となろう。

　もっとも、監査等委員会設置会社制度は、指名委員会と報酬委員会の権限が硬直的にすぎるとして、ほとんど利用されていない指名委員会等設置会社に代わって、実務に受け入れられることを期待して設けられたものである。それは、柔軟性と弾力性（会社自治の尊重）に特色がある。監査等委員会の人事関連意見陳述権についても、実務の受容可能性に配慮して、その制度趣旨を損なわない範囲において弾力的な運用を認めるべきであり、監査等委員会の審議方法や意見の内容について、監査等委員会の合理的判断を尊重することが求められよう（弾力的柔軟な運用）。指名委員会等設置会社の指名委員会・報酬委員会に近似した運用に配慮することにも合理性があろうが、人事関連事項について決定権を有していない監査等委員会は、それらと同様の審議方法を採用しなければならないわけでない[12]。

3　意見陳述の必要性

　会社法342条の2第1項と361条5項は、監査等委員である取締役は、株主総会において、監査等委員である取締役の選任・解任・辞任または報酬等につ

---

11)　江頭576頁。
12)　塚本英巨・監査等委員会導入の実務（商事法務、2015）230頁〜237頁は、指名委員会等設置会社における関連委員会の審議過程を参考にしつつ、詳細に監査等委員会における意見決定プロセスについて検討しているが、それは1つの参考例であろう。

いて、「意見を述べることができる」とする。監査等委員会の人事関連意見陳述権について規定する会社法342条の2第4項と361条6項も、監査等委員会が選定する監査等委員は、株主総会において、監査等委員である取締役以外の取締役の選任・解任・辞任または報酬等について、監査等委員会の「意見を述べることができる」とする。

会社法342条の2第1項と361条5項は、監査等委員である取締役の独立性確保を目的として、監査等委員である取締役が、個々的に、監査等委員である取締役の人事関連事項について意見を述べることを認めるものである。監査等委員である取締役は、善管注意義務を尽くして意見を述べるべきかどうか判断しなければならないが、意見を述べるかどうかについて広範な裁量の余地が認められる[13]。監査等委員である取締役の選任議案に係る監査等委員会の同意権等が認められているため（会社344条の2）、実務的には、監査役等委員会が事前に代表取締役と議案について摺り合わせを行うことにより、株主総会において意見を述べる必要がないように配慮されるように思われる。

多数説は、選定監査等委員による監査等委員会の人事関連意見陳述権についても、同じ条文において同じように規定されているのであるから、意見を述べることが義務付けられているわけでないと解する。このように解しても、株主は、定時株主総会において、監査等委員会の審議内容について質問することができ、その場合、選定監査等委員は誠実に説明しなければならないのであるから、特別の不都合はないというのである[14]。なお、会社法383条1項本文は、監査役は、取締役会に出席し、「必要があると認めるときは、意見を述べなければならない」と規定している。監査役に業務監査権限を認めた昭和49年改正商法においては、取締役会に出席し意見を述べることができると定められていたが（同法260条ノ3）、平成13年12月改正商法により、監査役の独立性を一層確保するため、現在のように、監査役の義務として規定され、その際、「必要アリト認ムルトキハ」という限定文句が加えられたのである。選定監査等委員に

---

13) 会社法342条の2第2項は、監査等委員である取締役を辞任した者が、株主総会に出席して、「辞任した旨及びその理由を述べることができる」と定めている。これは、辞任監査等委員の義務でなく、善管注意義務による制約も認められないのであろう。

14) 江頭585頁注2、福岡＝髙木・前掲注7) 94頁参照。

よる監査等委員会の人事関連意見陳述権が意見陳述義務を定めるものであれば、「必要があると認めるときは」という限定を加えることが合理的であり、とりわけ、報酬等についてそれが必要となろう。したがって、人事関連意見陳述権は、文言どおり、選定監査等委員の職務権限を定めたものであり、特別の意見陳述義務を定めたものではないと解することが、合理的となろう。

　会社法342条の2第4項と361条6項の定める人事関連意見陳述権は、監査等委員である個々の取締役に認められた職務権限でなく、選定監査等委員が監査等委員会の意見を述べるものである。この人事関連意見陳述権は、指名委員会と報酬委員会の設置が義務付けられていない監査等委員会設置会社の取締役会の監督機能を高度なものとするため、監査等委員会が指名委員会または報酬委員会の何某かの機能を果たすことを期待して設けられたものであり、監査等委員である取締役の独立性確保を目的とする監査等委員である取締役の人事関連事項に係る意見陳述権とは質的に異なることもまた事実である。とりわけ、監査等委員である取締役の選任議案に関しては監査等委員会に同意権等が認められ、選任に係る意見陳述権はこの補充的制度である。これに対して、監査等委員会には、監査等委員以外の取締役の人事関連事項に係る同意権等は認められていない。選定監査等委員は、その職務として、監査等委員会を代表して、株主総会において、監査等委員会の意見を表明するのであり、「意見を述べることができる」とは、個々の監査等委員でなく選定監査等委員が監査等委員会の意見を述べるものであるという、選定監査等委員の職務権限（監査等委員会の意見表明手続）を明らかにするものであると解することが合理的である。

　意見を表明すべきかどうかについて、選定監査等委員に裁量は認められない。選定監査等委員は、監査等委員会が意見を決定したときは、当該意見を述べなければならない。しかし、監査等委員会が株主総会において述べるべき「意見」はない（意見を述べる必要はない）と判断するときは、選定監査等委員は、意見を述べなくてよいと解することが合理的であろう。「監査等委員会の意見があるときは、」その意見の内容の概要を株主総会参考書類に記載しなければならないが（会社則74条1項3号・82条1項5号）、これは、監査等委員会の意見がないときは、株主総会参考書類にその意見の内容の概要を記載する必要はなく、株主総会において意見を言う必要もないことを理由付けることにもなろ

う[15]。

　もっとも、監査等委員会は、定時株主総会と関連して、監査等委員以外の取締役の人事関連事項について、意見を決定することとなる。監査等委員会の意見の内容にはさまざまなものがありうる。選定監査等委員は、常に、意見陳述義務を負うわけでないが、監査等委員会が人事関連事項について誠実に審議したことを明らかにするため、定時株主総会において、何らかの意見を表明することが妥当であろう。監査等委員会において、とくに問題はないと判断したときは、株主総会において、（人事関連事項について）「特に指摘すべき点はない」あるいは「相当である」と一言述べることで十分である。多数説の立場からも、合理的実務としては、監査等委員でない取締役の人事・報酬関連事項が議題となっている株主総会において、選定監査等委員は、監査等委員会の意見を表明することが妥当であるとされている[16]。

4　人事関連意見陳述権の有効活用

　選定監査等委員は、意見を述べることは義務付けられていない。このような人事関連意見陳述権に過大な期待を寄せることは現実的でない。立案担当者は、監査等委員である取締役が、人事関連意見陳述権を背景として、取締役会における取締役人事関連事項に主導的に関与することにより、業務執行取締役に対する監督機能を強化することを期待しているようである[17]。しかし、多数説による人事関連意見陳述権の実質的機能は、かつての監査役の取締役会における意見陳述権のように、監査等委員である取締役が人事関連事項に係る取締役会の審議に積極的に参加し、取締役会もその意見を十分に尊重することを求

---

[15] 従来、人事関連意見陳述権を高く評価することにより、業務執行取締役への重要な業務執行の決定権限の委任を正当化することができると考えて、選定監査等委員による監査等委員会の人事関連意見陳述に係る規定は、意見陳述義務を定めるものであると解していた（森本滋「平成 26 年会社法改正の理念と課題」法の支配 176 号（2015）58 頁）。しかし、現在では、その必要はないと考えており、本文のように見解を改める。

[16] 塚本・前掲注 12) 229 頁は、肯定的な意見にも、当該候補者の適確性等が裏付けられることになり、実務的に意義が認められるとする。

[17] 立案担当平成 26 年改正 133 頁。なお、ここでは、「監査等委員である取締役」と「監査等委員」が同一視されているようである。

める精神規定にすぎないように思われる。

　指名委員会等設置会社の指名委員会・報酬委員会を拒絶してきた実務が、監査等委員会が個々の業務執行取締役の経営上の評価を行った上、その人事や報酬等に係る監査等委員会の意見が株主総会の場で明らかにされることを受け入れるのであろうか。また、監査等委員会に対してであっても、監査等委員以外の取締役の個別的報酬の内容を明らかにすることが受け入れられるのであろうか。他方、今後ますます注目されるであろう監査業務のほか、このような重責を担わなければならない監査等委員の職を、その実質を理解した上で引き受ける者がどれほどいるのであろうか。また、そのうちどの程度が適任者なのであろうか。逆に、監査等委員が、主観的には使命感あふれるものであるとしても、バランスを欠く対応をする危険はないのであろうか。

　モニタリング・モデルを指向する取締役会の主たる役割は、業務執行取締役のパフォーマンスを監督することであり、積極的にモニタリング・モデルを採用しようとする監査等委員会設置会社においては、監査等委員でない社外取締役、さらには、非業務執行取締役を積極的に登用し、社外取締役中心の任意の委員会において、取締役の人事関連事項について、取締役会の諮問に応ずることが望まれる。監査等委員会としては、諮問委員会としての指名委員会や報酬委員会の設置を勧告し、それらと連携して意見を決定することが合理的であろう。任意の委員会において人事関連事項について合理的な審議が行われるときは、監査等委員会はこれに基本的に依拠することができ、監査等委員の負担が軽減され、監査等委員本来の役割である監査業務に集中することが可能となろう。

　任意の諮問委員会を設けることについて、監査等委員会の人事関連意見陳述権との整合性に疑問を提起する見解もある。しかし、監査等委員会の人事関連意見陳述権は、業務執行取締役に対する監督システムが脆弱なことに配慮して、監査等委員会に付与された付随的権限である。この権限が自主的に業務執行取締役に対する監督システムを整備することの弊害となると解するのは本末転倒であり、業務執行取締役に対する監督システムを自主的に整備する会社について、監査等委員会の人事関連意見陳述権の機能を緩やかなものにする等の柔軟な解釈論を提示することが妥当であろう。

四　業務執行取締役への重要な業務執行の決定の委任

1　序

　監査等委員会設置会社において、取締役の過半数が社外取締役であるときは、取締役会決議により、指名委員会等設置会社において執行役に委任することができるとされている重要な業務執行の決定を業務執行取締役に委任することができる（会社399条の13第5項）。さらに、定款において、取締役会決議によって重要な業務執行の決定の全部または一部を業務執行取締役に委任することができる旨、定めることができる（会社399条の13第6項）。以下、本章において、これを「定款の定めによる権限委任」という。監査役会設置会社が監査等委員会設置会社へ移行するための定款変更に併せて、この定款の定めが設けられることとなろう[18]。この定款の定めは、機関設計に関する公示の一環として、登記される（会社911条3項22号ハ）[19]。

　定款の定めによる権限委任は監査等委員会設置会社への移行のメリットとしてあまり重視されていないようであるが[20]、この権限委任の正当化根拠と関連付けて、監査役会設置会社における業務執行取締役に対する重要な業務執行の決定の委任可能性について検討する。

2　定款の定めによる権限委任の正当化根拠

　取締役の過半数が社外取締役である監査等委員会設置会社においては、指名委員会や報酬委員会が設置されていなくても、監査等委員会の人事関連意見陳述権と併せて、社外取締役による業務執行取締役に対する監督が適切に行われることが期待される。このため、取締役会決議により、指名委員会等設置会社において執行役に委任することができる重要な業務執行の決定を業務執行取締役に委任することが正当化されよう[21]。立法論的には、取締役の過半数が社外

[18)]　商事法務研究会編「株主総会白書〔2015年版〕」旬刊商事法務2085号（2015）150頁。
[19)]　立案担当平成26年改正137頁。
[20)]　商事法務研究会編・前掲注18）152頁。

取締役である指名委員会等設置会社において、指名委員会と報酬委員会の権限について定款自治を認めることも考えられる。しかし、平成 26 年改正会社法は、指名委員会と報酬委員会の権限が柔軟化されても、実務は、指名委員会と報酬委員会を受け入れないであろうとして、指名委員会と報酬委員会を設置する必要がない監査等委員会設置会社制度を新設し、定款の定めによる権限委任を認めたのである。実務的には、これが業務執行取締役に対して重要な業務執行の決定を委任する原則的場合となろう。

立案担当者は、①監査等委員会の業務執行者からの独立性が担保されていること、②人事関連意見陳述権等、業務執行者に対する監督機能が強化されていることのほか、③株主総会の特別決議による株主の判断の尊重（定款自治の理念）により、定款の定めによる権限委任を認める制度的基礎は整っていると説明する[22]。しかし、①は監査役会（監査役）の独立性確保措置にならったものであり、②は、それ自体としては、指名委員会と報酬委員会の代替機能を担うにはほど遠い脆弱なものである。定款の定めによる権限委任制度は、監査等委員会設置会社が現実に利用されるようにするための誘引策であると説明することが合理的である[23]。

もっとも、このように説明することは、この制度を否定的に評価することを意味するわけでない。指名委員会等設置会社の創設当時（平成 14 年）、重要な業務執行の決定を執行役に委任するには、監査役会設置会社と質的に異なる厳格な執行役の監督制度を設けなければならないとして、監査委員会のほか、指名委員会と報酬委員会の設置が強制された。しかし、それ以降、内部統制システムや業務執行取締役の職務執行状況の報告等による業務執行取締役の監督制度が整備され、業務執行取締役に業務執行の決定権限を大幅に委任するための制度的基盤が確立された。また、立法政策として、業務執行取締役に業務執行の決定権限を大幅に委任して経営の効率性を向上させることのほか、社外取締役を積極的に登用することを通して外国機関投資家の投資を促進する必要性が強

---

21) 前田雅弘「監査役会と三委員会と監査・監督委員会」江頭憲治郎編・株式会社法大系（有斐閣、2013）273 頁。
22) 立案担当平成 26 年改正 136 頁。
23) 前田・前掲注 21) 273 頁参照。

く認識されるようになった。社外取締役が、通例的な業務執行の決定に直接かかわることには無理があり、社外取締役を積極的に登用するには、執行と監督を分離して、社外取締役の業務執行の決定に係る経営責任を軽減する必要がある。

このような制度的基盤の整備と法政策的観点から、定款の定めによる権限委任制度が設けられたと解することが合理的である。業務執行取締役に経営に係る決定権限を大幅に委任して、弾力的迅速な経営を推進し、経営の効率性を向上させることを目指して、執行と監督を分離すること（モニタリング・モデル）それ自体に積極的意義を認めて、業務執行の決定権限委任の正当化根拠の質的転換を図ったと肯定的に評価することができよう。

3　監査役会設置会社における権限委譲の可能性

監査等委員会設置会社における取締役会は、業務執行の決定を業務執行取締役に委任しても、当該業務執行の決定権限を失うことになるわけでない。取締役会は、なお当該事項を自ら決定することができる。委任事項について、業務執行取締役の側から取締役会の決議を求める場合もあろう。会社の状況や事案の具体的内容等から、業務執行取締役が、委任事項を決定する前に、取締役会に報告し社外取締役の意見を聴取することも考えられよう（取締役会に対する諮問）。

また、重要な業務執行の決定を大幅に業務執行取締役に委任しても、当該事項が取締役会で審議されなくなるわけでない。業務執行取締役による重要な業務執行の決定とその執行状況は、業務執行取締役の職務執行状況報告において、定期的に、取締役会に報告される（会社363条2項。執行役について417条4項参照）。この報告との関連において、内部取締役は社外取締役に説明責任を果たすこととなり、他方、取締役会、したがって、社外取締役は、業務執行取締役の職務執行をチェックすることができるのである。

業務執行事項については、内部取締役が原則として実質的な判断をせざるを得ず、取締役会においては、社外取締役に対する説明責任を果たすことが中心となると示唆されている[24]。重要な業務執行事項が決議事項であるか報告事項であるかの相違は、実務的には相対的なものということもできよう。監査役会

設置の上場会社において、平成26年会社法改正とコーポレートガバナンス・コードの実施により、社外取締役の複数選任が急速に進み[25]、監査役会と社外取締役の協働による業務執行取締役に対する監督システムが強化されている。これを前提に、業務執行の柔軟性・機動性を高めるために、会社法362条4項の見直しが望まれるが[26]、社外取締役の積極的登用を一層推進する法政策を採用するときは、幅広に執行と監督を分離することを認める立法論を展開することが課題となろう。当面、特別取締役制度（373条）を発展的に改変し、定款の定めにより、会社法362条4項1号および2号所定の業務執行事項の決定を業務執行取締役に委任することが考えられよう。

五　監査等委員以外の取締役の利益相反取引の承認

1　序

業務執行取締役から独立した立場で会社と業務執行取締役との間の利益相反取引を監視する機能が期待される社外取締役が委員の過半数を占め、監査等委員以外の取締役の人事関連意見陳述権も有する監査等委員会が、監査等委員以外の取締役の利益相反取引を承認するときは、任務懈怠の推定規定を適用しないことに合理性があるとして、会社法423条4項は、監査等委員会の承認を受けた会社と監査等委員以外の取締役との利益相反取引について同条3項所定の任務懈怠の推定規定の適用を除外する[27]。

---

[24] 「スクランブル・独立社外取締役の増加が促す取締役会の実質的な変化」旬刊商事法務2088号（2015）94頁参照。

[25] 日経500種平均株価採用銘柄の社外取締役選任状況について、中西一宏＝脇山卓也「本年6月総会における社外取締役の選任をめぐる実務動向」旬刊商事法務2078号（2015）43頁～44頁。日本取引所グループの「コーポレート・ガバナンス情報サービス」のデータによると、2016年12月末現在において、上場監査役会設置会社2,763社中、2人以上の社外取締役を選任している会社は1,741社（1人以上選任している会社は2,628社）、2人以上の独立社外取締役を選任している会社は1,506社ということである。

[26] 齊藤真紀「監査役設置会社における取締役会」川濱昇ほか編・森本滋先生還暦記念・企業法の課題と展望（商事法務、2009）190頁～191頁参照。

[27] 立案担当平成26年改正133頁。

しかし、監査等委員会の人事関連意見陳述権は指名委員会と報酬委員会の設置が義務付けられていない監査等委員会設置会社の取締役会の監督機能を強化するために認められたものであり、その現実的機能に配慮するとき、これを任務懈怠の推定排除の主要な正当化事由とすることには疑問がある。任務懈怠の推定排除規定が設けられた実質的理由は、監査等委員会設置会社の利用を促す政策目的にあると解することが合理的であろう[28]。取締役会が利益相反取引を承認したにもかかわらず、関係取締役の任務懈怠を推定するのは厳格にすぎるという理解を基礎に、監査等委員会設置会社の利用促進という政策目的に配慮しつつ、監査等委員会が、監査等委員以外の取締役の利益相反取引を承認するときは、任務懈怠の推定規定を適用しないこととされたのであろう[29]。

2 適用範囲

利益相反取引に係る関係取締役の任務懈怠の推定規定（会社423条3項）は、取締役相互の馴れ合いの危険に配慮して設けられたものであるが、監査等委員会が利益相反取引を承認するときは、監査等委員会の判断を信頼して、馴れ合いの危険は質的に低下したとして、この任務懈怠の推定が排除されるのである。これが主として問題となるのは、業務執行取締役や使用人兼務取締役であろうが、監査等委員でなければ、社外取締役ないし非業務執行取締役の利益相反取引についても、推定排除規定の適用を受けることができる。監査等委員である取締役の利益相反取引については、監査等委員会の判断の公正性を確保するため（監査等委員相互の馴れ合いの危険防止）、これは適用されない（会社423条4項かっこ書）[30]。

監査等委員会の承認により任務懈怠が推定されないのは、取締役会の承認を受けた利益相反取引に限られる。取締役会の承認を受けていない利益相反取引

---

28) 前田・前掲注21) 274頁、江頭580頁〜581頁。
29) 立法論的には、監査等委員会設置会社よりも取締役会の監督機能が強固な指名委員会等設置会社において任務懈怠の推定を排除する余地がないか、さらに、取締役会非設置会社の株主総会の承認を受けた利益相反取引について任務懈怠を推定する必要があるか、検討を要するように思われる。
30) 坂本三郎編著・一問一答平成26年改正会社法〔第2版〕（商事法務、2015）45頁。

にも任務懈怠の推定規定は適用されるのであろうが、関係取締役は、法令違反行為を行ったことそれ自体を理由に任務懈怠となる。これを監査等委員会が承認しても、その違法性はなくならないのであって、監査等委員会の承認により関係取締役の任務懈怠の推定を排除する理由はない[31]。

3　監査等委員会の承認手続

　実務上原則として、取締役会と監査等委員会の利益相反取引に係る承認は、同日に行われることになると推測されるが、監査等委員である取締役の全員が取締役会の承認決議に賛成していても、それにより監査等委員会の承認があったことにはならない。監査等委員会は、取締役会の承認決議とは別に、監査等委員会の決議により、利益相反取引を承認しなければならない。

　監査等委員会の承認は、取締役会の承認と同様、利益相反取引を行う前に受けなければならないと解されている[32]。会社法423条4項は「第356条第1項第2号又は第3号に掲げる場合において」と定め、会社法356条1項2号および3号は「取引をしようとするとき」と定めていることが、その形式的根拠とされる。取締役会の承認は利益相反取引を行う前に受けたが、監査等委員会の承認を受けたのが利益相反取引後であった場合、任務懈怠の推定は破られないことになる。

　取締役会と監査等委員会の承認の前後関係について、代表取締役（取締役会議長）は、まず、監査等委員会の承認を求め、その承認を受けた後に、取締役会に当該取引の承認議案を上程することに合理性を認める見解もある[33]。しかし、監査等委員会の承認は、取締役会の承認の補充的制度として理解することが合理的であり、取締役会の承認があってはじめて問題になるのである。監査等委員会の承認を先議することは違法であり、任務懈怠の推定は排除されないとまでいう必要はないが、そのような実務は適切でない。

　利益相反取締役は、取締役会において、利益相反取引について重要事実を開

31）江頭581頁注1。
32）坂本編著・前掲注30）45頁注1。
33）福岡＝髙木・前掲注7）172頁。

示して承認を受けなければならないと明示的に規定されている（会社356条1項・365条1項）。監査等委員会において、代表取締役や利益相反取締役に説明を求めることが必要となる場合もあろうが、監査等委員会は、原則として、重要事実の開示を含む取締役会に提供された情報・資料および取締役会に審議を参考に、判断すれば足りる。そのため、監査等委員会の審議手続に係る特別の規定が設けられていないのである。

利益相反取引については、①取締役会において、利害関係のない取締役が、当該取引の対価の合理性だけでなく、会社にとって当該取引が妥当であるかどうかの経営判断を行い、その取引を承認する（会社356条1項2号・3号・365条1項）。そして、②取締役会における馴れ合いの弊害（業務執行取締役相互の馴れ合いの危険）に配慮して、任務懈怠の推定規定が設けられている。監査等委員会の承認は、①の取締役会の承認に代わるものでなく、②の任務懈怠の推定を排除するにすぎない。監査等委員会は、取締役会よりも適切に利益相反取引に係る経営判断を行うことができるわけでないが、監査等委員会が、取締役会の審議状況にも配慮して、当該取引が公正かつ妥当なものであるとして承認するときは、馴れ合いの危険が大幅に減少し、関係取締役の任務懈怠を推定する理由がなくなると考えられたのである。

監査等委員である取締役は、取締役会と監査等委員会の2度にわたり利益相反取引の承認にかかわるが、会社法423条4項により、監査等委員である取締役の利益相反取引に係る責任が加重されるわけではない。監査等委員会における承認は、実質的には、取締役会における承認の当否をチェックするという意味で、取締役の職務執行の監査機能の延長線上のものであると解することが合理的である。

監査等委員である取締役が、会社と監査等委員以外の取締役との利益相反取引の承認決議について特別の利害関係が認められる場合、当該監査等委員である取締役は、取締役会だけでなく、監査等委員会における議決にも加わることができない（会社369条2項・399条の10第2項）。取引相手方会社の代表取締役であるが、当該取引を行っていない者がその例とされる[34]。監査等委員会が、

---

34) 中村直人編著・監査役・監査委員ハンドブック（商事法務、2015）435頁。

監査等委員以外の取締役との利益相反取引を承認することにより、取締役会における当該取引の承認決議に賛成した監査等委員である取締役の任務懈怠も推定されないこととなるが、これは、法定の効果であり、監査等委員会の承認は取締役会の承認を前提とする補充的なものであることからも、特別利害関係の問題は生じないのであろう。

4　推定規定の適用除外の効果

　監査等委員会の承認により、関係取締役の任務懈怠の推定が排除される結果、関係取締役に対して株主代表訴訟を提起した原告株主は、当該取締役の任務懈怠について主張立証しなければならないが[35]、会社に損害を被らせる危険が定型的に認められる利益相反取引について、広範な経営判断原則の適用は認められない[36]。原告株主が、当該取引の問題点についてそれなりの主張立証をするときは、裁判実務上、被告取締役は、当該取引が公正かつ妥当であると合理的に判断したことを根拠付けることが必要となろう。その際、監査等委員会の承認手続の適正さが大きな意味を有することとなる。

　監査役会設置会社の取締役に対する株主代表訴訟において、当該取引が利益相反取引であること、および、それと相当因果関係にある損害額を原告株主が主張立証したとき、被告取締役は任務懈怠がなかったこと（客観的に相当の注意を尽くしたこと）を主張立証しなければならない。利益相反取締役は、自己のためにする直接取引の場合を除いて、当該取引がその時点において会社にとり公正かつ妥当であると合理的に判断したこと、および、取締役会において重要事実を誠実に開示したことを立証することにより、任務懈怠の推定を覆すことが可能となろう。取締役会の承認決議に賛成した取締役は、取締役会において、利益相反取締役から重要事実の開示を受け、必要に応じて、利益相反取締役や代表取締役に質問し、当該取引が公正かつ妥当であると合理的に判断したこと

---

[35]　坂本編著・前掲注30）46頁注2。
[36]　利益相反取引への経営判断原則の適用について、森本滋「経営判断と『経営判断原則』」田原睦夫先生古稀・最高裁判事退官記念論文集・現代民事法の実務と理論（上）（金融財政事情研究会、2013）679頁〜680頁参照。

を立証することとなる[37]。

　これらは、実質的には、監査等委員会が、利益相反取引を承認する際、チェックすべき項目について事後的に、個別的具体的に立証することを意味する。監査役・監査役会設置会社の監査役が、これらの事項を、弁護士等の専門家の意見も参考にチェックして、利益相反取引に係る関係取締役の任務懈怠はなかったとして、不提訴理由書を作成するときは（会社386条2項1号・847条4項）、任務懈怠のないことを事実上推定することに合理性があろう。

　会社法428条1項は、利益相反取締役の任務懈怠が推定されることを前提に、自己のためにした直接取引について無過失責任を規定するものである（任務懈怠の推定は覆されない）と解されているが[38]、任務懈怠の推定規定の適用が排除される場合にも、同じように解することができるかどうかが問題となり得る。一般の見解は、自己のためにした直接取引から、会社の損害において取締役が利得することを認めるべきではないことを理由に当該利得を返還させる、いわゆる「利益吐出し」の要請が、この場合の無過失責任の実質的根拠とする。したがって、会社法423条4項は428条1項の解釈に影響しないことになるのであろう。なお、会社法428条1項について、利益相反取引が公正なものであることを証明するときは、任務懈怠は認められないと解する見解によれば[39]、任務懈怠の推定が排除されるときは、責任を追及しようとする者が、当該取引が（客観的に）公正でなかったことを主張立証することが必要となろう。

　任務懈怠の推定排除規定は監査等委員会設置会社への誘導策であるが、会社内の手続と責任関係が複雑になるだけで、あまり意味があるとは思われない。任務懈怠の推定排除規定は、実務的にはほとんど機能しないと指摘されている[40]。利益相反取引に係る責任規制にとって決定的に重要なのは、任務懈怠が推定されるかどうか（過失の立証責任が転換されるかどうか）でなく、経営判断原則がどのようにかかわるかであろう。現行の取締役の利益相反取引規制は画一

---

37) 会社コンメ(9)268頁～269頁［森本滋］。
38) 会社コンメ(9)330頁～332頁［北村雅史］。
39) 田中亘「利益相反取引と取締役の責任（上）」旬刊商事法務1763号（2006）8頁～9頁。
40) 郡谷大輔「監査等委員会設置会社の創設」企業会計67巻3号（2015）54頁。データ的にも、これは重視されていない（商事法務研究会編・前掲注18）152頁図表161参照）。

的形式的であり、多様な利益相反取引を合理的に規制するには過不足が認められる。立法論的には、会社の親子関係や社外取締役の存在に配慮して、重要性基準と公正性基準を基礎に、開示の効用も考慮しつつ、取締役の属性に応じた弾力的で柔軟なルールを構築することが求められよう。

六　結　語

　コーポレートガバナンス・コードの原則4－8前段において、上場会社は「独立社外取締役を少なくとも2名以上選任すべきである」とされたことと関連して、監査役会設置会社においては、2人以上の社外監査役に加えて2人以上の独立社外取締役を選任することが求められる。この社外役員を多数選任しなければならない負担の解消が、監査役会設置会社に対する監査等委員会設置会社のメリットの第1として挙げられ、相当数の監査役会設置会社が監査等委員会設置会社へ移行し、移行を検討している会社も多いようである[41]。監査役の任期4年に対して、監査等委員の任期が2年であることもメリットとされている（人事の柔軟性）。

　監査役会設置の上場会社が監査等委員会設置会社に移行すれば、従来の2人の独立社外監査役を独立社外取締役にすることにより、会社法の要請だけでなく、コーポレートガバナンス・コードの要請も形式的には充足する。さらに、これにより、複数の社外取締役の選任を求める海外機関投資家の理解も得やすいと説明されることもあるが、2人の社外取締役を選任すれば、外国機関投資家の理解が得られると考えるのは安易にすぎよう。また、従来の2人の社外監査役を独立社外取締役に横滑りさせて監査等委員会設置会社に移行した会社において、社長に広範な業務執行の決定権限を委任するときは、ワンマン体制と

---

41) 商事法務研究会編・前掲注18) 152頁図表161。移行表明会社のうち、独立社外取締役の人数がゼロまたは1名であった会社は95％を超え、監査等委員である社外取締役の全員が監査役であった会社は88社（監査役であった者の比率が3分の2以上の会社は154社）のようである（塚本・前掲注2) 30頁・36頁）。平成28年6月定時株主総会における同様の分析について、塚本英臣「平成28年6月総会における監査等委員会設置会社への移行会社の分析──平成27年6月総会における移行会社と比較しながら──」資料版商事法務389号（2016) 33頁。

なり、効率性の観点からも健全性の観点からも問題が生ずる危険がある。

監査等委員会設置会社の制度趣旨は、業務執行取締役が弾力的柔軟に業務を執行し、取締役会が業務執行取締役を適切に監督することにより、健全かつ効率的な経営を実現することであり、社外役員のコスト削減効が第1のメリットとされていることには違和感を覚える。監査等委員会設置会社制度には柔軟性があり、定款自治が広く認められている。必要と思う会社は、任意に諮問委員会として人事委員会あるいは指名委員会や報酬委員会を設置することができ、その委員の構成や権限についても会社自治が認められる。監査等委員会設置会社が、その制度趣旨に適合するよりよいガバナンスを実現するものとなるかどうかは、その運用次第である。監査等委員会設置会社へ移行する上場会社は、よりよいガバナンスを実現する観点から、当該会社における制度設計をすることが求められる。

定款により、業務執行の決定権限を業務執行取締役に大幅に委任しようとする監査等委員会設置会社においては、少なくとも3分の1以上（できれば、過半数）の取締役を社外取締役とすることが望まれる。監査等委員以外の社外取締役のほか、社外取締役の要件を充足しない非業務執行取締役の機能にも十分配慮して[42]、諮問委員会としての指名委員会や報酬委員会を設置する等、個々の監査等委員会設置会社にとって適切なガバナンスを自主的に展開させるべきである[43]。コーポレートガバナンス・コードの原則4−8後段において、「自主的な判断により、少なくとも3分の1以上の独立社外取締役を選任することが必要と考える上場会社は、」「そのための取組み方針を開示すべきである」とする。これは、3分の1以上の独立社外取締役の選任を推奨していると解することが合理的である。

今後、少なくとも市場第一部に上場する会社においては、2人の独立取締役

---

[42] 常勤の非業務執行取締役の有用性について、「監査等委員会設置会社のための特別パネルディスカッション・監査等委員としての実務対応──監査役との違い──（上）」月刊監査役645号（2015）39頁〜41頁［藤田純孝発言・伊藤友則発言・白瀧勝発言］参照。

[43] 監査等委員会設置会社の実務において、このような動きは鈍いようである。調査対象会社数は明確でないが、監査等委員でない社外取締役を置いている移行会社は31社、指名委員会または報酬委員会に相当する委員会を置いているのは12社にすぎない（塚本・前掲注2）33頁・43頁）。

の選任から3分の1、さらには、過半数の独立社外取締役の選任へと社外取締役の員数が増加することが想定される。このような監査等委員会設置会社の発展形態においては、社外役員数の負担感は決定的なものでなくなる。業務執行取締役、社外取締役である監査等委員、それ以外の社外取締役、社外取締役でない非業務執行取締役という多層構造が認められる監査等委員会設置会社においては、監査等委員である社外取締役とそうでない社外取締役等の意思疎通や効果的連携について、さまざまな工夫が求められることとなろう。独立性が強化され、取締役会から相対的に独立して監査機能を遂行することが期待されている監査等委員が、どのように業務執行に係る意思決定に参画するのか、また、監査等委員である社外取締役とそれ以外の社外取締役ないし非業務執行取締役との連携がうまくいくのか、整理する必要があろう。

　監査等委員は、取締役会における議決権の認められた監査役であるといわれる。監査等委員である社外取締役は、経営の基本方針等について経営判断をして議決権を行使するだけでなく、社長人事についても議決権を行使しなければならない。社外監査役と社外取締役の間の決定的な法的相違点は、議決権を背景に、経営者を適切にコントロールすることができるかどうかであるが、それは社外取締役の人数とその資質いかんによる。10人程度の取締役のうち2人の監査等委員である社外取締役以外に社外取締役がいない場合、取締役会決議における監査等委員である社外取締役の存在意義は異議申立以上のものでない場合が多いように思われる。そのような会社においては、社外役員が明確に反対している事実が重要なのであり、社外取締役と社外監査役の現実の機能に大きな相違はないということもできよう。監査等委員会設置会社に移行する際、経営者を適切にコントロールすることができる有能な相当数の社外取締役を選任し、そのサポート体制を整備することが不可欠であろう。

　社外役員に求められる役割は、会社の業種、規模のほか、取締役会に何を期待するかにより異なる。監査役会制度において、監査役の独立性・監査独立の原則、常勤監査役と社外非常勤監査役の連携等、制度面の整備が進み、運用実務も改善されている。監査役・監査役会の監査と取締役会の監督という二元的監査システムは、自己監査の弊害除去と適法性監査の確実性というガバナンス上のメリットを有する。監査役会設置会社制度を維持する会社は、監査役会制

度のメリットを活かしつつ、社外取締役も登用し、監査等委員会設置会社や指名委員会等設置会社との制度間競争を建設的なものにするよう、さまざまな工夫をすることが求められよう。社外役員が有効に機能するかどうかは、社外役員の個人的資質が決定的な意味を有する。社外取締役と社外監査役のいずれに、適切な候補者がいるかも検討課題となろう。

　経営者は、さまざまな機関構成のメリット・デメリットを踏まえて、会社の健全性と効率性を向上させるために、どのような機関設計を採用し、それをどのように運用するのが妥当か、検討することとなろう。会社法は、特定の制度への誘導策を講ずるのでなく、会社が主体的に機関設計について合理的判断をすることができるよう、制度間のバランスに配慮すべきである。

第2編　取締役会の招集と運営

　本編は、昭和 62 年に公表した「取締役会の運営をめぐる諸問題（上）・（下）」（旬刊商事法務 1109 号・1110 号）と「取締役会決議と特別利害関係の範囲――取締役会の運営をめぐる基本問題（続稿）」（旬刊商事法務 1113 号）およびそれをベースに筆者が執筆を担当した、落合誠一編・会社法コンメンタール(8)（商事法務、2009）366 条～ 372 条の注釈を整理し、さらに、森本滋編・取締役会の法と実務（商事法務、2015）を参考に、複数の社外取締役が選任されている取締役会の招集と運営に関する法的問題を検討するものである。

第1章　序

　昭和56年改正商法は、取締役会の招集や運営等の手続について重要な改正を行った。取締役会の招集権者の定めが設けられた場合における他の取締役の取締役会招集請求に関する規定が設けられた（同法259条2項・3項の追加）。監査役の業務監査権限の実効性を確保するため、一定の事由ある場合の監査役による取締役会招集請求権に関する規定が新設された（同法260条ノ3第3項・4項）。
　株主総会決議について特別の利害関係を有する者の議決権行使を禁止する規定が削除されたため、取締役会決議について特別の利害関係を有する取締役は、当該決議に参加することができず、当該取締役の数は、取締役会の定足数と議決要件に係る取締役の数に算入しない旨の規定が、新たに設けられた（同法260ノ2第2項・3項の追加）。
　昭和56年改正商法は、取締役会議事録の備置・閲覧等に関する詳細な規定を設けた（同法260ノ4第3項～5項）。昭和56年改正前商法の下においては、取締役会議事録の備置・閲覧等について、株主総会の議事録と同様の規定が適用されていた。株主と会社債権者は、定款や株主名簿、さらには、株主総会の議事録と同様、取締役会の議事録についても、自由に、閲覧等の請求をすることができたのである（昭和56年改正前商263条参照）。しかし、定款や株主名簿、さらには、株主総会の議事録と取締役会の議事録の記載内容には質的相違が認められる。取締役会においては、経営の機密情報等にかかわる事項が審議され、取締役会の議事録には、それらの審議状況が記載され、関連資料が議事録に添付される場合もある。このような機密情報を知ることができる取締役会の議事録を株主や債権者が自由に閲覧することにより、会社の利益が害される危険がある。そのため、実務においては、取締役会の議事録に記載することが不適当な事項については、常務会等において実質的に審議し、取締役会においては、

形式的に審議するにとどめられていた。これが、取締役会の審議が形骸化する1つの原因である指摘され、昭和56年改正商法は、取締役会において経営の重要事項を実質的に審議することを可能にするため、取締役会議事録を閲覧等するには、裁判所の許可を要するものとしたのである[1]。

　昭和56年改正商法の取締役会に係る最も重要な改正事項は、取締役会は、会社の業務執行を決するだけでなく、取締役の職務の執行を監督する旨の明文の規定を設け、重要な業務執行を取締役会の専決事項としたことである（同法260条1項・2項）。このほか、取締役会の取締役に対する監督機能を強化するため、新たに、取締役は3か月に1回以上業務の執行の状況を取締役会に報告することを要するものとした（同条3項）。この「取締役」とは業務執行取締役を意味する。平成14年の改正商法により、業務担当取締役に係る商法260条3項の規定が追加された関係で、業務執行状況の報告に係る規定は同条4項に移動し、その際、この報告は、代表取締役と業務担当取締役（以下、本編において両者を「業務執行取締役」という）の義務である旨、明示的に定められた。

　本編においては、公開会社である監査役・監査役会設置会社を前提に、社外取締役やコーポレートガバナンス・コードに配慮しつつ、取締役会の招集（第2章）、取締役会の運営（第3章）、取締役会決議と特別利害関係（第4章）および取締役会の議事録（第5章）について検討する。なお、特別取締役による取締役会決議の説明は、省略する。また会計参与は設置されていないものとする。

---

[1] なお、登記すべき事項について取締役会決議を要するときは、申請書にその議事録を添付しなければならない。これにより同一の取締役会において審議された他の重要事項が明らかとなる。このため、当該申請書に不必要な部分の謄写を省略した抄本の提出が認められている（昭和52・10・15民四5546号民事局第四課長回答）。

第 2 章　取締役会の招集

一　序

　取締役会は、招集権限を有する者が、適法に招集通知を発出することにより招集されるのが原則であるが、会社法は、関係者全員の同意に基づく招集手続の省略および取締役会決議と取締役会への報告の省略制度を設けている（会社368条2項・370条・372条）。

　監査等委員会設置会社や指名委員会等設置会社においては、取締役会の招集権者の定めがある場合であっても（会社366条1項ただし書・2項かっこ書）、監査等委員会または指名委員会等が委員の中から選定する者は取締役会を招集することができる（会社399条の14・417条1項）。このほか、指名委員会等設置会社の執行役に取締役会招集請求権が認められている（会社417条2項）。監査役設置会社の監査役は、取締役会に対する報告義務（会社382条）との関連において、必要があると認めるときは、取締役会の招集を請求することができる（会社383条2項・3項）。さらに、監査役設置会社、監査等委員会設置会社および指名委員会等設置会社を除く取締役会設置会社の株主には、一定の事由が認められる場合に、取締役会の招集請求権が認められている（会社367条）。

　本章においては、取締役が取締役会を招集する場合の法的問題を検討した後、取締役会決議・報告の省略制度について概説する。選定監査等委員・選定監査委員の取締役会招集権および監査役・執行役・株主の取締役会招集請求権の説明は省略する。

二　取締役会を招集する者

1　序

　取締役会は、会議を開催してその権限を行使することが原則であり、取締役会を招集する権限を有する者が、適法な招集手続により、会議を招集する必要がある。取締役会を招集する権限を有しない者により招集された取締役の集会は、「取締役会」として招集されていても、法的には取締役会でなく、その集会の決議は取締役会決議としての効力が認められない。もっとも、取締役（および監査役）の全員の同意があるときは、招集手続を経ることなく取締役会を開催することができる（会社 368 条 2 項）。全員出席取締役会も認められる（最判昭和 31・6・29 民集 10 巻 6 号 774 頁参照）。

2　招集権者

(1)　序

　取締役会は、各取締役が招集することができる（会社 366 条 1 項本文）。取締役会の構成員としての取締役の間には、序列や権限に差違はなく、代表取締役以外の取締役、とりわけ、業務執行にかかわらない非常勤の社外取締役にも取締役会招集権が認められている。

　多数の取締役がいる場合に、各取締役が取締役会の招集権を有するときは、各取締役が別個に取締役会を招集することにより同一の議題について矛盾する決議がされる等、実務が混乱するおそれがある。他方、誰かが取締役会を招集するであろうとして、適切に取締役会が開催されないおそれもある。このため、定款または取締役会において、取締役会を招集する取締役を定めることができる（会社 366 条 1 項ただし書）。この定めのある会社においては、その取締役のみが取締役会の招集権を有する。この取締役を取締役会の「招集権者」という（会社 366 条 2 項かっこ書）。

　定款の定めにより、取締役以外の者（監査役、大株主のほか、第三者一般）に取締役会の招集権を認めることができないかどうかが問題となる。会社法 366 条 1 項ただし書は、特定の取締役を取締役会の招集権者と定めるものとしてい

る。これは招集権者以外の取締役の取締役会招集権を排除するための規定であり、取締役以外の者を取締役会の招集権者とすることを積極的に排除しているわけでない。しかし、取締役会は、特定の議題さらには議案を提出する必要がある場合に招集されるのであり、議題や議案を提案することができる者は取締役に限定することが合理的である。また、監査役には、一定の事由がある場合に取締役会の招集請求権が認められている（会社383条2項）。この要件が認められない場合に一般的に、監査役に取締役会の招集権を認めることは、監査役に業務執行事項に係る議題・議案提案権を認めることを意味し、監査役の基本的な職務権限を逸脱するおそれがある。閉鎖会社においては、大株主に取締役会の招集権を認める合理性がないわけではないが、取締役会設置会社においては、所有と経営の分離原則が採用されているのであり、一般の見解に従い、定款の定めによっても、取締役以外の者に取締役会の招集権を認めることはできないと解することが妥当であろう[1]。

(2) **招集権者の定め**

大会社の実務上、会社法366条1項ただし書の定めが原則形態となり、取締役の中から招集権者が定められることとなろう。小規模な閉鎖会社においても、招集権者の定めがないと、取締役間に内紛等が生ずる場合に、各取締役が勝手に取締役会を招集して混乱するおそれがあり、招集権者の定めを設けることが合理的である。招集権者である取締役は、当該取締役の「職務権限」として取締役会を招集するのであり、取締役会を招集する必要がある場合、適切にその権限を行使しなければならず、それを怠ったときは、当該取締役の任務懈怠となる。

招集権者は、定款または取締役会で定めることができる。取締役会の定めとは、取締役会が定める取締役会規則または取締役会決議を意味する。実務上一般に、「取締役会は、法令に別段の定めがある場合を除き、取締役会長（または社長）が招集する」といったように、特定の役職者が招集権者として定められている。このような招集権者の定めは、一般に、定款に置かれているが、特定の役職者を招集権者とする取締役会規則の定めも、取締役全員が改選された後

---

[1] これについて、森本編157頁［大澤武史］参照。

の取締役会を拘束する。いったん定められた取締役会規則は、その変更がない限り、取締役の全員が改選された場合であっても、拘束力が認められるからである。

(3) 取締役の改選と招集権者の定め

取締役全員が改選されるときは、定款または取締役会規則所定の招集権者を欠くこととなるため、一般原則に戻り、各取締役が取締役会を招集することができることとなると解されている。しかし、任期満了により退任した代表取締役は、定時株主総会において取締役に再選されたときは、新たに代表取締役が就任するまでなお代表取締役としての権利義務を有するのであり（会社351条1項）、取締役会の招集権者としての地位もなお維持されると解することが合理的である[2]。当該代表取締役が取締役に再選されないときは、当該代表取締役について会社法351条1項の適用の前提を欠くこととなり、各取締役が取締役会を招集することができることとなろう[3]。

これは、定時株主総会終了後に取締役会を招集する場合の問題である。実務上検討を要するのは、定時株主総会終了直後に開催される取締役会をどのように招集すべきかということであろう。当該取締役会に定時株主総会で選任された取締役・監査役の全員が出席する場合は、全員出席取締役会として招集手続の問題は生じないが、取締役・監査役の中に欠席者がいる場合、これが問題となる。実務的には、定時株主総会前に、取締役・監査役候補者全員から、取締役・監査役に選任されることを条件として、定時株主総会直後に取締役会を開催することの同意を得ておくことにより、招集手続を省略して（会社368条2項）、取締役会が開催されているようである。

一部の取締役・監査役が改選されるが、招集権者は改選期でない場合、定時株主総会前に、招集権者である代表取締役は取締役会の招集通知を発出し、取締役・監査役候補者に対しても、定時株主総会において取締役・監査役に選任

---

[2] 招集権者が「代表取締役」でなく、「取締役社長」とされている場合も同様である（会社351条1項の類推適用）。取締役会の招集は、対外的な取引行為でないため、代表取締役とされていないだけである。

[3] 定款等において、次順位の招集権者の定めがあるときは、取締役に再選された次順位者が招集権者となる。

されることを条件に、招集通知を発出しているのではなかろうか。そうであるならば、招集権者が改選期である場合、さらに、全取締役（監査役）が改選される場合においても、同様に取り扱うことでよいのではなかろうか。前述の会社法368条2項適用説においても、定時株主総会前に、招集権者である代表取締役が、取締役・監査役候補者から、定時株主総会直後に取締役会を開催することの条件付同意を得ることが想定されている。取締役・監査役候補者に対する条件付招集通知は取締役・監査役に対する適法な招集通知でないが、停止条件付同意の効力は、定時株主総会において取締役・監査役に選任されたときに効力が発生するため適法であると説明するのであろうが、無意味な形式論ではなかろうか。また、同意が得られない場合、どのように実務処理をするのであろうか。ともかく、実務としては、招集権者である代表取締役が、取締役・監査役候補者全員に対して、定時株主総会直後の取締役会の開催場所と議題を通知し、取締役会開催の同意を得ておくことが妥当であろう。

(4) **招集権者と社外取締役**

　取締役会は、重要な業務執行を決定する機関であり（会社362条2項1号・4項）、経営全般を把握することが可能な取締役会長ないし社長等の代表取締役が招集権者となることが妥当であると伝統的には考えられてきたが、代表取締役以外の取締役を取締役会の招集権者とすることもできる。最近、取締役会の代表取締役ないし業務執行取締役に対する監督機能が重視されている。取締役会の監督機能に配慮するときは、社外取締役を取締役会の招集権者とし、さらに、取締役会の議長とすることにも合理性が認められよう。業務執行上取締役会を開催する必要があるときは、代表取締役は当該社外取締役に取締役会の招集を求めればよいのである。もっとも、取締役会の審議事項に係る原案作成者である業務執行取締役との連携に配慮するとき、非常勤の社外取締役でなく、常勤の非業務執行取締役ないし社外取締役を招集権者とすることが合理的であり、常勤の非業務執行取締役ないし社外取締役の効用についても検討すべきであろう。なお、社外取締役が取締役会の招集権者となっても、その取締役の社外取締役性は失われない。社外取締役が株主総会や取締役会の議長となる場合も同様である。これらは、社団構成上の事項であり、社外性を排除する「会社の業務を執行した」（会社2条15号イ第1かっこ書参照）ことにはならないので

ある。

(5) **招集権者の定め方**

　定款または取締役会で定める取締役会の招集権者の員数に特別の制約はないが、取締役会の招集権者の定めは各取締役が取締役会を招集することによる混乱を回避するために設けられるのであるから、実務上、1人の招集権者が定められている。当該取締役を欠くに至ったときは、原則に戻り、各取締役が取締役会を招集することとなるが、実務上、「取締役会は、取締役会長が招集する。取締役会長に欠員又は事故があるときは、取締役社長が、取締役社長に事故があるときは、取締役会においてあらかじめ定めた順序に従い、他の取締役が取締役会を招集する」といったように定められている。「事故があるとき」とは、広く、招集権者が取締役会の招集を適切に行うことができない状況を意味する。かつて、当該取締役が海外出張中であることがその典型例とされていたが、国際化が進展し通信技術も発達した現在において、海外出張中の取締役であっても、取締役会を招集することができよう。

(6) **招集権者の権限**

　招集権者の定めは、特定の取締役に、日時と場所を特定して取締役会という会議体を開催することを決定し、それを通知する権限を付与するものである。招集権者が当然に取締役会の議長となるわけでないが、一般に、「取締役会は、取締役会長が招集し、議長となる」といったように、招集権者が議長となる旨定められている。

　招集権者は、取締役会において特定事項を審議する必要があると認めるときに、取締役会を招集することとなる。このため、招集権者には、理論上、当該取締役会の議題および議案提案権が認められるということができる。株主総会は、原則として、（代表）取締役が招集するが（会社296条3項）、取締役会が、株主総会の日時・場所、株主総会の目的である事項等を決定しなければならない（会社298条1項各号・4項）。これは、招集権者である代表取締役の権限を制約する特別規定である。

　招集権者には、当該取締役会の議題および議案提案権が認められるが、他方、招集権者は、自らが招集した特定の取締役会の目的事項（審議対象）を限定する権限を有するわけでない。定款または取締役会規則において、取締役会の招集

通知に取締役会の目的事項（議題）を記載しなければならないと規定されている場合、招集権者は、議題を特定して招集通知を発出しなければ、定款または取締役会規則に違反する違法な招集通知の発出となる。しかし、そのような定めがある場合においても、当該取締役会における審議対象は招集通知において特定された議題に限定されるわけでない。取締役は、招集権者であるかどうかにかかわらず、適宜、当該取締役会において決議事項とその議案や報告事項を提案することができるのである。

3　招集権者以外の取締役の招集請求
(1)　序

定款または取締役会において、取締役会の招集権者が定められている場合、それ以外の取締役は、招集権者に対して、取締役会の目的である事項を示して、取締役会の招集を請求することができる（会社366条2項）。取締役会の招集請求を受けた招集権者は、その請求があった日から5日以内に、その請求があった日から2週間以内の日を取締役会の日とする取締役会の招集の通知を発出しなければならない（会社366条3項の反対解釈）。取締役より適法な取締役会の招集請求を受けたにもかかわらず、適時に取締役会の招集をしなった招集権者は、取締役としての任務を懈怠したものとして（法令違反）、その責任が追及され、取締役解任の正当事由ともなる。

招集権者以外の取締役が、招集権者に対して、取締役会の招集を請求した場合において、その請求があった日から5日以内に、その請求があった日から2週間以内の日を取締役会の日とする取締役会の招集の通知が発出されない場合は、その請求をした取締役は、取締役会を招集することができる（会社366条3項）。招集権者に招集の意思がないことが明白な場合においても、招集請求等の手続を踏む必要がある。無用の事後的紛争を回避するためである。

「5日以内」ととくに規定されているのは、原則として、取締役会の日の1週間前までに招集通知を発出しなければならないことを前提に（会社368条1項）、招集権者が招集しない場合に、請求した取締役が、請求をした日から2週間以内を取締役会の日とする取締役会を招集することを可能にするためである。「5日以内」、「2週間以内の日」は、民法140条の規定に従い（初日不参入）、取締

役が取締役会の招集請求をした日の翌日から起算される。

　定款または取締役会規則で、「5日以内」、「2週間以内の日」の期間を短縮することができるかが問題となる。「招集請求があった日から3日以内に招集通知が発せられない場合には、招集請求をした取締役が取締役会を招集することができる」旨の定めは、期間短縮の定めと解する必要はなく、一定の要件の下で招集権者以外の取締役を招集権者と定めたものと解することにより、実質的に期間短縮をすることができると解する立場もある[4]。会社法29条について、会社法の個別規定が定める要件について定款（会社）自治を認める明文の規定がない限り、定款で法定要件を変更することはできないと硬直的に解する立場がある。上述の見解は、この解釈論を前提に会社法366条3項が、招集期間のように定款による期間短縮を明示的に認めていないため（会社368条1項かっこ書参照）、実質的な招集請求に係る期間短縮の定めについて技巧的な解釈をするのであろう。しかし、明文の規定がない場合には、定款で法定要件を変更することは一切できないと解する必要はなく、招集請求に係る期間短縮を認めることが妥当であるか（必要であるか）どうか、正面から議論すべきである。もっとも、招集請求に係る期間短縮については、会社法297条4項2号や368条1項かっこ書の反対解釈として、否定的に解釈することが素直であろう。

(2) 招集請求権の機能

　招集権者以外の取締役の取締役会招集請求権は、一般に、取締役会の招集権者である代表取締役の職務執行に対する取締役会の監督権限との関連において行使されることとなろうが、招集権者が取締役会を招集すべき事由を知らない場合に、その事由を知っている取締役は、この権限を行使して、適時に取締役会が招集されるよう配慮しなければならない。このように取締役による取締役会招集請求権は、取締役会の監督権限の実質化に機能するだけでなく、取締役会が適時に適切に開催されることを保障する機能を有するのである。

　招集権者は、取締役の招集請求に合理的理由がないことを理由に、取締役会の招集を拒否することができるかどうか、議論されている。具体的にどのような場合が想定されているのか明らかでないが、取締役会の招集請求をする取締

---

[4] 相澤ほか編著・論点解説360頁。

役は、その職務権限として招集を請求するのであり、請求取締役に悪意等がある場合は、権限の濫用として処理するほか（適法な招集請求権はなかった）、その権限行使が不適切であった場合は、当該取締役に対する事後的な責任追及で対処することとして、取締役の取締役会招集請求を認めることが妥当である。取締役による取締役会の招集請求権は、招集権者である代表取締役の職務執行に対する取締役会の監督権限との関連において行使されることにも留意すべきである。また、招集請求において、目的事項を示すことは必要であるが、招集請求の理由を示す必要はないのである（366条2項）。

(3) **招集請求権の行使方法**

平成17年改正前商法は、書面または電磁的方法より取締役会の招集を請求すべきものとしていた（平成17年改正前商259条2項・3項）。会社法は、請求方法について特別の規定を設けていない。閉鎖会社の便宜等に配慮して、具体的な請求方法は会社自治に委ねる趣旨であろう。取締役は、適宜の方法により、取締役会の目的事項を示して、招集権者に対して、取締役会の招集を請求することができる。もっとも、事後的処理の便宜にも配慮して、書面または電磁的方法により請求することが合理的である。

招集権者以外の取締役が、招集権者に対して取締役会の招集を請求する場合、取締役会の目的である事項を示して請求しなければならない（会社366条2項）。複数の招集請求がされた場合に、それが実質的に同一の請求かどうかの判断をするために、取締役会の目的である事項を示す必要があるとされるが、そもそも、取締役会の目的事項を示すことなく一般的に、取締役会の招集請求をすることを認めるのは、招集権者を定めた趣旨に適合しないこととなろう。

「取締役会の目的である事項」は、当該取締役会における議題（審議対象）を意味し、決議事項と報告事項の両者が含まれる。取締役は、会社の業務執行事項や取締役会の監督権限に関連する事項を取締役会の目的（審議対象）とするため、広く、取締役会の招集を請求することができる。なお、取締役による取締役会の招集請求に際して、招集の理由を示す必要はなく、決議事項に係る議案を具体的に特定する必要もない。

招集権者以外の取締役が取締役会の招集を請求する典型例は、代表取締役の選定・解職であろう。代表取締役の選定については、「代表取締役選定の件」を

取締役会の目的として示せばよく、議案（代表取締役候補者である取締役の氏名を特定すること）を示す必要はない。しかし、複数の代表取締役がいる場合における特定の代表取締役の解職については、当該特定の代表取締役の解職が議題となる。この場合は議題即議案なのであり、「代表取締役A解職に関する件」というように、取締役会の目的を示すことが求められる。

(4) 招集請求の競合

複数の取締役が、同時期に同一の目的事項を示して、招集権者に対して取締役会の招集請求をしたが、招集権者が適法に取締役会の招集通知を発出しなかった場合、先に請求した取締役が招集権を有すると解する立場と、それぞれが取締役会を招集することができ、ある取締役が招集通知を発出したときは、他の取締役の招集権は消滅すると解する立場が対立している。これは、実務的にどちらが合理的であるか（混乱を惹起する危険が少ないか）により判断されるべきであり、一般論としては、後者の立場が妥当ではなかろうか。

三　招集通知

1　序

会社法368条1項は、取締役会の招集手続に係る原則規定であり、同条2項は、取締役（および監査役）全員の同意がある場合の招集手続の省略について定める。これらは、株主総会の招集手続に係る会社法299条と300条に対応するが、株主総会と比較して、取締役会の構成員は少人数であり、しかも、出席義務のある専門家の会合である。審議事項（決議事項）も迅速な処理が要請されるものが多い。取締役会の招集手続に係る規定については、取締役会制度の趣旨に配慮しつつ、各社の実情に適合的な弾力的柔軟な解釈が求められる。

2　招集通知の方法と時期と相手方

(1) 序

取締役会を招集する権限を有する者が、会社法368条1項の規定に従い、招集通知を発出することにより、取締役会は招集される。会社法368条1項は、「取締役会を招集する者」の従うべき招集手続について規定する。したがって、

この規定は、会社法366条1項の規定により取締役が招集する場合だけでなく、特別に取締役会を招集することを認められた者が取締役会を招集する場合にも、適用される。

(2) **招集通知の時期**

招集通知は、原則として会日の1週間前までに発出しなければならない。この1週間の期間は、通知の発出日の翌日から起算して取締役会の日（会日）までに丸1週間あることを要する（初日不参入の原則——民140条参照）。定款で、1週間を下回る期間を定めることができる。この招集通知期間の短縮の定めは、招集権者の定めと異なり、定款で定めなければならないのであって、取締役会で定めることはできない。1週間の期間要件は、会社、ひいては、株主の利益保護のため、各取締役の出席の機会と熟慮の機会を確保する要請に基づいて定められているのであり、これを短縮するには株主総会の特別決議による定款の定めが必要であると考えられたのである。

実務上、3日程度に短縮されているが、さらに、「緊急の必要があるときは、この期間を短縮することができる」と定める例が多いようである。招集通知の時期に関する規定の趣旨（各取締役の出席の機会と熟慮の機会を確保して株主の利益を保護すること）から、緊急の必要があるときであっても、招集通知の発出と会日（開会時刻）の間には、取締役や取締役会に出席すべき監査役等（以下、本章において「関係者」という）が出席できる期間ないし時間が確保されていなければならない。きわめて緊急を要するため、ただちに取締役会を開催する必要があるときは、この定めによるのでなく、すべての取締役と監査役の同意により、招集手続を省略して取締役会を開催すべきである（会社368条2項）。関係者全員の事前の同意をとることができない場合においては、経営上の合理性の観点から、弾力的柔軟な運用も認められよう。所在不明のため、事前の同意を取り得なかった取締役または監査役がいる場合においても、とりあえず取締役会を開催し、事前の同意を得ることができなかった関係者に事後的同意を得ることにより、当該取締役会決議には無効事由としての瑕疵はないと解する余地がないわけではなかろう。少なくとも、事後の取締役会における追認を認めることはできよう。

このように解するときは、「緊急の必要があるときは、この期間を短縮するこ

とができる」との定めが真に必要なのか、検討の余地があろう。

(3) 発信主義と到達主義

　取締役会の招集通知について、会社法は、「取締役会の日の1週間前までに、」「通知を発しなければならない」ものとする。「発しなければならない」とは、1週間の期間の始期を定めるものであるにすぎず、いわゆる発信主義（発信者に不到達のリスク負担なし）を採用するものではない。株主に対する通知等に係る会社法126条2項は、明示的に到達擬制について規定している。取締役会の招集通知について、到達擬制の定めはない。取締役の員数はそれほど多くはない。また、取締役は、その職務権限として取締役会に出席しなければならない。取締役は、株主のように自己の利益のためでなく、会社、ひいては、総株主の利益のために誠実に会社の業務執行の決定に参画し、業務執行取締役を監督しなければならないのである。したがって、取締役の取締役会に出席する機会を確保するための招集通知について、あえて到達擬制に係る規定が設けられなかったと解することが合理的である[5]。取締役会の招集通知は、取締役（および監査役）に到達することを要し、招集通知が到達しないときは、招集手続の瑕疵が問題となりうるのである。

　招集通知は、原則として取締役の住所に宛てて発出されるが、当該取締役が特定の場所（会社内の執務室等）に宛てて発出することを求めるときは、それに従うこととなる。会社法126条1項は、株主に対する通知について、原則として株主名簿上の住所に宛てて「発すれば足りる」と定めているが、取締役会の招集通知について、このような特別の規定はない。取締役の人数はわずかで、会社との関係も緊密であり、取締役の現時の住所ないし所在場所も把握可能であろう。したがって、取締役会の招集通知は、原則として住所ないし取締役が前もって指定した場所に宛てて発出することでよいが、取締役が転居届をしていない場合においても、従来の住所に宛てた招集通知が当然に適法な通知となるわけではない。

(4) 招集通知の相手方

　取締役会の招集通知は、取締役会の構成員である各取締役に発出しなければ

---

[5] 森本編159頁［大澤］。

ならない。招集通知に、取締役会の目的事項として唯一の決議事項が示されている場合において、当該事項に特別利害関係を有する取締役が当該決議事項の審議に参加することができるかどうかの議論とは別に、当該取締役に対しても招集通知を発出しなければならない（東京地判昭和 56・9・22 判タ 462 号 164 頁、東京地判昭和 63・8・23 金判 816 号 18 頁）。当該取締役会において、招集通知において示された取締役会の目的事項以外の事項についても審議し、決議することができるからである。もっとも、当該取締役に招集通知が発出されていなかったとしても、一般の見解によると、当該取締役に特別利害関係が認められる目的事項に係る決議に瑕疵は生じないこととなる。

　かつて、海外駐在の取締役は、取締役会に出席することが困難であるため、当該取締役の申出があれば、招集通知を発出しなくてもよいとする見解もあった。しかし、取締役は、取締役会に出席する義務があり、合理的理由がないにもかかわらず取締役会を欠席することは任務懈怠となる。国際化が進展し、通信技術が発達した今日、外国に常駐する取締役にも、招集通知を発出しなければならない。通知を受けた海外にいる取締役が、適宜、海外業務との関連等に配慮して、取締役会に出席すべきかどうか判断することとなる。

　特定の取締役が当該取締役会に欠席することが明らかであっても、当該取締役に対して、招集通知を発出しなければならない。いわゆる名目的な取締役であっても、それが法的に取締役として認められる限り、招集通知を発出しなければならない（最判昭和 44・12・2 民集 23 巻 12 号 2396 頁）。もっとも、このような取締役に招集通知をしていなかった場合の決議の瑕疵等の問題の弾力的取扱いについては、別途検討の余地がある。

　短期間の海外出張等をする取締役は、事実上取締役会に出席することができないのであるから、当該期間について、あらかじめ、招集通知を受ける権利を放棄することを否定する必要はないように思われるが、取締役は、自らが出席できるかどうかとは別個に、取締役会が招集された事実を知るべきである。実務上、取締役会の目的事項も招集通知に記載される例が多いが、その場合、当該目的事項を知っておくことが妥当である。特別に重要な業務執行事項が審議される取締役会にやむを得ず欠席する場合において、自己の意見を取締役会に伝えるよう求めることも考えられよう。情報伝達手段が質的に向上した今日、

招集通知を受ける権利を放棄する必要はないということができよう。

　監査役設置会社の監査役は、取締役会に出席して、必要があるときは、意見を述べなければならない（会社383条1項本文）。これは、監査役の業務監査権限の実効性を確保するための義務であり、各監査役に対して招集通知を発出しなければならない。監査役設置会社とは業務監査権限を有する監査役のいる会社を意味する（会社2条9号）。監査範囲を会計に関するものに限定された監査役には（会社389条1項）、取締役会への出席義務等に係る会社法383条の規定が適用除外されているため（会社389条7項）、このような監査役に対して取締役会の招集通知を発出する必要はないが、このような監査役も、会計監査権限を適切に行使するため取締役会に出席することはできる。

3　招集通知の方法と内容

(1)　招集通知の方法

　招集通知の方法について、とくに規定されていない。公開会社（取締役会設置会社）の株主総会の招集通知のように、書面または電磁的方法による必要はなく（会社299条2項2号・3号参照）、適宜、取締役等の関係者に対して、取締役会の招集の通知をすればよい。口頭による招集通知も認められる。定款または取締役会で、合理的な招集通知の方法を定めることができる。

(2)　招集通知の内容――招集権者が招集する場合

　招集通知の具体的内容について、特別の規定は設けられていない。招集通知の性質上、取締役会が開催される日時と場所は当然に通知されなければならない。取締役会の開催場所に関する法令上の制約はない。定款や取締役会規則等に特段の規定がないときは、招集権者が、適宜、取締役会の開催場所を決定することができる。テレビ会議システムを利用した取締役会も認められており（会社則101条3項1号）、必要な機器が備え付けられている限り、複数の開催場所を結んでの取締役会の開催も可能である。

　一般には、本社の特定の会議室が開催場所とされるのであろうが、重要な支店や工場の会議室等を開催場所とすることもできる。海外を開催場所とすることもできる。もっとも、特定の取締役の参加を困難とするために意図的に遠隔地等を開催場所とするときは、取締役の出席の機会を不当に侵害するものとし

て、招集手続が違法となる場合もあろう。

　取締役会非設置会社においては、所有と経営が分離しておらず、株主総会は会社事項を広く決議することができ（会社295条1項——株主総会の最高かつ万能機関性）、株主総会の招集通知に、当該総会において審議対象となる議題を記載することは原則として求められていない（会社299条2項〜4項。298条1項2号参照）。また、取締役会非設置会社の株主は、議題に係る株主提案を事前にする必要はなく、株主総会の場において議題の提案をすることができる（会社303条1項。309条5項参照）。

　これと同様に、取締役会の招集通知には、取締役会の目的事項、すなわち、議題（審議対象）を特定する必要はない。取締役会は、取締役会非設置会社の株主総会よりも一層機動的弾力的に経営に関する意思決定をすることが求められる。また、取締役会は、会社のため忠実に職務を執行すべき取締役から構成されており、取締役は、経営の専門家として、会社、ひいては、総株主の利益のために取締役会における経営に係る意思決定に参画し、業務執行取締役を監督する職責を有する。このような取締役は、現在の会社の状況においてどのような事項が審議されるべきか知っておくべきであり、取締役は、取締役会において経営全般について審議されることを予定し、そのための準備をしておくべきである。また、特定事項の審議の状況いかんによっては、臨機に審議し決議すべき事項も生ずる。このようなことから、取締役会の招集通知において、目的事項、すなわち、議題を特定することは求められていないのである。

　これが、従来の一般的説明であった。しかし、会社規模が大きく、経営事項が複雑化している会社、とりわけ、業務執行にかかわらない非常勤の社外取締役を選任している会社においては、取締役会の円滑な運営のための合理的実務として、取締役会の招集通知において、目的事項を示すことが合理的であり、さらに、当該議題に係る具体的議案やその説明資料を招集通知に添付することが望まれよう。非常勤の社外取締役に対しては、説明資料を送付するだけでなく、事前に口頭で説明することも検討されるべきである。コーポレートガバナンス・コードも、「取締役会は、社外取締役による問題提起を含め自由闊達で建設的な議論・意見交換を尊ぶ気風の醸成に努めるべきである」として（原則4－12）、「取締役会の資料が、会日に十分に先立って配布されるようにすること」

を求めている（補充原則4－12①(i)）。したがって、定款または取締役会において、取締役会の目的事項（議題）を特定して、取締役会の招集通知を発出しなければならない旨、定めることが望ましい。このような定めがある場合、取締役会の招集通知に当該取締役会における目的事項を記載しなければ、適法な招集通知とは認められないこととなる。

(3) **招集請求がされた場合の招集通知の内容**

各取締役は、取締役会の目的事項（議題）を特定して取締役会の招集請求をしなければならないが、それを受けて招集権者が取締役会を招集する際、取締役の招集請求を受けて取締役会を招集する旨明らかにし、さらに、請求取締役が示した目的事項（議題）を特定して、招集通知を発出しなければならない旨、規定されていない。したがって、定款または取締役会規則により、議題を特定して招集通知を発することが定められている会社、または、それが慣行化している会社においては、取締役の招集請求により招集権者が取締役会を招集する場合も、議題を特定した招集通知を発出しなければならないが、このような特別の定めがない場合は、招集請求を受けた招集権者は、取締役会を招集すれば足り、請求者が示した目的事項を招集通知で明らかにしなければならないと解する必要はないこととなる。

もっとも、この取締役会においては、招集請求をした取締役が示した目的を取締役会の審議対象としなければならない。また、この取締役会の議事録には、会社法366条2項の規定による取締役の請求を受けて招集されたものである旨、記載しなければならない（会社則101条3項3号イ）。したがって、合理的な実務としては、招集通知において、特定の取締役から請求されて招集する取締役会であることのほか、当該取締役から示された議題を明らかにすることが妥当であろう。

招集権者が適切に取締役会の招集請求に応じないため、招集請求をした取締役が、自ら、取締役会を招集する場合においても、招集権者が招集する場合と同様の招集手続に従って取締役会を招集すればよいのであるから（会社368条1項）、当該取締役は、招集権者が招集する場合と同じく、取締役会の目的事項（議題）を特定することなく招集通知を発することができると解する余地がないではない。しかし、招集請求をした取締役は、招集請求に際して示した取締役

会の目的事項との関連において取締役会を招集することが認められるにすぎないのであるから、招集請求をした取締役による取締役会の招集通知には、会社法366条3項の規定に基づいて取締役が招集するものである旨と当該取締役が招集権者に示した取締役会の目的事項を記載しなければならないと解することが合理的であろう。この取締役会においても、招集請求の対象であった事項以外の事項を審議の対象とすることができるが、そのことが、招集通知に議題を特定しなくてよいことの根拠となるわけでなかろう。なお、取締役会の議事録には、会社法366条3項の規定に基づいて取締役が招集した旨、記載しなければならない（会社則101条3項3号ロ）。

4 招集通知の省略
(1) 序——招集通知の省略と全員出席取締役会

取締役会の招集手続（招集する権限を有する者による招集通知の発出）は、取締役その他の取締役会に出席し、意見を述べる職務権限ないし権利を有する関係者に取締役会へ出席する機会を確保することを目的とする。このため、取締役会は、取締役および監査役の全員（関係者全員）の同意があるときは、招集手続を経ることなく開催することができる（会社368条2項）。関係者全員がたまたま集まっているときに、その同意の下に取締役会を開催することもできるが、それは、いわゆる全員出席取締役会であり、この「招集手続の省略」でない。最判昭和31・6・29（民集10巻6号774頁）も、取締役の全員が会社の業務執行に関する事項について協議決定したときは、たとい取締役会の招集手続を経ない旨の明示の同意なしにその手続を経なかった場合でも、当該事項について取締役会の決議がなされたものと解すべきである旨、判示している。

会社法368条2項の招集手続の省略が認められる場合は、関係者全員が出席する必要はない。関係者全員が会合したときに、後日に取締役会を開催することについてその全員が同意する場合のほか、招集権者が、緊急の必要性が生じたとして、電話等において、関係者全員の同意を得て、ただちに取締役会を開催する場合が会社法368条2項所定の招集手続の省略の典型例となる。招集通知の発出について、「緊急の必要があるときは、この期間を短縮することができる」旨の定款規定が設けられることが多いが、取締役会をただちに開催する必

要があるときは、関係者全員の同意により取締役会が開催されることとなる。

(2) **全員の同意**

同意は、原則として個々の取締役会ごとに得なければならない。一般的抽象的に、日時・場所を特定せずに、取締役会の招集通知を不要とする旨の同意は効力を有しない。取締役会の招集通知に議題を特定すべき旨の定款規定を設けている会社においては、議題を特定して同意を得ることが妥当であるが、会社法368条2項は、全員の同意により招集通知それ自体を不要とする規定であるから、議題を特定せずに同意を得ることが違法となるわけでなかろう。

同意は、取締役（監査役設置会社にあっては、取締役および監査役）の全員から得る必要がある。同意を得る方法に制限はない。書面または電磁的方法による必要はなく、明示でも黙示でもかまわない。もっとも、実務上、書面または電磁的記録により、取締役（監査役設置会社にあっては、取締役および監査役）の全員の同意があった事実を明確にしておくことが妥当である。同意は、取締役会が開催される前に得なければならない。事前の同意がなければ適法な取締役会と認められないと解されている。

取締役会の決議の省略や取締役会への報告の省略の場合と異なり、招集手続を省略して開催された取締役会について、議事録に特別の記載をすることは求められていないが（会社則101条4項参照）、議事録に、その旨記載しておくことが妥当であろう。

(3) **定例取締役会**

実務上、取締役会の決議または取締役会規則により、定例取締役会の定めが設けられる場合が少なくない。例えば、毎月第2火曜日の午前10時より、役員会議室で取締役会を開催する等の定めである。この定めは、招集権者に対して適時の取締役会の招集を義務付け、関係者の取締役会出席の一般的準備のためのものであると解するときは特別の問題は生じない。取締役会を開催するときは、そのつどあらためて、招集通知が発出されるからである。

定例会の定めは、毎月、特定の日時・場所において取締役会を招集する旨の定型的な定めである。招集手続を省略することの同意は取締役会ごとに得なければならないといわれるが、会社法368条2項は、個々の取締役会に係る個別的同意を不可欠のものとするわけでなく、日時・場所を特定せずに、一般的抽

象的に、取締役会の招集通知を不要とする旨の同意の効力を否定するにすぎない。定例会の定めのような定型的な同意は許されるのである。関係者全員が、取締役会規則の定例会の定めに同意している限り、毎月、招集通知を発出せずに当該日時に、当該場所で、定例の取締役会を開催することができる。もっとも、取締役会を何時、どこで開催するかは、重要な事項であり、招集通知に特段のコストがかかるわけでない。したがって、実務的には、定例会の定めがある場合にも、招集通知を発出することが妥当であろう。とりわけ、社外取締役がいる場合には、議題を特定することが望まれ、個々の取締役会について、議題を特定した招集通知を発出すべきである。

なお、取締役が改選された場合には、そのつど、当該取締役会規則の定めについて同意を求めるべきである。

5　取締役会の続行と招集手続

株主総会と異なり（会社317条）、取締役会について、延期・続行に係る明文の規定はない。取締役会は、株主総会に比して容易に取締役会を招集することができ、招集通知期間の短縮も認められている。招集通知の省略制度も、株主総会の場合よりも現実的な制度として利用することができる。これらの制度を合理的弾力的に運用することにより、取締役会については、延期・続行の決議を認める必要性はとくにないとも考えられよう。

しかし、企業買収等について白熱した議論となり、取締役会の審議が翌日に持ち越されることも考えられる。関係者全員が当該取締役会に出席している場合はとくに問題は生じないが、関係者全員が当該取締役会に出席していない場合において、翌日に取締役会を開催するため、新たに取締役会の招集通知を発出するか、招集通知省略に係る関係者全員の同意を得なければならないのであろうか。やや古いが、いわゆる続会なる観念は多数決の原理に立脚する会議の本質に基づくものであるから、取締役会についてもその審議の対象たる議案が前後同一のものである限り、出席取締役全員の同意があるときは、続会のための招集手続を経ないでもその会議の続行をなし得るものと解すべきであるとする裁判例がある（札幌高判昭和36・11・20下民集12巻11号2829頁）。

四　書面による決議・報告

1　序

　平成17年改正前商法の下において、取締役会は、現実に会議を開催して、慎重な審議の上決議しなければならないことが強調されていた。代表取締役が行方不明になったため、他の取締役全員が、特定の取締役に代表権を付与する決議をした事案において、最判昭和44年11月27日（民集23巻11号2301頁）は、これは持回り方式によるもので、有効な取締役会決議と認められないと判示した。最近においては、テレビ会議や電話会議等による弾力的な会議運営が認められるようになったため、現実に会議を開催することが格段に容易となったが、決議事項の内容やそれまでの審議状況等から、会議を開催することなく合理的に取締役会の意思決定をすることができると判断される場合がある。企業活動の国際化に伴って、外国に居住する取締役も増大している。また、取締役会の開催場所（本店）から遠隔の地に住所を有する社外取締役の便宜にも配慮する必要がある。

　会社法は、実務上の要請に配慮して、現に会議を開催しない形での決議、いわゆる書面決議（持回り決議）を認めた（会社370条）[6]。これを「決議の省略」という。株主総会の決議の省略（書面決議）は、すでに平成14年改正商法において認められていた。取締役または株主が、株主総会の目的である事項について提案をした場合において、当該提案について（議決権を有する）株主の全員が書面または電磁的記録により同意の意思表示をしたときは、当該提案を可決する旨の株主総会の決議があったものとみなされるのである（平成14年改正前商253条。会社319条）。これは、主として、会社と株主の間に緊密な関係のある閉鎖会社（合弁会社等）における手続簡素化を目的とする。これに対して、取締役会の決議の省略（書面決議）制度は、大公開会社においても、積極的に利用されている。

　会社法は、さらなる会社運営の簡易化、弾力化のために、株主総会への報告

---

[6]　相澤編著・解説106頁。

の省略（会社320条）と併せて取締役会への報告の省略制度を設けた（会社372条）。株主総会への報告の省略については、当該事項を株主総会に報告することを要しないことについて株主全員の書面または電磁的記録による同意が求められている。これに対して、取締役会への報告の省略については、取締役（監査役）の同意は求められていない。なお、取締役会への報告の中で最も重要であり、かつ、定期的な報告である業務執行取締役による職務執行状況報告については、報告の省略制度は認められていない（会社372条2項）。

2 取締役会決議の省略（書面決議）
(1) 書面決議の法的性質

取締役会の書面決議とは、取締役が行った取締役会決議の目的である事項の提案に対して、取締役の全員が同意したときは、当該提案を可決する旨の取締役会の決議があったものとみなすものである（取締役会決議の擬制）。会社法370条の標題は、「取締役会の決議の省略」とされている。これは、取締役会決議は会議を開催して行われるものであることを前提に、そのような決議を省略して、取締役会の決議を擬制する趣旨を明らかにするものであり、一般に、（電磁的記録により同意の意思表示をすることもできるが）書面決議といわれている。この場合、取締役会の決議があったものとみなされるため、議事録等の取扱いは、取締役会決議がされた場合と異ならない。

(2) 書面決議の要件——定款の定め

取締役会設置会社は、①取締役が、②取締役会決議の目的事項について提案をした場合において、③当該事項について議決に加わることができる取締役の全員が、④書面または電磁的記録により、同意の意思表示をしたときは、⑤監査役設置会社にあっては、監査役が当該提案について異議を述べない限り、⑥当該提案を可決する旨の取締役会決議があったものとみなす旨を、定款で定めることができる（会社370条）。

このような定款の定めがなければ、書面決議をすることはできない。取締役会の決議事項は、経営の重要事項であり、現実に会議を開催して慎重に審議した上、会社、ひいては、総株主の最善の利益となる経営判断をすることが期待される。これを簡略化して書面決議を認めるには、株主総会の特別決議による

株主の承認に基づいて定款に明示的定めを設けることが必要であると考えられたのである（取締役会の形骸化に対する配慮）。また、会社法の下において、取締役会は株式会社の必要的機関でなく、定款の規定に基づいて設置されるものである。会社法は、取締役会は会議を開催することを原則としており、会議の開催を省略することは取締役会の設置を定めた定款の予定する取締役会制度の枠組みの重大な例外となるため、書面決議について定款の定めを要するものとしたと説明されている[7]。

　会社法は、書面決議について、これを採用することができる会社の規模や機関構成だけでなく、決議事項の内容についてもとくに制限を設けていない。緊急の経営上の要請により書面決議による必要があると判断する場合に、招集権者である取締役が書面決議の提案をする場合もあろうが、書面決議は、むしろ、取締役会の開催を省略して簡便に取締役会の意思決定を行うことが妥当であると考えられる場合に、行われることとなろう。定例取締役会を書面決議ですますこともできる。決算取締役会の決議事項についても、すでに十分審議がなされている等の事情がある場合は、書面決議によることもできよう。

　他方、書面決議により取締役会が形骸化することは避けなければならない。取締役や監査役は、書面決議を採用するのが妥当かどうか、慎重に検討する必要がある。代表取締役の解職について書面決議が一切否定されるわけではないが、特段の事由のあることが求められよう。業務執行取締役が3か月に1回以上行わなければならない職務執行状況報告について、取締役会への報告の省略（書面報告）制度は、適用されない（会社372条2項）。取締役会の形骸化を阻止するため、3か月に1回以上は、現実に取締役会の会議を開催しなければならないのである。

(3) **書面決議の提案**

　取締役会の決議の省略（書面決議）を提案することができるのは、「取締役」である。法文上、「取締役」とは、業務執行取締役を意味すると限定的に解される場合もあるが、書面決議の場合は、取締役であれば、誰でも書面決議を提案することができる。取締役会の招集権者が定められている場合であっても、書

---

[7]　相澤ほか編著・論点解説366頁。

面決議の提案をすることができるのは招集権者に限定されない。

　取締役は、取締役会の決議の目的である特定の事項について提案を行う。当該事項について特別の利害関係を有する取締役（議決に加わることができない取締役）が書面決議の提案をすることができるかが問題となるが（会社369条2項参照）、これを否定する必要はない。会社法370条も、書面決議を提案する取締役についてとくに限定を加えず、同意する取締役についてのみ、「当該事項について議決に加わることができるものに限る」ものとしている。競業取締役または利益相反取締役が、競業取引または利益相反取引の承認を受けるために書面決議の提案をすることも考えられるが、この場合には重要事実を開示しなければならないことに留意する必要がある（会社356条1項・365条1項）。

　提案の具体的方法はとくに定められていない。口頭あるいは電話により提案することもできるが、取締役は、書面または電磁的記録により同意の意思表示をしなければならないのであるから、実務的には、提案もまた、書面または電磁的記録によりされることになろう。なお、取締役会の目的事項について特別利害関係が認められる取締役について、書面決議における「同意」の意思表示は求められていないため、当該取締役に提案の通知をする必要はない。このことは、取締役会が開催される場合において、特別利害関係取締役は、当該議題の審議に参加することができないとの解釈を支持することになるのであろう。

　(4)　同　　意

　取締役会の決議があったものとみなされるのは、（監査役が異議を述べないときは）議決に加わることができる取締役の全員の同意の意思表示が会社に到達したときとなる。通常は、招集権者である代表取締役に同意書面等を提出することとなるのであろう。

　取締役の全員が、書面または電磁的記録により同意の意思表示をした事実を明確にするため、口頭による同意は認められていない。書面または電磁的記録により同意の意思表示をすることが義務付けられている（書面等の備置について、会社371条1項参照）。同意書面は、個々の取締役が作成する必要はなく、1通の書面を作成しておいて、各取締役の署名・捺印を求める方法によることもできる。

　取締役は、当該提案の内容それ自体には反対でないが、当該提案の内容ない

し会社の状況等により、会議を開催して取締役が協議の上慎重に会社意思を確定すること（決議すること）が妥当であると判断する場合も、同意しないこととなる。取締役の提案に対する同意の意思表示には、当該提案の内容に賛成であるだけでなく、取締役会を開催して審議の上決議しなくてもよいことの同意が含まれるのである。もっとも、取締役は、同意しない理由を示す必要はない。

監査役設置会社にあっては、監査役が、当該提案に異議を述べたときは、当該取締役会の決議があったものとみなすことができない。このため、監査役に対しても、当該提案を知らせる必要がある。監査役は、当該提案の内容が法令定款に違反すると考える場合のほか、当該提案を書面決議により処理することが取締役の善管注意義務に反すると考える場合、典型的にはその処理が著しく不当であると思われる場合に、異議を述べることとなる。監査役の異議の有無に係る確認方法について会社法は定めていないが、監査役も、書面または電磁的記録により異議を述べることが必要なのであろう。監査役は、異議がないときであっても、異議がないことを明らかにするため、異議がない旨の書面を提出することが妥当であろう。取締役会の議事録の作成に係る会社法施行規則101条4項1号はとくに規定していないが、監査役が当該提案について異議を述べなかったことを議事録に記載することが妥当である。

3 報告を要しない場合（報告の省略）
(1) 報告の省略と定款の定め

取締役、会計参与、監査役または会計監査人（指名委員会等設置会社においては、監査役に代えて執行役）が、取締役会に報告すべき場合において、これらの者が、取締役（監査役会設置会社にあっては、取締役および監査役）の全員に対して、当該報告事項を通知したときは、当該事項を取締役会へ報告することを要しない（会社372条1項・3項）。取締役会決議の省略の場合と異なり、報告の省略に関する定款の定めは必要でない。

株主総会の報告事項については、決議の省略の場合と同様、株主の全員が書面または電磁的記録により、報告の省略について同意することが求められ、これにより、株主総会への報告があったものとみなされている（会社320条）。株主の同意には、株主総会における質問権ないし質疑討論の機会を放棄するとい

う意味が認められるのである。これに対して、取締役会への報告の省略については、取締役全員の同意を要する旨の規定はない。このため、取締役会への報告の省略については、当該事項の取締役会への報告があったものとみなすものとはされていないのである。

　取締役会への報告の省略制度は、関係者の全員に対して、取締役会に報告すべき事項の通知をした事実により、取締役会に対する報告を不要とするものである。取締役が、当該報告事項について取締役会で審議する必要があると認めるときは、当該取締役は、その職責として、招集権者に対して、取締役会の招集を請求しなければならない。招集権者の定めがないときは、当該取締役が、取締役会を招集しなければならない。

(2)　**省略することができる報告事項**

　取締役は、競業取引または利益相反取引を行ったときは、当該取引後遅滞なく、当該取引についての重要な事実を取締役会に報告しなければならない（会社365条2項）。監査役は、取締役が不正の行為をし、もしくは当該行為をするおそれがあると認めるとき、または法令定款に違反する事実または著しく不当な事実があると認めるときは、遅滞なく、その旨を取締役会に報告しなければならない（会社382条）。これらの法定の報告事項だけなく、広く一般的に、取締役、会計参与、監査役、会計監査人、または、執行役が、職務の遂行上、取締役会に報告すべき事項が生じた場合に、取締役（監査役会設置会社にあっては、取締役および監査役）の全員に対して、当該報告事項を通知したときは、当該事項を取締役会へ報告することを要しないのである。

　代表取締役および業務担当取締役（業務執行取締役）は、3か月に1回以上、自己の職務執行の状況を取締役会に報告しなければならない（会社363条2項）。この業務執行取締役の定期的な職務執行状況報告については、報告の省略制度は適用されず、現実に取締役会を開催して、報告されなければならない（会社372条2項）。これは、業務執行取締役の職務執行状況の報告が、取締役会の監督権限にとって重要であることを理由とするが、さらに、取締役会の形骸化を阻止するため、この報告義務に仮託して、3か月に1回以上は、現実に取締役会を開催することが求められているのである。

第3章　取締役会の運営

一　序　説

1　序

(1)　運営の基本ルール

　会社法は、取締役会の具体的な運営（審議）の方法について規定していない。取締役会は、定款や取締役会規則の定めに従い、公正妥当に運営されなければならない。定款または取締役会規則等が特別のルールを定めていないときは、会議運営に関する一般原則に従って合理的に、取締役会の審議が行われることとなる[1]。

(2)　株主総会と取締役会の運営

　取締役会設置会社の株主総会の法定決議事項は4つに分類される。その第1は、定款変更、資本減少、解散、会社の組織再編行為等の会社の基礎を根本的に変更させる事項である。第2は、会社機関の選任・解任である。第3は、株主の重要な経済的利害に直接かかわる事項であり、株式併合や募集株式の有利発行等のほか、剰余金配当や株主との合意による自己株式の買受け等がその例である。最後は取締役の権限濫用の危険のある事項であり、取締役の報酬（会社361条1項）がその典型である[2]。取締役会設置会社の株主、とりわけ、公開

---

[1]　新版注会(6)124頁［堀口亘］。
[2]　定時株主総会における計算書類の承認（会社438条2項）は第3の類型に含まれるが、会計監査人設置会社においては、実務上、報告事項となっていることもあり（会社439条——会計監査人設置会社の特則）、これを独立の決議ないし審議事項として、株主総会の法定決議事項を5つに分類する立場もある。

会社の株主は、会社経営に積極的に参加する意思も能力もないのが原則的場合であり、会社法は、株主の利益保護のために、株主の意思を基礎に会社意思を決定する必要があり、しかも、株主が合理的に判断することができる機関の選任と会社組織に係る重要事項等を株主総会の決議事項としているのである。

株主総会は、多数の人的関係のない株主が参集することを前提に、取締役、さらには、監査役から適切な情報提供がされ、株主との間において質問や意見表明等の意見交換が行われた後、株主が決議事項について合理的な意思決定（議決権行使）ができるよう、運営されなければならない。このため、会社役員の説明義務に係る明文の規定が設けられ（会社314条）、議決権の代理行使だけでなく書面による議決権行使と株主総会参考書類制度が整備されている（会社301条・302条・310条〜312条）。また、会社法は、株主総会の議長について、株主総会の秩序を維持し議事を整理することを基本的権限とし、その命令に従わない者その他株主総会の秩序を乱す者を退場させることができる旨明示的に定めている（会社315条）。さらに、株主総会の決議事項が多数の利害関係者の利害にかかわる会社組織の重要事項に係るものであるため、法律関係の画一的確定を目的として、判決の第三者効を認める株主総会決議の不存在・無効確認の訴え制度のほか（会社830条）、軽微な瑕疵について提訴機関と提訴権者を限定する形成の訴えとしての株主総会決議取消しの訴え制度を設けている（会社831条）。

取締役会設置会社においては、法定の株主総会決議事項以外の、いわゆる経営事項の決定は、機動的弾力的な経営の実現を企図して、株主総会が選任する経営の専門家である取締役を構成員とする取締役会（さらには、業務執行取締役）に委ねられている。取締役会の基本的権限は、重要な業務執行の決定、取締役の監督および代表取締役の選定・解職である（会社362条2項）。取締役会においては、とりわけ、経営事項（業務執行事項）について、機動的弾力的に会社意思を形成することが求められる。

業務執行取締役の説明義務に係る明文の規定はない。取締役は、株主と異なり、職務権限として取締役会に出席し、必要な場合、業務執行取締役に質問し、意見を述べなければならないのであり、業務執行取締役の説明義務について規定する必要はない。議長に関する特別の規定もない。取締役会は、議長の権限

223

を含む取締役会の運営について、適切にルールを構築することができる。また、経営事項については、民法や民事訴訟法の一般規定に委ねることでよいとして、取締役会決議について特別の訴え制度は設けられていない。

　取締役会の運営は、株主総会の運営と基本的に同様に行われることとなろうが、以上のような株主総会と取締役会の審議内容の相違と株主の法的地位と取締役の法的地位の相違に配慮しつつ、取締役会の公正妥当な運営方法について検討する必要がある。

2　定足数要件と会議の方式
(1)　定足数要件の意義

　会社法 369 条 1 項の定める定足数要件は、文言上、取締役会の決議要件として定められているため、それは決議に際して充足されていればよいのか、開会ないし審議要件でもあるのかが問題となる。特定の決議事項の議決に際して定足数要件が充足されていなければならないことは当然であるが、定足数要件は、取締役の会議が取締役会として成立するための要件であり、これを欠く場合は取締役会として認められないと解することが合理的である。取締役が取締役会に出席し、意見の交換により、その英知を結集し、会社のため最善の経営判断を行うことを期待している取締役会制度の趣旨から、取締役会の開会時から、討議・議決の全過程を通じて、定足数要件を充足していなければならない（最判昭和 41・8・26 民集 20 巻 6 号 1289 頁）[3]。

　もっとも、定足数要件の解釈運用は柔軟にされる必要があろう。定足数要件を欠いていた決議前の審議は取締役会としての審議と認められないことを強調して、その後の取締役会決議を当然に違法無効のものと解する必要はない。遅れて参加した取締役が了解するときは、審議を最初からやり直すことなく、議長がそれまでの経緯をまとめた上審議を続け、議決することができよう。

　報告事項についても、定足数要件が適用される[4]。指名委員会等設置会社に

---

[3]　この判決は、開会時には定足数を充足していたが、決議時に特別利害関係取締役が退席したため、当時の規定の下では定足数を欠くこととなるとして、当該取締役会決議を無効とした事案である。

おいては、重要な業務執行の決定を執行役に委任することができる。監査等委員会設置会社も、一定の条件を充足する場合、同様である。監査役設置会社においても、「重要な業務執行」の範囲の弾力化が求められている。このように取締役会の業務執行の決定権限の縮小傾向が認められ、他方、取締役会の監督権限の実効性確保の観点から、今後ますます、報告事項に係る審議が重要となる。したがって、取締役会への報告は、定足数要件を充足した適法な取締役会において行わなければならないと解することが正当化されよう。業務執行取締役（執行役）による職務執行状況の報告について、報告の省略は認められておらず、取締役会において報告しなければならないが、その取締役会は、当然に、定足数要件を充足した取締役会を意味するのである。

(2) テレビ会議等

すべての取締役が、取締役会の開催されている場所に出席しなければならないわけでない。IT 化に伴い、双方向の意見交換が可能である機器を利用して、取締役会に参加（出席）することができる。特定の場所において取締役会が開催されている場合に、その取締役会に、テレビ会議方式や電話会議方式により参加することができるほか[5]、インターネットによるチャット等の方式も認められる[6]。会社法施行規則101条3項1号は、取締役会の開催場所に存在しない取締役、執行役、会計参与、監査役、会計監査人または株主が取締役会に出席した場合における当該出席の方法を議事録に記載等するものとして、これらの方法による「取締役会への出席」を認めている。

3 取締役会の出席者

(1) 序

取締役会は、すべての取締役で組織される会議体である。取締役は、各自の専門家としての能力を信頼して選任されているため、取締役会に代理人を出席

---

[4] 実務相談(3)665頁以下、大隅＝今井（中）199頁。
[5] 法務省平成8年4月19日付「規制緩和等に関する意見・要望のうち、現行制度・運用を維持するものの理由等の公表について」旬刊商事法務1426号（1996）36頁、平成14年12月18日法務省民商第3045号法務省民事局商事課長通知参照。
[6] 相澤ほか編著・論点解説362頁以下参照。

させることはできない（会社310条1項対照）。

(2) 取締役会と執行役

　執行役は、指名委員会等設置会社の業務執行機関であり、取締役会の構成員ではない。取締役会は、執行役・代表執行役を選任・選定し、執行役・代表執行役の職務執行を監督する機関であり、取締役会は執行役に取締役会への出席を求めることができる。また、執行役は取締役会の招集を請求することができる旨の規定が設けられている。しかし、執行役に取締役会の招集通知を発出すべき旨の規定はもちろん、執行役が取締役会へ出席しなければならない、あるいは、執行役が取締役会に出席することができる旨の一般的規定は設けられていない。実務上、取締役会の内規において、執行役の取締役会への出席について規定することが合理的であろう。

　取締役会は、業務執行を決定する機関、とりわけ、経営の基本方針を決定する機関であり、業務執行の決定に際してはもちろん、執行役・代表執行役に対する監督権限を行使する際に、執行役の業務執行について情報を入手することが必要となり、適宜、執行役に取締役会への出席を求めることができなければならない。したがって、執行役は、取締役会の要求があったときは、取締役会に出席し、取締役会の求めた事項について説明をしなければならない（会社417条5項）。取締役会は、必要があれば、執行役を取締役会に出席させて取締役会が求めた事項について説明させることができるのである。

　指名委員会等設置会社の取締役会が決定しなければならない（執行役に委任することができない）業務執行事項についても、取締役会に原案を提出するのは、原則として代表執行役であり、執行役が1人も出席していない取締役会は、考えられない。また、執行役は、適宜、取締役会に出席し、意見を述べることが求められよう。したがって、取締役会と執行役の関係を円滑にするため、実務的には、少なくとも1人の執行役（代表執行役）は取締役を兼任することとなろう。

　執行役は、執行役より取締役会の招集の請求を受ける取締役（通常、取締役会の招集権を有する取締役）に対して、取締役会の目的である事項を示して、取締役会の招集を請求することができる（会社417条2項前段。執行役による取締役会の招集について同項後段参照）。執行役は、（明示的規定はないが）当然に、このよ

うに招集された取締役会に出席して、当該取締役会の目的である事項について説明することができる。取締役会の決議事項その他の審議事項は原則として執行役から提出されることとなるが、執行役が取締役会に対して審議事項を提案する際、この取締役会招集請求権を行使することになるのであろう。また、執行役は、3か月に1回以上、自己の職務執行の状況を取締役会に報告しなければならない（会社417条4項前段）。この報告は、取締役会においてしなければならない（会社372条3項）。執行役は、この報告のためにも、取締役会の招集を請求することとなろう。

　もっとも、実務上、定例取締役会の定めが設けられており、執行役は、取締役会の招集権者（である取締役会議長）に対して、執行役が求める取締役会の目的事項および当該事項に係る議案を定例取締役会に上程することを請求することとなろう。

(3) 取締役会と監査役

　監査役は、監査の職務を効果的に遂行するため、取締役会に出席し、必要があると認めるときは、意見を述べなければならない（会社383条1項本文）。監査範囲の限定された監査役について、この規定は適用除外されているが（会社389条7項）、いわゆる会計監査のため必要があるときは、取締役会に出席することができよう。

　監査役は、取締役会に出席する義務はあるが、取締役会の構成員ではない。これは、取締役会において議決権を有しないことを意味する。監査役は、取締役会に議題や議案を提出することもできない。なお、監査役は、取締役が不正の行為をし、もしくは当該行為をするおそれがあると認めるとき、または、法令定款に違反する事実もしくは著しく不当な事実があると認めるときは、遅滞なく、その旨を取締役会に報告しなければならない（会社382条）。この報告義務との関連において必要があると認めるときは、取締役（取締役会招集権者）に対し、取締役会の招集を請求することができる（会社383条2項～4項参照）。「遅滞なく」報告をすればよいのであるから、通常は、定例取締役会において報告すれば足りるが、それまで待てない事情があるときは、この請求権を行使して、臨時の取締役会において報告することとなる。

(4) 取締役会と会計監査人

　会計監査人は、監査役・監査役会（監査等委員会・監査委員会）と計算書類等の適法性について意見を異にするとき、定時株主総会に出席して意見を述べることができる。また、定時株主総会の決議があるときは、会計監査人は、当該総会に出席し、意見を述べなければならない（会社398条）。立法論として、会計監査人に、定時株主総会に出席し、株主から説明を求められた事項について説明する義務を課すことが検討課題となろう（会社314条参照）。

　会計監査人の取締役会への出席に係る規定はないが、会計監査人は、計算書類等を監査し（会社436条2項）、取締役会は、その会計監査を基礎に計算書類等を承認する（同条3項）。したがって、取締役会は、計算書類等の審議に際して、会計監査人の出席を求めることができると解することが合理的である。

(5) 取締役会へのその他の出席者

　取締役会は、その決議により、必要に応じて適宜、上述の者以外の者の取締役会への出席を求め、その意見または説明を聴取することができる。取締役会規則において、取締役・監査役以外の者の出席等について規定する例が多いとされている[7]。法的問題が生じた場合、弁護士の意見を聴取する場合がその典型例となろう。会計監査人の出席もこの場合に含めることができよう。

　会社の使用人が、その職務との関連において取締役会に出席する場合がある。これには、2つの場合がある。第1は、業務執行取締役を補佐するために在席し、当該使用人自身が担当する業務について説明する場合である。このような使用人の出席と発言については、取締役会の（明示または黙示の）同意が必要であり、当該使用人の出席の事実と発言内容は取締役会の議事録に記載されることとなる。

　このほか、取締役会を所管する事務部門の使用人が、主として議長を補佐するため（取締役会の議事録の草案作成や資料の配付等）、在席することがある。これは、取締役会に「出席」しているのでなく、いわば黒子として取締役会にかかわっているにすぎない。したがって、取締役会の議事録において、その存在は明らかにされないこととなろう。

---

[7] 江頭415頁注11。

実務上、子会社の取締役等が親会社の取締役会に出席することができるか、逆に、親会社の取締役等が子会社の取締役会に出席することができるかが問題とされている[8]。いずれの場合にも、当然には出席することはできないが、当該取締役会の同意の下に、取締役会に出席し、意見を述べることができると柔軟に解することが合理的である。この場合、取締役会の議事録には、その旨記載すべきである。

二　議　長

1　序

　株主総会の議長に関する定めが設けられているが（会社315条）、それは議長の権限を明らかにするものであり、議長を必須のものとする規定ではない。株主数が少ない場合には、議長なしに株主総会の議事を進めることができる。

　取締役会については、そもそも議長に関する規定すら設けられていないため、取締役会において議長の存在が不可欠なものでないことは明らかである。しかし、取締役会は3人以上の取締役で構成され、監査役設置会社においては監査役も取締役会に出席する。したがって、取締役会においても、議長を選任して円滑な議事運営を図ることが合理的である。上場会社の実務上、一般に、定款または取締役会規則において、取締役会の招集権者の定めとともに、取締役会の議長の定めが設けられている。取締役会に議長が存するときは、議事録に議長の氏名が記載される（会社則101条3項8号）。

2　議長の定め

(1)　序

　議長の資格について特に定められていないが、取締役会は、株主総会において選任された取締役により構成される会議であり、代理人による出席は認められていない。このため、議長となり得る者は取締役に限られると解することが

---

[8]　これについては、森本編177頁［山田晃久］参照。

合理的である[9]。取締役会の議長には、業務執行取締役以外の取締役もなることができる。社外取締役も議長となることができる。取締役会の監督権限に配慮するときは、社外取締役（非業務執行取締役）が取締役会の議長となることに合理性がある。

　定款または取締役会規則において、招集権者の定めはあるが、議長について規定されていない場合、取締役会の招集権者が当然に議長となるわけではない。議長が必要であると考えられるときは、取締役会ごとに、当該取締役会限りの議長を選任しなければならない。この場合、会議の開催に当たり、招集権者（取締役会を招集した取締役）が仮議長となり、当該取締役会の議長を選出することとなろう。

　実務上一般に、定款または取締役会規則において、「取締役会は、法令に別段の定めがある場合を除き、取締役会長（社長）が招集し、議長となる。取締役会長（社長）に事故があるときは、あらかじめ取締役会が定めた順序により、他の取締役が取締役会長（社長）に代わって取締役会を招集し、議長となる」というように、取締役会の招集権者が取締役会の議長となるように定めるか、または、取締役会の招集権者とは別個に、「取締役会の議長は、取締役会長（社長）がこれにあたる。取締役会長（社長）に事故があるときは、あらかじめ取締役会が定めた順序により、他の取締役がこれにあたる」というように定められている。

(2)　取締役改選期の定時株主総会直後の取締役会の議長

　取締役改選期の定時株主総会直後の取締役会において、代表取締役や業務担当取締役の選定のほか、取締役の役割分担が定められる。特定の役職者が取締役会の議長となる旨定められている場合は、新たに当該役職者が選定されたときに、当該役職者が議長となる。それまでは、前任の役職者が取締役に再任されているときは、前任の役職者が議長となると解することができる。代表取締役会長が議長となると定められているときは、新たに代表取締役会長が選定されるまで、取締役に再任された前任者がなおその権利義務を有するからである（会社351条1項）。議長が「代表取締役」でなく、「取締役会長」とされている

---

[9]　特別利害関係を有する取締役が議長となることができるかについては、本書261頁参照。

場合も同様である（会社351条1項の類推適用）。しかし、代表取締役としての権利義務を有するには、取締役の地位を前提とすると解されているため、前任の役職者が取締役として再任されていない場合は、会社法351条1項の規定を根拠として、前任者は議長の職を務めることはできない。この場合には、議長となるべき役職者が選定されるまでの間の議長を当該取締役会において選出することが必要となる。このような場合分けをしなければならないこともあってか、実務的には、一般に、取締役の互選で仮議長を選出して、役職者の選定が行われているようである[10]。

　定款に議長の定めが設けられている場合において、取締役会が当該取締役会限りの議長を選任することを認めた裁判例がある（福岡地判平成5・9・30判時1503号142頁参照）。当該定款の定めは、正常な会社経営の下における取締役会の議長を定めたにすぎないと解されるところ、取締役会自体が開かれたことがなく、取締役が招集権者に取締役会の招集を求めたのに、招集権者が5日以内に招集通知を発出しなかったため、当該取締役が招集の手続をしたものであって、定款所定の議長には議事進行をする意思があったとは解されないのであるから、右定款の定めは適用されないものであり、また、取締役会は、選任された取締役らにおいて会社を運営し、共同して株主らに対する責任を負うのであって、取締役ら全員の同意の下に議長を選任して議事を進行させることは何ら差し支えがないというべきであるというのである。

　この裁判例は、特段の事由のない限り、定款所定の役職者が取締役会の議長となるべきであると解しているようにも思われる。しかし、取締役会の議長の定めは実務上の便宜のために設けられたものであり、審議事項等との関連において議長を交代させることが妥当であると判断する場合、取締役会は、議長の不信任の動議を可決して、当該取締役会限りの議長を選任することができると解することが合理的である。不信任決議は、定款所定の議長に「事故があるとき」の一事例であり、議長の交代決議には定款所定の議長への不信任決議も含まれていると解することができよう。

　定款または取締役会規則所定の議長となるべき取締役が取締役会に出席して

---

[10] 森本編179頁［山田］参照。

いない場合は、その者に「事故があるとき」となり、あらかじめ取締役会が定めた順序により、他の取締役が議長となり、このような定めがないときは、当該取締役会において、議長を選出することとなる。

(3) 招集権者以外の者の招集と議長の定め

定款において株主総会の議長が定められている場合に、少数株主により招集された株主総会には当該定款規定は適用されず、株主総会を招集した少数株主が仮議長となって当該株主総会の議長を選任すべきであると解されている（広島高岡山支決昭和35・10・31下民集11巻10号2329頁）。これと同様に、定款や取締役会規則において取締役会の議長が定められていても、招集権者以外の取締役により招集された取締役会においては、取締役会の議長に係る規定は適用されず、取締役会を招集した取締役が仮議長となって当該取締役会の議長を選任すべきであると解する立場がある[11]。実務上、招集権者の定めと議長の定めが一体のものとして規定されているため、招集請求に応じなかった招集権者である議長に公正な議事運営を期待することができないというのであろう。

他方、この場合にも、定款または取締役会規則所定の取締役が議長になると解する見解もある[12]。この取締役会の審議対象は、取締役会設置会社の株主総会の場合と異なり（会社309条5項参照）、招集通知に示された目的事項に制限されるわけでなく、また、必要があるときは、当該取締役会において、議長の交代を決議することもできるのであるから、定款または取締役会規則所定の取締役が議長になることでよいというのである。

定款または取締役会規則所定の取締役が議長になっても、必要な場合、議長を交代させることができるのであり、特別利害関係人は議長となることはできないという解釈論を前提に、後説を支持することでよいように思われる。監査役や株主等の招集請求の場合との整合性にも配慮するべきである[13]。

---

[11] 新版注会(6) 94頁［堀口］。

[12] 元木伸・改正商法逐条解説〔改訂増補版〕（商事法務研究会、1983）120頁、実務相談(3) 615頁以下参照。

[13] 監査役や株主が招集した場合は、誰が仮議長となるのであろうか。

3　議長の権限

　取締役会は、原則として、議長による招集手続と定足数の確認後の開会宣言により開会し、その閉会宣言により閉会する。閉会に際しては、議長が独断専行するのでなく、出席取締役の同意を確認して閉会を宣言することが妥当である。取締役会の審議が終了していないにもかかわらず、議長が一方的に閉会を宣言した場合は、その宣言は違法無効なものであり、議長が退席しても、残存取締役は、適宜、議長を選出して取締役会を続行することができる。

　取締役会の議長について、株主総会の議長の権限に対応する規定は設けられていない。会社法315条は、会議体一般について理論上認められる議長の権限を明確化するために注意的に定めたものであり、取締役会の議長にも、基本的にこの規定が類推適用される。しかし、取締役会の出席者は株主総会で選任された取締役および監査役であり、株主総会の議長に関する議論をそのまま取締役会の議長に当てはめるのでなく、その議論を参考に、個別具体的に検討する必要がある。実務的には、定款または取締役会規則において、明確に取締役会の議長の権限を定めておくことが妥当であろう。

　株主総会の議長の職務権限は、株主総会の秩序を維持し、公正な審議をするため議事を整理することである（会社315条1項）。取締役会の議長も、取締役会の審議を主宰する。具体的には、取締役会の秩序を維持し、議事を整理するのである。取締役その他の取締役会出席者は、議長の指示に従って意見を述べ質問をしなければならない。

　株主総会の議長には、明示的に、その命令に従わない者その他株主総会の秩序を乱す者を退場させる権限が認められている（会社315条2項）。混乱が予想されるときは、事前に、ビデオカメラやマイク、スピーカーの持込みを禁止する仮処分が認められる（東京地決平成20・6・25判時2024号45頁）。濫用的議決権行使がされることは明白であるとして議決権行使禁止の仮処分がされ（東京地決昭和63・6・28判時1277号106頁）、株主総会の円滑な議事運営のため、特定の株主の総会出席を禁止する仮処分が認められた例もある（京都地決平成12・6・28判時1739号147頁）。

　取締役（監査役）がその権限を濫用して取締役会の秩序をはなはだしく乱す場合、取締役会の議長は、この者を退場させることができないわけでないが、

取締役（さらに、監査役）は、株主の信任を受けて取締役に選任され、その職務権限として取締役会に出席している。したがって、これらの者を退場させることは慎重でなければならず、取締役会の同意の下に退場を命ずることが妥当であろう。

三　取締役会の運営

1　序

会社法は、取締役会の議事運営について規定していない。取締役会は、定款または取締役会の定めがあるときは、それに従わなければならない。特別の定めが設けられていないときは、会議運営の一般原則に従って、合理的に運営されることとなる。

2　取締役会における審議対象

(1)　序

取締役会設置会社における株主総会の招集通知は、株主に対して、招集通知記載の目的事項を勘案して、株主総会に出席するかどうか判断する機会を与えるために、書面で（株主の同意を得て電磁的方法により通知することもできる）、しかも、当該総会の目的事項（議題）を記載して、行わなければならないものとされている（会社299条2項〜4項）。これに対して、取締役会非設置会社においては、株主総会の招集通知は、書面で行うことも、当該総会の目的事項を記載することも必要でなく、株主提案権も、取締役会設置会社の場合と異なり、単独株主権であり、株主総会の会場において行使することもできる（会社303条1項）。取締役会非設置会社においては、所有と経営が分離していないことを前提に、株主総会招集手続が簡易化され、株主総会において機動的弾力的に会社意思を形成することに配慮されているのである。

取締役会設置会社の取締役は、経営の専門家として、会社、ひいては、総株主の利益のために取締役会における重要な業務執行（経営）の決定に参画し、業務執行取締役を選定し監督する職責を有する。取締役は、取締役会に出席する義務があり、招集通知記載の目的事項いかんにより、当該取締役会に出席する

かどうか、判断する余地はない。取締役会は、重要な業務執行事項に係る決議機関であり、特定の業務執行事項の審議の過程で、関連する他の業務執行事項について審議し、場合によっては当該事項に係る決議をすることが必要となる場合もある。また、代表取締役の解職等の取締役会の監督権限を発動しようとするときは、当該事項を事前に招集通知に記載することが問題となる場合も考えられる。

　他方、取締役は、経営の専門家として、株主総会において選任されているのであり、当該会社の会社事項全般について日頃より配慮し、取締役会において業務執行全般について審議されてもよいように準備することが求められる。また、招集通知に記載されていない事項をただちに決議するには審議が熟していないと思われる場合やその重要性等により当該事項に係る議決を次回に持ち越すことが妥当であると考えられる場合は、議事に関する動議を可決して、当該議決を次回に持ち越すことができるのである。

　したがって、取締役会の招集通知は、取締役会非設置会社における株主総会の招集通知と同様、書面で行うことも、当該取締役会の目的事項を記載することも必要ではないとされている。しかし、会社規模が大きく、経営事項が複雑化している会社において、取締役は、経営の専門家として、取締役会において経営事項の全般について審議されることを予定すべきであると一般化していうことには疑問がある。業務執行取締役ついては、取締役会の前の常務会ないし経営会議等において、会社事項について種々審議する機会があり、取締役会の招集通知に目的事項（議題）が記載されていなくても、臨機の対応を取ることができるのであろう。しかし、業務執行にかかわらない非常勤の社外取締役にそのようなことを期待することは無理である。上場会社の実務においては、取締役会の目的事項事項（議題）を特定して、招集通知が発出されている。社外取締役を選任している会社においては、さらに、社外取締役に対して、事前に参考資料を提供し、要請があれば、口頭でその内容を説明することも必要となろう。コーポレートガバナンス・コードの補充原則4―12①も、取締役会の資料が、会日に十分先立って配布されるようにすることや資料以外にも会社から取締役に対して十分な情報が提供されるようにすることを求めている。

(2) **招集通知に議題が特定されていない場合**

　取締役会の招集通知に議題が特定されていない場合には、招集権者は、取締役会の席上、任意に議題および議案を提案することができる。招集権者は、特定の事項を審議する必要があるとして取締役会を招集するのであるから、招集権者の定めには、当該取締役に議題を提案する権限を付与することも含まれると解することが合理的である。

　かつて、招集権者以外の取締役の議題の提案については、議事に関する動議として処理され、取締役会における多数決により審議対象とするかどうかが決定されるとか、会議の一般ルールから、他の一人の取締役の同意（セコンド）があれば審議対象とすることができると解する立場もあった。しかし、取締役は原則として取締役会招集権を有する（会社366条1項本文）。招集権者の定めは、招集権者以外の取締役の権限を制約するためでなく、招集手続の円滑化等の事務処理上の便宜を主たる目的とする。したがって、招集権者以外の取締役も、招集権者と同様、議題を提案することができると解することが合理的である。取締役会は、議事運営に関する動議により、提案された議題を後日審議する等の決定をすることができるが、それも、招集権者または、それ以外の取締役が提案した議題かどうか、区別して議論する必要はない。

(3) **目的事項の特定と審議対象**

　招集権者の定めは、招集権者に審議対象を限定する権限を認めるものではない。したがって、招集権者の判断で、目的事項（議題）を特定して招集通知が発出されていても、当該事項は当該取締役会で審議される事項の例示であり、当該取締役会において他の事項を審議対象とすることができる。これに対して、取締役会規則、さらには、定款の規定において、招集通知に議題を特定すべき旨定められている場合に、当該取締役会において、招集通知に記載されている事項以外の事項を審議対象とすることができるかどうか、議論されている。なお、招集通知の議題の最後に「その他」と記載されている場合は、議題を追加することができると主張される場合もある。しかし、「その他」の記載により審議対象とすることができるのは、いわば雑件にとどまると解することが合理的である。

　招集通知に議題を特定することを要求していない会社法の趣旨の説明の繰り

返しになるが、特定の議題の審議の過程において、関連事項を審議することが合理的となる場合がある。この場合に、当該事項が、招集通知に示された目的事項以外の事項であることを理由に審議対象から除外されることは、機動的弾力的な経営を実現する観点から問題となろう。招集通知に記載された目的事項と関係のない事項であっても、招集通知の発出後に審議が必要となることもあろう。さらに、代表取締役（業務執行取締役）解職決議のように、取締役会の監督権限の適切な行使のため秘密裏に準備せざるを得ない事項もある。

　代表取締役（業務執行取締役）解職決議等の取締役会の監督権限の行使のためであれば、招集通知記載の目的事項と関係がなくても議題の追加は許されるが、経営事項について突然議題を提案することは不意打ちとなるとの批判がある。招集権者は、招集通知を発出するに当たり、当該取締役会において審議されるべき会社事項について精査し、過不足のない目的事項を招集通知に記載するよう配慮すべきであり、招集通知に記載された目的事項について決議されることが原則とされるべきである。定款または取締役会規則に取締役会の目的事項を特定して招集通知を発出すべき旨の定めがある場合、さらに、このような明示的な定めはないが、慣行的に議題を明示して招集通知がされている場合において、招集権者が、議題を特定して招集通知を発出しておきながら、合理的理由がないにもかかわらず、他の議題を提案する場合、とりわけ、招集に際して議題とすることを予定していながら、特定の取締役を不利に扱うためにあえて招集通知に当該議題を示さなかったような場合は、招集手続が著しく不公正であるとして、当該決議の瑕疵が問題となろう。

　このような留保を付けた上で、機動的弾力的な経営を実現するため、招集通知に記載されていない事項を審議対象とすることができると解することが合理的である[14]。経営事項については、招集通知発出後に審議対象とすべき事項が生ずることが十分に考えられる。また、招集通知に記載された特定の議題の範囲内に含まれる関連事項か範囲外のものかの区別も必ずしも明確でない。した

---

14) いずれも代表取締役の解職の事案であるが、取締役会規程に定めがある場合について、名古屋地判平成9・6・18金判1027号21頁、定款に定めがある場合について、名古屋高判平成12・1・19金判1087号18頁参照。

がって、招集通知に議題を示すことを要求する定款または取締役会の定めの趣旨は、会社法309条5項のように、それ以外の事項について決議することはできないとするのでなく、当該取締役会において審議されるべき事項を事前に示すことにより、取締役の準備を促すことにあると解することが合理的である。

緊急上程された決議事項について、審議することは合理的であるが、当該事項について熟慮する機会がなかったため、決議するには機が熟していないと判断される場合には、議決は次回廻しにすることが求められよう。とりわけ、社外取締役が当該決議を次回に持ち越すことを求めるときは、その意見を十分に尊重することが妥当であろう。

従来、審議対象として決議事項を中心に議論されていたが、今後ますます、取締役会における報告事項の扱いが重要となる。法定報告事項については、議題として特定される場合もあろうが、報告事項については、招集通知に特定されているかどうかにかかわらず、適宜、報告することができると解することが合理的である。取締役会は、決議機関であるとともに、監督機関であり、監督との関連において、幅広く報告の機会を認めるべきである。

3　取締役会の運営方法

(1)　序

株主総会は、通常、議長が、招集手続が適法にされたこと、(定足数が問題となる審議事項がある場合には) 定足数が充足していること、を確認して、招集された株主総会 (例えば、第○回定時株主総会) が適法に成立したことを明らかにして、開会を宣言することにより開会し、議案の提出者 (通常、代表取締役) が提案理由を説明した後、質疑討論 (質問・説明・意見表明等) が行われる。その後、審議が熟したとして、議長から審議を打ち切る旨、宣言され (審議の打切りについて、株主総会に諮られる場合もある)、その後、決議事項については採決手続がとられ、議長の閉会宣言で株主総会は終了する。

取締役会においても、基本的に同様であり、議長の開会宣言により開会する。開会宣言に際して、議長は、招集手続が適法にされたこと、さらに、定足数が充足されていることを確認する必要がある。議長は、欠席取締役の有無と欠席者がいる場合、その人数 (氏名) を確認した後、定足数が充足していることを

明らかにして、当該取締役会が適法に成立したことを確認した上、開会を宣言する。もっとも、これは典型的な場合についての説明であり、すべての事項について明示的に発言することが求められるわけでない。

　取締役会が開会されると、議長は、議題を特定して、審議を開始する。決議事項については、議案が提出され、議案の提出者（担当業務執行取締役）が提案理由を説明する。必要があるときは、関連資料が配付される。担当業務執行取締役のほか、担当使用人が補足説明をすることがある。社外の専門家が意見を述べることも許されるが、議長は、取締役会の同意を得て社外の者の発言を求めることが合理的であろう。その後、質疑討論（質問・説明・意見表明等）が行われ、審議が熟したと認められるときは、議長から審議を打ち切る旨、宣言され、決議事項については採決手続がとられる。報告事項についても、採決手続がないことのほかは、上述の手続とほぼ同様の手続が進められる。すべての議題について審議が終了したときは、議長が閉会宣言をし、これにより当該取締役会は終了する。

　審議の打切りや閉会宣言は、出席取締役の過半数で決すべきであるといわれることがあるが、審議の打切りや取締役会の閉会は、それぞれ、審議が熟した場合、予定の議題ないし審議事項がすべて終了したと判断される場合に行われるのであり、議事進行を行う議長が合理的に判断することができる。もっとも、審議の打切りについても閉会宣言についても、議長が、取締役会に諮って多数取締役の同意の下に行うことが円滑な議事運営の観点からは、望ましいのであろう。とりわけ、社外取締役が選任されている場合は、社外取締役の意向を十分に尊重すべきであり、社外取締役の反対を押し切り、多数の社内取締役の同意により、審議を打ち切り、採決手続に入ることや取締役会を閉会することは問題であろう。

(2)　議事運営——業務執行取締役の説明義務

　取締役および監査役は、株主総会において株主から特定の事項について説明を求められた場合、当該事項について必要な説明をしなければならない（会社314条本文）。報告事項についても説明義務が生ずる。取締役等の説明義務は、合理的な平均的株主が目的事項を理解し、議決権行使に当たり合理的判断をするのに必要な範囲において認められる（福岡地判平成3・5・14判時1392号126

頁、東京地判平成16・5・13金判1198号18頁。最近の事例として東京地判平成24・7・19判時2171号123頁参照）。株主総会における取締役・監査役の説明義務に係る規定は、株主総会の活性化を目的とする注意的な規定であるが、決議事項に関連する事項の説明義務違反は決議方法の法令違反として決議取消事由になる（東京地判昭和63・1・28判時1263号3頁）。報告事項となっている計算書類の内容に係る説明義務違反が剰余金配当等の関連事項の決議の取消事由となる場合もある。

　取締役会における業務執行取締役の説明義務は規定されていないが、それはあえて規定するまでのことはないからにすぎない。取締役会においては、取締役相互の意見交換ないし質疑応答により、また、それらを通しての相互牽制により、適正かつ妥当な会社経営上の意思決定が行われることが期待されるのであり、取締役は、その職責として必要な場合、議案等について質問することができる、というより、質問しなければならない。業務担当取締役ないし関係取締役は、善管注意義務を尽くして誠実に必要な資料を前もって準備し、それに基づいて議案について説明するとともに、取締役の質問に誠実に答えなければならないのである。

　監査役は、取締役会に出席し、必要な場合、意見を述べなければならない旨、明示的に規定されている（会社383条1項本文）。それは、取締役会の構成員でない監査役が、しかも、取締役に対して脆弱性が認められる監査役が、その監査権限を適切に行使するため、とくに規定されているのである。取締役にも、意見を述べるべき職務権限が当然に認められ、取締役は、意見を述べることができ、必要な場合、意見を述べなければならない。このような質疑討論は、取締役会の業務執行取締役に対する監督機能の実質化のためにも有用なものである。取締役の質問に適切に答えない、ないし、答えることができない業務執行取締役に対しては、取締役会の監督権限を適切に行使することが求められる。議事録には、これらの意見や発言の主なものを記載することが妥当である。

(3)　**決議の成立**

　株主総会の決議は、定款に別段の定めがない限り、株主総会の審議の過程を通じて特定の議案に対する賛成の議決権数が決議に必要な数に達したことが明白となったときに成立し、必ずしも挙手や起立、投票などの採決の手続をとる

ことを要しないとされている(最判昭和42・7・25民集21巻6号1669頁)。上場会社においては、議長は採決手続を踏むことが合理的である。具体的な採決方法の選択は議長の合理的裁量に委ねられている(東京地判平成14・2・21判時1789号157頁)。決議の効力は決議の成立時に生ずるのが原則であるが、決議の効力発生に条件を付すことができる。さらに、瑕疵ある決議に係る再決議の場合が典型例となるが、決議の効力を前決議時まで遡らせることもできる。

　取締役会の決議についても、基本的にこれと同様であるが、株主総会決議の場合以上に、明確な採決手続を踏むことが妥当である。取締役会決議に賛成した取締役について、任務懈怠責任が追及される可能性があり、決議事項については、賛成・反対の意思表示を明確にすることが求められるからである。最近の実務において、秘密投票が行われたと報道されている。秘密投票が当然に違法な決議方法となるわけでなかろうが[15]、やむを得ない場合の例外的な方法と解することが合理的である。取締役は、決議事項の賛否に責任を持つべきであり、そのことが議事録において明確にされることが求められるのである。

---

[15] 決議に参加した取締役は議事録に異議をとどめない限り、賛成したものと推定される。したがって、反対した取締役は反対したことを立証する必要がある。

第4章　取締役会の決議と特別利害関係

一　序　説

　平成17年改正前商法260条ノ2第1項本文は、「取締役会ノ決議ハ取締役ノ過半数出席シ其ノ取締役ノ過半数ヲ以テ之ヲ為ス」と規定し（定足数と議決要件の定め）、同条2項は、決議について特別の利害関係を有する取締役は当該決議に「参加スルコトヲ得ズ」と規定していた。さらに、同条3項は、決議に参加することができない取締役の数は定足数の算定から除外するとしていた。開会時には定足数を充足していたが、決議時において、特別利害関係取締役が退席したため、当時の規定に基づいて定足数不足を理由に取締役会決議を無効とした裁判例に配慮して（最判昭和41・8・26民集20巻6号1289頁）、特別利害関係取締役を定足数算定の基礎から除外する旨、明示的に規定することとされたのである。

　取締役会の定足数と議決要件を定める会社法369条1項は、定足数について、「議決に加わることができる取締役の過半数」として、平成17年改正前商法260条ノ2第1項と3項を併せ規定している。会社法369条2項は、平成17年改正前商法260条ノ2第2項に相当する規定であるが、「決議ニ参加スル」でなく、会社法369条1項と併せて、「議決に加わる」と表現を変更している。また、平成17年改正前商法260条ノ2第1項ただし書は、定足数要件についても議決要件についても、「定款ヲ以テ此ノ要件ヲ加重スルコトヲ妨ゲズ」と規定していたが、会社法369条1項は、かっこ書において、「これを上回る割合を定款で定めた場合にあっては、その割合以上」と規定する。これは、広く「要件」の加重一般を認めるのでなく、「割合」の加重のみを認める趣旨と解されている。

二　決議要件

1　序

　決議要件は、定足数要件と議決要件に分かれる。取締役会の決議は、原則として、議決に加わることができる取締役の過半数が出席し（定足数要件）、その過半数をもって（議決要件）行う（会社369条1項）。
　会社法369条1項所定の要件を充足しない取締役会決議は違法無効なものとなる（最判昭和41・8・26民集20巻6号1289頁）。定足数を欠く場合において、欠席した取締役が、事後に、当該取締役会決議に賛成しても、その瑕疵が治癒するわけでない。改めて、招集手続を経た上、決議し直す必要がある。

2　議決権

　株主総会における株主の議決権と異なり、取締役会における取締役の議決権は、1人1票（頭数多数決）である。取締役は、株主総会において、株主の信任を受けて、取締役に選任されている。取締役は、株主総会における株主の議決権行使と異なり、取締役会において、自己の利益のために議決権を行使するのでなく、会社、ひいては、総株主の利益のために、職務権限として、議決権を行使しなければならない（他人機関性・第三者機関性）。取締役は、善管注意義務を尽くして（会社330条＝民664条）、しかも、忠実にその職務を行わなければならないのであり（会社355条）、特別利害関係を有する取締役は議決に加わることができないものとされている（会社369条2項）。
　取締役会においては、議決権の代理行使は認められない。取締役以外の者が取締役会に代理出席することができないことはもちろん、他の取締役が、現実に出席できない取締役の議決権の代理行使を行うこともできないと解されている。株主総会における株主の議決権については、その実質化のため、議決権の代理行使を強行法的に保障する必要がある（会社310条1項本文）。これに対して、取締役は、職務として、自ら取締役会に出席しなければならない。取締役は、株主総会において、それぞれの専門的知識等に対する株主の信頼を基礎に選任されており、取締役会において各取締役が意見を交換してよりよい取締役

会決議が成立することが期待されている。このような取締役会制度の趣旨から、取締役の職務は代理に親しまないのであり、議決権の代理行使も否定されるのである[1]。法人取締役が否定されているのも（会社331条1項1号）、このような趣旨からであろう。

なお、民法上、代理と使者の区別が議論されているが、取締役以外の者が、使者としても、取締役会に出席しない取締役の議決権を行使することはできない。

かつて、取締役の過半数が病気であり取締役会に出席不能の場合の対処方法等が議論され、取締役会においては、各取締役が、意見を交換し、最善の経営判断を行うことが期待されるとして、書面により議決権を行使することも、また、持回り決議をすることも認められないと厳格に解されていた（最判昭和44・11・27民集23巻11号2301頁）。しかし、取締役は、物理的に、取締役会の開催されている場所に出席しなければならないわけでない。現在では、テレビ会議方式や電話会議方式により出席することができる。さらに、取締役会決議の省略（書面決議）制度も設けられている（会社370条）。

なお、会社法は、株主の場合と異なり、取締役の「議決権」について、明示的に規定していない。「決議に参加する」とか「議決に加わる」と規定されているにすぎない。株主の議決権は言葉の真の意味で「権利」であるが、取締役の「議決権」は取締役の職務権限であり、職務として決議に参加するのである。会社法は、そのことを意識して、「決議に参加する」とか「議決に加わる」とか表現しているが、以下において、一般の用語法に従い、「取締役の議決権」という用語を用いて説明する。

3 定足数要件

(1) 序

議決に加わることができる取締役の過半数が出席することが、取締役会決議を行うための定足数要件である（会社369条1項）。株主総会の普通決議の定足

---

[1] 取締役間で、議決権行使についての合意をすることはできる（東京高判平成12・5・30判時1750号169頁）。

数要件は、定款で、別段の定めをすることができ、その定めの内容に特に制約はない（会社309条1項）。定足数要件を加重することも軽減することもできる。頭数要件を付加することも許されないわけでない。

これに対して、取締役会決議については、定款で、定足数要件の「割合」を加重することが認められるにすぎない（会社369条1項第1かっこ書）[2]。定款をもってしても、定足数を軽減することはできない。取締役は職務として取締役会に出席しなければならないのであり、取締役会制度の趣旨より、取締役の過半数が会合して、審議の上議決することが求められるのである。また、定足数要件の「割合の加重」について規定されているため、それ以外の定足数要件を付加することは許されないと解されている。社外取締役の過半数の出席を付加的定足数要件とすることには合理性が認められるように思われるが、これは、定足数要件の「割合」の加重でないため、認められない。

定足数要件は、取締役の会議が取締役会として成立するための要件であり、取締役会の開会時から、討議・議決の全過程を通じて、定足数要件を充足していなければならない。報告事項の審議に際しても、定足数要件が適用されると解することが合理的である。とりわけ、業務執行取締役の業務執行状況の報告について、報告の省略制度の適用は除外されており（会社372条2項）、定足数を充足した取締役会において報告されなければならないのである。

(2) **定足数要件算定の基礎**

定足数要件の算定の基礎となるのは、原則として現存取締役数であるが、「議決に加わることができる取締役」という限定が付加されている。決議について特別利害関係を有する取締役は、議決に加わることができないため、定足数算定の基礎から除外される。3人の取締役がいる会社において、特定の決議事項について、2人の取締役に特別利害関係が認められるとき、議決に加わることができる取締役は1人となる。この場合、定足数は1人であり、当該1人の取締役が賛成すれば、取締役会の決議は成立する[3]。3人の取締役がいる会社において、1人が特別利害関係に該当する場合、過半数は2人となる。

---

[2] 取締役会の定足数や議決要件について、持株数と頭数の区別は生じない。
[3] 実務相談(3) 705頁。

取締役の職務執行を停止された取締役は、議決に加わることができないため、定足数算定の基礎から除外される。法律または定款に定めた取締役の員数が欠けた場合には、任期満了または辞任により退任した取締役は、新たに選任された取締役または一時取締役（会社346条2項――仮取締役ともいう）が就任するまで、なお取締役としての権利義務を有する。このため、当該退任取締役も、定足数算定の基礎となる取締役の数に算入される（会社346条1項）。裁判所の選任した一時取締役のほか、取締役職務代行者も、当該代行者の権限の範囲内の取締役会の決議事項について、取締役の数に算入される（会社352条1項）。

(3) 欠員の場合の処理

現存取締役数が法律または定款所定の取締役の最低員数を下回っている場合において、現存取締役数を基礎に定足数が算定されるわけでない。その場合は、法律または定款所定の取締役の最低員数を基礎に、その過半数の取締役が出席することにより、有効な取締役会が成立すると解されている。したがって、定款に特別の定めがない場合において、取締役が2人となったときは、その2人の取締役が出席すれば、定足数要件を充足するが、取締役が1人となったときは、定足数要件を充足することはないこととなり、裁判所に一時取締役の選任を求めなければならない。

取締役会制度は、取締役が3人以上いることが前提とされているのであり、取締役が1人の場合はもちろん、取締役が2人となった場合にも、取締役会制度は機能不全に陥ると解することが合理的である。2人の取締役による「取締役会決議」は、例外的・救済的取扱いであり、それが一般的に適法なものとされているわけでないことに留意すべきである。2人しか取締役がいない状況は可及的速やかに解消されるべきであり、早急に、取締役選任のための株主総会を招集するか、一時取締役の選任を請求すべきである[4]。

なお、2人の取締役会決議による株主総会の招集決定は適法なものと認められるが、取締役が1人の場合、取締役会において株主総会の招集を決定するためであっても、一時取締役の選任を裁判所に求めなければならないと解されている。取締役の欠員補充のための株主総会の招集に関しては、例外的事態にお

---

[4] 実務相談(3)648頁以下参照。

ける特別の取扱いとして、1人の取締役による株主総会の招集決定であっても、当該株主総会における取締役選任決議の効力に影響を与えない（裁量棄却——会社法831条2項）とするのは便宜的にすぎるのであろうか。

4　議決要件
(1)　序
　議決に加わることができる出席取締役の過半数をもって、取締役会の決議が成立する（会社369条1項）。当該決議事項について議決に加わることができない特別利害関係取締役は、取締役会の場に在席していたとしても、当該決議事項については、(定足数要件とともに) 議決要件としての出席取締役に算入されない。

　取締役会決議について、株主総会決議のように（会社309条1項〜4項参照）、普通決議、特別決議および特殊決議という区別は設けられていない。株主総会においては、いわゆる資本多数決（1株1議決権原則）が採用され、株主の重要な利害にかかわる事項について、少数株主の利益保護のため、普通決議のほか、特別決議と特殊決議というように決議要件が加重されている。機動的な会社意思形成の要請と少数株主保護の要請を比較衡量して、決議事項ごとに決議要件に差異が設けられているのである。これに対して、取締役会は、株主の信任を受けた経営専門家である取締役を構成員とし、頭数多数決が採用されている。また、取締役は、自己の利益のために議決権を行使するのでなく、会社の利益のために行使するのであり、少数株主の利益保護に対応した少数取締役を保護する要請もとくにない。したがって、機動的な経営に係る会社意思形成の要請にも配慮して、普通決議要件が原則的な決議要件とされているのである。

(2)　議決要件の加重
　定款で、議決要件の「割合」を加重することができる（会社369条1項第2かっこ書）。決議事項に応じて、普通決議事項と特別決議事項を区別することができるのである。もっとも、定足数要件についても議決要件についても、特則を設けるには「定款」の定めを要し、取締役会決議で議決要件を加重することはできない。取締役会においては、単純多数決により機動的に経営することが望まれるとして、その例外を定めるには、株主の特別の同意が必要であると考えら

れたのであろう。

　取締役会決議について、平成17年改正前商法は、定款をもって取締役会の決議要件を加重することができる旨、一般的に定めていたが（同法260条ノ2第1項）、会社法は、「割合」の加重を認めるにすぎない。したがって、割合の加重以外の「その他の要件」を定款で定めることはできないと解されている（会社29条参照）。たとえば、「出席した取締役の過半数にして、かつ、出席した代表取締役全員の同意をもって決する」旨の定款規定は、無効となる。決議の成立には取締役社長の同意を要する等、特別の取締役に拒否権を与えるような定めを設けることもできない[5]。しかし、立法論として、社外取締役の過半数の賛成を議決要件に加えることは検討されてもよいように思われる。

　この関連において、いわゆる拒否権付種類株式制度に言及する必要がある。取締役会の決議事項について、取締役会決議のほか、特定の種類の株式の種類株主を構成員とする種類株主総会の決議があることを要するとする、種類株式が認められている（会社108条1項8号）。このような種類株式が発行されている場合、当該事項に係る取締役会決議が効力を有するためには、種類株主総会の決議が必要となる。

　定款で、取締役会の議決要件を全会一致とすることができるかどうかが問題とされている。全会一致を要求することに合理性が認められる決議事項もあり、これについて、定款自治を認めることが妥当であろう[6]。代表取締役の解職について、取締役全員一致の決議を要求することは、取締役会の監督権限を骨抜きにするため、疑問であるとする見解もあるが、さまざまな取締役会設置会社が想定されるのであり、合弁会社等を想定するとき、これを一般的に否定する必要はなかろう。もっとも、代表取締役解職決議について、当該取締役は特別利害関係取締役に該当しないと解するときは、代表取締役解職決議は事実上成立しないこととなろう。

---

[5] 平成17年改正前商法の下においても、これらの定款規定は、取締役間の平等の観点から問題とされていた（北沢388頁）。
[6] 江頭416頁注13。代表取締役の選定や募集株式の発行等がその例として挙げられている。

(3) 議長の決裁権

「可否同数のときは、議長の決するところによる」旨の定款規定について、かつて、これは、会議体における原則的ルールであり、業務の円滑な遂行のため有効なものと解する見解が有力であった[7]。最近においても、取締役会においては、株主総会におけるように、議決権の平等を重視しなくてもよいという見解も唱えられている[8]。しかし、現在では一般に、一度取締役として議決権を行使した議長が再度議決権を行使することにより決議を成立させることは、法定決議要件（議決要件）の緩和であり、会社法369条1項に違反する無効な決議となると解する見解が有力となっている[9]。

そもそも、議長は、取締役会の秩序を維持し、議事を整理する職務権限を有するにすぎない。さらに、代表取締役会長（または社長）が議長となっている実務を前提にするとき、議長の決裁権は、実質的に、会長（または社長）に2票の議決権を認めることを意味することとなるが、それは妥当なのであろうか。取締役会の監督権限との関連において、取締役の議決権の対等性に留意すべきである。また、最近、社外取締役が取締役会の議長となっている場合もある。上述の見解は、この場合にも、同様の主張をするのであろうか。実務上例外的であるが、その取締役会限りの議長が選出されているときは、どうなのであろうか。会社法は、議長に係る明文の規定を設けていないのであり、取締役会に議長は不可欠のものでない。そのことからも、議長に特別の権限を認めることは問題であろう。

実務上、議決に際して、議長が自らの議決権行使を留保した上で、可否同数の時にその議決権を行使する場合があるが、このような実務慣行に問題はない。会議体における原則的ルールは、議長の議事進行の公正さを確保するため、議長は原則として議決権を行使しないこととしつつ、可否同数となった場合は、経営の渋滞を避けるため、決裁権を行使することが認められていたのではなかろうか。また、可否同数の場合において、取締役会は、次善の策を検討す

[7) 鈴木＝竹内280頁注8、大隅＝今井（中）201頁以下。
[8) 近藤光男・最新株式会社法〔第8版〕（中央経済社、2015）281頁以下。
[9) 大阪地判昭和28・6・19下民集4巻6号886頁、北沢388頁、江頭416頁注14。

べきであり、その際、議長一任の決議が採択されることがある。この場合についても議長に決裁権が認められるといわれることがあるが、これは取締役会決議の執行として議長が決裁権を行使するものであり、法的に問題はない[10]。

三　特別利害関係取締役の議決権

1　序

　株主は、自己の利益を守るために議決権を行使することができ、株主総会においては、事前に特別利害関係株主の議決権行使を禁止するよりも、著しく不当な決議がされたときに事後的な是正措置を講ずることが妥当であると考えられている（会社831条1項3号）。これに対して、取締役は、法令定款および株主総会決議を遵守し、会社のため忠実にその職務を行わなければならない（会社355条）。取締役は、自己の利益のために取締役会において議決権を行使するのでなく、会社、ひいては、総株主のために、職務権限として取締役会の決議に参加しなければならないのである。また、取締役会の決議事項の多くは経営に関する重要事項であり、当該決議後対外的取引関係が生ずる。特別利害関係取締役の議決権行使を認めて、事後的に、決議の内容が著しく不当である場合に当該取締役会決議を無効とすることは、会社の法律関係を不安定なものとし取引の安全を害することとなるのである。

　したがって、会社法は、特定の取締役が、当該決議について、会社に対する忠実義務を誠実に履行することが定型的に困難と認められる個人的利害関係ないしは会社外の利害関係を有する場合に、議決に加わることができないものとした（会社369条2項）。

2　特別利害関係

(1)　序

　取締役会決議に係る特別の利害関係とは、「特定の取締役が、当該決議について、会社に対する忠実義務を誠実に履行することが定型的に困難と認められる

---

[10] 江頭416頁注14。

個人的利害関係ないしは会社外の利害関係」を意味すると解されている。その典型例は、会社との競業取引や利益相反取引の承認決議に際しての競業取締役・利益相反取締役である。

　譲渡制限株式の譲渡承認に係る取締役会決議についても（会社139条1項）、当該取引の関係取締役は、特別利害関係取締役となる[11]。取締役の対会社責任の一部免除決議についても（会社426条1項）、当該取締役は特別利害関係取締役となる。監査役設置会社でない取締役会設置会社において、取締役会が、会社と取締役の間の訴えにおける会社代表者を定める場合においても、当該取締役は議決に加わることができない（会社364条）。第三者割当増資の割当先の決定について取締役会決議を要するかどうかの議論とは別に、特定の取締役に対して第三者割当増資をする場合は、利益相反取引として取締役会決議が必要となり、当該取締役は特別利害関係人となる。それが有利発行となる場合、株主総会の特別決議による承認が必要となり、取締役会決議によりその原案が確定される。この取締役会決議についても、当該取締役は、利害関係の直接性から、特別利害関係人となると解することが合理的であろう。株主総会に提出する退職慰労金贈呈議案決定の取締役会決議における退職予定取締役についても、同様であろう。

　すべての取締役に金銭を貸し付ける場合と同様、すべての取締役に対して第三者割当増資をする場合において、各取締役に割り当てる部分について、それぞれ別個に決議することにより、当該取締役以外の取締役は、特別利害関係にある取締役にはならないと解されている[12]。取締役の会社に対する責任の一部免除についても、同様である。

　取締役の報酬について、（指名委員会等設置会社以外の会社における）実務上、株主総会においては、取締役全員に対して支給し得る報酬の最高限度額が定められるにすぎない。個々の取締役に対する具体的支給額の決定は取締役会において行われる。この取締役会決議に特別利害関係の問題は生じないと解されている。取締役に対する報酬規制はお手盛り防止を目的とし、すでに報酬総額が

---

[11] 実務相談(3) 711頁参照。
[12] 実務相談(3) 700頁。

株主総会で決議されている以上、個々の取締役に対する具体的支給額の決定に際して、取締役と会社の間に利害対立関係はないことを根拠とするのである。実務的には、取締役会決議において、社長等にその決定が委任されている。この場合、この理解に従えば、社長は自らの具体的な報酬額についても決定することができることとなろう。

最近において、取締役に対する報酬規制はお手盛り防止だけを目的とするのでなく、効率性確保（業務執行取締役のパフォーマンス評価）をも目的とするのであり、個々の取締役の報酬額決定の公正さと透明性を確保することが強く求められている[13]。各会社において、特別利害関係の問題を超えて、合理的な報酬額配分手続とルールを設定することが求められよう。もっとも、全取締役に対するストックオプション計画等について株主総会の承認を受けているのであるから（会社361条1項1号・3号・2項）、個々の取締役に対する具体的配分について、特別利害関係の問題は生じないのであろう[14]。

(2) 競業取引・利益相反取引

取締役の競業取引や会社と取締役との利益相反取引について取締役会が承認するとき（会社356条1項・365条1項）、当該取締役は、特別利害関係のある取締役として、議決に加わることができない。このことに異論はないが、競業取引や利益相反取引について、いろいろと困難な解釈問題がある。ここでは、競業取引と利益相反取引に係る取締役会の承認手続について若干の検討を行う。

取締役会設置会社においては、競業取引と利益相反取引のいずれについても、取締役は、当該取引について重要な事実を開示して、取締役会の承認を受けなければならない（会社356条1項・365条1項）。この重要な事実を開示しなければならない「取締役」とは誰であり、取締役会の承認を受けなければならないのはどの「取締役」かが問題となる[15]。

---

13) コーポレートガバナンス・コードの原則3－1(iii)参照。
14) 森本編201頁［村上創］。
15) これらの取引の事後報告義務を負う取締役についても議論されている（会社365条2項）。この場合には、「356条1項各号の取引をした取締役」と定められているため、競業取引については競業取締役、利益相反取引のうち、直接取引については利益相反取締役であるが、間接取引については会社を代表した取締役であると解するのが多数のようである。

競業取引は会社外の取引であり、会社は直接当該取引の当事者とならないため、重要な事実を開示しなければならない「取締役」と取締役会の承認を受けなければならない「取締役」は、いずれも、競業取引を行う取締役であることは明らかである。競業取締役は、利害関係取締役として、当該取引を承認する取締役会の議決に加わることができないだけでなく、当該取引に係る審議に参加することもできないと解されている。したがって、実務上一般に、議長である代表取締役が、事前に競業取締役から当該取引に係る重要事実の説明を受け、それに基づいて、重要な事実を開示しているようである。しかし、これは、議長である代表取締役が、競業取締役に代わって、説明しているにすぎない。競業取締役は、競業取引をしようとするときは、自ら事前に、取締役会招集権者に対して、競業取引の承認のための取締役会の招集を求め、取締役会において、重要事実を説明し、さらに、他の取締役の質問に対して誠実に説明しなければならないのである。

　利益相反取引のうち、直接取引は、取締役が自己または第三者のためにする会社との間の取引であり、当該取引には会社を代表（代理）する代表取締役（または業務担当取締役）と利益相反取締役がかかわるが（以下、業務担当取締役による代理行為は省略する）、学説上、重要な事実を開示し、取締役会の承認を受けなければならないのは利益相反取締役であると解されている[16]。利益相反取締役は、利益相反取引をしようとするとき、取締役会に対して、利益相反取引の承認を求めなければならないが、競業取引の場合と異なり、取締役会招集権者に対して、利益相反取引の承認案件を上程するよう、請求することはできない。取締役会招集権者である代表取締役は、会社代表者として、当該取引をすることが会社の利益となると判断して当該取引を行おうとするときは、当該取引の承認議案を取締役会に上程することとなるが、当該取引をする必要はないと判断するときは、あえてその承認案件を取締役会の議題とする必要はないと解することが合理的である。取締役会招集権者である代表取締役が、当該取引の承

---

16) 実務上、解釈の混乱に配慮して、直接取引についても間接取引についても、代表取締役と利益相反取締役の両者が重要事実を開示し取締役会の承認を受けるべき取締役であり、どちらか一方が重要事実を開示して取締役会の承認を受ければ、他方の取締役も重要事実を開示して承認を受けたことになると解されているようである。

認議案を取締役会に上程するのは、利益相反取締役の求めに応じてであるが、代表取締役も当該取引を行うことが会社の利益となると判断したからである。したがって、原則として、代表取締役が当該取引について重要事実を説明することとなろう。これは、利益相反取締役による法定の重要事実の説明を代行するとともに、業務執行者として当該取引を行うことが妥当であることの説明を併せ行うものである。

　間接取引には、会社を代表（代理）する代表取締役（業務執行取締役）と第三者（会社が取締役の債務を保証する場合の債権者である第三者等）がかかわり、利益相反取締役は取引に直接かかわるわけではない。このため、一般に、代表取締役が、当該取引について、重要な事実を開示して、取締役会の承認を受けなければならないと解されている。しかし、取締役会において、会社が取締役の債務を保証する契約の締結を承認する際、利益相反取締役に債務を履行する資力があるかどうか、さらに、利益相反取締役の債権者がなぜ会社に債務保証を求めるのか等、利益相反取締役側の事情を確認する必要があろう。当該取引（債務保証契約の締結）に係る重要な事実には、保証契約の内容だけでなく、このような事情も含まれ、これを適切に説明できるのは利益相反取締役である。したがって、この場合にも、重要な事実を開示して取締役会の承認を受けなければならないのは、利益相反取締役であると解することが合理的である。実務上、議長である代表取締役が重要な事実を開示しているようであるが、これは、利益相反取締役に代わって説明しているにすぎない。

　競業取締役または利益相反取締役は、重要事実を開示し、取締役の質問に応じてさらなる説明をするため、競業取引や利益相反取引に係る取締役会の審議に参加することができると解することが合理的である。このような質疑の後、これらの取締役は取締役会を退席することとなるが、取締役会が明示的にまたは黙示的に認めるときは、取締役会の席にとどまることもできる。

(3)　**代表取締役選定決議**

　代表取締役選定案件において、事実上の候補者である取締役は当該決議に係る特別利害関係人に当たらないが、特定の取締役を代表取締役に選定することが議題とされている場合には、当該取締役は特別利害関係人に該当するという見解がある[17]。しかし、代表取締役選定案件においては、いずれの場合にも、

特別利害関係は認められないと解することが合理的である。特定の取締役を代表取締役に選定する場合と、次に述べる特定の取締役を代表取締役から解職する場合の間には、忠実義務の観点から質的相違が認められる。そもそも、代表取締役選定案件は、「特別利害関係」が問題となる「個人的利害関係ないしは会社外の利害関係」でなく、取締役のうち誰に経営を担当させることが妥当であるかという最高度の経営判断事項であり、すべての取締役がその意思決定に参加すべきものである[18]。業務担当取締役を選定する場合も同様である。

　指名委員会等設置会社における執行役と会社との法律関係（報酬や責任関係）は、取締役の場合と同様であり、しかも、執行役の選任や代表執行役の選定は、業務担当取締役、代表取締役の選定と実質的に同様の最高度の経営判断事項としての経営者の選任である。しかし、取締役を代表取締役に選定する場合と異なり、取締役を執行役に選任する場合は、会社との間で取締役とは別個の新たな法律関係を生じさせる。このため、「利益相反取引」として、特別利害関係が認められると解する余地もあろう。取締役に重要な使用人を兼務させる場合については、取締役とは性質を異にする会社との新たな法律関係（雇用契約関係）を生じさせる当該取締役との利益相反取引となり、特別利害関係が認められると解されているからである。しかし、経営トップの人事は機関関係を創設するものであり、「特別利害関係」が問題となる「個人的利害関係ないしは会社外の利害関係」は生じないと解することが合理的であろう。

　指名委員会において、執行役候補者と代表執行役候補者、さらに、執行役の職務分担等の原案作成権限が認められている場合、指名委員会の委員がこれらの事項の当事者となるときに、指名委員会の決議について、特別利害関係が認められるかが問題となる。指名委員会において、委員は、公正無私の立場で決議に参加しなければならないのであって、議決に加わることはできないと解することが合理的である[19]。

17）大隅＝今井（中）203頁注4。
18）江頭417頁注15は、これは業務執行への参加であると説明するが、その趣旨は本文と同様であろう。
19）本書146頁参照。

(4) 代表取締役解職決議

代表取締役解職決議について、見解が激しく対立する。業務担当取締役の解職、さらに、指名委員会等設置会社において、取締役を兼任する執行役・代表執行役の解任・解職についても同様である。

昭和56年改正前商法の下において、判例は、株主総会における取締役解任決議の対象である取締役は特別利害関係人には当たらないが（最判昭和42・3・14民集21巻2号378頁）、取締役会における代表取締役解職決議については、当該取締役は特別利害関係人に該当すると解した（最判昭和44・3・28民集23巻3号645頁）。取締役は、株主総会における株主と異なり、取締役会において、自己の利益のために議決権を行使してはならず、職務権限として、会社の利益のために議決権を行使しなければならないところ、取締役会における代表取締役の解職決議について、当該取締役は個人として重大な利害関係を有するのであり、解職対象代表取締役は、一切の私心を去って、会社に対して負担する忠実義務に従い公正に議決権を行使することは必ずしも期待しがたく、かえって、自己個人の利益を図って行動することすらあり得るのであるとして、取締役会決議の公正を担保するため、個人として重大な利害関係を有すると解したのである。これに対して、現在の多数説は、「特別利害関係」とは、取締役の公正な任務遂行と矛盾・衝突する個人的な利害関係をいうのであって、代表取締役の解職は、その選定の場合と同様、忠実義務と矛盾する個人的利害関係は認められないとして、特別利害関係には当たらないと解している。

代表取締役解職決議に際して、どのような解職事由を想定するかによって、実質的な利害関係の内容が異なるように思われる。背任行為その他の違法・不適切な行為を理由に解職提案がされる場合は、「個人的利害関係ないしは会社外の利害関係」が認められよう。他方、支配権ないし経営権の争いがある場合、取締役は、自己が最善と思う経営政策を遂行するため、取締役会において誠実に議決権を行使しなければならない。その経営政策との関連において自らの解職案件が上程される場合は、純然たる個人的利害関係が問題となっているわけでなく、代表取締役の選定の場合と同様の最高度の経営判断事項としての経営者の選択が問題となっているのであり、当該取締役の議決権の行使を認めることに合理性があろう。しかしながら、解釈論として、解職事由ごとに、特別利

害関係に該当するかどうか判断することには無理があり、統一的な解釈指針を提示する必要がある。実務上、複数の事由が解職事由とされるのであり、真の解職事由は何かについて法的不安定性を惹起するからである。

　会社法は、有限会社を否定して株式会社に統合したため、会社法の解釈論に際して、閉鎖会社における利害状況に十分配慮することが求められる。取締役会設置会社である閉鎖会社においては、内紛等により代表取締役の解職案件が問題となり、解職されるべき取締役の議決権を認めるかどうかにより決議の結果が左右され、当該取締役の議決権行使を認めないときは不当な結果を生ずるおそれがあるとされる。しかし、会社法は、取締役会を株式会社の必要的機関としていない。監査等委員会設置会社と指名委員会等設置会社を除く全株譲渡制限会社においては、大会社であっても、さらに、3人以上の取締役がいる場合であっても、定款で取締役会設置について定めなければ、取締役会を設ける必要はない。このような会社の業務執行は、定款に別段の定めがある場合を除いて、取締役の過半数をもって決定され、定款、定款の定めに基づく取締役の互選または株主総会の決議によって、取締役の中から代表取締役を定めることができる（会社348条2項・349条3項）。この代表取締役の選定・解職について、特別利害関係の問題は生じないのである。

　経営政策の相違を理由とする場合であっても、代表取締役の解職が問題となるときは、当該取締役には、特別の心理状態が認められるように思われる。そのようなことにも配慮して、最高裁は、特別利害関係人となると解したのであろう。とりわけ、可否同数の場合は、解職決議は成立しない。当該取締役を反対者にカウントすることにより、可否同数として解職決議の成立を阻止することに積極的な意味があるようには思われない。背任行為その他の違法・不適切な行為を理由に代表取締役の解職提案がされたが、当該代表取締役の議決権行使により可否同数となり、解職決議が成立しなかった場合、否決された決議の効力を争うことはできないのである。

　これは難問であるが、特別利害関係取締役の議決権排除問題は所有と経営の分離を前提とする取締役会設置会社に特有の法的問題であり、取締役会設置会社においては、とりわけ、取締役の職務執行の公正さが求められる。また、非公開会社であっても、その会社は、定款において、取締役会設置会社となるこ

とを選択したのである。したがって、解職対象者の議決権行使を否定すべきであろう[20]。もっとも、この場合においても、解職対象者である取締役の意見を十分に聞いた上で、当該取締役以外の取締役が解職の是非を判断することが妥当である。不利益な取扱いを受ける者には、原則として、弁明の機会が与えられるべきである。

(5) 取締役の兼任関係と特別利害関係

取締役会は、合併契約の内容を決定して代表取締役による合併契約の締結を承認し、さらに、株主総会における合併契約承認議案を決定しなければならない。取締役が代表取締役を兼任する会社との合併契約の締結は利益相反取引となり、株主総会に上程する合併契約承認議案の決定に際しても、特別利害関係が問題となる[21]。これらについて、取締役が相手方会社の代表取締役であっても、株主総会が最終的に判断すること等を根拠に、利害対立関係が間接的であるとして、特別利害関係に当たらないと解する見解が有力である[22]。しかしながら、取締役会において意見が激しく対立しているときに、合併相手方会社の代表取締役の賛成票により原案が確定することが妥当であろうか。株主総会の特別決議により会社意思が決定される場合であっても、取締役会は、会社、ひいては、総株主の最善の利益となる原案を策定する義務があり、合併相手方会社の代表取締役が、当該会社の取締役会において議決権を行使することには違和感があろう。最近、利益相反関係について厳格に対処する傾向が認められることから、取締役会決議事項について利益相反関係が認められる取締役は、議決権行使を控えることが実務的には妥当であろう。

なお、会社の親子関係の下にある取締役の兼任関係等において典型的であるが、会社法369条2項の「特別利害関係」の範囲の確定は、困難な解釈問題で

---

[20] この問題について、筆者の見解は変遷を重ねているが(会社コンメ(8)295頁[森本]参照)、現在は、本文のように考えている。

[21] 浦和地判昭和56・8・13判タ454号154頁は、取締役個人に対する営業譲渡は、株主総会の特別決議事項であるとともに、営業譲渡契約の締結について、別途利益相反取引として、取締役会の承認が必要であると判示している。

[22] 大隅健一郎=今井宏・会社法論(下)Ⅱ(有斐閣、1991)78頁以下、上柳克郎「合併」同・会社法・手形法論集(有斐閣、1980)187頁。

あり、このことにも配慮して、特別利害関係取締役が（審議に参加し）議決権を行使したとしても、それを除外して決議が成立した場合には、当該決議は無効ではないと解されている（最判平成 28・1・22 民集 70 巻 1 号 84 頁）。

四　特別利害関係取締役の審議参加

1　序

　特定の議題について、取締役に特別の利害関係が認められる場合、当該取締役は、議決権を行使することはできないが、その議題の審議にも参加することができないかどうか、また、審議に参加することができると解する場合において、当該取締役が議長として取締役会の議事を主宰することができるかどうかについて、意見が対立する。

　昭和 56 年改正前商法は、（株主総会の関連規定を準用して）特別利害関係取締役は議決権を行使することができないものとしていた。これに対して、同年改正商法 260 条ノ 2 第 2 項は、特別利害関係取締役は取締役会の当該決議に参加することができない旨定め、さらに、決議に参加することができない取締役の数は、定足数と議決要件との関連における取締役の数に算入しない旨明定した。このため、特別の利害関係が認められる取締役は、議長になることはもちろん、審議に参加することもできないと解する立場が多数説となった（東京地判平成 7・9・20 判時 1572 号 131 頁）。特別利害関係にある議題に関連して、当該取締役の「取締役の地位」が否定され、それゆえ、定足数の基礎からも除外されると説明されるのである。この結果、特別利害関係取締役は、原則として退席することが求められ、議長を務めている場合には、当該議題の審議に際して議長を交代しなければならないこととなる。

　これに対して、特別利害関係取締役が定足数の基礎数から除外されるのは、特別利害関係取締役が退席することにより定足数不足を理由に取締役会決議を無効となることを避けるためであり（最判昭和 41・8・26 民集 20 巻 6 号 1289 頁）、それ以上の意味があるわけでないとして、特別利害関係取締役が審議に参加することを認める見解もある。

　会社法は、「決議に参加すること」ではなく、「議決に加わること」ができな

いと規定するが、これは文言の整理であり（「決議」と「議決」の用語の整理）、従来の解釈論に実質的影響を与えるものではない。

2　「審議不参加」の実質的意義

特別利害関係取締役の審議参加との関連において、①取締役の職責として説明すべき場合のほか、②当該決議において不利益を被る者として説明する場合および③一般的に質疑に参加する場合が区別される。

競業取引や利益相反取引について、特別利害関係取締役は、当該取引に係る重要事実を開示しなければならない（会社356条1項・365頁1項）。これは、当該取引について取締役会が合理的な経営判断を行うために必要な情報提供を目的とする。さらに、特別利害関係取締役は、取締役から質問された場合に、誠実に説明しなければならない。また、代表取締役解職案件においては、当該取締役のいわば不利益処分が問題とされるのであるから、衡平の観点から、それなりの弁明の機会を与えることが合理的となろう。

審議参加否定説の立場においても、当該取締役は、上記①に関して、取締役会に出席し、説明しなければならないこととなろう。②についても、これを認めることが妥当であろう。これに対して、③は認められないこととなるが、取締役会は発言することを認めることができ、特別利害関係取締役が発言しても、その際、特に問題とされないときは、黙示的に取締役会が発言を認めたと解することができよう。特別利害関係取締役が、利害関係事項に係る質疑に一般的に参加するといっても、それは、①または②に解消されることが多いように思われる。また、会社の親子関係における競業取引や利益相反取引の承認決議のように、いわば形式的に特別の利害関係が認められるような場合には、特別利害関係取締役が審議に「参加」することに問題はないように思われる。

審議参加否定説と肯定説の決定的な相違点は、特別利害関係取締役に意見を述べる機会を与えないとき、当該取締役会決議が、違法無効なものとなるかどうかである。取締役の審議参加権限は取締役個人の利益のために認められているわけでなく、会社、ひいては、総株主の利益のために認められている。したがって、特定の議案について特別利害関係取締役が在席することが公正な取締役会決議の成立に不適切であると取締役会、すなわち、利害関係のない取締役

の過半数が認めるときは、当該取締役の退席を求めることができることとなるが、さらに、近時強調されている取締役会の審議の公正さを制度的に確保するため、基本的に審議参加否定説を採用し、弁明の機会を与えなかったことが不公正な決議方法とされる場合もあると解することが妥当であろう。

会社法は、新たに取締役会決議の省略（書面決議）制度を設けた（会社370条）。書面決議制度を認める定款の定めがある場合において、取締役が、特定の代表取締役の解職の提案を行い、（特別利害関係取締役である）当該代表取締役以外の取締役全員が同意をし、監査役設置会社においては、監査役の全員が異議を述べないときは、当該代表取締役解職の取締役会決議があったものとみなされる。この場合、特別利害関係取締役に対して、提案の通知をする必要はない。このことからも、会社法は、取締役が、特別利害関係のある議題の審議に参加することを保障していないと解することが合理的となろう。

3　特別利害関係と議長

特別利害関係取締役は審議に参加できないと解するときは、当該議題の審議に際して議長を務めることもできないこととなる。特別利害関係取締役の審議参加を認める立場においても、公正を期するため、当該取締役が当該議題に係る審議に際して、議長となることは、一般に否定されている。裁判例も否定説である[23]。

五　取締役会決議の瑕疵

1　序

株主総会の決議事項は、原則として、会社組織に係る重要事項であり、多数の利害関係人の重大な利害にかかわることから、その法律関係の画一的確定のため、確認訴訟制度の特則として、その認容判決に対世効が認められる決議不存在・無効確認訴訟制度が設けられている（会社830条・838条）。決議不存在と

---

[23]　東京高判平成3・7・17資料版商事102号149頁、東京地判平成7・9・20判時1572号131頁、東京高判平成8・2・8資料版商事151号143頁。

は、法的に株主総会が存在しないと認められる場合であり、手続の重大な違法が問題となる。決議無効事由は、決議の内容が法令に違反する場合である。瑕疵が重大でない場合には、法律関係の画一的確定と、法律関係の可及的速やかな安定のために、認容判決に対世効が認められる形成訴訟としての株主総会決議取消訴訟制度が設けられている（会社831条1項、838条）。決議取消事由として、招集手続・決議方法が法令定款に違反し、または著しく不公正な場合のほか、決議内容の定款違反、さらに、特別利害関係人の議決権行使による著しく不当な決議の3事由が挙げられている。株主総会決議取消訴訟の提訴権者は株主等に限定され、提訴期間も3か月に制限される。決議取消事由に該当する瑕疵があっても、当該決議は当然に違法無効となるのでなく（攻撃防御方法として決議の無効を主張し得ない）、決議取消訴訟の認容判決が確定してはじめて、（遡及的に）無効となるのである（会社839条）。

これに対して、取締役会決議については、株主総会決議の瑕疵のように、決議取消訴訟、決議不存在・無効確認訴訟といった特別の訴訟制度は設けられていない。取締役会決議に瑕疵がある場合は、手続的瑕疵であっても内容的瑕疵であっても、原則として当該決議は無効となり、利害関係人は、誰に対しても、いつでもどのような方法によっても、その無効を主張することができる。もっとも、当該決議を無効とする必要がないと認められる軽微な瑕疵については、無効事由とならないと解すべきである。

無効事由が認められる場合、訴訟の攻撃防御方法として、その無効を主張することができるが、必要があるときは、一般原則に従い（確認の利益が認められる場合）、無効確認の訴えを提起することができる[24]。近時の有力説は、代表取締役選定決議（会社362条3項。業務担当取締役選定決議について363条1項2号）や会計監査人設置会社の特則適用会社における計算書類の確定（会社439条）あるいは、中間配当（会社454条5項）や剰余金配当等に関する取締役会決議（会社459条）等の、画一的確定の要請が認められる取締役会決議事項については、会社法838条の規定を類推して、対世効を認めるべきであると解している[25]。

---

24) 最判昭和47・11・8民集26巻9号1489頁。確認の利益がないとした例として、名古屋高判平成10・7・8判タ1023号248頁。

また、代表取締役選定決議無効確認の訴えを本案として、代表取締役の職務執行停止・職務代行者選任の仮処分を申し立てることができる。

2 取締役会決議無効事由

取締役会の招集手続の瑕疵の典型例として、招集権者以外の取締役による招集のほか招集通知をまったく発出しない場合や招集通知の発出が招集通知期間を充足しない場合、さらに、招集通知漏れ等がある。一部の取締役に対する招集通知漏れがある場合において、当該取締役が現実に取締役会に出席し、異議を述べなかったときは、瑕疵は治癒される。招集通知を受けなかったため欠席した取締役が事後に同意した場合については、安易な同意を排除するため（手続遵守の強調）、瑕疵は治癒されないと解されている。取締役会においては比較的容易に再決議することができるのであるから、取締役会制度の趣旨に配慮して（取締役全員の協議による合理的意思形成）、一般の見解に従うことでよいのであろう。なお、不適法な招集手続により開催された取締役会における決議は無効であるが、事前に関係者の全員が当該取締役会の開催に同意した場合や取締役等の関係者の全員が当該取締役会に出席したときは、有効な取締役会決議となる（取締役会招集手続の省略の同意、全員出席取締役会）。

株主総会決議の取消しの訴えについては、いわゆる裁量棄却制度が設けられている（会社831条2項）。違反する事実が重大でなく、かつ、決議に影響を及ぼさないものであると認めるときは、裁判所は、株主総会決議取消請求を棄却することができるのである。取締役会決議の瑕疵について、このような定めはないが、株主総会決議に係る裁量棄却に関する規定の趣旨を取締役会決議の瑕疵にも及ぼすべきであるとされている。一部の取締役に対する招集通知漏れは、決議無効事由となるが、その取締役が出席してもなお決議の結果に影響を及ぼさないと認める特段の事由があるときは、決議が有効であるとした判例がある（最判昭和44・12・2民集23巻12号2396頁）[26]。学説はこれに批判的であ

---

25) 北沢393頁、江頭420頁注19。
26) 取締役1名に対する招集通知漏れについて、それが結果を左右しない事情が認められるとして、取締役会決議無効確認の訴えを棄却した例として、東京地判昭和56・9・22判タ462号164頁。中小企業等協同組合に関して、最判昭和39・8・28民集18巻7号1366頁参照。

る。しかし、なお取締役であるが、すでに辞表を提出しており、事実上取締役としての職務をしていなかった場合のように（東京高判昭和49・9・30金判436号2頁参照）、一部の取締役に対する招集通知漏れがあっても、それが決議の結果に影響を与えないことが明らかな特別の事情が認められる場合は、取締役会決議の無効事由とする必要はない。他方、東京高判昭和60・10・30（判時1173号140頁）は、決定的対立のある一方当事者に対して株主総会招集決定に係る取締役会の招集通知を発出しなかった事案について、取締役会決議の結果に影響なしと判断した。この事案の特殊性から結論を是認することができるとしても、これを一般化することは問題であろう。

　決議方法の瑕疵の典型例は定足数不足や取締役でない者の議決参加による決議の成立がある。定足数を欠く場合において、欠席取締役が事後的に当該取締役会決議に賛成しても、瑕疵が治癒するわけではない。特別利害関係取締役が議決権を行使した場合において、それを除外しても決議が成立した場合は、決議無効事由とはならないと解されている（協同組合の理事会について、最判平成28・1・22民集70巻1号84頁）。したがって、特別利害関係取締役は審議に参加することができないと解する場合であっても、特段の事情のない限り、特別利害関係取締役が審議に参加したことは、当該取締役会決議の無効事由にならないこととなろう。もっとも、特別利害関係取締役が議長として議事を主宰したときは、違法無効な決議となると解されている（東京高判平成8・2・8資料版商事151号143頁）。

　取締役会決議の内容の瑕疵は、取締役会の決議事項でない事項を決議した場合のような法令定款に違反する場合が典型例であるが、株主総会決議に違反する場合もある。最判平成24・4・24（民集66巻6号2908頁）は、株主総会決議の委任を受けて取締役会が新株予約権の行使条件を定めた場合に、新株予約権の発行後に上記行使条件を変更する取締役会決議は、明示の委任がない限り、上記株主総会決議による委任に基づき定められた新株予約権の行使条件の細目的な変更をするときを除き、無効であるとした。また、東京高判平成9・12・4（判時1657号141頁）は、本件退職金の算出に際し、いったん認めた役員就任期間の役員加算分から取引損害金を控除し、結局役員加算をしなかったと同一にした本件取締役会の決議部分は、本件株主総会の決議による委任に基づかない

ものであって、効力を生じないものというべきであると判示した。

　監査役設置会社において、監査役は、取締役会に出席して意見を述べるために（会社383条1項）、招集通知を受けることができる。監査役への招集通知漏れについて、監査役に対して取締役会出席義務を認めている法の趣旨から、当該招集通知漏れが決議の結果に影響を与えたかどうかにかかわらず、決議は無効となり[27]、事後的同意も認められないと解されている。招集手続の省略に際して、さらに、書面決議について、監査役の同意が要求されていることも、この見解の根拠となるのであろう（会社368条2項・370条）。

　しかし、計算書類の承認に関する取締役会決議のように、監査役が出席して意見を述べることが審議の前提となっている場合はともかく、監査役の取締役会出席義務の趣旨から、監査役への招集通知漏れを一般的に決議無効事由とする必要があるのか、検討の余地があろう。監査役に対する招集通知漏れについては、原則として招集権者の責任や監査役不在のまま漫然と決議した取締役の責任等で対処することでよいのではなかろうか。

27）大隅＝今井（中）316頁は決議の結果に影響を与えないとはいえないとする。

第5章　取締役会の議事録

一　序　説

1　昭和56年改正法

　取締役会は、重要な業務執行の決定機関であり、その議事について議事録を作成して、決議内容を明確にする必要がある。また、業務執行取締役の職務執行状況の報告等、取締役会において行われた報告事項の内容も明らかにされる必要がある。さらに、取締役会は、取締役（および、指名委員会等設置会社の執行役――以下、本章において省略）の職務執行の監督機関でもある。したがって、取締役会の議事録には、議事の結果だけでなく、取締役会が合理的な資料に基づいて実質的な審議をしていたかどうか、それぞれの取締役がその審議にどのようにかかわっていたか等の議事の概要を記載することが求められる。そして、取締役会の議事録を本店に備え置いて、利害関係者に閲覧等を認めることにより、事後的に取締役の責任追及等を行うための有益な資料として機能することが期待されている。このため、取締役会の議事録には、議事の概要についてできるだけ詳しく記載されることが望まれる。また、議事録において議事の概要が記載され、その閲覧等が認められることにより、取締役は、緊張感をもって取締役会の審議に参加することとなり、取締役会の審議の充実に資することになろう。

　他方、取締役会の議事録に記載されるべき議事や決議の内容には、企業秘密に属する事項が含まれており、これが広く開示されると、会社の利益を害するおそれがある。昭和56年改正前商法においては、取締役会の議事録の備置・閲覧謄写について、定款や株主総会の議事録等の備置・閲覧謄写と同じ規定にお

いて定められていた（同法263条）。取締役会の議事録は、本店と支店に備え置かれ、株主と会社債権者は、その閲覧謄写を請求することができたのである。このため、かつては、実務の合理的慣行として、代表取締役中心の常務会や経営会議等が重要な業務執行に係る実質的な意思決定機関として機能し、取締役会における審議が形式化していた（取締役会の形骸化）。このような取締役会の形骸化を阻止し、その活性化のため、昭和56年改正商法は、取締役会の専決事項を詳細に法定する一方（同法260条2項等）、新たに、260条ノ4に3項ないし5項の規定を新設し、取締役会の議事録の備置・閲覧謄写について規定することとした。取締役会の議事録の備置期間は10年とされ、本店においてのみ備え置けばよいこととなった。さらに、取締役会の議事録の閲覧等は、裁判所の許可を要するものとして、議事録の記載の充実を介して、取締役会の審議の充実を期したのである[1]。平成11年改正において、親会社の株主に取締役会の議事録の閲覧等請求権が認められ、平成13年11月改正により、取締役会の議事録についても電磁的記録で作成することが認められた[2]。

2 会 社 法

会社法は、取締役会の議事録の作成・備置・閲覧等について、平成17年改正前商法の規制をほぼ踏襲しているが、2点相違がある。第1は、株主の閲覧等請求権についてである。監査役設置会社、監査等委員会設置会社、指名委員会等設置会社の株主の議事録の閲覧等については、平成17年改正前商法の規制内容が基本的に受け継がれているが（会社371条3項）、機関構成の柔軟化との関連において、これらの会社以外の株主は[3]、裁判所の許可を得ることなく、取締役会の議事録の閲覧等の請求をすることができる（同条2項）。

第2は規制形式の相違である。議事録の内容は、全面的に法務省令に委ねられている。平成17年改正前商法は、260条ノ4において、取締役会の議事録について包括的に規定していた。これに対して、会社法は、369条3項と4項に

---

1) 元木伸・改正商法逐条解説〔改訂増補版〕（商事法務研究会、1983）131頁以下。
2) 商法260ノ4に、3項と4項の規定が新設され、従来の3項以下の規定が順次繰り下げられた。
3) 監査等委員会設置会社、指名委員会等設置会社以外の、大会社でない非公開会社であって、業務監査権限を有する監査役のいない会社の株主である。

おいて議事録の作成義務と議事録への署名等について規定し、371条において、議事録の備置・閲覧等について規定する[4]。取締役会の決議に参加した取締役であって議事録に異議をとどめないものは、その決議に賛成したものと推定される（会社369条5項）。この推定規定と関連して、議事録の作成・署名は、取締役会決議に係る手続の一環と整理され、その備置・閲覧等とは別個に規定することが合理的であると考えられたのであろう[5]。

なお、監査役会、監査等委員会設置会社の監査等委員会および指名委員会等設置会社の指名委員会等の議事録についても、基本的に同様の規制方式が採用されている。これらの委員会の決議と議事録の作成については、それぞれ会社法393条2項・3項、399条の10第3項・4項と412条3項・4項が、議事録の備置閲覧等については、それぞれ会社法394条、399条の11と413条が規定する。監査役会、監査等委員会や指名委員会等の議事録にも、異議をとどめない取締役の賛成推定規定が設けられている（会社393条4項・399条の10第5項・412条5項）。

二　議事録の作成と内容

1　議事録の作成

取締役会の議事録は、書面または電磁的記録をもって作成しなければならない（会社369条3項・4項、会社則101条2項）。電磁的記録とは、「電子的方式、磁気的方式その他人の知覚によっては認識することができない方式で作られる記録であって、電子計算機による情報処理の用に供されるものとして法務省令で定めるもの」である（会社26条2項かっこ書）。会社法施行規則224条は、「磁気ディスクその他これに準ずる方法により一定の情報を確実に記録しておくことができる物をもって調製するファイルに情報を記録したもの」とする（以下、

---

[4]　会社法371条1項は、「議事録等」として、議事録または書面決議における同意書面を備え置くものと規定する。決議の省略がされない場合は、同意書面が作成されないため、「又は」とされているのであろう（常に両者が作成されるわけではない）。

[5]　このような推定規定が設けられていない株主総会については、決議要件に関する会社法309条とは別個に、その議事録に関する規定が会社法318条において、まとめて規定されている。

議事録が書面で作成されることを前提に検討する）。

　取締役会の議事録の作成時期の限定はない。かつて、署名を求める関係で、ほぼ1か月後に開催される次回取締役会の開会前に作成される（署名・記名捺印がなされる）こともあったようであるが、議事録の備置期間の起算日が取締役会の日となっていることから（会社371条1項）[6]、取締役会終了後合理的な期間内に作成することが求められよう。合理的期間は、会社の規模や出席取締役・監査役の数、議事内容等を考慮して判断される。現在では、1か月後では遅いと考えられている。登記事項に係る取締役会決議については、登記申請書に議事録を添付する必要から（商登46条2項・19条の2）、議事録は2週間の登記申請期間内（会社911条1項・915条1項）に作成しなければならない。したがって、2週間程度を基準とすることが合理的であろう。

　株主総会の議事録について、議事録の作成に係る職務を行った取締役の氏名の記載が要求されているが（会社則72条3項6号）、取締役会の議事録の作成に係る職務を行った取締役の氏名の記載は要求されていない。株主総会の議事録には、出席取締役等の署名等が要求されていないが、取締役会の議事録には、取締役会に出席した取締役と監査役は署名等をしなければならない（会社369条3項）。このため、誰が取締役会の議事録を（事実上）作成したかは、法的には問題とならないとして、議事録の作成に係る職務を行った取締役の氏名の記載は要求されていないのであろう[7]。取締役等の「出席」が問題とならない取締役会決議の省略（書面決議）や取締役会への報告の省略の場合に作成される議事録には、取締役等の署名等は要求されていない。このため、議事録作成に係る職務を行った取締役の氏名を記載しなければならない（会社則101条4項1号ニ・2号ハ）。

　取締役会の議事録に記載すべき事項を記載せず、または、虚偽の記載をした場合、過料の制裁が問題となる（会社976条7号）。書面決議や取締役会への報告の省略の場合には、議事録の作成に係る職務を行った（行うべき）取締役が過料の制裁を受ける。会議を開催した取締役会の議事録については、署名義務者

---

[6]　平成17年改正前商法は、議事録の備置期間の起算日を明示的には規定していなかった。
[7]　これについて、森本編214頁〜215頁［藤井康弘］参照。

が過料の制裁を受けることとなろう。もっとも、会社の合理的実務としては、この場合にも、議事録作成に係る職務を行う取締役を定めておくことが妥当であり、実務的には、議長である取締役社長または会長が議事録作成に係る職務を行うこととなろう[8]。

2 議事録の内容

(1) 序

会社法は、取締役会の議事録には、出席した取締役と監査役が署名等をする旨、定めるだけであり（会社369条3項・4項）、議事録の具体的内容は、全面的に法務省令に委ねている[9]。会社法施行規則101条3項は、8号に分けて、会議が開催された取締役会の議事録の内容を詳細に規定する。それは限定列挙でなく、議事録にはそれ以外の事項も記載することができる。

(2) 日時・場所

議事録には、まず、取締役会が開催された日時および場所が記載される。その場所にいない取締役、監査役等が取締役会に出席した場合には、その出席の方法も記載される（会社則101条3項1号）。これは、テレビ会議等を想定したものであり、取締役や監査役、さらに、執行役だけでなく、会計参与、会計監査人のほか（取締役会の招集請求をした）株主も、出席が認められる場合には、テレビ会議や電話会議の方式により取締役会に出席することができる。なお、取締役会が紛糾して、審議が翌日にも及ぶことがある。この場合は、2日目の会議は1日目の会議が続行されたのであり、1日目の会議の終わりに続行の決議をして、それぞれの議事録を作成すべきである[10]。

(3) 議長・出席者

取締役会の議長が存するときは、議長の氏名が記載される（会社則101条3項

---

[8] 業務執行取締役以外の取締役も議事録作成の職務を担うことができる。社外取締役が取締役会の議長となり、議事録を作成しても、それは社外取締役要件との関連における業務執行とはならない。

[9] 立法論としては、議事録の基本的内容は、会社法自体に規定することが妥当であるように思われる。

[10] 森本編219頁［藤井］。なお、取締役会の続行について、本書215頁参照。

8号)。特定の取締役会の途中において議長が交代した場合は、議長の交代の時期とその理由を記載しなければならない。

　取締役会に出席した執行役や会計監査人等の署名義務がない者については、その氏名・名称が議事録に記載される（会社則101条3項7号）。取締役会に出席した取締役と監査役は、議事録に署名または記名押印をしなければならないため（会社369条3項）、出席した取締役と監査役の氏名を議事録に記載することは要求されていない。しかし、実務上一般に、出席取締役の氏名が議事録に記載されており、欠席者についても、記載されることが多いようである。取締役会の定足数は、開会時だけでなく、討議・議決の全過程を通じて充足されていなければならない。この関係で、議事録において、定足数ないし決議の成立を明確にするため、出席取締役の人数を明らかにすることが合理的である[11]。途中出席・退席した取締役がいるときは、いつ（どの議題の審議中に）出席・退席したかを議事録において明確にしておくことが求められよう。それが記載されていない場合には、決議賛成推定規定との関連において、当該取締役は、その旨付記して署名する必要があろう。

　取締役会に出席義務を負う監査役は、定款の定めにより監査範囲が限定されていない監査役であるが（会社383条1項・389条7項）、監査範囲を限定された監査役も、会計監査に係る調査権限との関連において、取締役会に出席する場合がある（会社389条5項参照）。このため、議事録との関連における「監査役」については、「監査役設置会社」の監査役という限定（会社2条9号参照）は設けられていないと説明されている[12]。

(4) 議事の経過の要領・結果

　取締役会の議事録は、単に議事の結果だけが記載される「決議録」でない。取締役会の議事録には、議事の結果だけでなく、議事の経過の要領も記載しなければならない（会社則101条3項4号）。決議の結果についても、全会一致でない場合は、「当該議案が賛成多数により可決承認された」という結果だけを記

---

11) 議事録の署名は、議事録の末尾にされ、出席取締役・監査役の氏名は議事録の最初に記載されるのが一般的である。
12) 相澤ほか編著・論点解説366頁。

載するのでなく、賛成者と反対者の数、さらには、当該議案に反対した取締役または棄権した取締役がいる場合には、その氏名も記載することが妥当である。この記載が「議事録に異議をとどめた」ことになる。このような記載がない場合、反対あるいは棄権をした取締役は、その旨記載することを求め、それでも記載されない場合は、署名に際してその旨付記することが必要となろう。

　議事の経過の要領として、具体的には、①開会と閉会の事実、②開会中の審議の内容（報告、議案の提案、質疑応答等）の要領を記載し、さらに、③採決方法とその結果を記載しなければならない。審議内容として、質疑応答を逐一記載する必要はないが、その状況が明らかとなるような内容でなければならない。決議事項について特別の利害関係を有する取締役があるときは、当該取締役の氏名を記載しなければならない（会社則101条3項5号）。このような議題の審議に係る議事録の内容は、承認の対象となった取引を特定し、また、特別利害関係取締役の議事へのかかわり方（どのように利害関係について説明し、その後退席したかどうか等）についても明らかにすることが妥当であろう。

　監査役・監査等委員・監査委員による取締役の不正行為等の報告（会社382条・399条の4・406条）のほか、競業取引・利益相反取引に係る事後報告における意見または発言（会社365条2項・419条2項）、計算書類等、臨時計算書類または連結計算書類を承認する取締役会における会計参与の意見（会社376条1項）、監査役の意見（会社383条1項）等が述べられた場合は、議事録に、その意見または発言の内容の概要を記載しなければならない（会社則101条3項6号イ～ト）。これらの規定は、その意見・発言の重要性から、議事録への記載が義務付けられている。取締役が述べた意見の概要を記載すべき旨の規定はないが、審議の状況を明らかにするために、適宜、重要な意見の概要を記載する必要がある。

　報告事項については、その具体的内容との関連において検討する必要がある。会社法363条2項所定の業務執行取締役の職務執行状況報告については、単に報告があったという記載だけでは不十分である。3か月に1回以上、しかも、現実に取締役会を開催して職務執行状況の報告を行うことが要求されている立法趣旨を勘案して、①報告者、②報告事項、③具体的な報告内容の要旨を記載することが求められよう。報告者と当該職務執行事項の担当業務執行取締役

が異なる場合は、その旨も記載する必要がある。

(5) **資料の取扱い**

取締役会に提出された資料の取扱いについて、とくに規定されていない。これらすべてを議事録に添付する必要はないが、議事の経過の要領の記載との関連において、その内容を明確にするために必要なものは添付すべきであろう。

3 議事録への署名・記名押印

取締役会に出席した取締役および監査役は、議事録が書面をもって作成されているときは、これに署名または記名押印しなければならない（会社369条3項）。議事録が電磁的記録をもって作成されている場合は、法務省令で定める署名または記名押印に代わる措置をとらなければならない（会社369条4項）。これは、いわゆる電子署名である（会社則225条1項6号・2項）。取締役等に議事録への署名等が要求されるのは、第1に、議事録の正確性を担保するためであるが、決議に参加した取締役は、議事録に異議をとどめなかったときは、当該決議に賛成したものと推定されることからも、署名等が求められている。

実務的には、一般に、署名でなく、記名押印の方法が採用されている。議事録に押印する印鑑について、一般的な制限はないが（実印である必要はなく、認印でよい）、代表取締役・代表執行役の選定の場合には、商業登記法上、原則として、実印を押印し、印鑑証明を添付しなければならない（商登則61条4項3号。なお、4項ただし書参照）[13]。

取締役会に出席した取締役・監査役は、取締役会の議事録に署名等する義務があるが、一部の取締役または監査役が署名等をしない場合であっても、取締役会の議事録としての効力は認められる。出席取締役・監査役が議事録に署名等する前に死亡したときは、議事録に署名等をすることはできない。議事録の作成事務に関与した取締役は、出席取締役・監査役のうち署名等できない者がいるときは、その理由を付記しておくことが妥当であろう。登記申請書に議事録の添付が必要な場合、①取締役会終了後、取締役中に死亡その他やむを得ない事由により署名できない者がある場合において、これを証するに足る書面を

---

[13] 不動産の権利移転等に係る利益相反取引については、不動産登記令7条1項5号ハ参照。

添付し、その他の取締役の署名した議事録がある場合、または、②取締役会の議事録について出席取締役の過半数の署名がある場合には、当該議事録を受理できるとされている[14]。

4 議事録記載の効果

取締役会の議事録の内容は、当該取締役会の議事の経過と決議の結果についての証拠資料となる。取締役会の議事録は、会社の法律関係の明確化のために作成されるものであり、記載漏れや事実と異なる記載がされていても、それにより、決議の効力や会社の法律関係に影響を与えるわけではない。取締役会の議事録に記載すべき事項を記載せず、または、虚偽の記載・記録をしたときは、過料の制裁が科せられる（会社976条7号）。

取締役会の決議に参加した取締役であって、当該取締役会の議事録に異議をとどめないものは、その決議に賛成したものと推定される（会社369条5項）。取締役会議事録には、決議の結果が記載されるが、誰が決議に賛成したか反対したか、記載することはとくに要求されていない。このため、取締役会決議に参加した取締役について、議事録に異議をとどめないときは、当該決議に賛成したものと推定して、取締役の責任追及を容易にするとともに、このような規制方式を採用することにより、取締役の経営責任を明確化して取締役会の審議の充実に寄与することが期待されているのである。

三　議事録等の備置・閲覧等

1　序

取締役会の議事録には、議事の経過の要領とその結果が記載される。これを閲覧等することにより、取締役会の決議が適正な手続の下に成立したかどうか、取締役が、取締役会に誠実に参加しているかどうかが明らかとなる。また、業務執行取締役の職務執行状況も知ることができる。したがって、議事録は、会社の本店に備え置かれ、株主、親会社社員や会社債権者の閲覧等に供され（会

---

[14] 昭和28年10月2日民事甲第1813号民事局長回答。

社371条)、株主、親会社社員または会社債権者は、議事録等の記載を基礎に、権利行使または責任追及をすることになる。

　取締役、監査役、そして、執行役の取締役会議事録の閲覧等に係る明文の規定は設けられていない。取締役および(業務監査権限を有する)監査役には取締役会に出席する義務があり、しかも、議事録に署名等する義務がある。したがって、これらの者は、当然に、取締役会の議事録を閲覧等することができる。執行役については、業務執行者として、職務上必要があるときは、取締役会の議事録を閲覧等することができると解することが合理的である。

　会社法371条は、「議事録等」として、議事録といわゆる書面決議における同意書面の両者の備置き・閲覧等について規定している(以下、議事録について検討する)。

2　備置き
(1)　備置期間

　取締役会設置会社は、取締役会の日から10年間、法務省令で定めるところにより作成され、出席した取締役および監査役が署名等した議事録を、その本店に備え置かなければならない[15]。10年の期間は、株主総会の議事録に併せて(会社318条2項参照)、役員等の責任の時効等に配慮して定められたものである。10年の期間の始期は、議事録の作成のときでなく、明示的に、取締役会の日とされている。

　会計帳簿および事業に関する重要な資料については、10年の保存期間が定められている(会社432条2項)。計算書類等については、10年の保存期間とともに(会社435条4項)、5年の備置と閲覧等に係る規定が設けられている(会社442条)。このことからも明らかなように、備置と保存は異なる。備置とは、閲覧等を前提とするものであり、閲覧等の請求がされた場合、または、裁判所が閲覧等を許可したときに、営業時間内に適切にこれに応ずることができるような状態に置くことを意味する[16]。これに対して、保存とは、廃棄せずに保管し

---

15)　株主総会の議事録と異なり、支店における備置きは求められていない(会社318条3項参照)。
16)　稲葉245頁。

ておくことを意味する。

　取締役会の議事録は、計算書類等の場合と異なり、その保存期間に係る規定は設けられていないが、備置期間が経過したとき、当然に廃棄することができるわけでない。備置期間経過後も保存しなければならず、合理的理由があるときに、廃棄することができるにすぎない[17]。

　10年の備置期間経過後は、議事録の閲覧等請求はできないが（東京地決平成18・2・10判時1923号130頁）、会社が議事録を保管している場合は、文書提出の申立てをする可能性が指摘されている（宇都宮地決平成18・1・31金判1241号11頁）。

(2) **備置義務者**

　平成17年改正前商法260条ノ4第5項は、「取締役」の義務として、議事録の備置きについて規定していた。この「取締役」とは、代表取締役ないし業務担当取締役（以下、本章において、両者を併せて「業務執行取締役」という）を意味し、会社において、具体的に義務を負うべき業務執行取締役を特定することが必要となる。

　会社法は、「会社は」取締役会の議事録を本店に備え置かなければならない旨規定する。会社は、これを受けて、議事録の備置きの職務を行うべき者を選定するが、業務執行関連職務として、特定の代表取締役ないし業務担当取締役が議事録の備置きに係る職務を行うものとして定められよう。議事録の備置きの職務を行うべき者として選定された取締役が備置義務を懈怠した場合、当該取締役は過料の制裁に処せられる（会社976条8号）。

　なお、指名委員会等設置会社の取締役は、法令に別段の定めがない限り、業務執行をすることはできない（会社415条）。このため、取締役会が定めた執行役が、取締役会の議事録の備置、さらには、その閲覧等に係る職務を行うこととなる（会社416条1項1号ハ）。

---

17) 元木・前掲注1) 132頁。

3 株主の閲覧謄写

(1) 序

株主の議事録の閲覧・謄写請求方法は、監査役設置会社、監査等委員会設置会社または指名委員会等設置会社の株主であるか、または、それ以外の株主であるかによって異なる。監査役設置会社、監査等委員会設置会社または指名委員会等設置会社の株主が、取締役会の議事録を閲覧等の請求をするときは、裁判所の許可が必要となる（会社371条3項）。これに対して、監査等委員会設置会社または指名委員会等設置会社以外であって、業務監査権限を有する監査役のいない非公開会社の株主が、その権利を行使するため必要である場合には、裁判所の許可を得ることなく、取締役会の議事録の閲覧等の請求をすることができる。

(2) 裁判所の許可を要しない場合

監査等委員会設置会社または指名委員会等設置会社以外であって、業務監査権限を有する監査役のいない非公開会社の株主は、その権利を行使するため必要があるとき、株式会社の営業時間内は、いつでも、①議事録が書面をもって作成されているときは、当該書面の閲覧または謄写の請求、②議事録が電磁的記録をもって作成されているときは、当該電磁的記録に記録された事項を法務省令で定める方法により表示したものの閲覧または謄写の請求をすることができる（会社371条2項。以下、本章において、「議事録の閲覧等」という）。このような株主に対して、正当な理由がないのに、議事録の閲覧等を拒むときは、過料の制裁が科せられる（会社976条4号）。

株主は、議事録の閲覧等を請求する際、「権利行使の必要性」を主張立証する必要がある。昭和56年改正前においては、濫用とならない限り、広く、閲覧等が認められていたが（東京地判昭和49・10・1判時772号91頁参照）、会社法は、昭和56年改正商法にならい、「権利行使の必要性」を要求している。この権利行使の必要性との関連において、閲覧等の対象となる議事録の範囲が限定されることとなる。

株主の権利の行使のための必要性との関連で、「株主の権利」の範囲が問題となる。通説は、株主としてのすべての権利行使を意味し、共益権だけでなく自益権も含まれると解する。議決権や株主提案権を行使するためや取締役（執行

役)の責任追及をするために必要な場合に議事録の閲覧等が認められるのは当然であるが、さらに、株式買取請求権を行使するために必要な場合にも、議事録の閲覧等の請求をすることができるのである。

　株式売却に係る投資判断資料として議事録の閲覧を請求することについては、肯定説もあるが、それは「株主の権利」の行使と直接関係がないとして、否定的に解する見解が有力である[18]。もっとも、真意は株式の売却目的の閲覧等であっても、他の適当な理由をつけることは容易であろう。なお、株主の権利の確保または行使に関する調査以外の目的の閲覧等の請求が拒否事由である会計帳簿等の閲覧謄写請求について、最判平成16・7・1(民集58巻5号1214頁)は、相続税の支払いのための売却に備えて、相続により取得した譲渡制限株式の時価を適正に評価するために必要な当該会社の資産状態等を示す会計帳簿等の閲覧謄写請求は認められるべきであると判示した。

　裁判所の許可が求められる場合と異なり、議事録の閲覧等をすることにより、当該会社またはその親会社もしくは子会社に著しい損害を及ぼすおそれがあると認められるときは、議事録の閲覧等を拒否できる旨の規定は設けられていない。これは、業務監査権限を有する監査役や監査等委員会、監査委員会という取締役・執行役の職務執行を監査する機関が設けられていない取締役会設置会社の株主の権利保護に配慮しているのであろう。しかし、株主は、監査役のように、職務権限として議事録の閲覧等を請求するのでない。株主による取締役会の議事録の閲覧等の請求に際して、権利行使の必要性との関連における閲覧の対象となる議事録に範囲を限定的に解することや、「権利濫用」法理を柔軟に適用することが必要なように思われる。

(3)　**裁判所の許可を要する場合**

　業務監査権限を有する監査役がいる会社、監査等委員会設置会社または指名委員会等設置会社の株主は、その権利を行使するため必要があるときは、裁判所の許可を得て、議事録の閲覧等の請求をすることができる(会社371条3項)。このような会社においては、監査役、監査等委員(監査等委員会)または監査委員(監査委員会)が、会社、ひいては、総株主のために、取締役(執行役)の職

---

18)　大隅=今井(中)197頁、元木・前掲注1)133頁。

務執行を監査している。このため、株主に取締役会の議事録の閲覧等請求権を認め、その請求権行使が権利濫用になるときに例外的に閲覧等を拒否するのではなく、事前に裁判所の許可を得ることを義務付けて、取締役会の議事録の閲覧等による会社に対する利益侵害を防止する事前規制方式が採用されているのである。

裁判所は、請求に係る議事録の閲覧等をすることにより、当該会社またはその親会社もしくは子会社に著しい損害を及ぼすおそれがあると認めるときは、閲覧等の許可をすることができない（会社371条6項）。著しい損害を及ぼすおそれがある場合の典型例は企業秘密が漏洩される場合であろうが、それは、権利行使の必要性との関連において判断され、裁判所に相当の裁量が認められるべきであるとされている[19]。

4　会社債権者・親会社社員の閲覧等

取締役会設置会社の債権者は、取締役、監査役または執行役の責任を追及するため必要があるときは、裁判所の許可を得て、当該会社の取締役会の議事録の閲覧等を請求することができる（会社371条4項）。株主による取締役会の議事録の閲覧等の請求の場合と異なり、業務監査権限を有する監査役のいない非公開会社の債権者も、取締役会の議事録の閲覧等の請求をするには、裁判所の許可が必要である。

取締役、監査役または執行役の「責任追及」の対象となる責任の典型例は、これらの者の第三者に対する責任であるが（会社429条）、会社から債権の弁済を受けることができることが明らかなときは、閲覧等の請求は許可されないと解されている[20]。それは権利行使の必要性の要件が満たされないためであろう。

会社債権者が、取締役、監査役または執行役に対して、その職務執行と関連する不法行為責任を追及するために、取締役会の議事録の閲覧等を請求できるかどうかが問題となる。特段の制限が設けられていないのであるから、取締役、

---

19) 稲葉244頁。
20) 稲葉244頁。

監査役または執行役の職務執行と関連するものである限り、不法行為責任を追及するためにも、取締役会の議事録の閲覧等を請求できると解することが妥当であろう。

取締役会設置会社の親会社の社員が、その権利を行使するため必要があるときも、裁判所の許可を得て、当該会社の取締役会の議事録の閲覧等を請求することができる（会社371条5項）。

これらの場合についても、裁判所は、議事録の閲覧等をすることにより、当該会社またはその親会社もしくは子会社に著しい損害を及ぼすおそれがあると認めるときは、閲覧等の許可をすることができない（同条6項）。

5 裁判所の許可

(1) 序——非訟事件手続

取締役会の議事録の閲覧等に係る許可の裁判は、非訟事件である。裁判所の許可手続は、会社法第7編雑則の「第3章　非訟」が規定する。これは、会社の本店所在地を管轄する地方裁判所の管轄に属する（会社868条1項）。親会社社員による許可の申立ても、親会社でなく、当該会社の本店所在地を管轄する地方裁判所の管轄に属する（同条2項）。裁判において、審問の期日を開いて、申立人および当該会社の陳述を聴かなければならない（会社870条2項1号）。裁判は、理由を付した決定によりされる（会社871条本文）。裁判所が許可を与えたのに、議事録の閲覧等を拒むときは、過料の制裁が科せられる（会社976条4号）。この許可決定を得ることなく、議事録の閲覧請求訴訟を提起しても、その訴訟は、不適法なものとして却下される（大阪高判昭和59・3・29判時1117号168頁）。

裁判所の許可を得ることなく、任意に取締役会の議事録の閲覧等を認めることが許されないわけでないが、それにより、会社に損害を生じたときは、取締役の善管注意義務違反（任務懈怠）の責任が問題となる。実務上、株主等から取締役会の議事録の閲覧等の許可申立てがされた場合、その一部について会社が応ずる和解が行われることがある（非訟65条1項）。

(2) 必要性の疎明

申立人は、許可の申立てをする場合、その原因となる事実を疎明しなければ

ならない（会社869条）。非訟事件においては原則として職権探知主義が採用されているが、疎明が求められている場合は、裁判所に職権探知の責任はないと解されている[21]。株主または親会社の社員が、取締役会の議事録等の閲覧等の許可の申立てをする場合は、その権利を行使するため、取締役会の議事録等の閲覧等が必要であることを疎明しなければならない。会社債権者については、取締役・監査役または執行役の責任を追及するために必要であることを疎明しなければならない。

　株主の取締役会の議事録の閲覧等の請求が権利行使のため必要でない場合、許可されないことは当然であるが、当該議事録を閲覧等しその内容を検討してはじめて、株主代表訴訟の提起等の権利行使をする必要があることが判明する場合が少なくないように思われる。したがって、権利行使の必要性の疎明を厳格に要求することは、問題である。権利行使の要否を検討するに値する事実関係が存在し、閲覧等の結果によっては、権利行使をすることが想定できる場合において、当該権利行使に関係のない議事録の閲覧等を求めているのでないときは、議事録の閲覧等の請求を認めることが妥当であろう（権利行使の準備ないしその要否の検討のための議事録の閲覧等）[22]。

　株主の地位に仮託して個人的な利益を図るため、M&Aをめぐる訴訟の証拠収集目的で許可申立てをしたものと認められ、当該議事録の閲覧等がされることになれば、会社の将来の事業実施等についても重大な打撃が生じるおそれがあり、当該会社の全株主にとっても著しい不利益を招くおそれがあることを認定して、本件申立ては、会社法371条2項にいう「株主は、その権利を行使するため必要があるとき」という要件を欠くか、あるいは権利の濫用に当たるとした決定例がある（福岡高決平成21・6・1金判1332号54頁）。

(3) 議事録の特定

　株主による取締役会の議事録の閲覧謄写は、株主の権利行使のため必要があるときに認められ、閲覧等によって会社またはその親会社・子会社に著しい損

---

21) 伊東乾ほか編・注解非訟事件手続法〔改訂〕（青林書院、1995）514頁。
22) 東京地決平成18・2・10判時1923号130頁は、株主代表訴訟の提起の要否を検討するため必要があると一応認めることができるとして、議事録の閲覧等を許可した。否定事例として、大阪地決平成12・4・28判時1738号116頁参照。

害を及ぼすおそれがあるときは、その許可が認められない。これらの要件の有無を判断するために、議事録の特定が求められるが、申立人は、取締役会の議事録の作成に関与していないため、いつ、いかなる内容の取締役会が開催されたかについて、認識していないのが通常であり、対象議事録を具体的に特定することには困難がある。

　申立人において、閲覧等の対象となる議事録等の特定の程度は、閲覧等の範囲をそのほかの部分と識別することが可能な程度で足りると解することが合理的であろう（東京地決平成18・2・10判時1923号130頁）。

四　取締役会決議の省略（書面決議）・取締役会への報告の省略の場合の議事録

1　書面決議の議事録

　会社法は、新たに、書面決議（取締役会決議の省略）制度を設けた（会社370条）。書面決議がされる場合、議事録とともに、同意の意思表示を記載した書面またはその意思表示を記録した電磁的記録（同意書面）を、10年間、本店に備え置かなければならない。

　この備置期間の始期は、取締役会の決議があったものとみなされた日であり（会社371条1項第1かっこ書）、取締役会の決議の省略に係る事項について議決に加わることができる（当該事項について特別利害関係にない）取締役の全員から同意書面が到達したときである。

　取締役会の議事録には取締役会の「議事の経過の要領とその結果」が記載される。書面決議において「議事」は観念されないが、取締役会決議があったものとみなされることから、書面決議においても、会社法369条3項所定の議事録を作成し、備置・閲覧等の対象とされるのである。書面決議における議事録には、①書面決議事項の内容、②当該事項の提案をした取締役の氏名、③取締役会決議があったものとみなされた日、④議事録作成の職務を行った取締役の氏名が記載される（会社則101条4項1号）。書面決議の議事録には、書面決議の内容が記載されるが、取締役および監査役の署名等は要求されていない（会社369条3項参照）[23]。書面決議が適正な手続の下に成立したかどうかを明らか

にするため、議事録とともに、提案に対する同意の意思表示を記載した書面（同意書面）が、本店に備え置かれ、株主や債権者等の閲覧謄写に供せられる（会社371条2項〜6項）。

書面決議の対象が登記事項であるときは、登記申請に際して、「前項［取締役会］の議事録に代えて、当該場合（取締役会の決議があったものとみなされる場合）に該当することを証する書面を添付しなければならない」とされているが（商登46条3項）[24]、基本通達では、「当該議事録をもって、当該場合に該当することを証する書面として取り扱って差し支えない」とされている（会社法の施行に伴う商業登記事務の取扱いについて（通達）第2部株式会社第3機関4(1)ウ参照）。

2 報告の省略の場合の議事録

取締役、会計参与、監査役、会計監査人または執行役が、取締役（監査役設置会社においては、取締役および監査役）の全員に対して、取締役会に報告すべき事項を通知したときは、会社法363条2項、417条4項所定の職務執行状況の報告を除いて、当該事項を取締役会に報告することを要しない（会社372条）。これを取締役会への報告の省略という。

この場合、報告を受けるべき取締役・監査役の同意は要求されていない。このため、取締役会への報告があったものとみなすのではなく、「当該事項を取締役会へ報告することを要しない」と規定されているのであろう。このような場合、取締役会に報告されるべき事項について、報告に代わる措置がとられたことを明らかにする必要がある。そこで、会社法施行規則101条4項2号は、取締役会への報告を要しないとされた場合にも、取締役会の議事録を作成するものとして、当該議事録には、①取締役会への報告を要しないものとされた事項の内容、②取締役会への報告を要しないものとされた日、および、③議事録作成の職務を行った取締役の氏名を記載するものとする。報告事項の通知に際し

---

23) これは、会議が開催されず、出席した取締役等が存在しないためであると説明されている（相澤編著・解説39頁）。
24) 登記の申請書には定款を添付することが要求されている（商登則61条1項）。定款において、書面決議が認められていなければならないからである。

て、実務上、書面等が利用されることが一般的なように思われる。このような資料、さらに、取締役等から通知を受けたことを確認する書面等を受領しているときは、これも議事録に添付しておくことが妥当であろう。

②の「取締役会への報告を要しないものとされた日」は、取締役（監査役設置会社にあっては、取締役および監査役）の全員に対して、当該報告事項が通知された日を意味する。取締役会への報告の省略の場合の議事録の作成は、業務執行取締役のうち、議事録の作成を職務として割当てを受けた取締役が行うこととなろう。

第3編　補論──欧米における公開会社の経営機構と公開会社の経営機構改革

目　次
一　序　　説
二　経営機構改革の歴史と現状
三　欧米における公開会社の経営機構と取締役の法的地位
四　執行役員制度の概要
五　わが国の経営機構と執行役員・社外取締役の法的地位
六　商法等改正案要綱と監査役・株主代表訴訟制度
七　結語――今後の立法の基本方針――

　本編は、法学論叢に掲載された「公開会社の経営機構改革と執行役員・監査役(1)・(2・完)」（法学論叢145巻1号・5号）(1999)と「大会社の経営機構と取締役の法的地位」（法学論叢140巻5・6号）(1997)の2つの論文内容を大幅に整理して取りまとめたものである。本編で紹介しているわが国の状況と欧米の状況は平成9年ないし11年段階のものであり、現在のわが国の状況も欧米の状況もこれとは相当異なっているが、その後のわが国の経営機構改革を理解する上で有益であると考え、本書に掲載することとした。なお、本編において引用する商法および商法特例法は、とくに断りがない限り、平成11年改正前の商法および商法特例法であり、読者の便宜のため、[　]内において、その後の改正、さらに、会社法および平成26年改正会社法についてコメントしている。

一　序　　説

1　序

　わが国には約120万社の株式会社が登記されている。株式会社は大会社と中会社それに小会社に分かれるが（商特1条の2参照）、大半の株式会社は中小規模の閉鎖会社であり、商法特例法上の大会社は1万社強にすぎない[1]。大会社

---

1) 法務省資料によると、株式会社は119万7,000社、そのうち、資本金5億円以上の会社は3万社、1億円以上5億円未満の会社は2万8,000社ということである（平成10年11月末現在）。[このほか、株式会社の数を大きく超える数の有限会社が登記されていた]。

とは、資本金5億円以上または負債の合計金額が200億円以上の株式会社であり、商法特例法の大会社の特例が適用される。大会社には、会計監査人監査が強制されるほか（商特2条）、監査役会制度の採用等の監査役制度の特例が適用される（商特18条以下）。議決権を有する株主の数が1,000人以上の大会社には、株主の議決権の実質化のために参考書類・書面投票制度が導入されている（商特21条の2・21条の3）。

　実務上、株式会社は公開会社と非公開会社に分けられている。株式譲渡制限会社を非公開会社、それ以外の会社を公開会社とする見解もあるが[2]、上場会社と店頭登録会社を公開会社ということが妥当である[3]。平成9年7月以降、証券会社が未公開株式の投資勧誘を行うことができるようになり、平成10年の証券取引法［現金融商品取引法］の改正では、未公開株に係る開示規整が整備された（証取法4条・5条・13条・24条・24条の5参照——少額募集等）。このため、証券取引法上の継続開示会社（有価証券報告書や半期報告書等を開示している会社）を公開会社とすることにも合理性がある（会社内容が公開されている会社）。しかし、株式の消却の手続に関する商法の特例に関する法律（平成9年法律第55号。以下、「株式消却特例法」という）［平成13年6月29日の商法等の改正に際して廃止］は、公開会社を上場株式または店頭売買株式の発行者である会社と定義する（株式消却特例法2条5号）。商法自体も、自己株式の取得について、上場会社または店頭登録会社について特別の規定を設けている（商210条ノ2第10項・212条ノ2第4項参照［会社165条1項・2項参照］）。証券取引所の開設する有価証券市場（証取2条12項）または証券業協会が開設する店頭売買有価証券市場（証取67条2項）においてその会社の発行する証券、とりわけその株券（株式）が取引されている会社（上場会社・店頭登録会社）は、誰もが証券会社を介して公開市場においてその会社の株主になれるという意味で、公開会社となるのである。このような公開会社は約3,300社（平成10年末で、上場会社は2,416社。継

---

2) 北沢37頁参照［会社法は、全株譲渡制限会社を非公開会社とし、それ以外の株式会社を公開会社とする（会社2条5号）］。

3) 非公開会社は未公開会社と閉鎖会社に分かれる。未公開会社とは公開を予定しているが、なお公開されていない会社である。閉鎖会社とはそもそも公開を予定していない閉鎖会社であり、定款で株式の譲渡制限の定めをしている会社がその典型である。

続開示会社は5,000社弱）にすぎない［現在、店頭売買有価証券市場はない］。

　最近、コーポレート・ガバナンスという言葉がマスコミを賑わしている。これは、公開会社の経営者支配現象を前提に、会社経営が健全かつ効率的にされるために効果的な経営コントロールないし経営チェックシステムを構築し、その効果的な運用を確保する法的実務的問題の総称である。平成9年9月8日、自民党法務部会「商法に関する小委員会」は、株主代表訴訟と監査役制度を改正するため、「コーポレート・ガバナンスに関する商法等改正試案骨子」を公表し[4]、平成10年6月1日に、その内容を大幅に緩和した「企業統治に関する商法等の改正試案骨子」を公表した。平成11年4月15日には、同小委員会により「企業統治に関する商法等の改正案要綱」（以下、「改正案要綱」という）が公表され[5]、株主代表訴訟と監査役制度改正のための議員立法を行う機運が高まっている。

　「改正案要綱」は、監査役の任期を4年に延長するほか、監査役の半数以上の者は、会社またはその子会社の取締役または使用人でなかった者（社外監査役）でなければならないものとする等の監査役の独立性を高める手当をし、このような監査役全員の同意を担保として、株主代表訴訟の合理化や取締役・監査役の損害賠償責任の軽減規定を新設することを企図している。

2　株主代表訴訟の改正と今後の課題

　平成5年改正商法は、株主代表訴訟に伴う株主の負担を軽減するため、訴訟の目的の価額の算定について、財産権上の請求でない請求に係る訴えとして95万円とみなし、訴訟費用を定額の8,200円とした（平成5年改正商267条4項、民訴費4条2項）[6]。また、勝訴株主がその訴訟に要した費用で訴訟費用でないものの相当額の支払を会社に請求することも認めた（平成5年改正商268条ノ2第

---

[4]　これについては、森本滋「コーポレート・ガバナンスと商法改正——自民党商法に関する小委員会『試案骨子』について」ジュリスト1121号（1997）63頁参照。

[5]　自民党法務部会「商法に関する小委員会」の各骨子と要綱の内容は、旬刊商事法務1468号（1997）27頁・1494号（1998）54頁・および1524号（1999）37頁に掲載されている。

[6]　［現在は、訴訟の目的の価額は160万円とみなされ、訴訟費用は1万3,000円である（会社847条の4）］。

1項[会社852条1項参照])。訴訟費用について敗訴者負担原則が採用されている(民訴61条)。株主代表訴訟を提起した株主が勝訴するときは、訴訟関連費用(の相当額)を自ら負担する必要はないこととなる。

　ここ数年[平成11年当時]、マスコミ等を通じて、贈賄や利益供与、損失補てんその他の経営者の違法ないし不正行為が明らかとなり、商法改正のアナウンスメント効果とも相まって、具体的な法令違反行為により会社に生じた損害の賠償を求める株主代表訴訟のほか、バブルに酔った放漫経営等による損害の賠償を求める株主代表訴訟が提起されるようになり、株主代表訴訟にどのように対応し、取締役に対してどのようにアドバイスすべきか、さらには、株主代表訴訟との関連において会社の経営管理ないしチェック体制をどのように構築すべきかが実務上の重大な関心事となっている。

　これまで、取締役、とりわけ、社長が自己の利益を図るために会社を害する行為をしたときでさえ、会社(監査役)が適切に社長の責任を追及してきたのか定かでないが、会社のためであれば、違法行為をしても原則として許されるという企業風土もみられなくはなく、取締役が、自らの利益のためでなく、専ら会社のために違法行為をした場合は、会社が取締役に損害賠償を求めるべきであるとは考えられていなかったように思われる[7]。このような状況を前提にするとき、不正行為(利益相反行為)や具体的な法令違反行為を行った取締役に対して会社に生じた損害の賠償を求めて会社経営の健全性を確保しようとする株主代表訴訟の制度的意義は高く評価されるべきである。しかし、株主代表訴訟についても、株主の権利濫用ないし不適切な権利行使の危険がある。とりわけ、訴状に8,200円[現在は、1万3,000円]の収入印紙を貼付すれば、取締役に対してどのように高額の損害賠償責任を追及する株主代表訴訟を提起することができるのである。最近の株主代表訴訟の特徴として、上場会社の取締役を被告とする訴訟の増加と請求金額の高額化、市民運動型ないし弁護士主導型の事件の増加が指摘されている。これらが当然に不適切訴訟であるわけでない

---

[7] 建設会社の贈賄が刑事事件として立件されたにもかかわらず、会社側は特別の法的措置をとらなかったとして、株主代表訴訟が提起された例もある(資料版商事法務115号(1993)154頁以下参照)。

が、株主代表訴訟制度の病理現象の是正策ないし対応策を求める声が強まり、平成7年1月に、通商産業省産業政策局産業資金課内に、株主代表訴訟問題を包括的に検討する「企業法制に関する研究会」が設置され、同年6月に、「株主代表訴訟制度及び取締役の責任制度の現状と問題点」と題する報告書が公表された[8]。

　株主代表訴訟の制度趣旨について整理する必要がある。取締役の任務懈怠（経営判断の誤りまたは監視義務違反）を理由として、個人では履行することが困難な巨額の損害賠償請求訴訟を提起することには問題がある。訴訟費用が実質的に無視し得る額となったことから、十分な責任事由がないにもかかわらず巨額の損害賠償を求める株主代表訴訟が提起されることが考えられる。原告株主側のコストは、その主観的満足感も考えると、大きな問題でないが、取締役は、最終的には勝訴判決を得ることができるとしても、それまで（場合によっては数年間）、訴訟に対応しなければならない。その間、弁護士費用その他の経済的負担のほか、大きな精神的負担を被り、会社は株主代表訴訟にどのようにかかわるべきかが問題となる。会社による被告取締役の支援や会社の被告取締役側への訴訟参加について、学説は一般に否定的であるが、訴訟支援を全面的に否定することには疑問がある[9]。

　取締役に対する株主代表訴訟の提起は、会社の評判に影響するほか、被告取締役が十分に職務に専念することができなくなり、他の取締役にも動揺が広がる等、会社に大きな影響を与える。株主代表訴訟のインパクトは、被告取締役および会社にとってきわめて大きいのである。このような原告株主と被告取締役ないし会社の側のコストないし影響のアンバランスが株主代表訴訟をめぐる第1の問題である。平成5年改正商法は株主の善意性を前提に株主側のコスト

---

8) 通商産業省産業政策局産業資金課編・株主代表訴訟の現状と課題（別冊商事法務173号）（商事法務研究会、1995）中に収録。平成7年4月には、経済同友会が、株主代表訴訟制度の見直しを求めて、「商法と企業経営とのハーモナイゼーションを目指して」と題する提言を行った。
9) 森本258頁、岩原紳作「株主代表訴訟の構造と会社の被告側への訴訟参加」竹内昭夫編・特別講義商法Ⅰ（有斐閣、1995）239頁以下参照。なお、会社の訴訟参加については、肯定する裁判例（東京地決平成7・11・30判時1556号137頁――信用組合の事例）とこれを否定する裁判例（名古屋高決平成8・7・11判時1588号145頁）に分かれる［会社法は、会社が被告取締役側に補助参加することを認めた（同法849条1項）］。

削減に配慮したが、いろいろな株主がいる。明白な嫌がらせ訴訟や根拠のない訴訟については、訴権の濫用理論や担保提供制度（商267条5項・6項・106条2項）の弾力的な運用により対応し得るが、任務懈怠の有無の判断は微妙であり、任務懈怠と相当因果関係のある損害額の認定も容易でなく、訴権の濫用理論や担保提供制度がどこまで有効か検討を要する[10]。

　贈賄や違法な利益供与、自己株式取得規制違反等の具体的な法令違反行為や不正行為が明らかとなり、株主代表訴訟が提起された場合において、会社は取締役を守るためにどうすべきかについて検討するといった消極的、後ろ向きの対応は厳しく批判されなければならない。違法行為をした取締役の責任は厳しく追及されなければならないが、他方、会社経営の健全性を確保して再発を防止するためにいかなる施策を講ずべきかについて会社内部において真剣に検討し、会社の健全性を質的に向上させることの重要性もまた、強調されるべきである。ところで、会社が実務上合理的と思われる措置を講じた上、取締役の責任を免除することを提案し、それを圧倒的多数の株主が支持していても、それに異を唱える株主がいる限り、しかも、その株主が1株を有するにすぎない場合であっても、取締役の責任を軽減免除することはできない（商266条5項）[11]。当該株主は、当該取締役に対して、当該違法行為と相当因果関係にある損害全額の賠償を求めて株主代表訴訟を提起することができる。経営判断の誤りや監視義務違反を理由とする株主代表訴訟についても、同じである。商法は、取締役の責任に関して、多数派株主と個々の株主との間、あるいは、多数派株主の支持を基礎に総株主の利益を擁護し促進すべき職務権限を有する取締役（さらには、監査役）と個々の株主との間の見解ないし利害対立を調整する合理的スキームを用意していないのである。

3　本稿の目的

　平成10年5月28日に、日本コーポレート・ガヴァナンス・フォーラムがコー

---

10)　[会社法は、訴訟却下制度や不提訴理由書制度を導入して、株主代表訴訟の濫用ないし不適切訴訟に対応することとした（同法847条1項ただし書・4項）]。

11)　[平成13年12月改正商法により、266条に責任の一部免除制度と責任限定契約制度が設けられた]。

ポレート・ガヴァナンス原則の最終報告を採択した[12]。これは開明的経営者と学者・法曹実務家が協力して作成した、新しい日本型企業統治のモデルである。企業経営の円滑化・合理化のために取締役の員数を大幅に削減し、執行役員を導入すること、さらに、社外取締役中心の監査委員会制度が機能するときは、監査役制度を廃止することを提言している。

今後は、監査役制度の改革と取締役制度の改革のいずれがわが国の経営コントロールないし経営チェックシステムの実質化のために妥当であるか、議論されることとなろう。平成9年6月の定時株主総会において、ソニーが、このコーポレート・ガヴァナンス原則の内容を先取りする形で、取締役の員数の大幅削減・社外取締役の積極登用・執行役員の導入を行い、平成10年には、相当数の会社が取締役の員数を大幅に削減し、執行役員制度を導入した。平成11年6月の定時株主総会前に、取締役の員数削減と執行役員制度の導入がいわばブームとなり、執行役員制度採用上場会社は200社近くになるのではないかと予想されている[13]。

取締役の責任をめぐる利害調整の合理的スキームを構築すること、とくに、被告取締役を過酷な状況に置き、結果として会社の利益を害する不適切訴訟に効果的に対処することのできる柔軟なスキームを構築すること、これが株主代表訴訟に係る会社法学の主要課題であるが、この課題に適切に対処するには、検討対象を株主代表訴訟に限定せず、その前提作業として、大企業、とりわけ、上場会社における経営の健全性と効率性を確保する観点から経営機構を見直し、公開会社の株主と取締役の地位を根本的に再検討する必要がある。現行商法は明治32年に施行され、本年（平成11年）は商法施行100周年に当たる。わが国の社会経済システムの抜本的改革が21世紀を目前に多面的に行われている。本編においては、まず、これまでのわが国の経営機構に係る商法改正の経緯を振り返る。その後、わが国の公開会社の経営機構の現状を、アメリカやイギリス、ドイツと比較して批判的に分析し、最近の社外取締役・執行役員制度

---

12) 鈴木忠雄ほか・コーポレート・ガバナンスの新局面（別冊商事法務212号）（商事法務研究会、1998）の巻末資料に掲載されている。
13) 日本経済新聞平成11年6月12日・25日参照。

導入等の経営機構改革の動きを紹介し、公開会社［上場会社］を前提に、21世紀のわが国の公開会社の経営機構のあるべき姿について模索する。また、平成11年4月15日に公表された「企業統治に関する商法等の改正案要綱」を批判的に検討し、株主代表訴訟をめぐる立法論的検討の前提作業として、大会社の経営機構について考察する。

二　経営機構改革の歴史と現状

1　序

　商法は、株主オーナー論を理念的基礎に、経営機構と経営コントロールシステムを構築する。平成9年の自民党の「骨子の原則一」は、「株式会社は株主のものであって、株式会社の主権者は株主とする」旨明確に宣言し、株式会社は株主の利益を最大にするように統治されなければならないとする。わが国では、従業員重視の姿勢が強調されていた。欧米においても、株主、従業員、さらには顧客や地域住民の利益をどのように調整するかが重要な法的課題となっている。従業員利益や環境問題その他の企業の社会的責任がこれまで以上に大会社に求められる今日、株主の利益最大化を強調することについては、検討を要する[14]。

　株主オーナー論を基礎に、経営機構を理念的に説明する。株主は、会社の実質的所有者として、会社を自由に使用・収益・処分することができるはずであるが（民206条参照）、公開会社［上場会社］においては、株主自らが経営を担当することはできない。このため、株主は、株主総会において自ら信頼する者を取締役に選任し、これに経営を委嘱する（所有と経営の分離）。さらに、株主は、株主総会において会社組織に係る重要事項を決議することを通して、経営をコントロールし、会社経営の健全性と効率性を確保する。株主には、取締役の職務執行に対する監督是正権が認められる。単独株主権として、代表訴訟提

---

14) 森本・前掲注4) 63頁以下参照。会社は誰のものか軽々に断定することはできない。さらに、株主オーナー論を理念的基礎に会社法を構築することが合理的かについても、検討の余地があるように思われる。

起権や差止請求権（商267条・272条）等があり、少数株主権として、会計帳簿書類の閲覧等請求権や業務財産状況調査のための検査役選任請求権、さらに、取締役解任請求権等が認められている（商257条3項・293条ノ6・294条）。

取締役の経営権能は株主が有する会社の実質的所有権から派生し、取締役は、会社ひいてはその背後にいる総株主のために誠実に経営を行わなければならない。このため、商法は、経営機構（業務執行機関）を取締役会と代表取締役に分ける。取締役会は取締役全員で構成され、経営に係る重要事項を決定し、取締役の中から代表取締役を選定し、これに業務の執行（経営）を委ねる。代表取締役が、取締役会が定めた経営の基本的枠組みの範囲内において、弾力的機動的に経営を行い、利益の最大化を図ることが期待されているのである。

経営の健全性と効率性を持続的に確保するには、業務を執行する取締役、とりわけ代表取締役が、株主総会および取締役会の決定に従い法令を遵守して、会社ひいては総株主のために誠実かつ効率的に経営を行っていることを継続的に監督する必要がある。商法は、代表取締役の選定・解職権限を有する取締役会が効果的に代表取締役を監督することを期待している（商260条1項）。取締役会は、経営の重要事項に係る意思決定機関であるとともに、取締役、とりわけ、業務を執行する取締役の職務執行の監督機関でもある。しかし、取締役会の監督は効率性に重点が置かれ、適切に適法性がチェックされないおそれがあるため、経営事項の決定に直接かかわらない監査専門機関として、監査役制度が設けられ（商274条1項）、大会社について、監査役会制度が設けられている（商特18条以下）。会社の不正さらには違法な行為は会計事項に関連して露見することが多い。このため、大会社について、会計監査の専門家による会計監査（会計監査人監査）が強制されている（商特2条）。

2 経営機構改革の経緯
(1) 昭和25年改正前商法の状況

明治32年の商法制定以来、株主総会を会社の最高の意思決定機関、取締役を業務執行・代表機関、監査役を監査機関とする株式会社の基本構造は基本的に維持されている。取締役と監査役はいずれも株主総会で選任・解任され、その報酬も定款または株主総会決議において定められる。取締役の員数は、当初よ

り3名以上とされている。

　昭和25年改正前商法において、株主総会は、法律定款に別段の定めのない限り、すべての会社事項について決議することができた（万能機関性）。決議は特別決議と通常決議（普通決議）に区別されていた。通常決議に定足数要件はなく、出席株主の有する議決権の過半数の賛成をもって決議が成立する（昭和25年改正前商239条1項）。特別決議は、総株主数の半数以上で、資本の半額以上に当たる株主が出席し、その議決権の過半数で決せられる決議である。定款所定の事業目的を変更する場合を除いて、定足数不足の場合、仮決議が認められ、第2回目の決議について定足数要件を排除する特則があった（昭和25年改正前商343条）。定款変更（含：資本の変更——増資・減資）のほか、解散・合併および社債の募集等が特別決議事項であった。1株1議決権原則が採用されていたが、11株以上有する株主の議決権は定款をもって制限することができた（昭和25年改正前商241条1項ただし書——最高議決権制度）。昭和13年改正により、営業譲渡等の企業契約、事後設立、それに、取締役・監査役の責任免除が株主総会の特別決議事項とされた（昭和25年改正前商245条1項・246条）。同年改正により、株主総会は、原則として取締役の過半数の決議により取締役が招集する旨定められ（昭和13年改正商231条・236条）、株主総会の招集地や延期続行決議等の株主総会の招集と運営に関する規定が整備された（同法233条・243条）。無議決権株式のほか、定款の定めにより、名義書換後6か月以内の株主を議決権のない者とすることが認められた（昭和13年改正商242条・241条1項ただし書）。

　明治32年商法は、取締役は、株主総会において株主の中から選任するものとしていたが（同法164条1項）、昭和13年改正により、株主の中から選任する旨の規定は削除された。定款の必要的記載事項として取締役の有すべき株式（いわゆる資格株）の数が挙げられていたが、昭和13年改正により、これは定款の任意的記載事項となった（昭和25年改正前商259条）。

　取締役の任期は3年以内とされていた（昭和25年改正前商256条）。会社の業務執行は、原則として取締役の過半数をもって決せられるが（昭和25年改正前商260条）、その方法・形式について別段の制限はなく、会議を開催する必要はなかった。定款は、業務を各取締役に分担し、また、特定の取締役に常務の専決権限を付与することもできた。この特定の取締役が専務取締役や常務取締役

であり、その主席者が社長とされた[15]。

　明治44年改正商法は、取締役は各自会社を代表する旨の商法170条を改正して、定款または株主総会の決議をもって、取締役の中で会社を代表すべき者を定めず、または、数人の取締役が共同してもしくは取締役が支配人と共同して会社を代表すべきことを定めていないときは、取締役は各自会社を代表するものとした。昭和13年改正商法は、再び、取締役は各自会社を代表するものとし、定款または株主総会の決議をもって代表取締役を定めるほか、定款の授権に基づいて取締役の互選により会社を代表する取締役を定めることを認めた（昭和25年改正前商261条1項・2項）。取締役の業務執行の決定権限と会社代表権限について、定款自治が広範に認められたのである。また、この改正により、表見代表取締役制度も採用された（同法262条）。

　明治32年商法は、明確には監査役の職務内容を規定せず、その権限に関する規定から、会社の財産および取締役の業務執行を監督することが推認されるにすぎなかった。監査役の任期は2年以内であり（明治32年商180条）。株主中より選任するものとされていた（明治32年商法189条による164条1項の準用）。監査役は、会社の業務・財産状況の調査権限を有し、株主総会を招集する必要があるときは、株主総会を招集することができた（明治32年商181条・182条）。取締役との訴訟における会社代表権のほか、取締役の職務代行権限も認められていた（同法184条・185条）。監査役には財閥の当主が就任する等、大株主の利益代表として取締役をコントロールすることも期待されていたが、実務上監査役の地位は低下し、お飾りにすぎなくなっていったようである[16]。

　明治44年改正商法は、会社と取締役および監査役の関係が委任関係であることを明らかにし（164条2項の新設と189条によるその規定の準用）、取締役・監査役の会社および第三者に対する民事責任に関する規定を整備した。とりわけ、

---

15) 松本烝治・会社法講義（厳松堂書店、1918）344頁以下参照。法律上、取締役内部における機関分化は認められていなかったと指摘されている（今井潔＝淺木愼一「法典論争と国産会社法の成立」浜田道代編・北澤正啓先生古稀祝賀論文集・日本会社立法の歴史的展開（商事法務研究会、1999）117頁）。

16) 上田貞次郎・株式会社論（日本評論社、1936）110頁以下、江頭憲治郎「企業の勃興から大企業時代への商法」ジュリスト1155号（1999）18頁参照。

取締役が法令または定款に違反する行為をしたときは、株主総会決議による場合であっても、その取締役は第三者に対して連帯して損害賠償責任を負担するものとされた（明治44年改正商177条2項）。商法266条1項5号所定の「法令」の意義について争われているが、明治44年改正商法177条2項の「法令」については、法令の中には第三者の利益保護に関するものが少なくないため、特別の責任を認めたものであるとして、受任者の一般的注意義務を定める民法644条に違反するだけでなく、法令の具体的な規定に違反するものでなければならないと解されていた[17]。

監査役の責任について、原則として取締役に関する規定が準用され（明治44年改正商189条）、監査役に係る株主総会決議または少数株主の請求による責任追及訴訟の提起に関する規定のほか、取締役と監査役の連帯責任に関する規定が設けられている（同法186条・187条）。

昭和13年改正商法は、株主総会の特別決議による取締役と監査役の責任免除規定を新設したが、その決議があっても、少数株主の責任追及訴訟提起請求権が認められていた（昭和13年改正商245条1項4号・2項）。昭和25年商法改正により、この規定は削除され、利益相反取引に係る責任を除いて、取締役・監査役の責任免除には、総株主の同意を要することとなった（同法266条4項・5項）。また、昭和13年改正前商法は、定時株主総会において計算書類が承認されたときは、不正行為以外の事由に基づく取締役と監査役の責任が解除されたものとみなしていたが（同法193条）、これは決議後2年内に別段の決議がないときにかぎり、責任が解除されるものに変更された（昭和13年改正商284条）。なお、昭和56年改正により、この責任解除規定は削除された。

(2) **昭和25年商法改正およびそれ以降の改正**

昭和25年、49年、56年、さらに平成5年に、機関に関する商法規定が大幅に改正された。昭和25年改正においては、経営機構の合理化と株主の監督是正権の強化が行われた。株主総会の万能機関性が否定され（昭和25年改正商230条ノ2の新設）、法定の株主総会決議事項も縮減された。他方、個々の株主または少数株主の監督是正権が強化され、少数株主に、取締役・監査役解任請求権（同

---

17) 大隅健一郎・会社法論（巌松堂書店、1938）300頁。

法257条3項・280条)や会計帳簿書類閲覧等請求権が認められた(同法293条ノ6)。また、単独株主権として、株主代表訴訟提起権と取締役の違法行為差止請求権が認められた(同法267条・272条)。大会社における経営者支配現象と株主の無機能化に配慮して、株主の会社意思形成機能よりも事後的チェック機能に期待が寄せられたのである。

　株主総会の権限縮小により、取締役に広範な経営権能が認められることとなった。取締役会決議により新株や社債の発行ができ(昭和25年改正商280条ノ2第1項・296条)、機動的弾力的な資金調達が可能となった。このような権限の拡大に対応して、取締役会と代表取締役の二元的組織が採用された。明治32年以来、会社の業務執行は、定款に別段の定めのないとき、取締役の過半数をもって決するものとされていたが、業務執行の決定機関としての取締役会と会社代表機関としての代表取締役制度が法定されたのである。取締役は、業務執行機関でなく、取締役会の構成員であり、代表取締役の地位の前提であるにすぎないこととなった。取締役の責任を強化するため、取締役の会社に対する責任事由が具体的詳細に規定され、取締役会決議に基づく取締役の行為について、賛成取締役をみなし行為者として、連帯責任が課されることとなった(同法266条1項・2項)。単独株主権としての株主代表訴訟制度に配慮して、取締役の会社に対する責任は原則として総株主の同意がなければ免除することができないものとされた(同条5項)。大会社、とりわけ、公開会社[上場会社]には、所在不明株主が存在する(同法224条ノ2参照)。取締役の責任を免除することに積極的に反対する株主が1人もいない場合であっても、積極的に総株主の同意を得ることは事実上できない結果、大会社において責任免除が事実上不可能となったのである。取締役の任期は3年以内から2年以内に短縮された(同法256条)。株主に少なくとも2年に1回は取締役選任の機会を与える必要があると考えられたのである。所有と経営の分離を制度化するため、取締役に株主資格を要求することが禁止された(同法254条2項)。

　昭和25年改正商法は、監査役を会計監査機関とし(昭和49年改正前商274条1項)、監査役の任期を1年以内に短縮した(同法273条)。取締役の資格や取締役の責任の免除、株主代表訴訟に関する規定、第三者に対する責任に関する規定が監査役に準用されている(商280条1項・2項)。

昭和49年には、株式会社の自治的監査機構の充実・強化を目的として、商法特例法が制定された。会社規模に対応した監査体制を確立するため、計算・監査について大会社と小会社に関する特例が定められた。大会社には会計監査人監査が強制された。監査役は、小会社の監査役を除いて、再び取締役の職務執行全般の監査機関となり（昭和49年改正商274条1項）、監査役の独立性を強化するため、任期が1年以内から2年に伸長・固定化された（短縮も不可）。監査役には、株主総会における監査役の任免に関する意見陳述権が認められた。

昭和56年改正商法は、株主総会の正常化と取締役会の活性化のための制度的保障を行った。株主総会の形骸化批判に応え、特殊株主（総会屋）対策として、株主の権利行使に関する利益供与が刑罰をもって禁止された（昭和56年改正商294条ノ2・497条）。株主の議題・議案提案権制度と株主総会検査役制度が新設され、議長と会社役員の説明義務に関する明文の規定が設けられた（同法232条ノ2・237条ノ2～237条ノ4）。株主数の多い大会社に参考書類・書面投票制度が導入された（昭和56年改正商特21条の2・21条の3）。取締役会の専決事項が具体的かつ詳細に法定され、取締役会による取締役の職務執行監督権限が明定された（昭和56年改正商260条1項・2項）。

株式会社の自治的監査機構の充実・強化を目的とする昭和49年改正商法の理念を一層推進するため、大会社に複数・常勤監査役制度が導入された（昭和56年改正商特18条）。監査役の独立性を強化するため、監査役の報酬と監査費用に関する特別規定が設けられた（昭和56年改正商279条・279条ノ2）。従来は、株主総会において、取締役と監査役に支給することができる報酬の最高限度額が決議され、取締役会の授権に基づいて、代表取締役が、株主総会決議の枠内において、個々の取締役と監査役の報酬額を決定していたが、株主総会において、取締役と監査役の報酬総額を別個に決議し、個々の監査役に支給すべき報酬額は、監査役の協議によるものとされたのである。

会計監査人の独立性を強化するため、会計監査人の選任・解任機関が取締役会から株主総会に変更され、会計監査人の選任・解任について、監査役の同意権・提案権が認められた（昭和56年改正商特3条2項・3項・6条3項）[18]。特別の事由あるときは、監査役全員の同意により、会計監査人を解任することができる（同法6条の2）。仮会計監査人［一時会計監査人］は監査役の過半数の同意

をもって選任する（同法6条の4）。監査役と会計監査人が連携して会計監査の実効性を確保することが期待されているのである［平成5年の改正により、監査役会制度が導入され、これらは、監査役会の決議・同意事項とされた］。

　平成3年以降の企業不祥事やバブル崩壊を契機として、会社の健全な経営を確保する制度の再構築が緊急の課題となり、日米構造問題協議におけるアメリカ側の強い要請もあって、平成5年には、監査役の任期が3年に伸長され（平成5年改正商273条1項）、大会社について、監査役の員数が3名以上とされるほか、監査役会制度と社外監査役制度が導入された（平成5年改正商特18条・18条の2）。このほか、株主代表訴訟制度が合理化され（訴訟費用の定額化・勝訴株主の訴訟関連費用の求償権）、会計帳簿書類の閲覧権に係る少数株主要件が緩和された（10パーセントから3パーセント）。

　平成9年秋には、商法の罰則規定が改正され、利益供与関連罰則も厳格化された。平成11年の通常国会には、完全親会社創設のための株式交換・株式移転制度と時価会計に関する改正事項のほか、会社の親子関係に配慮して、少数株主の業務財産状況検査役選任請求権の合理化、親会社の株主の開示請求権と監査役・会計監査人の子会社調査権限を拡大することを目的とする商法改正案が提出されている。

3　わが国の経営機構の現状

　この四半世紀の間、違法な企業経営を阻止するために監査役制度の改革が精力的に行われ、違法な経営をチェックする機構は整備された。しかし、それらは実質的に機能しておらず、昭和49年以降の監査役制度の改革は失敗であったと断ずる見解も有力である[19]。株主の議決権の実質化措置や監督是正権もそれなりに充実しているが、経営に不満の株主は、通常、株式を売却して自己の利益を確保するのであり、公開会社［上場会社］の株主が議決権や監督是正権を積極的に行使して経営をコントロールすることに多くは期待できない。

---

18)　［平成26年改正会社法により、監査役ないし監査役会が会計監査人の人事案件を決定することができることとなった（同法344条。報酬等の決定に関する監査役の関与について399条参照）］。

19)　家近正直＝浜田道代＝森本滋ほか「座談会・コーポレート・ガバナンス」民商法雑誌117巻3号（1997）347頁［江頭憲治郎発言］参照。

会社の経営機構は、取締役会と代表取締役に分かれる。取締役会は株主の信任を受けた取締役全員により構成される会議体の機関であり、経営（業務執行）に関する重要事項を決定し、代表取締役を選定して、これに経営を委嘱する。取締役会において、取締役が質疑討論し、重要な業務執行に係る合理的決定を行うことが期待されている。代表取締役は、業務の執行機関であり、株主総会および取締役会の決定した経営の基本的枠組みを基礎に、誠実かつ効率的に業務を執行しなければならない。取締役会は、代表取締役が、株主総会および取締役会の決定に従い、法令を遵守して誠実かつ効率的にその職務を遂行することを監督し、必要な場合は、代表取締役を交代させるのである（商260条1項・2項・261条1項［会社362条2項〜4項]）。取締役会の監督機能を実質化するために、個々の取締役に監視義務が認められる。取締役は、その権限を適切に行使して代表取締役の職務執行をモニターし、取締役会の監督機能の実効性の確保に寄与しなければならない[20]。

このような取締役会における業務執行の決定および経営コントロール機能についても疑問が提示されている。昭和56年改正商法は、取締役会が真に経営の重要事項の意思決定機関となるよう取締役会の専決事項を詳細に法定し、代表取締役や常務会に経営の重要事項の意思決定を委任することを禁止したが、上場会社の取締役の員数は増え続け、平成に入ってからは、30人を超える取締役がいる巨大会社の取締役会もまれではなくなっている[21]。このような取締役会において実質的な審議をすることは期待できない。実務上一般に、常務会等が経営の重要事項に関する実質的な意思決定機関となっていった。昭和56年以降も、取締役会の意思決定機能の形骸化が進行していたのである。経営の効率的かつ機動的な執行のために社長を頂点とする強固なピラミッドが形成され、社長がオールマイティーで、取締役会ないし取締役の存在感は希薄なようである。取締役会は社長の経営方針を拝聴し、社長から叱咤激励される会議であるといっても過言でなかろう。

---

[20] 大会社の（業務執行）取締役に対する監査専門機関として、監査役・監査役会と会計監査人が設けられている。これについては、六で扱う。

[21] 東京弁護士会会社法部編・取締役会ガイドライン［改訂版］（商事法務研究会、1993）451頁表7参照。

業務執行機構について大幅に定款自治が認められている。代表取締役と業務担当取締役はいずれも、取締役として業務を執行する。使用人兼務取締役は、取締役会の構成員としての取締役の地位とそれとは相対的に独立した会社の使用人としての地位を併せ有する。もっとも、代表取締役や業務担当取締役の選定は、経営上の人事・営業政策として決定されている面もあるようである。代表取締役名誉会長という高齢役員が見受けられる。名誉会長が現実に会社代表権を行使することは考えられておらず、その代表権は会社内のステータスを明確化するものである。これと同様に、使用人兼務取締役の「取締役」の地位も、対外的な取引関係上の配慮や会社内のステータスの明確化のために、使用人に「取締役」の称号が与えられているにすぎない場合が少なくないようである。使用人兼務取締役の取締役としての報酬は使用人分給与の何分の一（10パーセントからせいぜい20パーセント）といった実態からも、使用人兼務取締役は使用人なのであり、取締役として機能することはほとんど期待されていないと推測されよう。

　業務担当取締役および使用人兼務取締役は、代表取締役の指揮命令に服して業務執行に携わり、代表取締役、業務担当取締役および使用人兼務取締役の間には、厳然とした上下関係が認められる。取締役に、このような上下関係ないし指揮命令関係が認められることが、わが国経営機構の基本的問題である。使用人兼務取締役も、法律上「取締役」として、取締役会において会社経営の重要事項の決定に参画し、取締役の職務執行、とりわけ、代表取締役社長の職務執行を監視しなければならないが、使用人兼務取締役は、日々自己の担当する部門の業務を適切に遂行しなければならず、業務執行においては社長その他の代表取締役の指揮命令に服する。取締役会において、使用人兼務取締役は、主として、自己の担当する部門に関連する議案について社長を補佐して説明し、その部門の利益代弁者として機能することになる。日常的な業務の多忙さや情報の欠落に加えて、このような関係に配慮するとき、使用人兼務取締役が、全社的観点から経営政策に関与することは困難で、社長の職務執行の妥当性のチェック等はそもそも期待できないことは明らかであろう。さらに、取締役会が提案する取締役候補者が原則として株主総会において取締役に選任され、取締役会においては、社長が候補者を実質的に決定している。このような状況に

おいて、使用人兼務取締役が自らの上司である（自らを取締役に抜てきしてくれた）代表取締役（社長）をチェックすることは、いよいよ、無理となろう。

三　欧米における公開会社の経営機構と取締役の法的地位

1　序

　大会社の効率的経営を促進し国際競争力を維持して、国民経済の恒常的な発展を図るためには、経営者の経営権能の弾力的柔軟な行使が認められなければならない。他方、大会社の経営の健全性と持続的な効率的経営を確保するには、経営者、とりわけ、社長を効果的にコントロールするシステムを構築する必要がある。

　わが国の取締役会の意思決定機能は形骸化しており、取締役会の監督機能にも大きな期待を持てない状況にある。しかしながら、株主代表訴訟との関連において、経営機構ないし業務執行の決定メカニズムについてさまざまな法的問題が顕在化するようになった。昭和56年商法改正により、経営者は株主総会について真面目に考えるようになった。平成5年の株主代表訴訟制度の改正により、ようやく、経営者が経営機構と取締役の法的地位ないしその権限と責任について真面目に考える契機が生じたのである。

　以上のような現状認識を基礎に、欧米の公開会社の経営機構について概観する[22]。

2　アメリカの経営機構

　アメリカにおいては、各州がそれぞれ固有の会社法を有している。本稿においては、説明の便宜のために、模範事業会社法（Model Business Corporation Act revised through 1994）の規定を中心に、アメリカ法律協会（American Law Institute）（以下、「ALI」という）のコーポレート・ガバナンスの原理（Principles of Corporate Governance: Analysis and Recommendations of 1992）の紹介を通して、

---

[22] ヨーロッパの金融機関の経営機構について、文研欧州調査団編・ヨーロッパ金融持株会社の実態——文研欧州調査団報告書（生命保険文化研究所、1996）参照。

アメリカの状況を概説する。

アメリカの大会社、とりわけ、上場会社の経営機構の特色の第1は、取締役（directors）と業務執行役員（officers）が明確に区別され、取締役の多数が社外取締役であることである。会社は、取締役会（board of directors）を有しなければならない（模範事業会社法8.01条(a)項）[23]。取締役は株主総会が選任する（模範事業会社法8.03条(d)項）。取締役は毎年の定時株主総会において選任されるが、9名以上の取締役がいる場合には、取締役を2つまたは3つのグループに分けて任期を2年または3年とし、2年または3年ごとに特定のグループの取締役の改選をすることが認められる（模範事業会社法8.05条・8.06条）。

会社は、付属定款の規定するオフィサーまたは付属定款の規定に従い、取締役会が任命するオフィサーを有しなければならない（模範事業会社法8.40条(a)項）。上位のオフィサーは、付属定款の規定を基礎に、取締役会において選任され、取締役会からそれぞれ固有の業務執行権限を付与される。上位のオフィサーは、付属定款または取締役会の授権を基礎に、下位のオフィサーを選任することができる（模範事業会社法8.40条(b)項）。オフィサーは、付属定款または取締役会により付与された権限を有し義務を履行しなければならない（模範事業会社法8.41条）。

会社法上、社外取締役制度は強制されていない。ニューヨーク証券取引所（NYSE）の上場規則は、1956年以来、複数の社外取締役を選任することを要求し、1978年6月30日以降は、独立の取締役のみから構成される監査委員会の設置や社外取締役の増員が要請されている。ALIのコーポレート・ガバナンスの原理は、大公開会社（同原理1.24条）の取締役会は、その過半数が、会社の上級オフィサーと重要な関係を持たない独立の社外取締役から構成されることを勧告している（同原理3A.01条(a)項）。上場会社の取締役の員数は、一般に10人半ばであって、オフィサーを兼任する取締役は、2人前後のようである（例えば、会長、社長、筆頭副会長等）。取締役の圧倒的多数の者は社外の非常勤取締

---

[23] アメリカ法においては広範に定款自治（株主間契約）が認められており、法定の経営機構とは別個の経営機構を構築することができるが（模範事業会社法7.32条参照）、以下においては、「原則として」と限定することなく、原則的な経営機構について説明する。

役である。社外取締役は他の大会社の会長ないし最高業務執行役員（CEO）が中心であるが、著名教授や財団の総裁ないし理事長が選ばれることもある。

　アメリカの取締役は3種に分類される。第1はオフィサーを兼ねる取締役（常勤の内部取締役）である。次に、会社と利害関係のない非常勤の、独立社外取締役がいる。両者の中間の取締役として、基本的に非常勤の取締役であるが、上級オフィサーの近親者のほか、法律家や公認会計士として会社から相当の報酬を得ている者等、会社からの独立性に疑義のある取締役がいる。S&P 上位500社の平均取締役数は11.7人、社外取締役の構成比率が75パーセント以上の会社が31パーセント、50パーセント〜75パーセントが51パーセント、50パーセントが5パーセントという数字が紹介されている[24]。

　アメリカにおいても、伝統的には、取締役会が直接経営を担当してきた。現在も、中小規模の会社においては、取締役会が積極的に経営に関与している。他方、上場会社の取締役会は、月1回開催することが限度であろう。平均は年6回のようである[25]。社外取締役が多数を占める構成からも、取締役会において経営全般について実質的な審議をすることは困難となる。このため、取締役会は日常の経営には関与せず、基本的な経営政策を承認するものへと変質していった。このような実務状況に配慮して、模範事業会社法は、会社のすべての権能は原則として取締役会により、または、取締役会の支配の下に行使され、その経営は原則として取締役会の指揮の下に行われる旨規定して（模範事業会社法8.01条(b)項）、取締役会の役割を監督権能に制限することを認めた[26]。ALIのコーポレート・ガバナンスの原理は、一歩進めて、公開会社の業務執行は、取締役会より指名されたオフィサーを中心に行う旨、定める（同原理3.01条）。経営は取締役会でなくオフィサーが担当し、取締役会は、基本的な経営政策を承認し、オフィサーの業務執行を監督する機関となるのである。

24）武井一浩「米国型取締役会の実態と日本への導入上の問題」商事法務研究会編・執行役員制の実施事例（別冊商事法務214号）（1998）127頁以下参照。

25）神崎克郎「注意義務及び経営判断の原則」証券取引法研究会国際部会訳編・コーポレート・ガバナンス——アメリカ法律家協会「コーポレート・ガバナンスの原理：分析と勧告」の研究（日本証券経済研究所、1994）158頁参照。

26）Model Business Corporation Act revised though 1994, Official Text, at 8-6.

取締役会は委員会を設けて、1人または複数の取締役をその委員に任命することができる（模範事業会社法 8.25 条(a)項）。この委員会は、定款または取締役会の授権に基づき、原則として取締役会の権限を行使することができるが、利益配当の決定、法定の株主総会決議事項の提案、欠員取締役の補充、付属定款の変更、株主総会決議を要しない合併の承認等は、取締役会が決定しなければならない（同条(d)項・(e)項）。これらがアメリカ法における取締役会の専決事項となる。ALI のコーポレート・ガバナンスの原理は、取締役会の主要な任務として、オフィサーの選任・解任とその報酬の決定、会社の事業活動の監督、会社の財務事項や主要な計画の審査ないし承認を挙げる（同原理 3.02 条(a)項）。
　メリル・リンチ社の付属定款は、取締役の員数を 3 人以上 30 人以下と規定する。実際の取締役は 14 人である。社内取締役は、CEO、COO および取締役会副会長（general councel）の 3 人である。他の会社の経営者のほか、元大学学長、元 SEC 委員の弁護士および外交委員会委員が社外取締役に就任している。メリル・リンチ社の付属定款は、①会社の事業は、取締役会により、または、その指揮の下に執行される、②オフィサーを選任し、それに一般的または限定的な権限を付与することができる、③取締役会は 1 人または複数の取締役により構成される委員会を組織することができる、と規定する。
　メリル・リンチ社の基本定款は、取締役会の権限を 9 項目に分けて詳細に規定する。主要なものとして、株主総会決議事項となっていない付属定款の規定の変更、利益処分、取締役会の委員会の設置等、ストック・オプションの付与、従業員の報酬・年金体系の策定等が挙げられている。取締役会の委員会として、業務執行委員会、監査・財務委員会、経営開発・報酬委員会および指名委員会が設けられている。業務執行委員会は、取締役会が開かれない間の取締役会の機能を代行する委員会である。監査・財務委員会は、社内の会計管理組織の監視と社内監視機能の監督・評価ならびに会計監査人の監督を主たる機能とする。経営開発・報酬委員会は、オフィサーを含む従業員の給与体系や長期奨励報酬制度等の検討・勧告を主要な任務とする。指名委員会は取締役候補者の推薦を行う。
　メリル・リンチ社の選任オフィサー（取締役会が選任するオフィサー）は、取締役会会長、社長、総務担当役員、財務担当役員、ならびに取締役会副会長、

業務執行副社長等である。このうち、取締役会会長、社長および取締役会副会長は取締役の中から選任される。取締役会会長が最高業務執行役員（CEO）となり、株主総会と取締役会の議長となる。社長は最高業務運営役員（COO）を兼任し、会社代表権ならびに会社の事業・業務全般の監督権限を有する[27]。

　アメリカの経営機構の特色は、取締役会の委員会制度が多様に発展していることにある。ALI のコーポレート・ガバナンスの原理は、大公開会社に監査委員会の設置を義務付け（同原理 3.05 条前段）、取締役候補者指名委員会や報酬委員会の設置およびその職務権限について勧告する（同原理 3A.04 条・3A.05 条）。これらの委員会は、役員または従業員を兼務しない取締役から構成され、その過半数の者がオフィサーと重要な関係を有しない取締役によって構成されることが勧告されている（同原理 3A.04 条(a)項・3A.05 条(a)項）。大公開会社の監委員会については、3 人以上の、会社と雇用関係を有しない、かつ、直近の 2 年間において会社と雇用関係を有していなかった取締役（社外取締役）から構成され、その過半数の者がオフィサーと重要な関係を有しないことが要求されている（同原理 3.05 条後段）。

　監査委員会は、会計ないし財務に関する経営をチェックし、会計監査人の適正さおよびその報酬について検討することを通して、取締役会の監督機能の実効性を確保する。ALI のコーポレート・ガバナンスの原理 3A.03 条は、監査委員会の職務権限について詳細な勧告を行っている。

　報酬委員会は、オフィサーの報酬に関する取締役会の監督機能を実施または援助する委員会である。ALI のコーポレート・ガバナンスの原理は、大公開会社に、報酬委員会を組織することを勧告し、その権限として、①オフィサーの各種の報酬を審査して取締役会に勧告するか、または、オフィサーの各種の報酬を決定すること、②新たなオフィサーの報酬プログラムの審査、オフィサーの報酬プログラムの運用に関する定期的な審査等、および、③経営者のいわゆる役得に係る政策の策定とその定期的な審査等を挙げる（同原理 3A.05 条(b)項）。アメリカン・エクスプレス・カンパニーの平成 6 年度の有価証券報告書は、オフィサーの報酬・福利委員会が最高業務執行役員（CEO）の業績を毎年精査す

---

27) メリル・リンチ社の定款および平成 9 年 12 月の有価証券報告書参照。

るほか、オフィサーの業績評価を行うことを明らかにする。

　取締役候補者指名委員会は取締役会管掌委員会とも呼ばれ、取締役の選任基準・取締役の任期・退任に関する方針、さらには、社外取締役の報酬・福利プログラムを含む取締役に関する事項について取締役会に助言を行う。ALIのコーポレート・ガバナンスの原理は、公開会社に指名委員会の設置を勧告し、その職務として、取締役会に取締役候補者を推薦することのほか、内部委員会の委員候補者を推薦することも挙げている（同原理3A.04条(b)項）。メリル・リンチ社の平成7年度の有価証券報告書は、取締役指名委員会は、各取締役の専門のバランスを見ながら、取締役候補者の発見に努め、取締役会付属委員会の委員および取締役の補欠を取締役会に推薦し、さらに、株主が推薦した候補者の審査も行う旨、記載する。

　取締役会の委員会として、業務執行委員会が設けられ、投資状況の監督、投資計画の要素の検討等を行う財務委員会が設けられることもある。業務執行委員会は機動的弾力的な経営を遂行するため、取締役会の経営に係る一般的権能の委任を受けるものである。JPモルガンの平成7年度の有価証券報告書によると、取締役会は、各年次株主総会の後の最初の会議で、取締役会が決定する員数の取締役からなる業務執行委員会を任命する。当該委員会は、取締役会の会合が開かれていない間、取締役会の権限を行使することができる。業務執行委員会には、取締役会会長、社長、業務執行委員会委員長・取締役会副会長（2人以上の副会長がいる場合には、その全員）を含むものとされている。これは、業務執行役員を兼任する取締役を主要メンバーとする委員会であり、具体的には、業務執行役員を兼任する4人の取締役のほか、1995年1月に会長を退任した取締役および1人の社外取締役より業務執行委員会が構成されている。

　アメリカの大公開会社の経営は、基本的に、オフィサーに委任され、これをコントロールすることが取締役会に期待されている。取締役の主たる機能は、取締役会において重要なオフィサー人事と基本的な経営政策を承認し、オフィサーの経営を監督することにある。取締役会の決議事項は原則として業務執行委員会に委任されるが、業務執行委員会は、これを社長（CEO）等のオフィサーに委任することができる。ALIのコーポレート・ガバナンスの原理も、取締役会は、監視義務も含んで、その権限を取締役会の委員会、オフィサー、従業員、

専門家等に委任することを認める（同原理4.01条(b)項）。オフィサーは、取締役会の有する権限を委任された者であるが、取締役会とは別個独立に自らの責任において、経営を遂行する。取締役を兼任するオフィサーについても同様である。

アメリカにおいては、効率的に経営すべきオフィサーとそれをコントロールする社外取締役中心の取締役会というように、経営と取締役会との間に明確な役割分担がある。取締役会は、一般に、15人前後の取締役を構成員とし、そのうち3分の2以上が社外取締役である。構成員がオフィサーや従業員でなく、その過半数が独立社外取締役である監査委員会のほか、報酬委員会、指名委員会により経営監督機能の実効性が確保されている。

株主総会において選任される取締役と取締役会により任命されるオフィサーの法的地位および権限は大きく異なるが、報酬もまた明確に峻別されている。取締役の報酬とオフィサーの報酬のいずれも取締役会が決定するが、両者の報酬の決定方法およびその内容は大きく異なる。社外取締役の報酬は一般に定額で、それほど高額のものでない。メリル・リンチの社外取締役は、年3万5,000ドルの定額報酬（および定額の手当等）を受け、委員会の委員ないし委員長を務める者には、年3,000ドルないし2万5,000ドルの追加報酬が支給される。

オフィサーの報酬については、報酬委員会を設置し、オフィサーの報酬計画や個々のオフィサーに対する報酬について審査することが勧告されているが、SECは、委任状説明書において、オフィサー報酬の概要について詳細に説明し、報酬額上位5人のオフィサーの報酬について個別具体的に開示することを義務付けている（レギュレーションS-K402）。オフィサーの報酬としては、会社の業績だけでなく、それぞれのオフィサーの個人的な業績を毎年審査してその業績に見合った報酬が付与され、ストック・オプション等を含めると、きわめて高額のものとなっている。オフィサーを兼任する取締役は、原則として取締役としての報酬を受けない。ストック・オプションも含めて、10億円を超える報酬を受け取るCEOもまれでないようである[28]。

取締役がオフィサーないし従業員を合理的に信頼するときは、取締役はオフィサー等の任務懈怠について連帯責任を負わない[29]。これを信頼の法理（権利）という。取締役やオフィサーは、善意で、通常人の注意義務を尽くして会

社の最善の利益になると合理的に信ずる態様においてその職務を遂行しなければならないが、他のオフィサーまたは従業員・弁護士もしくは公認会計士等の専門家が準備または提供した情報、意見、報告、財務情報等を合理的に信頼することができるのである（模範事業会社法8.30条(a)項・(b)項、8.42条(a)項・(b)項）[30]。もっとも、取締役は、特別の事情のない限り、オフィサーの提出した資料を基礎に合理的に経営判断をすることでよいが、オフィサーは、状況いかんによっては、このような資料を信頼するだけでは足りない場合があると指摘されている[31]。

　模範事業会社法は、取締役およびオフィサーの行為規範を一般的に規定するが、違法な配当や自己株式の取得に関連する特別の責任規定を除いて（模範事業会社法8.33条）、取締役およびオフィサーの具体的責任事由を明示的に規定していない。模範事業会社法は、責任事由その他の損害賠償責任については原則として一般民事法理に委ねることとし、取締役やオフィサーの免責や責任制限、さらには、費用の前払いやD&O保険について詳細に規定するのである。

　定款において、会社または株主に対する取締役の損害賠償責任を原則として除外または制限する規定およびそのような取締役の責任を補償する旨の規定を設けることが認められる（模範事業会社法2.02条(b)項(4)号・(5)号）。これは取締役を適切に保護するためのものであり、損害賠償責任の免除に限られ、取締役の解任その他の制裁に適用されるものではない[32]。もっとも、権限なくして取締役が受領した財産上の利益、違法配当に係る責任、会社または株主を意図的に害する行為、および、刑法の意図的違反に基づくものは、この対象とすることはできない。模範事業会社法8.50条から8.59条は、事後的に（個別ケースごと

---

28) 関孝哉「欧州の業績連動型報酬制度とここから学ぶポイント」インベストメント295号（1996）40頁以下、近藤光男「米国における経営者の報酬をめぐる法的問題点」代行リポート114号（1996）1頁以下参照。

29) Model Business Corporation Act revised though 1994, Official Text, at 8-6.

30) ALIのコーポレート・ガバナンスの原理も、模範事業会社法と基本的に同様の信頼の法理について規定している（同原理4.01条(b)項、4.02条、4.03条）。

31) Model Business Corporation Act revised though 1994, Official Text, at 8-50.取締役と役員の責任要件は同様であるが、職責に応じて運用が異なるようである。

32) Model Business Corporation Act revised though 1994, Official Text, at 2-9.

に)、裁判により確定した取締役に対する損害賠償責任の補償の許容性、株主代表訴訟に勝訴した取締役の訴訟関連費用の完全償還、訴訟費用等の前払い、および、D&O保険について規定する[33]。ALIのコーポレート・ガバナンスの原理は、取締役とオフィサーを区別せず、特別の悪性のない損害賠償責任について、その者の年間報酬額の範囲内に制限する定款規定を有効とし（同原理7.19条）、補償・保険についても規定する（同原理7.20条(28)）[34]。

3　イギリスの経営機構[35]

イギリスの公開会社は、原則として2人の取締役を有しなければならない（1985年会社法282条1項）。取締役が会社との間でサービス提供契約を締結するときは、原則として書面により、当該書面を株主の閲覧に供しなければならない（同法318条1項・7項）。会社法は、経営機構についてとくに規定せず、会社の自治に委ねている。経営事項が当然に取締役会事項であるとは考えられておらず、株主総会と取締役会の権限分配についても、広範な定款自治が認められている。1985年会社法8条1項に基づく規則により、モデル定款（テーブルA）が定められている。会社はこれと別の定めを有することができるが、実務上一般に、モデル定款に従っている[36]。

会社の事業は、全体としての取締役（directors）により遂行される（テーブルA70項）。会社法は、取締役の選任について明示的に規定していないが、定款上、株主総会が原則的な選任機関とされている（テーブルA73項）。業務を担当する取締役の任期は原則として3年であり、毎定時株主総会においてほぼ3分の1ずつの取締役が改選されるようである（テーブルA73項参照）。取締役会の議事手続は、定款の規定に従い、取締役会が適宜定める（テーブルA88項）。取締役会が取締役会会長を選任するとき、取締役会会長は、取締役会と株主総会の議

---

33) 近藤光男「取締役の責任保険と責任制限(1)・(2・完)」民商法雑誌96巻6号（1987）741頁・97巻1号（1987）41頁、北村雅史「米国における取締役責任制限法について」法学雑誌38巻3・4号（1992）597頁参照。

34) 山下友信「救済」証券取引法研究会国際部会訳編・前掲注25）259頁以下参照。

35) ［本稿は、1985年法によっているが、イギリスでは、2006年に会社法が制定され、会社法の内容が大幅に改正されている］。

36) Pennington's Company Law, 7th, edition, at 765.

長を務め、可否同数のときは、キャスティング・ボートを有する（テーブルA88項・42項・50項）。

取締役会は、取締役により構成される委員会にその権限を委任することができる（テーブルA72項）。取締役会は、取締役の中から、1人または数人のマネージング・ディレクターその他の業務担当取締役（executive directors）を任命し、これらの者に取締役の権限を委任することができる（テーブルA72項・74項）。取締役会は、取締役と雇用契約または取締役としての通常の職務を超えるサービス提供契約を締結することができる（テーブルA84項）[37]。公開会社においては、原則として業務担当取締役は、会社と雇用契約を締結して、業務担当取締役としての職務を遂行しているようである[38]。公開会社の実務において、通常、1人のマネージング・ディレクターが任命され、チーフ・エグゼクティブと呼ばれているようである[39]。マネージング・ディレクターはわが国の代表取締役に相当し、業務を担当する取締役がわが国の業務担当取締役ないし使用人兼務取締役に相当するのであろう（以下、マネージング・ディレクターとその他の業務を担当する取締役を併せて「業務担当取締役」という）。

イギリスの経営機構は、アメリカの場合と基本的に同様であるが、業務担当取締役と非業務担当取締役（non-executive directors —— NED）、から構成される全体としての取締役（directors）が経営を担当すると考えられているようである。非業務担当取締役は、通常、他に主たる職業を有する、社外ないし非常勤の取締役である。業務担当取締役は取締役が有する経営権能の委任を受けた取締役であり、業務担当取締役を中心に業務が執行される。テーブルA71項は、取締役会が会社の代理人である者を選任することを認める。取締役でないオフィサーは、かつては、業務担当取締役を補佐する者として補充的に選任されるにすぎなかったようであるが、徐々に、社外取締役の員数が増え、さらに、業務の多角化等との関連において、取締役でないオフィサーが多数任命されている。イギリスの経営機構の実態はアメリカと同様になりつつあるということ

---

37) Mayson, French & Ryan on Company Law, 8th edition, at 411.
38) Tolley's Directors Handbook at 203-205.
39) Gower's Principles of Modern Company Law, 5th edition, at 158.

ができる。

　取締役会は、実質的には、監督機能を担うにすぎないが、監督機関と執行機関の権限関係が定款自治に委ねられていることから、業務担当取締役の権限ないし勢力が強大なようである[40]。キャドベリー委員会は、1992年の報告書において[41]、非業務担当取締役と業務担当取締役の両者により構成される取締役会が経営に対する効果的なコントロールを行う現行制度の効用を維持しつつ、業務担当取締役、とりわけ、マネージング・ディレクターを適切にコントロールし、企業経営の健全性と効率性を確保するために果たすべき業務を担当しない取締役の役割を高く評価し、非業務担当取締役を中心とする監査委員会や取締役指名委員会、報酬委員会の設置を要請し、取締役会会長と社長の兼任を避けることも勧告する。取引所は、従来から、非業務担当取締役の役割を評価し、上場会社の取締役報告書（わが国の事業報告に相当する）に、社外取締役に関する事項の記載を要求していたが、キャドベリー委員会の要請を受けて、上場会社の取締役報告書に、キャドベリー委員会報告書の提言の遵守の有無、および、遵守していない場合にはその理由の開示を求め、会計監査人が、監査対象会社のキャドベリー委員会報告書の提言の遵守状況の報告についても審査をすることを求めている[42]。著名な大会社は、キャドベリー委員会報告書の前から非業務担当取締役を選任していたが、現在では一般に、非業務担当取締役から構成される監査委員会、さらには、取締役指名委員会や報酬委員会が設けられている[43]。

　イギリスにおいても、取締役の報酬は株主総会の決議事項であるが、業務担当取締役としての報酬ないし雇用契約または取締役としての通常の職務を超えるサービス提供契約上の報酬は「取締役」としての報酬でなく、取締役会が決

---

40) Gower's Principles of Modern Company Law, 5th edition. at 160-161.

41) Report of the Committee on the Financial Aspects of Corporate Governance（1 December 1992）．森本滋「コーポレイトガバナンスと商法改正」龍田節＝森本滋編・川又良也先生還暦記念商法・経済法の諸問題（商事法務研究会、1994）121頁以下参照。

42) The Listing Rule 12. 43 (j) さらに、(i) は、年次報告書等の開示書類（Circulars）において、独立の業務を担当しない取締役の詳細を記載することを要求している。

43) 文研欧州調査団編・前掲注22) 168頁［梅本剛正］参照。

定することができる（テーブル A84 項）。取締役会は、業務担当取締役に対して、適当と思う報酬を与えることができる。一般に、業績と連動した報酬体系が構築され、その報酬も高額であり、アメリカにおけると同様、社長等の高額報酬批判が生じ、1995 年に、グリーンブリー報告書が取りまとめられた。グリーンブリー報告書は、巨大上場会社の業務担当取締役および上級オフィサーの報酬に関するガイドラインを提示する。具体的には、3 人以上の、独立した、非業務担当取締役のみから構成される報酬委員会において、役員報酬に関する基本政策と個々の役員に対する報酬パッケージ（基本的なサラリー、ストック・オプション、年金等）を決定し、取締役の報酬の完全開示を提言する[44]。イギリスの特徴は、このようなコーポレート・ガバナンス問題を法令ベースでなく、取引所の上場規則等の自主規制において行うことにある[45]。

実務上、株主総会決議において定められた取締役の報酬総額の範囲内において、取締役会が、非業務担当取締役に対する報酬の具体額を決定しているようである。非業務担当取締役は、取締役会その他の会議に出席すること以外に、実質的に会社に貢献することは期待されていないため、その報酬は、基本的に定額の、わずかなものである。キャドベリー委員会報告書は、非業務担当取締役の報酬について fees という表現を用いて、取締役の職責と独立性の確保の観点から合理的な額を決定すべきであるとする（同報告書 4.13 項）。

4　ドイツの経営機構

ドイツの株式会社法は、監査役会と取締役の二層式経営管理機構を採用する[46]。取締役は会社を指揮し、業務執行・会社代表を担当する。監査役会は監督機関であるが、取締役の選任権のほか（株式法 84 条 1 項）、重要事項の同意権

---

44) Directors' Remuneration: Report of a Study Group chaired by Sir Richard Greenbury (17 July 1995). 森本滋ほか「座談会・取締役の責任追及と報酬のあり方（中）」取締役の法務 30 号（1996）46 頁以下［森本］参照。イギリスの報酬制度に関して、関・前掲注 28) 48 頁以下参照。

45) ［イギリスの最近の状況について、伊藤靖史・経営者の報酬の法的規律（有斐閣、2013）154 頁以下参照］。

46) 共同決定法により、2 万人超の従業員を有する大規模株式会社の監査役会は、それぞれ 10 名の株主代表の監査役と従業員代表の監査役の合計 20 名から構成される（同法 7 条 1 項 3 号）。本稿においては、共同決定制度の説明を省略する。

を有し（同法 111 条 4 項）、単なる監督機関でなく、機能的には、わが国の取締役会に相当する。監査役は、10 社まで監査役を兼任し得るが（コンツェルン内部の 5 社の監査役のポストはこれに参入しない）、これを超えて監査役を兼任することはできない（同法 100 条 2 項 1 号・2 項）。

　株主代表の監査役は、原則として株主総会により選任され、その任期は実質的に 5 年である（株式法 101 条 1 項・102 条 1 項）。監査役は、その会社の取締役または主要な使用人を兼任することができない（同法 105 条 1 項）。従属会社の取締役等との兼任も認められない（同法 100 条 2 項 2 号）。会社の取締役が他の会社の監査役会の構成員となっている場合に、当該他の会社の取締役である者も会社の監査役となることはできない（同法 100 条 2 項 3 号——交差兼任の禁止）。これらは監査役の独立性を確保し、取締役に対する監督の実効性を確保することを目的とする。なお、監査役は、監査役会の承認の下に、会社との間で、雇用関係を生じさせない高度のサービス提供契約を締結することができるものとされている（同法 114 条）。会社の監査役に対する信用供与には監査役会の承認が要求される（同法 115 条参照）。

　監査役会において、会長と副会長が選定される（株式法 107 条 1 項）。会長には監査役会の決議のキャスティング・ボートが認められる（共同決定法 29 条 2 項・31 条 4 項）。監査役会会長は、取締役との交渉の窓口として重要な役割を果たしている。監査役会は、年 3、4 回開催されるのが通常のようであり、監査役会には、監査役会会長と副会長から構成される議長団、さらには、人事委員会、財務委員会、その他の委員会が設けられる。これらの委員会は、監査役会における審議や決議の準備をし、取締役による監査役会の決議の執行を監督し、監査役会の委任を受けて監査役会の職務を執行するが、監査役会会長等の選定、中間配当の同意、定款の規定に基づく取締役会の業務規程の制定、取締役の選任・解任、一定の事由ある場合の株主総会の招集、計算書類の監査等の一定の重要事項、そして、監査役会の同意を要する業務執行事項については、委員会の決定に委ねることはできない（株式法 107 条 3 項）。

　1996 年 11 月 26 日、経営チェックを効率化させることを目的とする株式法改正の報告者草案が公表された。上場会社（公開会社）において、監査役会は四半期に 1 回以上開催することや監査役会の報告書に監査役会の委員会の活動状況

を含むこと等が提案されている。監査役会の中に会計監査委員会の設置を強制することも検討されたが、草案はこれを採用していない。監査役会と会計監査人の連携が強化される。会計監査人との委任契約の締結権限が取締役から監査役会側に移る。会計監査人の報告書は、監査役会会長に直接提出される。決算承認監査役会に会計監査人の出席が義務付けられ、会計監査人は口頭で監査結果について報告することとされるようである[47]。

　監査役会の最も重要な機能は、取締役を選任して、その業務執行を監督し、必要な場合に、取締役を解任することである（株式法84条1項・3項・111条1項）。監査役会は、取締役の業務執行の適法性だけでなく、取締役の経営判断とその結果についても監督する。監査役の善管注意義務と責任について、取締役に関する株式法93条の規定が準用されている（同法116条）。監査役の報酬は、定款において確定されていないときは、株主総会の決議により承認される。その内容は、個々の監査役の職務内容と会社の状況に照らして相当なものでなければならない（同法113条1項）。

　ドイツ法上、選任と任用の区別がある。選任は、特定の人に、その者の同意により、社団の機関としての地位を委ねる社団法上の行為である。任用は、会社と役員の間の内部関係を定めるもので、契約法（委任・雇用契約）の適用を受ける。取締役と会社の基本的な法律関係は、法律および定款により規定されるが、個々の取締役の職務内容・担当その他の条件は、任用契約において確定されるのである[48]。取締役の選任は監査役会の専決事項であるが、任用は監査役会の委員会（人事委員会または取締役委員会）が行うことができる。任用契約において、個々の取締役の個別的事情を詳細に検討し職務内容ないし担当、報酬その他の条件が確定される。取締役の報酬は、個々の取締役の職務と会社の状

---

47) ZIP-Dokumentation Referententwurf zur Änderung des Aktienrechts ("KonTraG"), ZIP 50/96, S.2129. [1998年のKonTraGに続いて、2002年のTransPuGにより、株式法の経営管理機構は大幅に改正されている。とくに、株式法161条は、ドイツ版コーポレートガバナンス・コードについて規定している。さらに、2005年のUMAGにより、株式法148条において株主代表訴訟制度が設けられ、取締役の善管注意義務を定める株式法93条1項において経営判断原則について明示的規定が設けられることとなった。]

48) Henn, Handbuch des Aktienrechts, 5.Aufl., SS.843-847には、取締役任用契約例が掲載されている。

況を考慮して、監査役会により定められる（株式法 87 条 1 項）。

　取締役の員数は定款において定めることができる。大会社においては、通常、10 人前後の取締役が選任されている。ドイツ銀行の定款は、取締役は 3 人以上で構成され、監査役会がその員数を確定する旨、定める（同定款 6 条 1 項・2 項）。現在［1996 年］の取締役は 12 人である[49]。取締役会制度は法定されていないが、通常、取締役は会議を開いて決定権限を行使している。取締役の任期は 5 年以内で、監査役会が定める（株式法 84 条 1 項 1 文）。監査役会は取締役の 1 人を取締役会会長に指名することができる（同条 2 項）。監査役会が取締役会会長を指名しないときは、取締役会が、その構成員の 1 人を取締役会のスポークスマン（Vorstandssprecher）と定めることができる。スポークスマン制度は実務的に珍しいものでなく、大銀行では一般的であると言われている[50]。

　取締役は、自己の責任において会社を指揮し、会社の業務執行・代表権限を有する（株式法 76 条～78 条）。会社を指揮するとは、経営政策を策定し、経営者として会社を運営することを意味する。「自己の責任において」とは、業務執行が取締役の排他的固有の権限事項であり、監査役会、さらには、株主より委任を受けた派生的な権限でないことを意味する。取締役は、合議制の機関であり、会社代表についても業務執行についても、全体として行動するが、定款の定めまたは取締役会の業務規程により、多数決原理を採用し、さらに、取締役の業務執行に係る役割分担を定めることができる（株式法 77 条 1 項）。取締役会の業務規程は、監査役会が定めないときは、取締役会において定めることができるが、全会一致の決議が要求される（同条 2 項）。個々の取締役は包括的な代表権を有し、共同代表原則が採用されている。定款は、2 人の取締役の共同代表、1 人の取締役と支配人の共同代表のほか、単独代表権限について規定することができる（同法 78 条）。株主総会は原則として法定の決議事項のみを決議することができ、業務執行事項について決議することはできない。取締役は、株主総会に対して、業務執行事項について決議を求めることができるが（同法 119 条 2 項）、公開会社の実務上、このような決議はされないと指摘されている[51]。

---

49) 文研欧州調査団編・前掲注 22) 25 頁参照。
50) Kübler, Gesellschaftsrecht, 5. Aufl, S.176.
51) Kübler, a.a.o., S.180.

四　執行役員制度の概要

1　序

　わが国の経営機構に係る法の建前と現実の間には、大きな乖離がある。上場会社の経営の基本的枠組みは、会社法をとくに意識することなく、経営の合理性、より率直には、社長の個性に適合的なように任意に構築し、総務部等の事務方はそれを所与の前提として、個々の会社の経営実態と会社法の枠組みの間の形式的な整合性を保つ努力をしてきたといっても過言でなかろう。法規定はそれなりに立派であるが、実務に根付いたものでなく、諸外国からの借物、あるいは、学者の観念的な構想物にすぎなかったように思われる。

　平成5年前後から、バブル崩壊後の企業の国際競争力の減退や経営危機、さらには倒産により、わが国の経営機構に疑問が投げかけられるようになった。また、個人株主による経営批判が強まり、株主代表訴訟制度の改革と連動して、上場会社の取締役に対する責任追及が現実のものとなり、経営機構について法的チェックが入るようになった。ようやく実務的にも経営機構における法の理念と現実の乖離が問題となったのである。

　昭和56年改正商法における利益供与禁止規定等の新設により経営者が株主総会の運営について考えるようになったように、株主代表訴訟を契機として、経営者は、取締役の権限と責任について考えるようになったのである。また、それと相前後して、わが国の経済的停滞を打破するための経営機構改革も経営上の重要課題となり、その結果として、執行役員制度その他の取締役制度の改革の動きが生じた。

2　アメリカの経営機構の要約

　アメリカの上場会社の経営機構の特色として、①取締役（directors）とオフィサー（officers）が明確に区別され、②取締役の多数が社外取締役であること、および、③業務執行機構の構築について大幅に定款自治が認められていることが挙げられる。

　伝統的には、全体としての取締役が経営を担当してきたが、会社規模の拡大

により、取締役会が経営全般に係る意思決定に実質的に関与することが困難となり、経営の機動性と経営コントロールの実効性を確保するため、株主が経営者を選任するスキームから、株主は経営コントロール機関としての取締役会の構成員である取締役を選任し、取締役会より任命されたオフィサーが経営を担当するスキームに変容していった。とりわけ、社外取締役の数が徐々に増加し、現在の上場会社の実務においては、社外取締役中心の取締役会が経営担当者であるオフィサーを選任しそれをコントロールするようになっており、ドイツの二元的管理運営システムとの間に類似性が認められる。

　アメリカにおいては、大規模な上場会社にあっても、取締役の員数は一般に10人半ばまでであり、そのうちオフィサーを兼任する取締役はせいぜい数人にすぎない。取締役の大多数は非常勤の社外取締役である。取締役会は取締役会の委員会を設けることができる。これらの委員会は、取締役会の諮問に応ずる場合もあるが、取締役会の専決事項以外の取締役会の権限を行使することができる。取締役会の専決事項として、利益配当の承認、株主総会の招集と決議事項の決定、欠員取締役の補充等の組織事項がある。オフィサーを兼任する取締役を中心とする業務執行委員会が取締役会の委員会として設けられる。業務執行委員会は取締役会の専決事項以外の取締役会の権限を原則として代行しており、経営事項の決定は原則として業務執行委員会に、さらには、オフィサーに委任されている。他方、社外取締役を中心とする監査委員会や役員報酬委員会等の取締役会の委員会の活動を通して取締役会における経営コントロールの実効性を確保することが期待されている。

3　わが国の執行役員制度の実態——ソニーの経営機構改革

　平成9年6月の定時株主総会において、ソニーは、取締役38人を10人に大幅削減し、3人の社外取締役を迎えた[52]。ソニーの経営機構改革の基本的内容として、①ソニーの取締役会を、会社法上要請される任務に加え、ソニーグ

---

[52]　平成10年の定時株主総会後若干内容が変更されたが、以下、平成9年5月22日付プレスリリースおよび橋本綱夫「グループ経営のためのソニーの機構改革」と西村茂「ソニーグループの経営機構改革」（商事法務研究会編・執行役員制の実施事例（別冊商事法務214号）（1998）所収を参考に、原則として平成9年6月現在のソニーの経営機構を紹介する。

ループの経営の基本方針を決定し、その業務執行の監督を行う機関として位置付けること、②社内外からグループ経営の適任者を取締役候補者とすること、③業務執行の監督機能を強化するため、社外取締役を増員し、適任者に就任を依頼すること（将来的には、5、6名とする予定）、④取締役会の審議を充実して的確な意思決定を可能にするために、構成員数の最適化を図ること、⑤執行役員制度の導入と併せて、経営における意思決定および監督機能と執行機能の分離を進めること、の5項目が挙げられている。

　これを敷衍して説明すると、①取締役会の規模を縮小して取締役会の議論の実質化を図ること、具体的には、社内外から選別された少数精鋭の内部取締役が経営のあり方を徹底的に議論し、社外取締役が効果的に経営をチェックすること、②内部取締役を代表取締役のみとして、取締役が担当部門の利益代弁者となることなく、ソニーおよびソニーグループの将来について大所高所から経営判断をすること、③業務執行機能を強化するため執行役員制度を導入して、取締役会における経営方針の決定および業務執行の監督機能と業務執行体制を強化すること、である。ソニーの取締役会においては、グループ全体の効率的経営のためにソニーグループの経営方針および重要事項が審議の上決定される。これはソニーが持株会社として機能し、その取締役会がグループ本社の取締役会となることを意味する。また、使用人兼務取締役は、担当部門の利益代弁者的性格を有し、全体の経営判断を行うにはふさわしくないため、代表取締役の命令に服する使用人である執行役員として業務を執行させ、取締役会の監督機能を強化することが強調されている。

　執行役員制度導入の目的は、取締役会が決定する基本方針に従い、その監督の下に代表取締役以下の業務執行機能を強化することであり、①代表取締役は、業務執行の最高責任者として執行役員となること、②本社業務の執行責任者、カンパニーなどの事業ユニットの責任者等を執行役員として取締役会が選任・任命すること、③執行役員は、代表取締役から委任を受けて、業務を担当すること、④執行役員は、業務執行能力および実績に応じて、専務、上席常務、常務に任命されること、⑤執行役員を中心に新たに執行役員会を組織し、情報共有の場とし、取締役会および経営会議（エグゼクティブ・コミッティー）を補佐すること、⑥執行役員について、その職務内容、能力および実績に応じた、

新たな処遇体系を設けること、とされている。代表取締役以外の従来の内部取締役（業務担当取締役および使用人兼務取締役）を執行役員として、取締役の職責から開放し、担当部門の経営に専念させることにより、効率的な経営が指向されている。代表取締役7人のほか、27人の執行役員（旧取締役18人、子会社役員や部長等9人）が選任された。平成9年6月末に、12人の旧取締役が退任し子会社の社長等に転出した。

　ソニーの取締役会は月1回開催される。取締役会の諮問委員会として、報酬委員会と指名委員会が設けられる。報酬委員会は、取締役と執行役員の報酬制度と報酬額の決定およびグループ役員の報酬に関する提言を行うものであり、相談役と人事担当の上席常務それに社外取締役の3人より構成されている。相談役と上席常務は取締役でない。近く、社外取締役2人と取締役を退任した相談役が構成員となるようである。指名委員会は、取締役・監査役および執行役員候補者の推薦をするもので、取締役5人で構成され1人の社外取締役が参加している。指名委員会の内部取締役は会長と社長等の上席執行役員である。今後、社外取締役が増加すれば、これらの委員会における社外取締役の役割が高められるようである。

　今回新たに、原則として週1回開催される経営会議とマネジメント・コミッティーが設けられる。経営会議の議長は会長であり、社外取締役を除いた内部取締役のみで構成される。これは取締役会の委員会として、経営の重要事項について事前に審議し、取締役会の審議の充実に資することを目的とし、審議経過は事務局を通じて社外取締役に報告されているようである。経営会議はアメリカの業務執行委員会に相当するが、法的には、取締役会の審議の充実に資するための前置機関、諮問委員会である。

　マネジメント・コミッティーは6人の経営会議のメンバーと財務や人事等のグループの本社機能を担当する4人の執行役員から構成され、社長が議長となる。これは執行役員の最高の意思決定機関として、ソニーおよびソニーグループの戦略・計画の立案と業務執行の意思決定を行う。平成11年3月9日のプレスリリースにおいて、経営の意思決定および監督と業務の執行の分離をさらに推し進めるために、マネジメント・コミッティーのメンバーを兼務する取締役を減らすよう、取締役メンバーの見直しを行い、経営のチェック・アンド・バ

ランス機能を強化するために社外取締役の充実を図るとされている。マネジメント・コミッティーのメンバーを14人に増加し、取締役メンバーを4人に縮減するようである。このほか、執行役員会その他の執行役員間の情報共有会議体や専門領域別の戦略を立案するマネジメント・コミッティー補佐機構も設けられるようである。

4 執行役員制度の問題点
(1) 序

わが国の執行役員制度は実務上生じた役職である。社内取締役全員が原則として執行役員を兼任し（会長が兼任しない例もある）、さらに、取締役を兼任しない執行役員が選任されている。わが国においては、ヨーロッパと同様、取締役がその責任において経営を担当するものとされている。代表取締役の会社代表ないし業務執行に係る職務は取締役としての職務であり、代表取締役を執行役員とすることに特別の法的意味はない。取締役は、取締役会の構成員として、取締役の職務執行全般（経営全般）について監視義務が認められる。取締役の監視義務の範囲は取締役会に上程された事項に限られないものとされており[53]、取締役の指揮の下に職務に従事する従業員の監督ないし監視が必要となる場合もある。執行役員を兼任する取締役が執行役員としての職務を懈怠したときも、取締役の責任が問題となり、株主代表訴訟や厳格な免責制限規定、さらには、連帯責任規定が適用されることとなろう。

他方、取締役を兼任しない執行役員は、取締役の業務執行を補佐して事務を処理する使用人であり、その職務執行について、全面的に、代表取締役または業務担当取締役の指揮監督を受ける。執行役員は、裁量の余地のある職務を委

---

[53] 最判昭和48・5・22民集27巻5号655頁。これは取締役会が正規に開催されていない小規模閉鎖会社の事案であり、取締役会が定期的に開催されている上場会社においては、特段の事情のない限り取締役は取締役会において適切に監視義務を履行することで足りると解するべきであろう。監査役の監査目的は適法性監査というように消極的であるが、取締役等に対する報告請求や業務財産状況の調査権限を適切に行使して、積極的に監査しなければならない。取締役の監査目的は妥当性ないし効率性監査というように積極的であるが、監査方法は積極的なものである必要はない。

嘱されるため、必要に応じて委任法理の類推適用が認められる。しかし、それは支店長や工場長等についても同様であり、執行役員を支配人等とは異質の使用人と考える必要はない。取締役でない執行役員が任務を懈怠するときは、会社に対して契約上の債務不履行責任を負担するのであり、取締役でない執行役員の責任を株主代表訴訟により追及することはできない。取締役会（代表取締役）は取締役でない執行役員の責任を軽減または免除することができ、執行役員就任契約において、適宜、免責ないし責任軽減に関する特約を定めることができる。執行役員は、代表取締役の指揮監督の下に、自らの担当する業務執行事項を誠実に執行することを基本的職務とする。執行役員は、自らの担当する業務執行事項に従事する部下を監督する義務はあるが、経営全般についての監督・監視義務はない。

(2) 執行役員制度と社外取締役

執行役員と社外取締役の導入目的として、基本的経営政策を策定しその執行を監督することと執行それ自体を明確に区分し、経営の効率性と経営コントロールの実効性を高めることが挙げられる。これは、アメリカをモデルとするが、この目的を効果的に実現するには、現行法上大きな制約がある。

商法260条2項［会社法362条4項］の規定により、経営会議ないし執行役員に経営に関する重要な意思決定権限を委任することはできず、執行役員制度の機能は限定的となる。商法260条2項の規定を抜本的に改正して、取締役会は経営の基本方針を決定するだけで、重要な業務執行事項の決定権限を経営会議ないし執行役員に委任することを認める必要がある。また、経営の重要事項のすべてを取締役会が決定するとき、監督と業務の執行の分担はあいまいなものとなろう。

取締役会の機能化のために取締役の員数の大幅削減が必要であるといわれる。30人を超える取締役の参加する取締役会において、経営について実質的に議論することは困難である。また、使用人兼務取締役の取締役適格性には問題があり、使用人兼務取締役（さらには業務担当取締役）を取締役から外して使用人に純化することに合理性がある。しかし、取締役会をスリム化すれば当然に取締役会が活性化するというものではない。ソニーのように、取締役の員数の大幅削減だけでなく、社外取締役を積極的に登用して、取締役会の主たる機能

を経営コントロールとし、その上で経営の効率化のために執行役員制度を導入するというように、経営機構の根本的な変容を伴うのでなければ（これが言葉の真の意味でのリストラである）、取締役制度の実態は実質的に変容しないこととなろう[54]。現在執行役員制度の導入がブームとなっているが、ソニーのように社外取締役を積極的に採用する会社は少ないようである。執行役員という役職を創設し、代表取締役が業務執行の最高責任者として執行役員となるのは、取締役の員数の大幅削減により取締役の肩書を外される使用人に、単なる使用人でない代表取締役と同列の特別の役職者であると納得させ、取締役から外れる現取締役ないし取締役予備軍の勤労意欲を萎えさせないことを目的としているように推測される。このような執行役員制度は取締役会のスリム化のために必要に迫られて導入された後ろ向きの制度であり（これがマスコミ用語としてのリストラである）、コーポレート・ガバナンスの観点から積極的に評価されるものではない。実質的に取締役でない者の取締役としての肩書きがなくなっただけであろう[55]。

　社外取締役の積極的登用なくして執行役員制度だけを導入することは、社長の権限の強大化を招くおそれがある。多数の取締役がいる場合は、例外的であっても社長のチェック・社長解任の機会がないわけでないが、少数精鋭の、それも社長の強く信頼する取締役しかいない場合は、社長の権限濫用ないし不適切な経営のチェックは困難なものとなろう。

　商法260条2項所定の重要な業務執行事項、つまり、具体的な経営事項の意思決定に参画するには、十分な情報を入手して総合的に経営判断をしなければならない。これは、社外取締役にとって大きな負担となろう。この観点からも、商法260条2項の見直しが必要となる。さらに、取締役会決議に基づく業務執行に係る取締役の責任規定の適用について、当該取締役会決議に賛成した取締

---

[54] ソニーにおいても、現行法を前提に機構改革の趣旨を実現するにはなみなみならぬ努力が必要となるのであり、毎年取締役・執行役員制度の改善を図っている。実務上の経験を踏まえて一歩一歩前進しようとするその姿勢は高く評価されるべきである。

[55] 過酷な取締役に対する責任を排除することも執行役員制度の実務上のメリットとされるが、今後、株主代表訴訟制度の合理化が図られる際は、執行役員に対しても代表訴訟提起権を認めるべきであり、それを前提に、執行役員制度の導入について検討すべきである。

役は当該行為をしたものとみなされる(商法266条2項)[56]。決議に賛成した社外取締役は、単なる監視義務違反の責任でなく、代表取締役と同様の行為者責任を負わされるのである。わが国において社外取締役の適任者がどれだけいるのかが問題となるが、このような重い経営上ならびに法的な責任を負うこととなる社外取締役の職を引き受ける者はさらに少なくなろう。社外取締役制度が経営コントロールに有益であるとして、その導入を積極的に促進する立法政策が採用されるときは、平成5年改正商法が社外監査役制度の導入に際して採用したように(商特18条の2第2項参照)、あるいはそれ以上に明確な常勤取締役と非常勤ないし社外取締役の間の職務分担と責任関係の峻別について検討する必要があろう。なお、その際、社外監査役と社外取締役の役割分担をどのように考えるかも検討課題となろう。

五 わが国の経営機構と執行役員・社外取締役の法的地位

1 序

会社経営の健全性を確保し効率的経営を促進することを目的に経営機構を見直そうとするとき、その基礎的作業として、代表取締役、業務担当取締役、使用人兼務取締役、そして、非常勤取締役ないし社外取締役の法的地位(会社との法律関係および取締役相互の関係)について、商法の体系と実務の状況の両面から整理し、個々の取締役の職務権限と責任を明確にしなければならない。

平成10年前後から、実務において、執行役員制度が多様な展開を見せ、社外取締役に注目が集まっている。以下において、わが国における取締役の法的地位と経営機構に係る問題を整理し、取締役会との関係における執行役員の法的地位と経営機構改革のもう一方の柱というべき社外取締役の法的地位を併せて検討する。

2 取締役会の決議事項と委員会・代表取締役への権限委任

アメリカやイギリスの大規模公開会社において、取締役会の委員会として、

---

56) [会社法は、過失責任原則を採用し、このみなし行為者規定を削除した]。

取締役会の経営に係る一般的権能の委任を受けた業務執行委員会が組織されている。これは、機動的弾力的な経営を遂行することを目的とし、わが国の常務会に類似する。このほか、経営事項の決定を広範にCEOないしマネージング・ディレクターに委任することができ、取締役会の決定事項は、原則として経営の基本方針と組織関連事項にとどめられている。

　これに対して、わが国の商法は、個別規定において詳細に取締役会の専決事項を規定するほか、商法260条2項は、株主の利益保護の観点から画一的に、重要な業務執行の決定を取締役会の専決事項とする。常務会や代表取締役等に重要な業務執行の決定を委任することはできないのである[57]。しかも、取締役会決議に基づいて代表取締役が行為したときに、当該取締役会決議に賛成した取締役もまた当該行為をしたものとみなされる（商266条2項）。商法は、多数の取締役が取締役会において重要な業務執行について審議の上決定することにより、健全かつ効率的な経営判断がされることを期待し、また、取締役会決議に基づいて違法行為が行われたときには、賛成取締役を行為者とみなして代表取締役と同様の責任を連帯して負わせることにより、一層真摯に議論され、適切かつ実効的に監督権限が行使されることを確保しようとしているのである。

　しかし、会社の経営機構には個性があってよい。健全かつ効率的な経営を促進するには、会社の規模や業種、さらには、株主構成等、多種多様な会社の実情に適合的な経営機構を構築することが求められ、アメリカやイギリスにおけるように、全体としての取締役が有する経営権能を、必要に応じて、取締役会の委員会または個々の取締役に委任することを認めるのが合理的である。経営の意思決定機構を弾力化することにより社長の権限が不当に拡大することに懸念が表明されるが、わが国の社長はすでに十分に強大である。重要な経営事項を取締役会の専決事項とすることにより社長の権力を抑制し、取締役会決議に賛成した取締役に連帯責任を課すことにより健全かつ効率的な経営を確保しようとするスキームには無理があり、むしろ、現実の社長の強大な権力をあいまいにする機能を担っているように思われる。

---

57) 取締役会は、重要な業務執行に係る基本的枠組を決定すればよく、細部の取りまとめは代表取締役に委任することができる。

最判平成6・1・20（民集48巻1号1頁）は、商法260条2項1号の「重要な財産の処分」該当性について、「当該財産の価額、その会社の総資産に占める割合、当該財産の保有目的、処分行為の態様及び会社における従来の取扱い等の事情を総合的に考慮して判断すべきものと解するのが相当である」とし、株式の譲渡が問題となった当該事案について、①本件株式の帳簿価額は本件会社の総資産の約1.6パーセントに相当し、本件株式はその適正時価が把握し難くその代価いかんによっては本件会社の資産および損益に著しい影響を与え得るものであること、②本件株式の譲渡は本件会社の営業のため通常行われる取引に属さないものであること、③本件株式は当該株式発行会社の発行済み株式の7.56パーセントに当たり、当該会社は本件会社の発行済み株式の17.86パーセントを有しているのであり、本件株式の譲渡は本件会社と当該会社との関係に影響を与え、本件会社にとって相当な重要性を有するとみることもできること、④本件会社においてはその保有株式の譲渡については少額のものでも取締役会がその可否を決してきたものとみることもできることを挙げて、本件株式の譲渡は重要な財産の処分に該当すると判断した。

　多種多様な会社の存在と業務執行事項の多様性に配慮するとき、取締役会の専決事項は、できる限り会社の自治に委ねることが妥当であり、個々の取引の重要性の判断に当たっても、会社の従来の慣行、当該取引の目的、通例的な取引か非通例的なものか、さらには、利益相反が認められるかどうか等の当該取引の性質、さらには、財源等の種々さまざまな要因を総合的に勘案して、柔軟に対処されるべきである。上記平成6年最判も、個々の事案に配慮した弾力的処理が可能となるよう「総合的判断」を求めていると解することが合理的である。

　なお、札幌高判平成8・4・23（資料版商事146号33頁。石油海運株主代表訴訟事件控訴審判決）は、平成元年9月にされたゴルフ会員権の売買について、平成元年度の会社の資産額（約31億5,000万円）、収益額（税引後当期利益約1,000万円）、本件ゴルフ会員権の価格および従来のゴルフ会員権購入手続（昭和59年には、1,800万円の会員権の購入について、取締役会決議を経ていた）から、約8,000万円のゴルフ会員権の購入は重要な財産の取得に当たり、約4,000万円のゴルフ会員権の売却は重要な財産の処分に当たると判示した。資本金が100億円を

超え、総資産が2,000億円近い上場会社の100パーセント子会社に対する10億円を限度とする保証予約が多額の借財と認定された例もある[58]。

　権力は腐敗し、濫用される危険がある。現実の権力関係を基礎に、社長の違法不正な業務執行を抑止し、健全かつ効率的な権限行使を確保する実効性ある監督機構を構築しなければならない。その制度的前提として、3人以上ないし取締役の3分の1以上の社外取締役制度の導入が考えられる。他方、実効的な監督スキームを担保として、常務会、さらには、社長の強力な経営権限を承認することが可能となり、それが、大企業の効率的経営を促進する有効な方策となるのである。

　もっとも、現在のわが国の実務状況に配慮するとき、一足飛びに自由化することには疑問がある。商法260条2項所定の取締役会の専決事項のうちの一部について、定款の定めを基礎に取締役会において取締役会の委員会や特定の取締役に決定権限を委任することを認めることが妥当であろう。これが昭和53年12月に公表された「株式会社の機関に関する改正試案」第二の三の「経営委員会」構想である。実務上、常務会において社長のリーダーシップの下に経営の重要事項が決定されているようである[59]。常務会は社長の意思決定を補佐する諮問委員会として位置付けられているため、いよいよ、社長が経営に関する最高の意思決定機関として君臨することになる。このような常務会を、取締役会の業務執行に係る決定権限の委任を受けた取締役会の委員会として承認し、その審議手続や議事録の作成備置・閲覧等について明確に規律することは、社長の権力抑制ないし経営チェックに役立つことになろう。

　業務執行事項は、理論上、①株主総会の決議事項、②取締役会の専決事項、③取締役会の専決事項でないが、具体的状況から取締役会決議を求めることが妥当な事項、④取締役会決議は要しないが、代表取締役が専決執行するのでなく、常務会等において同意を求めることが妥当な事項、⑤代表取締役が、その

---

[58] 東京地判平成9・3・17判時1605号141頁、東京地判平成8・1・22判時1581号127頁等参照。巨額の抵当権設定も取締役会の専決事項となるとされた(那覇地判平成9・3・25判時1617号131頁参照)。

[59] 稲葉威雄ほか・条解・会社法の研究⑥取締役(1)(別冊商事法務176号)(商事法務研究会、1995)16頁以下・140頁以下参照。

責任において、機動的弾力的に専決執行すべき事項等に分けることができる。アメリカには、わが国の商法230条ノ10［会社法295条2項］に相当する規定はなく、利益処分［剰余金の処分］と取締役（執行役）の報酬の決定は取締役会が行う。株主総会の専決事項は、取締役の選任、定款変更、合併・会社の財産全部の譲渡・会社の解散等の会社の基礎の変更、さらに、役員に対するストック・オプションの付与の承認等限定的である。他方、取締役会は、必要と思うとき、経営事項について、株主総会の承認を求めることができ、株主総会の承認を基礎とする業務執行に係る取締役の責任は大幅に緩和される[60]。イギリスにおいても、基本的に同様の傾向が認められる。ドイツにおいては、株主総会決議事項が詳細に限定列挙されているが（株式法119条1項）、取締役会は経営事項を株主総会に付議することができ（同条2項）、株主総会の適法な決議に基づく行為について取締役の会社に対する損害賠償責任は生じない旨、規定されている（同法93条4項1文）。

　わが国においても、株主総会の権限事項を見直すことが検討課題となろう。株主が合理的に判断できる事項については、株主の判断に委ねるべきであるが、株主の決定に委ねることが必ずしも適当でない事項については、取締役会の決定に委ね、決定の過程と決定の理由を併せて決定事項の開示を求め、必要あるとき、取締役の責任を追及するという規制方式（これが事後的規制方式となる）を採用することが妥当であろう。具体的には、取締役の報酬のほか、利益処分が検討対象となろう。さらに、取締役会が業務執行事項について株主総会の同意を求める可能性についても検討する必要があろう。業務執行事項に係る株主総会の裁量範囲と取締役会の裁量範囲は異なる。これは、第三者に対する新株の有利発行等が株主総会の特別決議事項とされていることからも明らかである。経営機構の多層化に伴い、取締役会、常務会、それに、代表取締役（社長）のそれぞれの経営判断に係る裁量範囲の相違と関連付けて取締役の任務懈怠責任の判断基準を具体的に検討する必要がある。

---

60) 例えば、利益相反取引に係るALI・コーポレートガバナンスの原理5.02条(a)項参照。判断基準が、reasonable から waste of assets に変更される。

3 会社と取締役・執行役員の法律関係
(1) 序

商法は、会社の業務執行それ自体について、代表取締役の選定とその代表権に係る規定のほか特別の規定を設けていない。代表取締役に関する規定も、取引の安全（会社の取引相手方）保護の観点から、代表権の範囲等について定めるだけで（商261条2項・3項［会社349条4項・5項］）、代表取締役の業務執行権限について規定していない。取締役会は、代表取締役を選定し、これに業務の執行と会社代表を委任すると説明されているが、代表取締役の業務執行権限は包括的な会社代表権限を基礎に理論ないし解釈により導かれるのである[61]。

取締役は、常勤の内部取締役と非常勤取締役ないし社外取締役に分かれる。常勤の内部取締役は、代表取締役、業務担当取締役、使用人兼務取締役に区分される。代表取締役と業務担当取締役は役付取締役といわれ、通常、会長、社長、副社長、専務取締役、常務取締役という名称が付与されている。しかし、商法は、表見代表取締役制度を除いて（商262条［会社354条］）、会長、社長、副社長、専務取締役、常務取締役の法的地位ないし職務権限について規定していない。これらは理論に委ねられている[62]。執行役員も、実務が発展させた業務執行機構の一形態であり、その法的地位ないし職務権限も理論に委ねられる。

(2) 全体としての取締役と取締役会——派生機関説と並列機関説

取締役会と代表取締役の関係について、派生機関説と並列機関説の対立がある。派生機関説は、昭和25年商法改正前までは個々の取締役が業務執行機関を構成していたが、同年改正により、全体としての取締役（これを取締役会（Board of Directors）と称する）が業務執行機関となったという。全体としての取締役が業務執行の意思決定権限と業務の執行権限を有するが、そのうち業務執行の決定は取締役会という会議体（Directors' Meeting）を開催してこれを行い、業務の執行（新株の発行や契約の締結等の取締役会が決定した事項の実行）は、取締役

---

61) ［昭和56年改正商法により、同法260条3項において、取締役の業務執行状況報告制度が設けられたが、取締役の業務執行に係る明文の規定は設けられなかった。その後、平成14年改正商法260条3項が、業務担当取締役に係る明文の規定を設け、併せて、代表取締役と業務担当取締役が会社の業務を執行する旨規定し、これが会社法363条1項に引き継がれている］。
62) 鈴木＝竹内286頁注3、大隅＝今井（中）212頁参照。

全員が共同して行うことは困難であるため、取締役の中から代表取締役を選定しこれに業務の執行と会社代表を委任したと説明する[63]。代表取締役は、取締役会の有する業務執行権限の一部を取締役会から委ねられた受任者ないし代理人的なものとして、取締役会の派生機関というのである。

並列機関説は、会社の業務執行機関を意思決定機関としての取締役会と業務執行・会社代表機関としての代表取締役に二大別する[64]。この見解は、昭和25年改正商法において取締役会と代表取締役制度が法定されたのは、取締役の権限拡大に伴い、意思決定権限とその実行権限を峻別して慎重な意思決定と取締役会による執行行為の監督を期したものであり、代表取締役は取締役会とは相対的に独立した会社機関であるというのである。

派生機関説と並列機関説の対立は、取締役会の権限について詳細に規定する現行法の解釈にとって大きな意味はないが、理論的には、派生機関説により取締役会と代表取締役の関係を説明することが合理的なように思われる[65]。

4　取締役・代表取締役等の契約関係

(1)　序

取締役は株主総会において選任されるが（商254条1項［会社329条1項］）、株主総会において特定の者が取締役に選任されても、その者（被選任者）は当然に取締役となるわけでない。一般には、当該株主総会決議は被選任者を取締役とする旨の会社内部の決定であり、代表取締役が被選任者と取締役就任契約（任用契約）を締結することにより、被選任者は取締役に就任すると解されている[66]。取締役選任登記に際して、取締役が就任を承諾したことを証する書面を

---

63) 大隅健一郎＝大森忠夫・逐条改正会社法解説（有斐閣、1951）251頁・258頁・264頁～270頁、大隅＝今井（中）146頁以下参照。詳しくは、大隅健一郎「代表取締役の地位」同・商事法研究（下）（有斐閣、1993）11頁以下参照。権限委任を受ける者は、理論上取締役に限定されないが（この関係で、アメリカのオフィサー制度に言及する）、取締役会との緊密な連携を保つために、代表取締役制度が採用されたという（商事法研究（下）14頁）。
64) 石井照久・会社法（上）商法Ⅱ（勁草書房、1967）299頁以下、鈴木＝竹内265頁参照。
65) ［指名委員会等設置会社の取締役会と執行役の関係については、並列機関説が妥当することとなる］。
66) 大隅＝今井（中）149頁等参照。

添付しなければならない（商登80条8号）。このため、一般に、会社は、株主総会前に取締役候補者から就任承諾書を徴求しており（大会社の株主総会の招集通知に添付すべき参考書類等に関する規則3条1項1号。株主提案の場合は、同規則4条1項2号参照）、株主総会前に総会決議の成立を条件とする取締役就任契約が締結されていると説明されている。他方、機関設定関係の特殊性（一般の委任契約関係との異質性）を強調して、取締役選任は、被選任者の承諾を条件とする会社の単独行為であり、これに委任に関する規定が準用されるとする説も有力である（単独行為説）[67]。

ドイツにおいては、株主総会は監査役を選任するのみで、取締役は監査役会において選任される。監査役については、株主総会の監査役選任決議と被選任者の同意により監査役となると解されているようである[68]。取締役については、機関関係を設定する選任（Bestellung）と委任関係を発生させる任用（Anstellung）が区別されている。監査役会の取締役選任行為は社団法上の行為であり、被選任者はこれに同意して取締役になると説明される。これは全体としての取締役に業務執行権限を委嘱することを意味する。これに続いて、監査役会と個々の被選任者との間で、取締役任用契約が締結される（株式法132条参照）。これにより会社と被選任者の間に債権関係が発生し、被選任者はその約定に従い取締役として業務執行を行う具体的義務を負担する。取締役任用契約において具体的な職務内容が確定され、報酬その他の権利義務が定められるのである[69]。

わが国の単独行為説と取締役就任契約必要説の関係を、ドイツの議論と関連付けて、再整理することが有益であろう。株主総会の取締役選任決議により、被選任者の承諾を停止条件として取締役の地位が創設され、任用関係の主要な部分は選任決議の法定効果として発生するが、これを補充するものとして（報

---

[67] 鈴木＝竹内270頁。
[68] Kübler, a.a.o., S. 191.
[69] Kübler, a.a.O., S. 183. なお、わが国においても、取締役の職務権限、ことに会社代表権は機関関係事項であり、取締役の義務や報酬等の取締役と会社の個人法上の関係とは異なるとして、機関関係と債権関係を区別する見解があった（田中耕太郎・改訂会社法概論（下）（岩波書店、1955）383頁参照）。

酬や担当業務等に係る）任用契約を締結することは妨げられないとする見解が主張されている[70]。

(2) 取締役の選任

わが国において、株主総会の取締役選任決議の成立により業務執行機関となるべき全体としての取締役が確定する。単独行為説は、株主総会がこれら全体としての取締役に会社の業務執行を委任することを表明し、被選任者が同意することにより機関関係が設定され、被選任者は取締役に就任すると解するのであろう。株主総会決議の中には、執行行為がない限り第三者との関係で効力を生じない事項、相手方がないために性質上執行行為が考えられず、決議により効力を生ずる事項のほか、利益配当決議や取締役選任決議のように相手方のある単独行為とみるべきものがあり、取締役選任決議がされると、被選任者の承諾を停止条件として、機関関係が成立すると説明されるのである[71]。

取締役就任契約必要説は、被選任者は会社（代表取締役）と取締役就任契約を締結して取締役に就任すると説明するが、取締役就任契約において個々の取締役の具体的な職務内容が定められることは想定されていない。これは、被選任者が「全体としての取締役」の一員として業務執行を行い法定の取締役の義務を負担することの一般的同意ないし基本契約上の合意を意味するにすぎない。このため、単独行為説から、株主総会決議を基礎に代表取締役が申込みの意思表示をし、それに対して被選任者が承諾の意思表示をして、委任契約が締結されると説明する必要があるのか、疑問が提示されるのである。

会社機関の選任について、民法の契約法理と別個の法的構成を採用することができる。取締役会の構成員としての取締役の法的地位ないし職務権限は基本的に法定されており、これについては機関関係の設定として、ドイツにおける監査役選任の場合と同様の法的構成を採用することも可能であろう。他方、取締役の地位を基礎に代表取締役等のさまざまな職務権限ないし複雑な法律関係が形成される。このように多様に展開する取締役の会社に対する関係は、法規

---

70) 神谷高保「取締役選任権の委譲(1)」法学協会雑誌114巻11号（1997）1369頁以下参照。同「同(2)」法学協会雑誌115巻2号（1998）267頁以下は、ドイツ法理論との関連で詳細に議論を展開する。

71) 新版注会(5)28頁［江頭憲治郎］。

定でなく契約を基礎に説明することが、私的自治の原則上合理的であるということができよう。したがって、わが国においては、ドイツのように機関関係と債権（委任）関係を区別する理由はとくになく、取締役就任契約により会社と取締役の関係の基礎が形成されると解することでよいように思われる。監査役の選任についても、同様である。

経営権の争奪等の場合に、代表取締役が株主総会決議を無視して被選任者に取締役就任契約の申込みをしない場合にも配慮して、株主総会決議それ自体に契約の申込みの効力を認める立場もあるが[72]、異例の事態については例外的処理の問題とすることも可能であろう。

(3) **代表取締役等の選定とその職務内容の確定**

取締役を選任（改選）した株主総会終了後に開催される取締役会において、個々の取締役に対する具体的な職務内容が定められる。これは全体としての取締役が有する業務執行に係る権限を個々の取締役に個別的に委任するものである。特定の取締役を代表取締役（社長）に選定する決定がされ、その者がこれに同意するときは、全体としての取締役が有する業務の執行権限がその者に委任され、その者は会社に対して代表取締役として委任された業務執行権限を誠実に執行する義務を負う。このように会社と取締役の法律関係は、株主総会における取締役の選任、被選任者の同意ないし取締役就任契約の締結および取締役会における役割分担（代表取締役の選定とその同意）という段階を経て展開する。取締役就任契約必要説の立場においても、一般に、取締役就任契約はゴム毬のような基本契約であり、代表取締役就任契約は不要であると解されている[73]。取締役就任契約は、全体としての取締役の一員として取締役の職務を遂行する一般的な合意であり、代表取締役等の個々の取締役のさまざまな具体的職務権限ないし法律関係の基礎となるものである。代表取締役は、取締役と別個の資格においてその職務を遂行するのでなく、その職務は、全体としての取

---

72) 田中・前掲注69) 383頁。稲葉ほか・前掲注59) 38頁において、稲葉裁判官も、選任決議と被選任者の承諾があれば取締役に就任するのであり、代表取締役による「申込み」は必要ないとする。

73) 稲葉威雄ほか・条解・会社法の研究⑦取締役(2)（別冊商事法務200号）（商事法務研究会、1997）173頁以下［江頭憲治郎］参照。

締役の職務権限を分担して遂行することを約した取締役就任契約に含まれる。これは取締役就任契約を基礎とするその具体的展開（全体としての取締役の職務分担）であり、新たな契約関係の創設でないと解されている。業務担当取締役選定の場合も同様である。もっとも、取締役の職務権限および責任が質的に変化するため、被選任者の承諾ないし同意を要し、代表取締役就任の登記申請には、取締役の就任の場合と同様、就任承諾書の添付が求められている（商登81条1項［現商登54条1項］）。

ところで、欧米においては、詳細な取締役ないし役員任用契約が取り交わされており、会社法の実務書において、その契約例が解説されている[74]。役付取締役の職務内容は個々の会社の状況に応じて個性的なものである。わが国においては、役付取締役および社外取締役の会社との法律関係が、共通の取締役就任契約一本により形成されると説明されているが、社外取締役や執行役員制度の展開により、役付取締役について、取締役就任契約と別個の契約関係の成立を認めることが検討課題となるように思われる[75]。

(4) 取締役の報酬

代表取締役、業務担当取締役、使用人兼務取締役および社外（非常勤）取締役それぞれの具体的職務権限の質的差異に応じて、その報酬も異なる。取締役会は、取締役の役割分担との関係において、株主総会が定めた取締役全員の報酬総額の範囲内において、個々の取締役に対する具体的報酬額を決定する。これは、全体としての取締役が業務執行機関であることを前提とする報酬規制であるが、株主総会が、代表取締役および業務担当取締役と社外取締役を区別することなく、取締役全員の報酬の最高限度額を決定する実務慣行の合理性について検討を要するように思われる。使用人兼務取締役は雇用契約に基づいて使用人として代表取締役または業務担当取締役の指示を受けて会社のために労務

---

74) 例えば、Peter Loose=John Yelland=David Impey, The Company Director, at 457 参照。ドイツの状況については、前掲注47) 参照。

75) ［筆者は、本文に述べるように、取締役、監査役について、就任契約説を採用してきた。しかし、取締役や監査役の責任法理の説明に配慮するとき、法定の職務を行う取締役の選任を単独行為であると解することに合理性があるように思われる。今後検討すべきは、業務執行取締役の就任について、契約構成を採用することの是非であろう］。

を提供するのであり、使用人兼務取締役の使用人分給与は、商法269条〔会社法361条1項〕所定の取締役の報酬に該当しないと解されているが、これについても検討を要するように思われる。

最判平成4・12・18民集46巻9号3006頁は、取締役会が、株主総会において定められた取締役報酬総額の範囲内において、各取締役の具体的報酬額（配分額）を決定した場合は、それは会社と取締役の間の契約内容となり契約当事者である会社と取締役の双方を拘束し、その後取締役会がそれを無報酬に変更することはもちろん、株主総会が当該取締役の報酬を無報酬とする旨決議しても、当該取締役は、これに同意しない限り、当初の報酬請求権を失うものではないと判示した。この事案は、同族会社の内紛を背景として特定の取締役の報酬を無報酬とするものであり、この判旨が、取締役の職務内容の変更を理由とする報酬額の変更（減額）に一般的に妥当するものかどうかは検討を要する。

取締役会は、その監督権限を発動して代表取締役あるいは業務担当取締役を解職することができる。取締役の報酬が個人ごとでなく、役職ごとに定められている場合、任期中に役職の変更が生じたときは、黙示の合意に基づいて、一方的に減額の措置をとることができるとする裁判例がある（東京地判平成2・4・20判時1350号138頁）。取締役は最長2年の任期付で就任しており、任期中の報酬に対する取締役の合理的期待を保護する必要があるが、株主総会はいつでも取締役を解任できる。正当事由なく任期満了前に解任された取締役の利益保護策として、会社に対する損害賠償請求権が認められている（商257条1項〔会社339条2項〕）。したがって、取締役の職務内容に応じて報酬額が決定され、取締役もこれを了承しているときは、当該職務内容の変更に合理的理由がある場合、当該取締役を保護する必要はとくにないとして、その報酬額を減額することが認められると解することが合理的である。もっとも、常勤の取締役を非常勤の取締役にしても、取締役には代表取締役の職務執行ないし業務執行を監視・監督する重要な職務があり、無報酬とすることは問題である。

これに対して、特段の合意をすることなく取締役に対する具体的報酬配分額を決定したときは、取締役としての地位を認める限り、その取締役の同意がない以上、これを無報酬とすることはもちろん減額することもできないと解さざるを得ないのであろう。取締役会において個々の取締役に対する具体的な職務

内容と報酬額が決定されると、それは、会社と取締役の間の契約内容となり、特段の合意がない限り、取締役の任期中効力を有するからである。

学説は、これまで、取締役の責任の実効性確保に係る法的問題に強い関心を示し、取締役の合理的利益ないし期待の保護について十分に配慮してこなかったように思われる。取締役の権限と責任それに報酬は相互に関連する。役付取締役の報酬について、個々の取締役の職務権限と業績に応じて個別的に定める方向に実務が進む場合、報酬規制についても見直しが必要となろう。現行の報酬規制は、お手盛り防止を立法趣旨として、取締役全体に対して報酬としてどれだけ会社財産の社外流出を認めるかが問題とされている。しかし、報酬には、取締役が誠実かつ効率的に経営を遂行するためのインセンティブとしての機能が認められる。現在の上場会社の実務を前提にするときは、お手盛り防止の観点よりむしろ、個々の取締役、とりわけ、役付取締役に対して、どのような基準ないし報酬政策に基づいて、どのような種類の報酬をどのように与えるかが重要である[76]。このすべてを株主総会で議論することは適当でない。株主総会においては、報酬額でなく、報酬政策について決議するにとどめ、具体的報酬の配分は取締役会の決定に委ね、取締役会が報酬配分の公正さや妥当性について株主に対して説明責任を負うというスキームに合理性がある。報酬政策と報酬の具体的配分結果をできるだけ詳細に開示することを義務付けることにより、現行報酬規制よりも格段に経営チェック機能が高まるように思われる。経営機構の見直しに際して、取締役の報酬問題が重要な論点とされなければならないのである[77]。

---

[76] 森本滋ほか「座談会・取締役の責任追及と報酬のあり方（上）」取締役の法務29号（1996）19頁以下［森本］、さらに、阿部一正＝北村雅史＝千葉良雅ほか・役員報酬の現状と課題（別冊商事法務192号）（1997）101頁〜107頁参照。

[77] ［平成27年6月から実施されているコーポレートガバナンス・コードにおいて、報酬のインセンティブ機能が強調され、任意の報酬委員会の設置等により、手続の透明性と内容の公正さを確保することが求められている］。

5 社外取締役と執行役員の法的地位
(1) 序
　社外取締役制度は執行役員制度と論理必然的関係にあるわけでないが、社外取締役の積極的登用は、取締役会の権限の変容と業務担当者と取締役会の機能の分離を推し進め、結果として執行役員制度の導入に道を開くように思われる。他方、社外取締役の積極的登用のない執行役員制度は社長の権限強大化の危険がある。社外取締役と執行役員制度は相互に関連付けながら検討されるべきである。

(2) **社外取締役の権限・責任**
　社外取締役は取締役会の構成員としての職務のみを担当する取締役であり、一般に、非常勤である。社外取締役に期待される役割は、日常的な業務の執行に煩わされることなく、会社全体の基本的な経営政策に係る取締役会の決定に参画し、さらに、健全性や効率性の観点から業務執行を監督することである。社外取締役は、会社外に主たる職業を有することが出発点となる。そのことが経営からの独立性を確保し、また、その職業的知見により取締役会の経営判断に際して特別の貢献をすることが可能となる。他方、これは社外取締役がその職務に限られた時間しかさけないことを意味する。社外取締役の利用を促進するときは、このことを前提に、社外取締役のサポート体制とともに、権限と責任、それに報酬に係る合理的なルールを形成しなければならない。
　社外取締役は、取締役会および自ら担当する取締役会の委員会に出席して、社内取締役ないし使用人から適宜経営について情報提供を求め、経営の基本方針の決定にかかわり、監査役や会計監査人の提供する資料や説明を基礎に誠実に、業務執行取締役の業務執行を監督しておれば、その職務は尽くされたものとなるはずである。しかし、商法は、重要な業務執行の決定を一般的に取締役会の専決事項とし（商260条2項）、みなし行為者規定による取締役の連帯責任を基礎に（同法266条1項・2項）、健全かつ効率的な会社経営を確保しようとしている。これは、社外取締役にとって加重の負担となる。社外取締役の機能を効果的に発揮させ、取締役会の監督機能を実質化するには、現行の取締役会制度を抜本的に見直す必要がある。
　非常勤の社外取締役制度を有効に機能させるには、取締役会の基本的権限

を、代表取締役ないし執行役員の人事と基本的な経営方針の決定（戦略的意思決定）、および代表取締役ないし執行役員の業務執行の監視監督に限定する必要がある。これは、取締役会の監督の下に代表取締役ないし執行役員が経営を担当することを意味する。取締役会の業務執行に係る決定権限が取締役会の委員会である業務執行委員会や取締役を兼ねる執行役員（代表取締役）に大幅に委任されなければならない。このためには、商法260条2項［会社法362条4項］の抜本的見直しが必要となる。

(3) **社外取締役と執行役員兼任取締役の報酬**

執行役員兼任取締役は、取締役会の構成員としての取締役であるより、業務執行委員会のメンバーであり、かつ、執行役員として、適切に業務執行の意思決定を行い、これを効率的に遂行することがその主要な職務権限となる。社外取締役と執行役員を兼任する取締役の職務内容の相違が明らかになると、取締役の責任だけでなく、その報酬規制の抜本的見直しも立法論的課題となる。

社外取締役の報酬は経営を担当する対価でなく、取締役会およびその委員会の構成員としての職務の対価である。執行役員を兼任する取締役は取締役というよりむしろ執行役員として経営を担当する対価として報酬を受ける。このような異質の報酬を「取締役」の報酬として一律に総額規制する意味はなく、社外取締役の報酬と執行役員を兼任する取締役の報酬は別個に定められるべきである。

社外取締役の報酬（取締役会の構成員として報酬）は、その独立性を確保するために株主総会において確定することに合理性が認められる。他方、執行役員を兼任する取締役の報酬は担当業務の内容およびその成果との関連において、弾力的柔軟に決定されなければならず、株主総会の決議には親しまないように思われる。イギリスでは、業務を担当する取締役の業務担当という特別のサービスに対しては取締役会との間でサービス提供契約が締結され、そこにおいて報酬についても具体的かつ詳細に約定される。業務担当サービスの対価は取締役会が決定するのである[78]。アメリカにおいても同様であり、両国において、

---

[78] イギリスの最近の動向について、DTI, Directors' Remuneration A Consultative Document (July 1999) 参照。

社外取締役中心の報酬委員会が設けられ、お手盛りの危険に対処され、また、詳細に報酬が開示されている[79]。わが国においても、業務を担当する取締役の報酬については、その基本的スキームは株主総会の承認を要求すべきであるが、開示を充実することを条件に、その運用は取締役会ないしその委員会である報酬委員会に委ねることが妥当であり、商法269条［会社法369条］の立法論的検討が必要となろう。

(4) **取締役を兼任しない執行役員**

取締役を兼任しない執行役員（取締役の地位を剥奪されたかつての業務担当取締役または使用人兼務取締役）が多数存在する。取締役を兼任しない執行役員に限定して、その法的地位を整理しよう。

執行役員は、経営の効率性を確保するために実務が生み出した使用人の役職であり、会社機関ではない。取締役会は、代表取締役または業務担当取締役に業務執行を委任するが、その際、業務執行権限の一部を担当させるために執行役員を任命する。執行役員は、代表取締役や業務担当取締役の業務執行を補佐する使用人である。一部において、執行役員が広範な裁量権を有することから、執行役員と会社の間の関係は雇用関係と委任関係の両者を生じさせる混合契約であると説明されているが[80]、その混合契約はどのように規律されるのであろうか。執行役員の使用人性を前提に、原則として雇用関係であるとしつつ、その職務に広範な裁量権が認められることから、委任に関する規定を類推適用することが合理的であろう[81]。執行役員にも、一般に取締役の場合と同様、2年といった任期が定められるようであるが、これは使用人を特定の支店長や部長職に任期2年で委嘱するのと異ならない[82]。

取締役は、取締役会の構成員として、取締役の職務執行全般を監視しなければならない。これに対して、執行役員は使用人であり、代表取締役から命じら

---

79) アメリカやイギリスの業務を担当する取締役ないし業務執行役員の報酬の開示については、伊藤靖史「業績連動型報酬と取締役の報酬規制(1)・(2・完)」民商法雑誌116巻2号・3号（1997）235頁以下・407頁以下参照。このほか、阿部ほか・前掲注76）23頁以下・229頁以下参照。
80) 元木伸「商法からみた『執行役員』」商事法務研究会編・前掲注52）29頁等参照。
81) 河村貢「執行役員制度を考える」商事法務研究会編・前掲注52）94頁参照。
82) 澤口実「執行役員制度の実務マニュアル」旬刊商事法務1524号（1999）6頁参照。

れた業務執行事項を誠実に遂行すればそれでその職責は尽くされる。執行役員には取締役に関する商法規定は適用されない。執行役員制度を導入する会社は、利益相反関係に係る約定等を執行役員任用契約に設ける必要がある。なお、取締役でない執行役員に専務執行役員、常務執行役員という名称が付与されるときは、実務上、専務、常務と呼ばれることとなり、表見代表取締役の規定の類推適用が問題となろう。

執行役員は、株主総会に出席する権限を当然には有しない。執行役員は、商法237条ノ3［会社法314条］の説明義務も負担しないが、総務部長や経理部長の場合と同様、株主総会に出席し、議長の許可を得た上、代表取締役の指示に基づいて、代表取締役を補佐する使用人として自己の担当する業務執行事項について説明することができる。

執行役員は取締役会の構成員でなく、取締役会への出席権ないし出席義務があるわけでないが、取締役会の承諾の下に取締役会に出席し、代表取締役を補佐して意見を述べることができる。株主代表訴訟は取締役と監査役の責任を対象とする。執行役員の会社に対する責任を追及するために株主代表訴訟を提起することはできない。執行役員の任務懈怠（債務不履行）について、商法266条1項・5項［会社法423条1項・424条］の規定の適用はなく、取締役会においてその責任の免除・軽減の決議をすることができる。もっとも、執行役員制度が確固としたものとして定着するときは、その責任事由と責任の免除軽減手続、さらには、株主代表訴訟の提起や取締役に準じた執行役員の報酬規制の是非等について検討すべきであろう。

六　商法等改正案要綱と監査役・株主代表訴訟制度

1　序——商法等改正案要綱について

平成9年9月8日、自民党法務部会「商法に関する小委員会」は、株主代表訴訟制度の改善と関連して、監査役制度を改正する「コーポレート・ガバナンスに関する商法等の改正案骨子」を提案した。平成10年6月の「企業統治に関する商法等の改正案骨子」は、平成9年の「骨子」が採用していた原則、定義と規定の区別を排し、とりわけ大上段の原則論を全面的に削除した。提案内容

はスリム化され、監査役の独立性の確保、監査役の訴訟権限、その他、の3つに区分して、9項目の提案と2項目の付随的提案をするにとどめている。平成11年4月15日に公表された「企業統治に関する商法等の改正案要綱」は、平成10年6月の「骨子」を基礎に法的観点から一層の整理を行っている。この一連の改正提案は、アメリカの社外取締役制度を基礎とするもののようである[83]。

以下、「改正案要綱」の概要についてコメントする。なお、説明の便宜のために、商法特例法の大会社に係る改正提案に限定する。

2 監査役制度の改正

(1) 序

平成10年6月の「骨子」は「監査役の独立性確保」の標題の下に4つの事項を提案し、「改正案要綱」もこれに基本的に従っている。これらの提案はあまり意味がないように思われる。上場会社については、証券取引法［金融商品取引法］や自主規制機関の自主規制に配慮し、さらに、執行役員制度や社外取締役制度との関連にも留意して、提案を抜本的に見直すことが必要であろう。

(2) 代表取締役と監査役会

平成10年の「骨子」は、代表取締役は、少なくとも3か月に1回、監査役会に会社の経営状況について報告すべきであり、説明責任を負うとしていた。この提案については、その回数とともに（平成9年の提案では年6回の報告とされていた）、商法260条3項［会社法363条2項］（取締役会への業務執行状況の報告）との関係が問題とされた。また、立法技術的に「会社の経営状況の報告」でよいのか、「取締役の職務執行の報告」とすべきかが監査役ないし監査役会の職務権限との関連において問題となった。「説明責任」はアカウンタビリィティの訳語と思われるが、その法的意義は不明確である。

このような批判に配慮して、「改正案要綱」は、「取締役は、3か月に1回以上、業務の執行の状況を監査役会に報告しなければならない」旨の規定を設けることを提案し（具体的な改正事項 第1)、「説明責任」の語が削除された。この

---

[83] 太田誠一「企業統治に関する商法改正について」取締役の法務51号 (1998) 5頁参照。

結果、いよいよ商法260条3項との関係があいまいとなる。この報告制度により取締役に対する監査役会の権威が高まること、さらに、取締役会に対する「業務執行状況の報告」と異なり監査に必要な情報提供を目的とするもので、両者が同じでよいはずはないとして、肯定的に評価する立場もあるが[84]、監査役は取締役会で質問しにくいとして、この報告制度を評価することは問題であろう。代表取締役の取締役会に対する報告を監査役が聞く場合よりも監査役の情報量が増え監査に役立つといわれるが、監査役会は、現行法の下においても必要があれば、代表取締役その他の取締役の出席を求めて具体的問題について報告を求めることができる。この報告制度により、同じことを2度聞く必要はないとして、監査役の取締役会出席義務が軽んじられてはならない。さらに、最近の社外取締役制度に対する関心の高まりに配慮するときは、むしろ、商法260条3項の報告義務を強化すべきであろう[85]。

(3) 社外監査役の員数

監査役の員数は3人以上であるが、そのうち社外監査役の員数は半数以上とされる（具体的な改正事項 第2）。社外監査役の数について、監査役の半数か過半数か議論されたが、適任者の確保等の実務的な問題に配慮して、最終的に半数とすることに落ち着いたようである。平成10年の「骨子」は半数説を採用しつつ、5年後を目途に社外監査役の数を過半数とすることを提言していた。改正案要綱では、この提言は削除され、逆に人材確保に対処するため3年の経過措置を講ずるものとしている。社外取締役についても同様の問題があるが、社外監査役の人材確保については、その現実的困難性を強調するだけでなく、積極的にその確保措置が検討されるべきである[86]。

社外監査役の定義は、「過去に会社又はその子会社の取締役又は支配人その

---

[84] 鈴木進一「企業統治に関する商法等改正案要綱と監査役」旬刊商事法務1528号（1999）17頁、浜田道代「企業統治と監査役制度・代表訴訟・役員の責任軽減」旬刊商事法務1528号（1999）7頁参照。

[85] 今後、社外取締役制度がどのように展開するか不透明であるが、制度改革に当たっては、取締役会における社外取締役と監査役の連携も視野に入れるべきであろう。

[86] イギリスの取締役協会（The Institute of Directors）は、主として社外取締役の資質の向上と人材確保を目的として、取締役に係る、code of professional conduct を作成するとともに、認定取締役（chartered director）制度を設けている（同協会のホームページ参照）。

他の使用人でなかった者」とされる（5年の期間要件の排除）。これは一般に支持されているが、画一的厳格にすぎるのではなかろうか。30代半ばまで10年程度在職した後弁護士等になった者は、その会社の社外監査役に一切なれないとすることが合理的なのであろうか。

より根本的な問題は、会社の親子関係に配慮していないことである。子会社ないし関連会社の監査役に就任する親会社ないし他の関連会社の取締役または使用人は、社外監査役としてどのような機能を果たすことが期待されるのであろうか。平成11年の通常国会に提出されている商法等改正法案274条ノ3は、親会社の監査役の子会社調査権の拡充を提案する。親会社が子会社を利用して違法不当な業務を実行することを防止し、違法不当なことがされたときはこれを適切に是正する必要がある。この役割を果たすために親会社の監査役は子会社の監査役と連携する必要がある。その子会社の監査役が親会社の役職員であることは不適切であろう。また、親会社はその利益を確保するために「社外」監査役を派遣する必要はない。「会社の親会社の取締役又は使用人である者」を社外監査役から排除すべきである[87]。

監査役就任後の独立性にも配慮すべきである。監査役就任前には独立性が認められる者であっても、常勤監査役になるときは、会社に経済的に従属することとなる。それが独立性にどのように影響するか、検討を要する。社外取締役は、通常、非常勤取締役を意味するが、社外監査役には非常勤の者と常勤の者がいる。社内に接点を持たない非常勤の社外監査役だけでは監査の実効性が上がらないことに配慮するとき、社外の常勤監査役にもそれなりの役割が認められるが、社外監査役に何を期待するかを明確にした上、人数や独立性の要件を整理すべきである[88]。また、独立性は有無よりも程度が問題となり、法律において画一的な定義規定を設けることが妥当かどうか、検討を要する。法律においては社外監査役制度にとり必要最小限の規制を設けるにとどめ、木目細かなルールは取引所の自主規制等に委ねることにより、弾力的かつ実効ある運用を

---

[87]　［平成26年会社法改正により、この点の手当てがされた（同法2条16号）］。

[88]　森本滋「日米構造問題協議と株式会社法の改正」旬刊商事法務1309号（1993）39頁参照。平成5年商法改正とその後の実務状況を批判的に検証した上、改正提案をしなければ、無内容な制度いじりになる危険がある。

確保することにも合理性があろう。アメリカやイギリスの社外取締役制度は取引所の自主規制を基礎とする。取引所の上場規程等において実質的な独立性基準を採用し、その弾力的な運用が図られているのである。わが国においても、何でも法律に規定しようとするのでなく、上場会社については、証券取引法〔金融商品取引法〕や自主規制機関の自主規制と連携しながら、柔軟で実効的な規制枠組みを構築すべきである。

(4) 任 期 等

監査役の任期は4年に伸長される（具体的な改正事項 第3①）。昭和25年改正により、監査役の任期は2年から1年に短縮され、再び2年に、そして最近3年に延長された。これがさらに4年に延長されるのである。任期の伸長による監査役の独立性確保には限界がある。これは実務上監査役の任期を1期4年とすることになるのではなかろうか。任期を伸長するときは、少なくとも、6年（3年かける2）程度にすべきであろう。しかし、これには株主の監査役チェックの機会を奪うという問題がある。内部監査役あるいは常勤監査役の任期と社外監査役あるいは非常勤監査役の任期を区別することにも合理性があろう。

任期を伸長しても、会社都合による任期途中の辞任の問題がある。このため、監査役の選任または解任についての株主総会における監査役の意見陳述権に加えて（商275条ノ3）、監査役が任期途中で辞任したときは、その監査役は、辞任後最初に招集される株主総会に出席し、辞任の理由を述べることができ、他の監査役も辞任について意見を述べることができる旨の規定の新設が提案されている（具体的な改正事項 第3②）。

取締役は、株主総会に対する監査役の選任議案の提出に際し、監査役会の同意を得なければならないものとされる（具体的な改正事項 第4）。これは監査役会に拒否権を認めることになり、取締役会と監査役会の意見が対立するときは、デッドロックに乗り上げると指摘されるが、上場会社においては、市場の目を意識して両者の間で詰めがされることになろう。株主提案も認められるのである。監査役人事に対する社長の影響力を削減するために、監査役会自体が株主総会に監査役の選任議案を提出すべきことが主張されている。これは、社外監査役については考慮に値するが、会計監査人の選任の場合と同様（商特3条3項参照）、取締役会を原則的提案者としつつ、監査役会に監査役候補者提案権

を認めることが妥当なのであろう[89]。

3　取締役の責任軽減と代表訴訟
(1) 序

　平成9年9月の「骨子」は、株主代表訴訟制度改正に当たっての考え方の原則として、①株主代表訴訟がコーポレート・ガバナンスの重要な手段であることにかんがみ、その機能を減殺させないことを大前提とすること、②日本経済の国際化に当たっては、経営者の積極的な挑戦や活力が不可欠であるため、株主代表訴訟が制度の目的を超えて必要以上に経営マインドを萎縮させる要素について改善すること、③法律に明文化されていないため、判例が分かれていたり、一般に解釈が明確でない事項について、これを法的に明確にし、株主代表訴訟制度の法的安定性を確保する等、制度の機能を高めること、という3つの事項を挙げていた。①は当然のことであるが、②と③については注釈が必要である。

　株主代表訴訟が必要以上に経営マインドを萎縮させることがあってはならない。しかし、上場会社の取締役に対して株主代表訴訟で損害賠償が認められた多くの例は刑事事件で有罪判決を受けたり、明確に法令違反行為が認められた事案であり、経営破綻の場合を除いて、経営判断の誤りを理由に善管注意義務違反として責任が認められた事例がどれほどあるのであろうか。また、経営マインドを萎縮させている場合があるとしても、それは経営者が法的チェックをないがしろにしているせいではなかろうか。これまでは、儲かればよいということで、会社のために違法行為をすることに寛容な面がなかったわけではない。今後、企業経営において積極的に、違法・不正行為を防止するシステムの構築に取り組まなければならない。取締役は、公認会計士や弁護士等の専門家の協力を求めて、会社の内部統制システムを整備し、その運用状況を適宜適切に把握してその実効性の確保すべきである。

---

89)　[平成13年12月改正商法は、275条ノ3ノ2の規定を追加して、辞任監査役に意見陳述権を認め［会社法345条2項〜4項］、平成13年12月改正商特法は、18条3項において、会計監査人の選任議案に係る監査役会の同意権と議題提案権等を定める3条2項と3項の規定を監査役の選任の場合に準用することとした［会社法343条1項〜3項］］。

取締役会における業務執行の決定に際して、十分に情報を集め会社の最善の利益となるかどうかの観点から誠実に議論しておれば、取締役の責任は原則として生じない。判例が分かれていることが問題とされるが、判例が分かれるにはそれなりの理由がある。その理由を考慮することなく、特定の解釈を前提に法規定を設けることには疑問がある。

(2) 取締役の責任軽減制度

「改正案要綱」は、取締役の責任軽減制度の導入を提案する（監査役の責任軽減等の説明は省略する）。取締役の責任の軽減免除には総株主の同意を要するが（商266条5項〔会社424条〕）、上場会社には所在不明株主がいる（商224条ノ2参照）。したがって、積極的に反対する株主がいなくても、総株主の（積極的）同意を得ることは事実上不可能であり、上場会社の取締役の責任の軽減免除制度は機能していない。したがって、「改正案要綱」は、取締役がその職務を行うについて悪意重過失があったとき、または、取締役の責任原因となる行為が犯罪となるときを除いて[90]、取締役の会社に対する損害賠償責任は、株主総会の特別決議により、取締役の報酬の2年分を限度として軽減することができることを提案するのである（具体的な改正事項 第5）。この決議のための株主総会の招集通知には、取締役の責任の内容、責任を軽減する理由および取締役の報酬の額を記載し、代表取締役がこの議案を株主総会に提出するには、監査役全員一致による監査役会の同意を得なければならない。

実務上、株主代表訴訟が提起される前や株主代表訴訟に取締役が敗訴した後に、この決議が問題となることはなく、株主代表訴訟提起後訴訟係属中にこの決議がされることが想定される。したがって、この実質は株主代表訴訟の和解の一形態としての意義が認められ、株主代表訴訟の中断その他の手続を整備することのほか、株主代表訴訟の和解制度との関連について検討を要する。株主代表訴訟における和解については、株主一般の意思を反映する手続を確保した上、和解内容に裁判所が積極的に関与して公正妥当な和解条項による紛争の解

---

[90] 〔平成13年12月改正商法は、取締役の責任事由が犯罪となるときについて明示的に規定していない。また、代表取締役については6年分、代表取締役以外の業務を担当する取締役は4年分、社外取締役については2年分の報酬額に相当する額が免除額から控除される（改正商266条7項・17項・18項〔会社425条1項〕）〕。

決を図るよう、立法論的検討が望まれるのであり、このような観点から、提案を見直す必要があろう。

「改正案要綱」は、会社は、定款をもって、取締役会の決議により、取締役の報酬の2年分を限度として、取締役の会社に対する損害賠償責任を軽減することができる旨を定めることができるものとする（具体的な改正事項 第6）。定款変更議案提出のためには監査役全員一致の監査役会の同意が必要とされる。また、このような定款の定めをした会社は、取締役の報酬額を営業報告書［事業報告］に記載しなければならない。取締役会が取締役の責任を軽減する旨の決議をしたときは、代表取締役は、決議後最初に招集される株主総会において、取締役の会社に対する責任を軽減した旨、当該取締役の責任内容、責任を軽減した理由および当該取締役の報酬の額を報告しなければならない。この提案については、取締役会が取締役の責任軽減の是非を判断する際、なぜ監査役会が関与しないのか、疑問である。監査役が取締役の責任追及訴訟を提起した場合であっても、取締役会がその責任軽減決議をすることができるのであろうか[91]。根本的な問題として、責任軽減の判断基準の問題がある。取締役会の依拠すべき判断基準が具体的に提示されていない。これがあいまいなときは、株主はその判断に異議を述べることが事実上できなくなる[92]。

取締役の責任については、その軽減免除だけでなく、個別的な責任事由（商法266条1項各号の規定、とりわけ、無過失責任規定）や取締役会決議に基づく取締役のみなし行為者規定による連帯責任（商266条2項）、さらには、連帯責任を負うべき取締役の負担割合等、理論的にも実務的に検討すべき問題は少なくない。取締役の責任規制の見直しに当たっては、取締役の責任問題を全体的包括的に検討し、柔軟な規制体系を構築する必要がある。

---

91) ［平成13年12月改正商法・商特法は、当該定款の定めを設ける議案を株主総会に提出する場合だけでなく、当該定款規定に基づいて取締役会に免除議案を提出する場合にも、監査役全員一致の監査役会の同意を必要とし、さらに、少数株主に異議申立権を認めている（改正商266条12項～15項、改正商特19条1項［会社法426条2項～4項・7項］）］。

92) この制度の「おかしさ」を明確に指摘するものとして、浜田・前掲注84) 11頁以下参照。［平成13年12月改正商法266条12項は、責任の原因事実の内容、当該取締役の職務遂行の状況その他の事情を勘案して特に必要と認めるときは、責任軽減をすることができるものとし、会社法426条1項に引き継がれている］。

取締役の責任規制に不備があるため、裁判上、個別事案の具体的妥当な結論を得るよう、いろいろと工夫が重ねられている。株主代表訴訟に関する原告株主に対する担保提供命令の弾力的運用のほか、取締役の責任について会社の組織上の瑕疵を理由とする過失相殺を認め、取締役の責任について寄与度に応じて責任が限定され（割合的因果関係）、あるいは和解が積極的に利用されている[93]。取締役会による責任軽減制度には問題があり、株主総会の特別決議による責任の軽減制限制度が効果的に機能するか、疑問となる。立法論としては、和解条項の妥当性を裁判所が判断する制度の構築を目指すべきであり、裁判上の和解による紛争の妥当な解決が可能となれば、一般民事責任法理から乖離した責任軽減規定を設ける必要はないこととなろう。

理論が十分に成熟していないにもかかわらず強引に立法するときは、弊害に対処することを理由に画一的に規制され、結果として円滑な運用が困難となることが少なくない。取締役の責任制限については、当面、理論や判例の発展に委ねることが妥当ではなかろうか[94]。

(3) **会社の被告取締役への補助参加**

株主代表訴訟の被告取締役を補助するため、監査役全員一致の監査役会の同意を得て、会社がその訴訟に参加することが認められる（具体的な改正事項 第7）。平成10年の「骨子」においては、監査役会の訴訟権限の拡充として、取締役を被告とする株主代表訴訟に関し、監査役会は、訴訟を不当とみなす場合に、利害関係を有する第三者として被告に補助参加する権限を有するものとしていた（民訴42条参照）。「改正案要綱」は補助参加のための条件を特に規定しないが、検討を要しよう。会社が、取締役を被告とする株主代表訴訟を不当とみなす場合に、訴訟に参加することは合理的であり、判例においても、会社が被告に補助参加することが徐々に認められるようになってきている[95]。立法論とし

---

[93] 名古屋高決平成7・3・8判時1531号134頁、東京地判平成2・9・28判時1386号141頁、東京地判平成8・6・20判時1572号27頁等参照。

[94] ［会社法は、取締役の損害賠償責任を任務懈怠責任に統一し、みなし行為者規定を削除する等合理化するとともに（同法423条）、不当訴訟却下制度を設け（同法847条1項ただし書）、和解制度を整備した（同法850条）］。

[95] 東京地決平成7・11・30判時1556号137頁、東京高決平成9・9・2判時1633号140頁等参照。

て、補助参加か独立当事者参加（民訴47条）とすべきか、だれが参加の決定をし、だれが会社を代表すべきであるか検討を要する。

　会社による参加が主として問題となるのは、経営判断に関する誤りが問題となる事案であろう。経営判断の誤りが任務懈怠となるかどうかは、取締役会とともに監査役がチェックする。監査役が取締役の任務懈怠の事実を確認するときは、監査役は当該取締役の責任追及訴訟を提起することとなるが、諸般の事情からあえて訴えを提起しないことも認められよう。このような裁量の余地があるために、その異議申立てとして、株主代表訴訟制度が認められている。経営判断を行うべき取締役会が、監査役全員一致の同意を基礎に、訴訟参加の決定をし、代表取締役が訴訟を追行するスキームにも合理性があるが、これは取締役の利益相反の典型事例である。したがって、公正を期するため、専門家の意見聴取、社外取締役制度や訴訟委員会制度の導入等、取締役会における手続を整備する必要がある。会社の訴訟参加は和解と表裏一体の関係にあり、裁判所の許可についても検討すべきである[96]。

七　結語——今後の立法の基本方針

1　序

　21世紀を前に、わが国の経済社会機構は根本的変革の時期を迎え、これまでの価値観や法的思考の根本的な再検討が要請される。昭和49年以降の会社の機関に関する商法改正は主として不祥事対策（会社経営の健全性確保ないし適法性チェック）としてされてきたが、平成に入ってから、執行役員制度や社外取締役制度について議論されるようになっている。わが国において、適法性チェックだけでなく経営の効率性確保の観点から経営機構の改革が議論されるように

---

[96] イギリスにおいては、1996年10月にLaw Commissionが株主の救済に係るConsultation Paper（No.142）を公表し、1998年11月にDTIが株主の救済に関する意見照会（Consultative Document）をした。照会文書には、具体的な株主代表訴訟に関する規則案が添付されている。たとえば、裁判所は、特定の株主が代表訴訟を行うことの許可を与え、訴訟を終了させることができる。取締役の責任軽減等の株主代表訴訟に影響を与えるべき株主総会の招集を可能とするために訴訟を中断し、株主総会が取締役の行為を承認するときは、株主代表訴訟は却下される。

なったのである。

　経営コントロールないしチェックは、適法性チェック、取締役の利益相反ないし不正のチェック、経営の効率性ないし取締役の能力チェックがあるが、さらに、社会的責任に関するチェックにも配慮すべきである。大会社の経営コントロール機構は、株主によるコントロール、取締役会のコントロール、それに、監査役および会計監査人によるチェックと三重構造になっているが、さらに、従業員、証券市場や商品（取引）市場、メインバンク等の役割も含めた、総合的考察が必要である。かつては、融資業務に関連した銀行のチェック機能や従業員のチェック機能に大きな期待が寄せられていたが、最近においては、公開会社の資金調達に際しての証券市場のチェックや株価による継続的な経営チェック機能の重要性が強調されている。

　本稿は、大会社の経営機構についてアメリカ、イギリスおよびドイツの状況を調査して、わが国の経営機構の問題点を明らかにするものであるが、併せて、株主代表訴訟をめぐる立法論的検討の前提作業として、大会社の経営機構について検討することを目的とする。アメリカ、イギリスおよびドイツの経営機構には、相違よりも驚くほどの類似性が認められる。それは経営を担当する機関とそれを監督する機関の分離である。アメリカやイギリスにおいて、社外取締役が取締役会の監督機能の実効性確保に決定的な役割を演じている。取締役会の委員会が多様に展開され、経営を担当する者については、個別的な契約により、職務権限と責任が明確化され、業績連動型報酬が幅広く導入されている。

　わが国の社長に対する権力の集中は欧米と大差はないように思われるが、社外取締役制度は一般的ではなく[97]、欧米に比して、社長の経営コントロール・システムに大きな遅れが認められる。これまで、従業員のエリートが使用人兼務取締役となり、業務担当取締役を経て、代表取締役、さらに、社長となることが一般的であり、取締役の責任追及も稀であった。使用人が取締役となるときにも、株主代表訴訟の対象となる点についてはともかく、取締役と使用人の間の職務権限と責任の相違が必ずしも明確に意識されていないようである。使用人が取締役を兼務するようになっても、せいぜい年収が20パーセント増加す

97）東京弁護士会会社法部編・前掲注21) 452頁表16参照。

る程度であり、常務・専務についても、常務クラスの報酬、専務クラスの報酬として、報酬が固定されているのが一般的なようである[98]。

わが国では、これまで、大企業ないし上場会社の取締役会ないし経営管理機構の実態を調査した上で、実態に適合した取締役の法的地位や責任論を展開することが十分にはされてこなかった。実務は会社法に無関心であり、理論は逆に、実務ないし現実に十分配慮することなく、理念的な議論をしてきたきらいがある。しかし、株主代表訴訟が利用されるようになり、ようやく、上場会社の経営管理機構ないし取締役について分析的な研究がされ、代表取締役、業務担当取締役、使用人兼務取締役さらに非常勤取締役の実態が明らかにされつつある。

2 適法性の確保

取締役の責任が問題とならない企業経営の健全性確保システムを構築することが第1の法的課題となる。取締役は、会社、ひいては、その背後にある総株主の利益のために、誠実にその職務を遂行しなければならない。昭和56年商法改正以降、株主総会および取締役会の機能の実質化、さらには、監査役(監査役会)と会計監査人制度の充実が図られてきた。その際、経営者の不正ないし権限濫用を抑止し、株主の利益を法的に保護すること、これが会社債権者保護とともに会社法の重要な課題とされてきた。

「改正案要綱」は、監査役制度の改正を提言する。企業不祥事に揺れる現在、適法性監査を充実するため経営チェック・システムの改善が求められるが、適法性維持のための監査役の機能には限界がある。これはこの25年間の監査役制度の改正の経緯から明らかとなる。適法性チェックについては、会計監査人や弁護士等の専門家の役割を重視し、これら専門家の助力を得て内部統制システムを構築すべきである。コンプライアンス・オフィサー制度や内部監査システムを整備し(コンプライアンス・プログラム)、会計監査人とコンプライアンス・オフィサーないし内部監査システムとの連携強化を図るよう、実務を誘導しな

---

[98] 阿部ほか・前掲注76) 13頁参照。

ければならない[99]。欧米においても、会計監査人がコーポレート・ガバナンスに積極的にかかわるようになっている[100]。

3 効率性の確保と取締役制度の改革

経営の効率性を確保する制度的手当をすることも会社法の重要な課題であるという認識が一般化しつつある[101]。会社法は、株主・会社債権者保護を目的とする会社の組織法であると説明されるのが一般であるが、会社の経済的機能を促進し、会社の円滑合理的な運営を確保することも会社法の重要な規制目的である[102]。今後は、健全性を確保するとともに、効率的な経営を確保する観点から、経営機構の再構築について検討し、その関連において、株主代表訴訟制度の機能について整理すべきである。

わが国のコーポレート・ガバナンスの中心課題は、社長の実効的なコントロール、直接的な表現を用いれば、不適切な社長交代の円滑合理化策であり、公正な人事制度を確立することである。取締役会が、社長の人事権を実質的に有しなければ、社長の経営能力の適切かつ効果的なチェックはできない。このために、取締役会の機能の再検討が必要となり、取締役の員数の削減やその適格性が問題となろう。アメリカやイギリスにおいては、社外取締役に大きな期待が寄せられている。わが国において社外取締役が根づくかどうかなお未確定であるが、社外取締役も視野に入れて、必要な場合、円滑に社長を交代させることが可能となるようなチェックシステムが構築されるべきである。

平成9年の当初の提案としてはともかく、「改正案要綱」が、取締役制度の見直しを先送りして、取締役の責任軽減に関する規定を設けることは、問題であろう。監査役の独立性確保に関する提案は、理論的にも実務的にもあまり意味

---

99) これについては、川濵昇「独禁法遵守プログラムの法的位置づけ」龍田＝森本編・前掲注41) 543頁以下参照。

100) これについては、小柿徳武「会計監査人の情報提供機能とコーポレート・ガバナンス(1)・(2・完)」民商法雑誌117巻2号・3号（1997）254頁・388頁参照。

101) これに関連して、江頭憲治郎ほか「新春座談会・わが国の会社法制の課題――21世紀を展望して」旬刊商事法務1445号（1997）35頁以下［森本滋発言・吉原和志発言］参照。

102) 森本16頁・40頁以下参照。

はなく、株主代表訴訟ないし取締役の責任規制の緩和のための取引材料でないかと危惧される[103]。

4 規制の弾力化・柔軟化の要請

　厳しい経営環境の下において、会社法が経済政策的に重要な法であることが認識され、国会議員が、経済政策ないし国民経済的観点から商法改正に積極的に取り組んでいる。このこと自体は評価されるが、商法は国民の財産権（権利義務）にかかわる基本法であり、「効率性」だけでなく「公正さ」にも配慮しなければならない。大会社の持続的発展を維持しその国際競争力を強化する前提として、健全かつ効率的な経営を確保し得る制度を構築しなければならない。このような観点から、会社法の抜本的見直しが求められるが、経営管理機構の改革に当たって、画一的硬直的な規制を導入することは避けるべきである。わが国において長らく、会社法規定は原則として定款で変更することのできない強行法規定であると説明され、画一的な一般予防の規制が多数定められてきた。これは、歴史的にはやむを得ない面もある。企業会計法が未整備であったことも併せて、開示規制は不十分であり、投資家の自己責任原則も確立しておらず、証券取引法［金融商品取引法］におけると同様、商法（会社法）も、画一的硬直的な一般予防的規制とならざるを得なかったのである。

　しかし、個々の会社にとって合理的な経営管理機構がどのようなものであるか一律に答えることはできない。学者が、諸外国の制度を参照して経営管理機構を画一的に提示し法がそれを強制しても、それが有効に機能するわけではない。合理的な経営管理機構は個々の会社の規模や株主構成、さらには、事業目的との関連において、個別的に検討されなければならない。大会社の効率的経営のためには、社長（経営トップ）の経営権力が承認されなければならないが、わが国の大会社の社長の経営権力は十分に強大である。法規定がどのようなものであれ、実務は経営の要請に応ずるように経営管理機構を構築する。この結果、経営管理機構の現実と法的モデルの乖離が生じ、法規定の形式的解釈では妥当な解決が困難な解釈問題を惹起する。

　103）　関俊彦「監査役制度の改正」ジュリスト1156号（1999）84頁参照。

経営管理機構に係る立法においては、会社自治に委ねることのできない最小限のルールは法定するが、それ以外の事項については、原則としてモデルを提示するにとどめ（会社法の任意法規化）、個々の会社が自主的に自らに適合的な経営管理機構を構築することを認めるべきである。イギリスの経営管理機構について、原則として定款自治が認められる。テーブルAという模範定款が定められ、各会社はこれに従うことも、これとは別の経営管理機構を選択することもできる。取締役の権限や報酬についても会社自治が認められている。わが国と同様に会社法の強行法規性が妥当するドイツにおいても、「会社法の規制緩和」が問題とされるようになっている[104]。

　他方、会社の自主性を尊重するとき、経営者は、自らが選んだ経営管理機構の妥当性とその効率的運用に責任を持ち、十分に説明しなければならない。そのために、営業報告書［事業報告］ないし有価証券報告書に経営管理機構の内容および運用実態を詳細に記載し、株主ないし投資家の事後的チェックの機会を確保しなければならない。開示の真実性を確保するには、会計監査人等によるチェックが不可欠である。このような開示により、株主ないし投資家はこれまで以上に経営管理機構に関心を持つようになり、経営管理機構が市場の評価を受けることとなる。開示とそれに基づく市場のコントロール・システムは、画一的な法的規制よりも柔軟かつ実効的なものとなろう。さらに、開示の前提として、会社の内部監査システムの機能化が図られ、違法な経営が抑止されることとなろう。どのような内部統制システムを構築すべきかは、業種や会社の規模、経営状況等により異なる。このため、内部統制システムの具体的内容については会社の自治に委ね、会社の採用したスキームと運用状況を開示するとともに、その正確性を専門家が確認すべきことのみを法定することが合理的である。開示による経営管理機構の合理化と経営チェックを通して、わが国の大会社の健全かつ恒常的な発展が期待される。これが自由と自己責任に基づく会社法制の将来の姿であろう。

---

104) Gerald Spindler, Deregulierung des Aktienrechts, AG 1998, S. 53.

5　公正な社会へ

　自由・開示・自己責任、さらに、市場のコントロールを一方のキーワードとし、他方、専門家によるチェックと裁判所による公正確保を安全弁として、新たな会社法制を構築すべきである。

　実務先行型の執行役員制度は、経営の効率性を高めるために経営の機動性と権力集中を推し進める。取締役会をスリム化し社外取締役を大量に登用して、取締役会の主たる機能を経営コントロールとし、効率性を確保するために執行役員制度が導入されるのであれば、コーポレート・ガバナンスの観点から評価することができる。しかし、取締役の員数の大幅削減と執行役員制度の導入だけでは、社長の経営能力のチェックは現在よりも脆弱化するおそれがある。自由には責任が伴うことを忘れてはならない。また、権力は腐敗する。持続的に健全かつ効率的経営を確保するには、効果的な経営コントロール・チェック・システムを構築することが不可欠である。

　実務が取締役会のコントロール機能を弱体化させて効率的経営と称して権力集中を推し進め、議員立法が取締役の責任制限を推し進め、結果として大会社の経営管理機構が無責任体制とならないことを祈る。経営機構改革に当たっては、効率性の観点だけでなく健全性の維持にも留意し、取締役の権限と責任および報酬のバランスに配慮して具体的な提言をしなければならない。また、司法制度の改革とも関連して、公正確保のために裁判所が積極的な役割を担うべきである。規制緩和や自己責任について議論されているが、それは何のためなのか問われるべきである。自由と効率性の観点が強調されるが、自由は人間の尊厳とかかわる。個人を尊重してその発展を促し、公正な社会を構築することが法の主たる目的とされるべきである[105]。

---

105)　この関係で、G. & P. デヴィットソン＝小山庄三訳・文明社会の経済学（多賀出版、1999）参照。

事項索引

欧文

CEO ································ 44, 53, 58, 104, 159, 167, 308
CSR ··· 48, 50
ESG ··· 48
ROE ·· 52, 70

あ行

一時取締役 ··· 246
オペレーション・モデル ······························· 10
親会社等 ·· 122
　　自然人である—— ······································ 105

か行

会計監査人 ····························· 50, 145, 228
　　——の解任 ·· 89
　　——の報酬等 ·· 76, 87
会計監査報告 ··· 98
会社自治 ············· 119, 142, 153, 175, 181, 190, 204, 248, 297, 303, 312, 319, 328, 356
会社役員 ·· 125
株主オーナー論 ·· 7, 294
株主至上主義 ··· 39
株主総会
　　——の議事録 ·· 173
　　——の特別決議 ·············· 181, 207, 217, 258, 348
　　——の特別決議事項 ·············· 77, 167, 247, 296
　　——の普通決議事項 ············· 77, 167, 247
株主総会参考書類 ······································· 173, 177
株主代表訴訟 ·························· 74, 187, 289, 347
株主民主主義 ·· 46, 70

仮議長 ·· 231, 232
過料の制裁 ········· 269, 274, 276, 277, 280
監査委員
　　——の権限 ·· 154
監査委員会 ································ 21, 139, 148
　　——の監査権限 ·· 155
　　——の基本的役割 ·· 150
監査等委員会 ··· 24
　　——の議事録 ·· 170
　　——の承認 ··· 184, 186
監査独立の原則 ············· 85, 88, 162, 169
監査費用の請求 ·· 73
監査報告 ·································· 97, 154
　　——の作成 ·· 89
監査役
　　——の監査 ·· 102
　　——の監査報告 ·· 97, 99
　　——の協議 ·· 79, 300
　　——の独任制 ·· 85, 86
　　——の独立性 ·· 73
　　——の任期 ··· 74, 78
　　——の報酬 ·· 73
　　——の報酬等 ·· 86
監査役会
　　——の監査報告 ·· 97, 99
　　——の議事録の閲覧等 ································ 90
　　——の書面決議 ·· 87
機関投資家 ················ 37, 44, 46, 50, 51
　　——の議決権行使 ·· 46
企業行動規範 ·· 36
議決権の代理行使 ·· 243
議決要件 ·· 247
議事の経過の要領 ·· 272

議長
　──の決裁権 249, 313, 316
　──の不信任の動議 231
キャスティング・ボート　→
　　　　　　　　議長の決裁権
協議 168
業績連動型報酬 79
業務執行取締役 8, 14, 44, 90, 166,
　　　　　　　　170, 174, 196, 225
　──の業務執行状況の報告 245
　──の職務執行状況報告 19, 66,
　　　　　　83, 103, 182, 217, 221, 272
業務担当取締役 16
拒否権付種類株式 248
経営陣 44
　──の報酬 57
経営陣幹部 44
経営責任 29, 56, 103, 182, 274
経営の基本方針 9, 19, 21, 24, 54,
　　　　　　　　　　118, 128, 167
経営判断原則 56, 187, 188
経営評価権限　→
　　　　　　　人事関連意見陳述権
計算関係書類 94
計算書類 131
継続開示会社 288
決議の省略 145, 170, 216, 261
決議方法の瑕疵 264
決議要件 243
決算取締役会 92, 218
健全性確保機能 62
兼任禁止規定 78
公開会社 6, 8, 11, 153, 288
コンプライ・オア・エクスプレイン
　.. 31, 40, 70
コンプライアンス 65
コンプライアンス・オフィサー 153

さ行

最高議決権制度 296
裁判所の許可 196
事業報告 95, 131, 154, 169, 174
自己監査 157
執行役 123
　──による職務執行状況の報告
　　.. 136
　──による取締役会招集請求 136
　──の定期報告 135
　──の任期 117
　──の報酬等 125
執行役員 9
執行役員兼任取締役 340
指名委員会 20, 27, 138, 322
指名委員会等 12, 117, 137
　──の議事録 146
　──の議事録の閲覧等 147
　──の議長 144
　──の職務執行状況の報告 134
指名委員会等設置会社 7, 164
諮問委員会 27, 69, 165, 179,
　　　　　　　　　　190, 322, 329
社外監査役 17, 30, 75, 104, 301, 344
社外取締役 11, 16, 29, 44, 53, 96, 121,
　　　　　　182, 201, 211, 216, 230, 235,
　　　　　　238, 239, 305, 314, 339
　──の登記 122
　──の報酬 340
重要財産委員会 116
重要財産の処分 115, 328
重要な業務執行 18, 57, 64, 180, 302
遵守しない理由 41
常勤監査委員 23, 153
常勤監査等委員 169
常勤監査役 110, 152, 157, 345
招集権者の員数 202

359

事項索引

招集通知期間 …………………………… 207
招集手続
　——の瑕疵 ………………………… 263
　——の省略 ………………………… 207
使用人兼務執行役 ……………………… 126
使用人兼務取締役 ………… 16, 115, 324
剰余金配当等の決定 …………………… 130
職権探知主義 …………………………… 281
書面決議 …… 89, 217, 244, 261, 269, 282
所有と経営の分離 ………………………… 7
人事関連意見陳述権 …… 25, 27, 69, 167, 173
ステークホルダー ………… 47, 51, 58, 70
責任ある機関投資家 ………… 37, 58, 101
責任限定契約 …………………… 77, 123
攻めのガバナンス ………… 37, 38, 53, 55, 62, 70
全員出席取締役会 ……………… 198, 213
選定委員 ………………………………… 134
選定監査等委員 ………… 169, 171, 177
総株主の同意 …………………………… 348
相当でない理由 ………………………… 31
訴権の濫用理論 ………………………… 292
続行の決議 ……………………………… 270
備置き …………………………………… 275

た行

大会社の範囲 …………………………… 74
代表執行役 ……………………………… 123
代表取締役
　——の解職 ……… 218, 235, 237, 248, 256
　——の選定 ………………………… 255
多額の借財 ……………………………… 329
担保提供制度 …………………………… 292
忠実義務 ………………………………… 76
定款自治　→　会社自治
定款の定めによる権限委任 ……… 25, 180

定時株主総会 …………………………… 174
定足数 …………………………………… 271
定足数要件 ………………………… 224, 244
定例取締役会 ……………… 214, 218, 227
適法性監査 ………………………… 62, 81, 82
テレビ会議 … 89, 210, 216, 225, 244, 270
統合報告 ………………………………… 42
東証上場規程 …………………………… 36
特別取締役による取締役会
　……………………………… 11, 83, 183
特別利害関係 ………… 146, 170, 186, 195, 209, 219, 255
特別利害関係取締役 …… 219, 224, 242, 245, 247, 248, 272
特別利害関係人 …………… 140, 232, 251
独立社外取締役 ………… 58, 68, 189, 190
　——の機能 ……………………………… 58
　——の選任 ……………………………… 59
取締役
　——の違法行為差止請求権 ………… 84
　——の欠格事由 ………………… 76, 78
　——の任期 …………………… 117, 167
　——の報酬 ………………………… 251
　——の報酬等 ……………………… 168
　名目的な—— ……………………… 209
取締役会
　——の開催場所 …………………… 210
　——の議事録 ………… 135, 195, 212, 220, 228
　——の議長 ……… 201, 202, 223, 230
　——の議長の権限 ………………… 233
　——の基本的権限 …………………… 8
　——の基本的役割 ………………… 23
　——の招集権者 …………………… 198
　——の招集請求 ……… 133, 136, 197, 203, 212, 226

360

――の専決事項 ············10, 21, 128,
　　　　　　　　　　　166, 302, 307
　――の続行 ···································215
　――の評価 ·····································63
　――の目的 ··································206
取締役会決議
　――の省略 ··································244
　――の内容の瑕疵 ·······················264
取締役会設置会社
　――の株主総会 ······························6
　――の取締役 ··································8

な行

内部監査部門 ····································153
内部通報 ·······································48, 65
内部統制システム ······9, 19, 23, 62, 92,
　　　　　　　　　107, 129, 150, 153, 156,
　　　　　　　　　162, 167, 169, 181, 347, 353
　監査役会設置会社の―― ···········108
　企業グループにおける―― ·······109
任務懈怠の推定 ·······························183

は行

パフォーマンス・チェック ······151, 166
非業務執行取締役 ·····························61
非公開会社 ···························4, 5, 7, 119
筆頭独立社外取締役 ··························68
不正行為 ···················171, 290, 298, 347
不適切訴訟 ······································293

不当な事実 ······································171
プリンシプルベース・アプローチ
　···40, 70
閉鎖会社 ·······················199, 205, 257, 288
報告事項 ··224
報告の省略 ·····86, 88, 147, 170, 172, 217,
　　　　　　　　220, 245, 269, 283
報酬委員会 ·······················7, 20, 27, 140, 322
報酬等 ··79
法人取締役 ·······································244
補欠監査役 ···80

ま行

マネジメント・ボード ··········10, 15, 16,
　　　　　　　　　　　　18, 28, 166
持株会社 ··160
持回り決議 ·······························13, 216, 244
モニタリング・モデル ····10, 20, 24, 28,
　　　　　　　　32, 44, 54, 127,
　　　　　　　　157, 166, 179, 182

や行

役員 ··125
役員等 ··125
有価証券報告書提出会社 ············29, 93

ら行

利益処分案 ·······································131
利益相反取引 ······························66, 183

〔著者紹介〕

森本　滋（もりもと・しげる）

1969 年　京都大学法学部卒業
1992 年　京都大学大学院法学研究科教授
2009 年　同志社大学大学院司法研究科教授
2011 年　弁護士（弁護士法人中央総合法律事務所）
現　　在　京都大学名誉教授、弁護士

《主要著書》

『EC 会社法の形成と展開』（商事法務研究会、1984 年）
『会社法〔第 2 版〕』（有信堂高文社、1995 年）
『会社法・商行為法・手形法講義〔第 4 版〕』（成文堂、2014 年）

企業統治と取締役会

2017年 4 月10日　初版第 1 刷発行

著　　者　森　本　　滋

発 行 者　塚　原　秀　夫

発 行 所　株式会社　商事法務
〒103-0025 東京都中央区日本橋茅場町 3-9-10
TEL 03-5614-5643・FAX 03-3664-8844〔営業部〕
TEL 03-5614-5649〔書籍出版部〕
https://www.shojihomu.co.jp/

落丁・乱丁本はお取り替えいたします。　　　印刷／㈲シンカイシャ
© 2017 Shigeru Morimoto　　　　　　　　　Printed in Japan
Shojihomu Co., Ltd.
ISBN978-4-7857-2514-3
＊定価はカバーに表示してあります。